新版

市場を創る

バザールからネット取引まで

ジョン・マクミラン　瀧澤弘和／木村友二 訳

REINVENTING THE BAZAAR

A Natural History of Markets

慶應義塾大学出版会

REINVENTING THE BAZAAR
A Natural History of Markets
by John McMillan
Copyright © 2002 by John McMillan

All right reserved
Japanese translation right arranged with W. W. Norton & Company, Inc.
through Japan UNI Agency, Inc., Tokyo.

母 へ

序
Preface

　サン・マイクロシステムズの会長兼 CEO であるスコット・マクネリーは，スタンフォード大学ビジネス・スクールの学生たちを前にした講演で，「終身在職権を持った大学教授が市場経済について私にいったい何を教えてくれるのだろうか」と問いかけた．マクネリーの意図は，この問いかけが，終身在職権を持った大学教授に対してあきらかに懐疑的な彼の態度を示すレトリックとして受け取られることにあった．しかし，彼が投げかけた挑戦は受けて立つに値するものである．

　市場経済が絶えることなく存在してきたのは，マクネリーのようなスーパースター経営者のためにだけでなく，われわれが吸っている空気と同様，すべての人々のためである．われわれは物を買ったり，売ったりし，働いたり，投資をしたりと，実にさまざまな仕方で日々市場に直面している．しかし，たとえ身近なものでも，新しい視角から見ることで新たな洞察を得ることができる．

　この本はマクネリーの挑戦に対するお返しである．経済学者による最近の研究は，われわれの市場に対する理解を深化させつつある．本書の各章において，経済学における新旧のアイディアを用いて，異国風の市場や革新的市場，日常的な市場を徹底的に分析する．これらの市場のあるものは物理空間に存在し，他のものは仮想空間の中に存在している．市場はどのように機能しているのか．市場に何ができ，何ができないのか．私が扱おうとしているのはこうした問題である．

　市場は繊細な組織である．取引を支えるメカニズムは込み入っており，たえず流動的でもある．人々は相互に利益をもたらす交換の実現方法を見出す

ことに長けている.

しかし市場が期待された通りの機能を発揮するのは，それがうまく構築されているときに限られる．経済的に成功している国はどれも，市場が円滑に機能することを可能にする一連の仕組みや手続きを備えている．市場をうまく機能させるプラットフォームは，次の5つの要素を備えている．情報が円滑に流れること．財産権が保護されていること．人々が約束を守ると信頼できること．第三者に対する副次的影響が抑えられていること．そして競争が促進されていることである．

市場のためのプラットフォームは，主として試行錯誤によって進化する．取引のメカニズムは，市場参加者によるイノベーションを通じてボトム・アップに発展する．自生的進化が市場の主要な原動力なのである．しかしながら，市場がその潜在力をフルに発揮するためには，政府の助けが必要である．だが，市場と政府の関係は不安定なものである．市場はどんな中央集権的方法よりもうまく経済をコーディネートする一方で，政府はときに市場を歪め，市場を破壊してしまうことすらあるからである．しかし，経済がその潜在力をフルに発揮しようとするかぎり，政府の助けは不可欠である．

市場の強みはその適応可能性と絶え間ない再構築にある．21世紀に向けた新たな市場を形づくることは，政府の仕事であると同時に，起業家たちにとっての好機でもある．

「経済学者はときどき小説家よりも面白い話をする」と小説家マリオ・バルガス = リョサは述べている[1]．私の仕事は，リョサの期待にかなうように努力することである．材料は豊富にある．市場の物語は，失望や失敗だけでなく，人間の創意と創造性に満ちているのである．

---

1) バルガス = リョサがこのことを述べたのは，ペルーの貧しい人々がブラック・マーケットでどのように生計を立てているかに関する話に関連してのことである．（de Sotto (1989) への彼の序文 (p. xi) にある.）

目次

第1章 唯一の自然な経済

市場は文明とともに古い制度であり，古代アテネのアゴラから現代の電子商取引に至るまで，その時代の環境や利用される技術によって形態こそ違うものの，常に人間の経済活動と深く結びついて存在してきた「唯一の自然な経済」である．

第2章 知性の勝利

政府による抑圧などの厳しい条件のもとでも，市場は人々の創意工夫によって，雑草のようにボトムアップに自然発生する強さを持っている．取引利益の存在するところではどこでも，それを汲み尽すために，起業家たちが市場を創出するとともに，たえずそれを改善する営みが行われてきた．

第3章 地獄の沙汰も金次第

エイズに効く抗レトロウィルス薬がエイズで苦しむアフリカの人々にとってまったく手の届かないものであった状況は，市場のもっとも醜い側面を表現しているが，それがどのように解決されたのかを描写する．エイズ薬の場合，知的財産権のルールを弾力的に変更するという製薬市場の再設計によって問題が解決された．この事例は，トップダウンの市場設計が必要であることの一例となっている．

第4章 情報は自由を求めている

モロッコのバザールを例に，サーチ・コストの存在が競争を弱める結果をもたらすことを説明する．またサーチ・コストの存在によって生じる市場の非効率性を改善するために，仲介者が大きな存在意義を持つことが説明される．成功している市場では，情報が流れるための仕組みを備えていることが主張される．

第5章 正直は最善の策

商品の質に関する不確実性を解消するためのさまざまなメカニズムを扱う．すべての取引は信頼の要素を含んでおり，取引相手を信頼できなければ市場はうまく機能しない．うまく設計された市場は，相互の信頼を築くためのさまざまなメカニズムを備えて，誠実な取引が報われるようにしている．この中には，契約法のような公式の仕組みだけでなく，契約違反者に関する情報流通にもとづいた「評判メカニズム」のように，非公式な仕組みも含まれている．

第6章 最高札の値付け人へ

交渉との比較によって，競争がもたらす効果についての考察が展開される．競争は，もっとも効率的な資源配分の実現を低い取引費用で保証している．競争市場はまた，実際の価値や費用に関する情報を明らかにする情報生成の効果も持つ．活発な競争のための条件を創出することが市場設計の主要な仕事の1つである．

第7章 サァ，いくらで買う！

競争の持つ望ましい性質を引き出すために，市場設計がどのようになされなければならないかが論じられる．インターネットのオークション・サイトや連邦通信委員会の電波周波数帯オークションは，新しい競争市場を創出しているが，そこでは設計の細部の違いが大きなパフォーマンスの違いを生み出す．競争はどんな市場でも自然発生するわけではなく，経済理論が新しい競争メカニズムの設計に役立っている．

第8章 自分のために働くときには

保障された財産権の存在が，生産的努力とリスクを取ることに関して大きな動機づけを与える例を示し，その理由を説明する．農民たちに「実質的な」財産権を付与した中国の農業改革の例は，必ずしも公式財産権が不可欠というわけではないことを示しているが，財産権の設定とその実効化は市場設計においてキーとなる要素であり，そのために政府による一連の制度整備が必要とされることが述べられる．

第9章 特許という困惑

知識は公共財的性格を持っている．知的財産権保護は，イノベーションを動機づけるために必要だが，保護が過大だと，知的財産の利用を制約してしまうマイナス面が大きくなってしまう．現行の知的財産保護はこうしたトレードオフのもとでの妥協の産物であり，強い知的財産権か，弱い知的財産権かは状況によって変わってくると述べられる．

第10章 なんびとも孤島にあらず

外部性（取引が生み出す補償されない副作用）の存在による市場の機能低下が，市場設計によってどのように解決できるのか，できないのかを，海洋漁業とスポーツ・リーグの外部性解決策を例として論じる．ある場合には，外部性を解決するために共同体規範が重要な役割を果たすが，こうした解決策を採れない場合には，課税や規制といったトップダウンの解決が必要なこともある．トップダウン

で明確な財産権を定義し，ボトムアップに交渉させることで補正できる外部性も
あるが，いずれの解決策も決定的ではない．

第11章　公衆に対する陰謀

政府と市場の間に存在する緊張関係を説明する．政府は，賄賂を強要して国民
を収奪したり，特定の市場参加者を優遇したりして，人々の投資意欲を損ない，
市場を阻害する可能性がある．市場参加者もまた，談合などの形で，資源配分を
妨げる可能性がある．

第12章　草の根の努力

市場と政府の適切な役割分担について述べる．崩壊した共産主義経済と市場経
済との対比から，分権化による局所的知識の利用，多様な予測にもとづく並行し
た実験という面で，市場が計画に勝っており，政府は必要以上に不向きなことを
してはいけない．しかし，どんなに分権化されたシステムでも集権的要素が必要
である．また，地下経済は国家の保護なしでも栄えるが，それは取引を単純で小
規模なものに限定してしまう．国家は，市場を支えるために必要な土台や公共財
に関して，資金提供や生産という形で必要な役割を果たさなければならないと論
じられる．

第13章　他人のお金を管理する人々

企業は市場と対照的に集権的な性格を持つ．一国経済全体が集権的に計画でき
ないのに，なぜ企業は効率的に運営されているのか．第1の理由は，私的所有に
よって株主が利害関係を持っているからであるが，所有と経営の分離はこの解決
策を制限している．第2に，企業には，製品市場と金融市場の両方からの規律が
作用しているからである．これらの規律が機能するためには，法システムだけで
なく，専門官庁による規制，市場仲介者の活動といったさまざまな制度の補完的
支援が必要不可欠である．取引が複雑な現代経済では，市場設計の問題は市場か
国家かではなく，市場と国家であるとされる．

第14章　競争の新時代

市場の持つ特性を利用して，政府が行う公共政策に市場を役立てることができ
る．二酸化硫黄排出による酸性雨の問題では，政府が排出権を創出し，それを売
買する市場を設けることで，低い費用で二酸化硫黄の削減が可能であることが明
らかとなった．政府が排出量の上限を設定し，財産権を管理したうえで，市場が
資源配分上の決定をするという組み合わせが機能したのである．しかし，カリフ

ォルニアの電力市場改革は大失敗であった．市場設計の細部が成功・失敗にかかわっている．

第15章　空気を求めて

　ニュージーランド，ロシア，中国の経済改革の事例を通して，ショック療法と漸進的改革のメリットとデメリットが論じられる．ニュージーランドはショック療法の成功例，ロシアは失敗例である．中国の改革は漸進主義的に行われた．企業の民営化を急がず，国有企業に市場での販売を許してインセンティブを与えると同時に，新企業の形成を促進した．この結果，郷鎮企業という既成概念を打ち破る企業体が発生し，それが経済成長を牽引する力となった．このことは，経済全体を上から設計することはできないので，改革を行う者は，市場参加者によるボトムアップな解決策をも認める必要があることを示している．

第16章　貧困撲滅の戦士たち

　貧困解消には経済成長が必要であり，そのためには，市場をうまく機能させるための制度を正しく持つことが必要である．市場はうまく機能する限り，われわれが利用できる最良の貧困治療法だが，うまく機能しないことがあり，そのために貧困の解消に失敗する可能性がある．このために市場設計の知見を用いて，国家が適切な行動をとらなければならないとされる．

第17章　市場の命令

　マクミランの市場観が改めて展開される．市場システムはそれ自体が目的なのではなくて，生活水準を引き上げるための不完全な手段の1つであるが，生活水準の向上をもたらす唯一の信頼できる方法でもある．また市場は万能ではなく，うまく設計されたときにのみ，うまく機能するという立場から，市場が常に正しいとか，根本的に悪であるというイデオロギー的な観点に反対して，市場に対してプラグマティックなアプローチを取ることが必要であると主張される．

凡例

・訳注は，本文中に〔　〕で補った他，＊をつけ脚注にしたものもある．

・原注は，原著では巻末に置かれているが，旧版にならい脚注とした．

・原著では章内の各セクションに小見出しはついていないが，読者の便宜を考慮して内容に沿ったタイトルを付した．

・原著では「市場」に関連する言葉として，market と marketplace が出てくるが，日本語としての読みやすさを優先し，ほとんどの場合，どちらも単に「市場」と訳している．日本語においては，「市場」という言葉だけで，その意味が文脈によって明らかであり，読者が混乱する可能性はほとんどないと判断した．

・enforce およびその派生語は，ゲーム理論を用いる制度の経済学にとって，きわめて重要な言葉である．この語は，一般に強制ないし施行と訳されることが多いが，こうした訳語では，暗黙のうちにルールを強制ないし施行する主体（enforcer）を想定している．しかしこの語は，たとえば慣習のように，強制ないし施行する主体が存在しない状況でもルールが実効性を持ちうる様態をも包含した語である．また法律の「施行」と，それが「実効性を持つこと」とは別個の概念だが，この語は多くの場合，後者にかかわっている．そこで，本書では enforce を「実効化する」，「実効性を与える」などと訳出した．ゲーム理論の日本語文献で通常「自己拘束的」と訳される self-enforcing についても「自己実効的」と訳した．

新版
市場を創る
バザールからネット取引まで

第 1 章

唯一の自然な経済

The Only Natural Economy

アールスメールの花市場

　アールスメールというオランダの村にある世界最大の花市場を訪れると，サッカー場 125 個分もの広大な敷地を色とりどりの花々が覆っている様子を見ることができる．度肝を抜くような規模である．週日の午前中には，700万本のバラ，300 万本のチューリップ，200 万本のキク，そして 800 万本を超える他の花々や鉢植えの植物が，そこを通過していく．約 2000 人の買い手たちがこれらの花に 500 万ドルもの値をつけている[1]．

　花は，遠くコロンビア，ケニヤ，ジンバブエから空輸されてくる．花をオランダに輸送するところだけを見れば，石炭をニューキャッスルに運ぶことに似ているように思われるかもしれないが，今日のオランダがグローバルな花取引を運営する事業を行っていることにはそれ以上のものがある．この花市場はきわめて迅速に運営されており，花々は新鮮なまま，世界中の最終目的地に到着するのである．

　繊細で傷みやすい切り花の世界規模の市場は，現代の科学技術なしには存在しえなかっただろう．1980 年代後半まで，ケニヤのような国は花の重要な供給国ではなかった．バラをナイロビ近郊の栽培者から，アールスメールを経由して，たとえばソウルの買い手に運ぶまで，すべてを 1 日以内でやってしまうためには，効率的な航空輸送と電気通信技術が必要である．花が競

---

1 ）データはアールスメール花市場（www.vba.nl）からのものであり，2001 年 1 月時点のアクセスによる．

売会社を通過する際，電子機器が花の移動の様子を記録している．「オランダ時計」を使った値付けの方法が，2，3 時間の内に何千ものオークションを行うことを可能にしている．値付け人たちにつながっている巨大な時計が，競売が行われるホールの前方にそびえ立っており，一まとまりの花が運ばれてくると，時計の針が高い価格のところから動き始め，値付け人の 1 人がボタンを押して時計を止めるまで，針は低い価格へと回転していく．コンピュータが自動的に買い手の住所への出荷を準備する．

　グローバルな花市場のプロセスは非常に洗練されたものではあるが，その核心——競争的な売りと買い——は文明の歴史とともに古いものである．アールスメールの市場は，バザールという時間の試練を経てきた伝統的な手段と現代の科学技術とを結びつけることによって成立しているのである．

市場は文明とともに古い

　1989 年 11 月 9 日，ベルリン市民は 30 年間にわたりベルリンを分断してきた壁を取り壊した．壁とともに，共産主義と計画経済も崩壊した．1995 年 4 月 30 日，アメリカ合衆国政府はインターネットを管理することをやめた．そして，起業家たちがオンラインの売買手続きを工夫するにつれて，電子取引が急速に発展した．これら 2 つの日付は，良かれ悪しかれ，市場の時代と呼ばれるようになったものの幕開けを示している．

　市場の再発明は中央計画経済の終焉やインターネットとともに始まったわけではない．市場は歴史とともに古く，たえず再発明されてきた．肥沃な三日月地帯（今日のイラク）にあった最古の町々は取引の連絡網を築き上げていた．バビロンやウルといった町と町の間を，ロバやラクダが宝石，象牙，武器，香辛料，乳香，没薬といった財を運んでいた．商人たちは，こうした取引活動の副産物として，新しい考え方や発明を流布していた．市場のハブともいえる貨幣は早くから現れた．考古学博物館における古代硬貨のコレクションからは，文明の発展を垣間見ることができる．

　市場とともに文化が発展した．書くことは，肥沃な三日月地帯で約 3000 年前に，経済的な情報を記録する手段として始まったのであった．知られている限り最古の文書は粘土に焼きつけられた記号であるが，それは家畜，穀

物，油の帳簿であった．これらの書かれた記録は徴税人や商人たちが使用していた．数学もまた，売買活動の道具として，肥沃な三日月地帯で発明された．費用を計算したり，価格を設定したりする上で算術が必要とされたからである．

　古代アテネの中心的な市場（いちば）であるアゴラでは，露店商たちが商品ごとに集まっていた．魚の売り手たちは 1 つの場所に集まり，肉は別の場所に集まった露店で売られ，衣服はまた別の場所で売られていた．香水や宝石のような価値のより高い商品を扱う売り手には，特別の建物があった．陶工は今日われわれが博物館の 1 セクションで見るような貯蔵用のかめや食器を作っており，金属工は鍵，青銅の鏡，道具，ベルを作っていた．アゴラは単なる市場（いちば）を超え，アテネの中心でもあり，運動競技，政治的集会，演劇，宗教的行事の行われる場所でもあった[2]．

　アゴラにおける色彩や騒々しさ，匂いは，およそ今日のバザールのようなものであっただろう．インドの砂漠の州ラジャスタンの小さな町プシュカルにおいて，年に 1 度行われるラクダの品評会は，その派手な一例である．品評会は数世紀前にヒンズー教の宗教的巡礼の副産物として始まった．プシュカルは，創造主であるブラフマーが蓮の花びらを落とし，湖を作り出す奇蹟を行った場所であると信じられている．ここでは，約 5 万頭という思いも及ばぬ数のラクダが売りに出される．1 つの場所に集まった数としては想像を絶する数である．にぎやかで，埃まみれの，騒々しい光景である．蛇使い，ミュージシャン，ロマ・ダンサー，ジャグラー，曲芸師，火を呑み込む人などが観衆を楽しませる．鮮やかなサリーに包まれた女性が食べ物と手工芸品を売っている．ラクダのレース，ラクダのポロが開催され，賭博師たちは騒々しくお気に入りのラクダを応援している．そのあいだ中，このときのために細心の注意を払って手入れされてきた数千頭ものラクダの価格交渉が行われている．

　今日のグローバルな村のバザールはインターネット上に存在する．世界中

2）肥沃な三日月地帯における取引については，Weiss（1998）を参照．書くことの功利主義的起源については，Green（1989），Postgate, Wang, and Wilkinson（1995）を，数学については Aczel（1996, pp.11-12, 41）を見よ．アゴラについては Thompson（1976）を参照．

のありとあらゆる場所にいる人々を瞬時かつ安価に結びつけるインターネットは，それがなければお互いに見つけることのできなかっただろう売り手と買い手の間の取引を可能にすることによって，市場の形態を変えた．グローバルな電子商店街にログオンすることにより，欲しいものはほとんど何でも購入することができる．

　20世紀の大半の期間，政府は市場を凌ぐ力を持っていた．このことのもっとも顕著な例はソビエト連邦と中国であり，これらの国では市場はその対立物である中央計画経済に置き換えられていた．しかし，これら諸国の経済が停滞するにつれ，深い失望が生じることになった．中央計画経済の失敗で，世界中の政府は自分にできることに関する自己認識をもっと控えめなものにした．経済はその多くを市場に任せたときにのみ有効に機能するという認識が広がったからである．ロシア，中国などの国々での経済再建は，痛みを伴うものであった．そのプロセスは，ときにわれわれの市場に対する認識の再検討を促しもしたのである．

市場とは何か

「市場」という言葉は何を意味しているのだろうか．ある物に対して，買いたい人と売りたい人がいるなら，その物に関する市場が存在することになる．辞書の定義によれば，市場とは「私的な購入と販売による取引を目的として人々がともに集まること」，「市場が運営される公共の場所」である[3]．しかし，これだけでは不十分である．何が市場取引を特徴づけるのだろうか．

　鍵となるのは，意思決定の自律性である．交換への参加は自主的に行われるものであり，買い手と売り手はどのような取引でも拒否することができる．売り手と買い手は別個の主体である．自らの資源をコントロールしている市場の参加者は，資源をどのように使うかを決めるにあたって，他人の命令に従う義務はない．買うにしても，売るにしても，労力を提供するにしても，投資をするにしても，自分の好みを反映するような意思決定を自由に行うことができる．しかし，彼らの選択は完全に自由というわけではない．資源の

3）Merriam-Webster Online Collegiate Dictionary（www.m-w.com）より．2000年11月のアクセスによる．

大きさと市場のルールによって制約を受けているからである．

　取引する人々に自律性がないのなら，定義によって，その取引は市場取引ではない．一方の取引当事者が他方の取引当事者を管理していたり，より高い権限を持った人が両者を管理しているような権力関係が存在したりするならば，その取引は他のカテゴリーに属するものであり，市場取引ではない．

　貧しい人々にとって，市場の本質である自由は大きく制限されているだろう．パンも買えない人にとっては，「ケーキを食べればいいじゃない」というのは，救いのないアドバイスである．売り手と買い手の交渉力はときにかなり不平等なことがある．どのような取引でも拒否することができるということは交渉力をもたらすが，その交渉力は必ずしも大きいものではない．しかしながら，交換に同意したり，拒否したりする機会は，ある種の自由ではある．大抵の場合，選択肢が狭いものであったとしても，選択ができるということは，何もできないよりましである．

　市場を定義するような特徴ではないが，市場には通常競争が存在しており，競争が自律性に付加されている．競争は個々の市場参加者の力を抑制し，ほとんどの市場において，個人が全体の結果を左右しないようにしている．競争があるとき，消費者は「結構です，別のところで買います」ということができる．競争的市場とは，代替的な選択肢が存在しているということである．

　つまり市場取引は，自発的に行われる交換と定義することができる．各主体は取引を拒否することもできるし，（市場のルールという制約条件の中で）取引条件に自由に合意することができる．市場とは，このような交換を実行する公共の場である．

　具体的な市場（markets）に加えて，「市場経済」，「自由市場」，「市場システム」といった言葉の中に出てくるような抽象概念としての市場（the market）というものもある．抽象的な市場は多くの現実の市場の相互関係から生み出される．以下では，「市場（a market）」，「市（a marketplace）」という言葉によって，財の売買が行われる特定の物理的場所やオンラインの仮想空間を意味することにする．また，「市場（the market）」という言葉によって，（文脈によって明らかになるが）その抽象概念を表すことにしよう．

　この市場の定義からすると，多くの取引が市場取引から除外されることに

なる．市場は決して，どこにでもあるというわけではない．もっとも市場指向的な経済においても，大半の取引は市場を通じないで行われる．市場の範囲は限られているのである．非市場的な活動としては，以下の3つのカテゴリーが一般的である．

　1つは，家庭の中で行われる，介護や家事や家族のための食事の支度といったような支払いの行われない仕事である．家庭内労働の経済的価値は評価することが難しいが，ある推計によれば，アメリカでは，フルタイムで家の中で働く平均的な人は，価格付けを行うならば，1年間に約17,000ドルの価値に相当する産出物の生産を行っている[4]．

　道路建設，学校や警察の運営のような政府活動も，非市場的活動のカテゴリーを構成している．政府消費（人々の間の所得移転を除いたすべての政府の活動を意味している）は，現代経済の国民所得の5分の1かそれ以上になる．

　企業内で行われる事業もまた，もう1つの主要な非市場的活動のカテゴリーである．アメリカその他の先進国経済では，市場を通した取引以上の取引が企業内で生じている．ゼネラル・モーターズ（GM）が自動車のハンドルを調達するときに，ハンドルを供給するのが独立した別の会社なのか，GM内のある部署なのかによって違いが生じる．財が企業から企業へ，もしくは企業から消費者へと移るときとは異なり，企業の一部門から他の部門へと移るときには，所有権が変化しない．市場取引においては，自律的な主体は自分自身の個別の利益に従って行動する．対照的に，企業内取引は市場によらず企業の規則書に従って行われ，意思決定者の個人的目的ではなく，組織全体の目的を促進するように実行される．あるいは，少なくともそのように実行されることが期待されている．

　それでは，大半の取引が家庭内，企業内，政府内で行われているのに，なぜ市場経済と呼ぶのだろうか．それが市場経済と呼ばれるのは，これらの非市場的な取引でさえ市場の文脈の中で行われているためである．市場経済によって，経済全体の型が形成されているのである．

　誰も市場に対して責任を持っていない．いや，むしろ，すべての人が責任

4）家計の生産活動の数字は，Sharp, Ciscel, and Heath（1998）による．

を持っていると言うべきかもしれない．この分権化がダイナミズムをもたらしている．市場は人々に力を賦与する．チェコの劇作家であり，共産主義時代の勇敢な反体制活動家で，その後，チェコが計画経済を廃止するときに大統領となったヴァツラフ・ハヴェルは，市場と市場に代替的な制度とを比較する資格を持つユニークな立場にあった．彼は「私の信念は中道左派であったにもかかわらず，私はいつでも，うまく機能する唯一の経済システムは市場経済であることを知っていた」と述べた．「市場経済は唯一の自然な経済であり，理にかなった唯一のものであり，唯一繁栄をもたらすものである．なぜならば，それが生活それ自体の本性を反映した唯一のものだからである．生活の本質は，無限かつ神秘的に多様な形態をとっている点にある．それゆえに，その豊かさや多様性は，どのような中央集権的知性によっても包含されたり，計画したりすることはできない．」[5]

市場に対する神秘的見方

　市場がそれを管理する責任者の存在なしに機能するという途方もない事実を説明するために，ある人たちは超自然的なものを持ち出してきた．18世紀オックスフォード大学の政治経済学の教授，リチャード・ウェイトリー師は，市場の首尾一貫性を神の存在証明であると信じていた．市場を最適な結果へと導いている人間の計画者が誰もいないなら，神がそうしているに違いない．見えざる手は神の手である．

　今日の自由市場のファンたちには，宗教的な熱狂性を持つものもいる．「現代の資本主義経済に生気を吹き込んでいる真の資本は物質的なものではなく，道徳的・知的・精神的なものである」とリバタリアニズムの伝道者ジョージ・ギルダーは宣言した．ギルダーはまた，起業家精神は「宗教的な信仰と文化のもっとも深いところから湧き出てくる」のであり，起業家は「山上の垂訓の甘く神秘的な慰めを具現化し実現しているのだ」と述べた．ロナルド・レーガンは「市場の魔法」というキャッチフレーズを好んだ．しかし，この言葉は迂闊にも彼の「ブードゥー経済学」に対する嘲笑を裏づけるもの

5）Havel（1992, p.62）.

となってしまった.

　小説家のカルロス・フェンテスは,「市場の意志に任せておけばわれわれのすべての問題を解決するという宗教的信念」を理由にして,彼が経済的原理主義と呼ぶものを嘲笑している. たまたま神学教授になったハーヴェイ・コックスは,市場狂信者を嘲り,「それを包み隠す神秘とそれが引き起こす尊敬の念」という点で,市場はその狂信的な信者たちにとっては神のようなものであると言っている. すなわち,市場主義の布教者たちは,市場を神のように「全能(すべての力を持っている),全知(すべての知識を持っている),遍在(どこにでも存在している)」であると宣言しているのだ. これらの神聖な性質は「必ずしも人間には完全に明らかなものではなく,信仰によって信じられ,支持されなければならない」とコックスはつづけて言っている[6].

　しかし,信仰は必要ない. 市場を導く「手」は,見えざるものかもしれないが,実際には超自然的なものではない. 市場は,全能でも,全知でもなく,遍在的でもない. 人間的な不完全性を伴った,人間による発明物である. それはいつもうまく機能するというわけではない. 市場は,魔法や,ついでに言えば,ブードゥーによって機能しているわけではない. 市場は,制度,手続き,ルール,慣習を通して機能する. この本における私の目的の1つは市場を脱神秘化することにある.

　教科書的な経済理論は,市場がどのように機能しているかについてほとんど記述しておらず,市場が魔法であるという考え方を払拭していない. 経済学の大部分は市場の研究であるにもかかわらず,経済学の教科書は市場を抽象的に記述しているだけである.「経済学入門」の無数の講義の中で詳細に説明される需要曲線と供給曲線の図は,交換についての血の通っていない説明である. 説明する必要があることの多くが説明されないままに残されているのである. その図は,価格に何ができるかを説明するが,価格がどのように設定されるかについては説明していない. 需要と供給の説明は,買い手と売り手がどのように対面するか,売り手や買い手が他にどのような取引を行

---

6) Cox (1999, p.19). フェンテスの引用は, *World Press Review*, November 1995, p.47 から. ギルダーの言葉は Borsook (2000, pp.150, 151) から引用した. ウェイトリー師については, Rashid (1998, p.219) を見よ.

っているか，買い手は買う物をどのように評価するか，合意がどのように実
効化されるかといった問題を迂回してしまっている．3人のノーベル経済学
賞受賞者たちはこの奇妙な点に気づいていた．ジョージ・スティグラーは，
その奇妙な点を「市場の理論にほとんど注意が払われてこなかったことが困
惑の源泉」であると考えていた．ダグラス・ノースは，経済学には「新古典
派経済学を支える中心的制度である市場についての議論がほとんど含まれて
いない」という「奇妙な事実」に気づいていた．ロナルド・コースは，市場
は経済理論における「正体のはっきりしない役割」を担っており，「市場自
体の議論が完全に消滅してしまっている」と不満を述べた．

　これらのノーベル経済学賞受賞者たちの批判の論点は，現在では解消され
つつある．現代経済学は市場の働きについて多くのことを語ることができる．
理論家たちが需要と供給のブラックボックスを開き，その内部を観察してき
た．交換のプロセスに関しては，ゲーム理論が持ち込まれた．市場を至近距
離から調べている新しい経済学は，市場の摩擦の存在と，その摩擦がいかに
抑制されているかを強調している．この業績が認められて，2001年には，
ジョージ・アカロフ，マイケル・スペンス，ジョセフ・スティグリッツがノ
ーベル経済学賞を受賞した．授賞理由は「非対称情報を伴う市場の一般理
論」の基礎を築いたことにあるとされている．これらの新しい考え方は，数
学と難解な専門用語によって表現されており，目立つことなく専門雑誌の中
に存在しているだけである．しかし，その考え方は，深く実用的な内容を持
っている[7]．

市場設計と取引費用

　社会学者のゲオルク・ジンメルは，交換は「人間の社会化のもっとも純粋
で原始的な形態」であると1900年に書いている．交換は，「単なる個人の集
団に代えて，社会」を創り出す[8]．市場は社会的な構築物である．市場が円
滑に機能するためには，うまく構築されなければならない．市場設計という

7）ノーベル経済学賞受賞者の引用は，Swedberg（1994）から．ノーベル賞の授賞理由の引用は，
　www.nobel.se/economics/laureates/2001/press.html から．
8）Simmel（1978, p.175）．

言葉は，取引が円滑に進むことに役立つような取引の方法や仕組みを指している．

　市場設計は，売買を組織化するメカニズム，情報流通のチャンネル，財産権を定義し契約関係を支えるために国家によって設けられた法律と規制，そして行動を規制する市場文化や自己規制的規範，慣例，慣習から構成される．すでに述べたように，自由な意思決定が鍵なのだから，市場設計は市場で何が起きるかをコントロールするのではなく，取引のプロセスを形作り，支えるものである[9]．

　うまく機能する市場設計は，さまざまな取引費用——交換のプロセスで発生するさまざまな摩擦——を抑制している．これらの費用には，事業を行うプロセスで費やされる時間，労力，金銭など，買い手が実際の支払価格に加えて負担する費用と，売り手が物を売ることに加えて負担する費用の両方が含まれている．取引費用は多種多様である[10]．

　取引費用のあるものは，取引が完遂する前に発生する．潜在的な取引相手を特定するのに費用と時間がかかるかもしれない．代替的な売り手と比較し，それらの中から実際の売り手を選ぶことは，買い手にとって労力がいるものである．売られている財の品質は，しばしば即座には明確ではなく，買い手がそれを評価するのに骨を折らなければならないかもしれない．信頼できる仕方でチェックができないならば，買い手は購入を躊躇するかもしれない．

　取引費用は合意に至るプロセスでも発生する．交渉が長引くかもしれない．交渉者が自分にとって良い交渉結果を引き出すために相手を出し抜こうとし，それが結局，交渉を行き詰まらせ，相互に利益があるはずの取引を駄目にしてしまうこともある．

　事後的に発生する取引費用も存在する．期待通りの仕事をしているかどうかを監視するには時間とお金がかかる．契約を実効性あるものにすることや，

9）市場の新しい理論を発展させた巨人はケネス・アローである．Arrow（1971）を見よ．他の際立った業績としては，Stigler（1961），Vickrey（1961），Akerlof（1970），Spence（1973），Rothchild, and Stiglitz（1976），Wilson（1977）などがある．

10）市場と企業における取引費用の重要性を最初に強調したのは，ロナルド・コースとオリヴァー・ウィリアムソンである．Coase（1937, 1960），Williamson（1985, 2000）を参照．コースとウィリアムソンの業績は，この本で議論されている多くのアイディアの基礎になっている．多種多様な取引費用についてもっと知りたければ，特に Williamson（1985）を参考にするとよい．

紛争を防止したり，解決したりすることにも費用がかかる．また，合意が完璧でないならば，生産的な機会を逸してしまうかもしれない．コンピュータ・チップや車のシートのような部品を作っているような製造業者は，一企業の特定の要求に合わせてカスタマイズするよりも，むしろ標準的な部品を製造し，複数の企業に販売することを選択するかもしれない．生産のカスタマイズは，そうした方がより大きな価値を生むにもかかわらず，1 人の顧客の気まぐれによる損害を被りやすいからである．

　取引費用は，行われる取引の実際の価値とは無関係なところで資源を消費する．極端な場合には，取引費用は市場を機能不全に陥らせる．市場の情報が不十分で，買い手が 2 人以上の売り手を発見できないならば，買い手が他の売り手を見つけることができないという事実を利用して，売り手は法外な値段をつけることができるだろう．また，取引費用が取引による潜在的利益をなくしてしまうほど大きければ，極端な形での市場の機能不全が発生するだろう．たとえば，失業が存在するのは，単に仕事が少ないからだけではなく，労働市場の取引費用が雇用者と求職者の結びつきを困難にしてしまうからでもある．取引費用を低下させるような事業の新しい方法はすべての人々に便益をもたらす．

　現代の市場は，洗練された組織体である．自動車やコンピュータのように多面的な製品や，労働や金融サービスの市場では，洋服や食べ物といった単純な商品には発生しないような一連の問題を解決しなければならない．そのような問題の一例は，市場が有効に機能するためには情報が円滑に流れなければならないということである．情報の偏在は交渉を困難にし，契約によって実現できることを制限してしまう．情報の伝達にはコミュニケーションの信頼性を保証するような工夫が必要となる．問題の他の例としては，市場がうまく機能するためには，人々がお互いに信頼できなければならないということがあげられる．残念なことに，すべての人が始めから信頼できるというわけではないから，信頼にはそれを支えるメカニズムが必要である．多くの財では，製品の特質が隠されているので，買い手に対して財の品質を保証する何らかの方法がなければならない．完了するまでに時間がかかる取引においても信頼が必要とされる．他人が約束を守る保証がないところでは，人々

は投資を躊躇するものである．主としてこれらの理由から，現代の市場経済は，高度に複雑な取引を支えるのに十分堅固なプラットフォームを必要としている．

　物事がうまく機能しているときには，われわれは市場の設計を当たり前のものとして受け入れている．取引のための費用が低いところでは，その費用を抑えるための工夫はほとんど目につかない．対照的に，不適切な設計は簡単に観察される．その表れは市場の機能不全である．本書において私は，世界中の市場を考察することにする．何らかの理由によって取引費用が高くなっている貧しい国々を観察することで，何が欠けているのかを確認することができる．豊かな国々を見ることによって，新技術に対応して発生した新しい取引の手法を知ることもできる．

　市場設計のうちのあるものは，市場参加者自身によって考案されたものであり，他のものは政府の手によるものである．市場ゲームのルールが発展するのは，たいてい自発的な変化によるものであり，このときには市場参加者たちがよりよい取引の方法を設計する（市場設計のこの側面を，私は「非公式」もしくは，「ボトムアップ」と呼ぶ）．しかし，取引費用を低下させることは，起業家だけの仕事ではなく，公共政策の仕事でもある．政府は，市場が効率的に機能できるような環境を確立し，維持することに責任を負っている（市場設計のこの側面を，「公式」もしくは「トップダウン」と呼ぶ）．

　市場設計における政府の役割の基本的な部分は，財産権を定義することにある．市場を破壊するもっとも確実な方法は，自分たちの財産の保障に対する人々の信頼を崩してしまうことである．しかし，政府の役割は単に財産権を割り当てることをはるかに超えている．

　市場を支えるための政府の行動は，歴史的にも古くから見られる．紀元前5世紀に，クロイソス（今のトルコであるリディアの王．大金持ちであるという意味の"as rich as Croesus"という表現で用いられている）は，金銀の硬貨を発行する際に，その純度を保証した．貨幣の信頼性の保証は，古代世界における商業の普及に役立った．今日，アフリカ，アジア，ラテンアメリカの貧しい国々の経済成長を加速するには，契約法のような市場を支える制度を改良するなどして，取引費用を削減する必要がある．私は，低開発は市場がその

仕事を適切に果たしていないことに起因していると主張するつもりである．豊かな国々においてさえ，政府はいつでも，新技術を受け入れられるように，市場ゲームのルールを修正できるよう備えていなければならない．たとえば，インターネットを通じた新しいコミュニケーションの形態によって，著作権法を再考することが必要となった．人々がインターネットを使って，録音された音楽をお互いに無料で送り合うことを法的に許すべきであろうか．あるいは，無制限のコピーは録音された音楽の市場を害することになるのだろうか．北アメリカや西ヨーロッパのようなうまく機能している経済においては，国家は積極的に法律と規制の見直しを行っている．

　生物の進化は目の見えない時計職人のように機能している，とはリチャード・ドーキンスの言葉である[11]．人間の目のように驚くほど複雑な器官は，名人の時計職人によって設計されてきたように思えるかもしれないが，実際には，目的のない，漸進的かつ非計画的な自然選択によって「設計」されてきたものである．経済システムも同様な仕方で進化している．市場は，市場参加者の毎日の行動を通じて，試行錯誤によって発展している．しかし，生物と市場には2つの違いがある．経済システムを進化させる構成要素は，口のきけない分子ではなく，知的な行動者である．将来を見越した市場参加者たちは意識的に変化の方向に影響を与えるが，このことがシステムの設計を手助けしている．さらに，どのような経済システムにおいても，たとえば法律のような部分は，国家や他の組織によって課されているものである．それは，必ずしも熟練した職人ではないかもしれないが，目の見える時計職人によるものだといえよう．もっとも分権的な経済においても，立法者，裁判所，規制当局などによる，中央からの管理が行われている．すべてに対して責任を負っている人は誰もいないが，経済を導く人々は存在しているのである．

フットボールの歴史

　フットボールの歴史は市場発展のモデルとなる．サッカー，ラグビー，アメリカン・フットボールのようなさまざまな形態を持つフットボールは，中

11）Dawkins（1986）.

世からイギリスでプレーされた民衆のフットボールに起源を持っている．民衆的なフットボールには，ほとんどルールがなかった．存在したルールは自生的に発生したものである．そのルールは慣習に依存し，村ごとに異なるものであった．どのような人数でもプレーできただろう．観客たちも，気が向けば戦いに参加できた．審判は存在せず，プレーヤーたち自身によるある種の社会的なコントロールのみが存在していた．

　技術は見るほどのものではなく，筋肉だけが見ものだった．目的は，豚の膀胱に詰め物をしたボールをフィールドの相手側の端に持っていくことであり，どんな方法を使ってもよかった．プレーの最初にボールは何人かの最強のプレーヤーによって奪われたものである．「残りのプレーヤーは即座に彼らに近づいていき，人々の寄り集まった塊が形成される」と，ダービシャー州の教区，オールセインツとセイント・ピーターズの間で行われた 1829 年のゲームの観客が記録している．「奪いとった人の腕の中で運ばれるボールを獲得するための闘争は，暴力的であり，前後に動く人々の流れの動きは結果とは関係なくすさまじいものである」．プレーヤーは「人々の圧力の強さで」しばしば倒れ，「取り囲む群衆の足の下で，失神し，血を流した．」

　民衆のフットボールは，数百年の年月をかけて徐々に発達していった．そして，かなり突然にサッカーとラグビーに転換した．これらの変化は，それ以前の数世紀におけるように地域的には起こったものではなく，トップダウンに起こった．一国を統轄する団体であるフットボール協会が 1863 年に，ラグビー・フットボール連合が 1871 年に設立され，ルールを制定した．サッカーとラグビーは，進化してきたプレーの様式の上に，公式的な設計が重ねられることによって始まったのである．

　この結果，プレーヤーたちの屈強さだけでなく，プレーヤーたちの技術が強調されるようになった．民衆的なフットボールはまだ人気はあったけれども，イギリスの村の人々と子供たちの多少恥ずべき楽しみとなった．この新しく組織化された形態によって，フットボールは世界中を夢中にした．サッカーは美しいゲームとなり，世界でもっともメジャーなスポーツとなった．ラグビーはスピードと戦略のゲームとなった．ラグビーはさらに，自生的な進化と意図的なルール設定を組み合わせるプロセスによって，チェスのよう

なゲームであるアメリカン・フットボールを生み出した[12]．民衆的なフットボールと広く成功したその子孫たちとの違いは，明示的かつ実効性のあるルールという点にある．

　典型的な市場は，フットボールと同じように生まれ成長する．参加者たちによって後押しされ，自生的に進化するのである．ある点までは，市場はまったく，あるいはほとんど形式的な構造を持たずに運営されうる．しかし，ある程度の洗練の度合いに達するためには，市場の手続きは明確にされ，権威者がその手続きを実効化するための権限を与えられる必要がある．非公式なルールがいくらかの公式ルールによって補われるときにのみ，市場はその潜在力を完全に発揮し，取引が効率的に行われ，複雑な取引が可能となる．

　完全に自由な市場とは民衆的なフットボール，つまり自由参加の乱闘のようなものである．真の市場とは，アメリカン・フットボールのように秩序ある争いなのである．

市場の便益を引き出すには

　市場は相反する意見を生み出している．ある人々は市場を搾取と貧困の源だと非難する．他の人々は自由と繁栄の源であると賞賛する．市場は本質的に害のあるものであり，定期的に国家によって壊されるべきであるという教義がある一方で，市場は明らかに便益があり，われわれはすべてを自由市場に任せることができるという教義がある．H・L・メンケンは「すべての問題には解決方法がある．単純で，直接的で，そして……間違っているものだが」と言った．あらゆる種類の社会病理に繰り返し提示されてきた2つの単純で直接的な解決方法──「市場を抑制する」と「すべてを市場に任せる」──は，たいていの場合，間違ったものである．

　伝えられるところによると，いつも「一方では……，他方では……」という経済アドバイザーに不満を持ったハーバート・フーバー大統領は，「片腕の経済学者を見つけてくれ」と命じたという．しかしながら，経済学における大きな問題に対する誠実な答えは，一方では，他方では，といったような

12）フットボールの歴史と進化の記述は，Dunning, and Sheard（1979）と Denney, and Riesman（1954）によっている．見物者の引用は Macrory（1991, p.9）から．

注意事項なしのことはほとんどない．市場の利点について，ほとんどの経済学者は悪びれることなく2つの腕を持っている．

　市場は，イデオロギーの信奉者に任せてしまうわけにはいかないほど重要なものである．事実，市場は人々の厚生を改善するもっとも有効な手段である．貧しい国々に対して，市場は貧困から抜け出すためのもっとも信頼できる道程を示している．豊かな国々に対しては，市場はその生活水準を維持していくのに必要なものの一部となっている．

　すなわち，市場は貧困撲滅のための推進力のなかで，現存するもっとも有力なものなのである．しかし，それは市場が有効に機能するときのみのことである．この注意事項は重要である．世界銀行によれば，10億を超えるアフリカ，アジアの人々は1日に1ドルかそれ以下でなんとか生活をやりくりしている[13]．その数は，豊かな西洋に住んでいる人々よりはるかに多い．多くの人々にとって，市場はそれほど良いことをしていないと思えるかもしれない．

　確かに，貧しい国々の政府はときに市場の息を止め，貧困を悪化させるほど過剰に干渉している．しかし，これが話のすべてではない．国家がその非生産的な干渉を止めただけなら，それらの国々は貧しいままであろう．カルカッタ，カイロ，もしくはティファナであろうと，どこにおいても市場が運営されていることは確かである．物売りに熱心な行商人たちなしでやっていくことはできない．発展途上国の問題は，市場がないことではなく，それがうまく機能していないことなのである．

　市場だけに任せておいては失敗することもある．市場がもたらす便益を完全なものにするには，ルール，慣習，制度による支えを必要とする．市場は真空の中では効率的には機能しない．しばしば市場ゲームのルールは不適切であり，そのような場合にそのルールを正すことは困難だし，時間がかかることでもある．多くの国々はいまだにルールを正すことができないために，市民たちに損害をもたらしている．

　市場は奇跡的なものではない．市場が解決することができない問題もある．

13）世界銀行の推計は，www.worldbank.org/poverty/data/trends/income.htm．2001年1月のアクセスによる．

しかし，もしもそのプラットフォームがしっかりしていなければ，市場はそれが解決すると期待されている問題すら解決することができないだろう．道具としてみるならば，市場は崇拝するものでもなければ，罵倒すべきものでもない．市場はそれが有用なところで機能することが許されるべきものである．

　1992年，共産主義崩壊のただ中にあるロシアで，国家が経済に対する統制を突然停止した．2，3年後，市場経済への移行が泥沼にはまり，情けないほどの状態になったとき，モスクワの街では次のようなジョークが広まった．

　　Q：共産主義の下では，電球を交換するのに何人の人が必要だろうか．
　　A：5人．1人がテーブルの上で電球をソケットに突っ込み，4人がテーブルを回転して電球をつける．
　　Q：資本主義の下ではどうだろうか．
　　A：誰も必要としない．市場がやってくれる．

　このロシアのジョークは要点を際立たせてくれる．市場は多くのことを行うことができる一方で，自動的には機能しない．助けがなければ，市場は何もできないのである．

「神は細部に存在する」

「神は細部に存在する」と建築家ルートヴィッヒ・ミース・ファン・デア・ローエは宣言した．建築家の計画に従って建物を作る職人たちは，習慣的に「悪魔は細部に存在する」と不平をこぼしていたが，ミース・ファン・デア・ローエは彼らの不平を逆手にとったのである．建築物と同様，市場にとっても，それがうまく機能するかどうかを決定するのは設計の細部である．神も悪魔もともに細部に存在するのである．

第2章

知性の勝利

Triumphs of Intelligence

自然発生する市場

　1995 年，ハノイの街頭で 1 人の警察官が女性の行商人にケチをつけていた．警棒を巧みに操って，彼女が売っていたメロンを潰し，木製の荷車を強く叩いている．不気味な静けさの中で，人だかりがその様子を見守っていた．傍観者たちは誰も関わろうとしない．ベトナムの警察ともめるべきでないことを知っているからである．仕事を終わらせた警官は，歩道をめちゃめちゃにしたまま，肩で風を切るようにしてその場を離れた．行商人は諦め顔で残骸の中から 2，3 のバラバラになったメロンを拾っていた．彼女にとって，暴力的な警官との出会いは初めてのことではないし，また最後でもないだろう．しかし，小銭を稼いでなんとか生計を立てなければならないので彼女は我慢することだろう．

　ハノイの街頭の行商人たちは，果物，野菜，小さな日用品を売っているが，そのほとんどが円錐状の麦藁帽子をかぶった小作農の女性であり，ときに小さな子供を一緒に連れている．その屋台のことを，「かえる市場」と街の人々は呼んでいるが，その名前は，荷車や肩かけ棒に下げたバスケットに商品を入れたまま警察から逃げる際の行商人の素早さに由来している．捕まってしまった不運な者は，警察が彼らの商品を破壊し盗んでいるのをどうしようもなく眺める．逃げることができた者は，商品を別の街角に並べる．共産党機関紙は，市政府に対して「ハノイをぶらつく人々を一掃する」ように要求している．規制されない取引は，当局にとっては受け入れがたいものであ

るのだが，それを完全になくすことはできなかった．行商人たちの頑固さは
ベトナムの諺を再確認させる．「市場を止めようとすることは，川の流れを
止めようとするようなものである．」

　残忍な内戦を逃れて，ザイール（現在のコンゴ民主主義共和国）の難民キャ
ンプに身を寄せているルワンダ人たちは，逃亡中の居住地を騒がしい商業活
動の中心地に変えてしまった．国連難民高等弁務官の報告によれば，1995
年までにキャンプの中で約8万2,000件もの事業が成長した．間に合わせの
食料品市場や雑貨店，バーやレストラン，バス，美容師，仕立屋，肉屋，写
真屋，映画館，薬屋が，キャンプ地の汚なさ，恐怖感，病気をいくらか耐え
られるものにしてくれていた．

　第2次世界大戦中の捕虜収容所でも，同様に市場が出現した．ドイツ人に
捉えられたイギリス人のR・A・ラッドフォードによれば，捕虜たちは食料，
煙草，衣服といった赤十字からの配給品を取引していた．お金の代わりに，
煙草が交換手段となり，価値貯蔵物となった．価格は需要と供給によって変
動した．腹を減らした捕虜たちの新しいグループが到着するたびに，食料価
格は上昇した．始めの頃は，毎週の食糧配給の際に価格は下落したが，その
うち捕虜たちは食料を貯蔵し始め，供給の変動は平準化するようになった．
何人かの捕虜たちは仲介者となり，価格が下がっているキャンプで購入し，
価格の高いところで販売をした．彼らの活動は価格を均等化した．洗濯や絵
描きなどの労働市場さえ存在し，売り手が買い手に信用を供与する簡単な金
融市場もあった[1]．

　これらの即興的な市場は，市場一般が持つ重要な特徴のいくつかを内包し
ている．市場は立ち直りが早い．難民や捕虜の収容所に，市場システムが繁
栄するとは信じがたいと思われるかもしれない．市場は取引利益を生み出す．
経済学のすべてにおいてもっとも重要な観察の1つは，売りと買いが価値を
創り出すということである．ルワンダの難民たちは自分たちの労働を一定分
野に特化させていた．ある者はゴミから肉をあさり，ある者は野菜を育てた．
また，ある者は薪を集め，他の者は仕立屋やコックとして働いた．そして，

---

1 ）ハノイの街角市場はTempler（1999, p.233）に描写されている．ルワンダの難民キャンプの話は
　Wrong（2000, p.239），捕虜収容所の話はRadford（1945）に記述されている．

彼らは創り出したものを取引した．捕虜収容所では，煙草を吸わない者は煙草を売って食料を買い，ベジタリアンのインド人は缶詰の牛肉をジャムやマーガリンと交換した．取引が可能であったということは，捕虜や難民たちが，ロビンソン・クルーソーのように，自分に割り当てられたものしか消費できない状況よりもましな状態にあったことを意味している．

　市場は自然発生するものである．市場はひどい状況でも機能する．市場は雑草のように育ち，効果的に機能することができる．少なくとも取引が単純であるときにはそうである．生活がかかっているときには，人々は新しい市場を創造したり，より良い市場を設計したりするなどして，創意工夫で自分たちの運命を改善する方法を見つけ出そうとするものである．

アフリカのある市場（いちば）

　もっとも単純な市場にさえ，よく見れば驚くべき精妙さが隠されている．アフリカ文化研究者のクレア・ロバートソンが記述する，ガーナの首都アクラ市中心部にあるマコラ市場を見てみよう．屋台の持ち主はそのほとんどが女性であり，魚，野菜，穀物，魚の缶詰，基本的な家財道具を売っている．彼女たちは小規模で営業しており，典型的には1日たった2，3ドルほどの売上しかない．市場は，いくつかの大きな土間のある倉庫に収容されているのだが，混雑して埃っぽい．人込みと騒音，魚の匂いは，訪問者を圧倒するものである．

　最初の印象は誤解を与えるものである．マコラ市場は，見かけは原始的だが複雑なシステムである．屋台の持ち主は，ただ小売業者というわけではなく，卸売業者でもある．彼女たちは，少量しか購入しない消費者たちに販売するため大量に買い入れるだけでなく，他の売り手たちに再販売するために小規模の購入をまとめてもいる．道路や鉄道が不十分な国では運送は容易でないが，彼女たちは財の運送をも組織化しており，広く分散して存在する生産者と消費者の仲介者として働いている．また，簡単な製造も行っている．ビーズでネックレスを作り，原材料を加工して，食料品，香辛料，化粧品を作るのである．缶，瓶，新聞紙のリサイクル用途を発見するのも彼女たちである．さらに，顧客の信用度を評価し，貸付けを行うなど，銀行の役割も果

たしている.

　屋台の持ち主たちは読み書きができないので，驚異的な記憶力で商売の記録を頭の中にとどめていなければならない．利潤を把握するために，投入費用を正確に計算する．たとえば，露店商人がビーズで作ったネックレスにつける価格は，彼女がビーズ，糸に支払った額，彼女自身もしくは従業員がネックレスを作る時間，目標とする利潤マージンを反映して設定されている．

　屋台の持ち主たちは，ミニチュアの法システムを自ら発展させた．そこには，非公式の財産権が発生している．屋台の土地は正確にはアクラ市によって所有されており，屋台主たちは土地に対する法的所有権を持っていないが，彼女たちはそれがあるかのように振舞っている．土地は相続される．今の屋台所有者の土地は彼女の母か姉妹から譲り受けたものであるというケースがしばしばある．土地はさらに，賃貸しされたり，売買されたりする．「クイーン・マザー」と呼ばれ，尊敬されている商人たちは，裁判官の役をし，係争が生じたときに仲裁を行う．

　取引利益が生み出される．行商人たちは，都市の貧しい人々が食料を手に入れられるようにし，衣服のような必需品を買うための所得を農民に提供するなどして，自分自身だけでなく他の人々をより豊かにする．このようにして彼女たちは，アダム・スミスの商人分析の好例となっている．「各人が心から社会の利益を増進しようとするときよりも，自身の利益を追求することによって，しばしばより効果的に社会の利益が増進される.」

　ガーナ政府は周期的に，そしてときには暴力的な仕方でマコラ市場の活動を止めさせよう試みてきたが，市場は運営されつづけている．そうした試みは，1979年，軍事政府が価格統制を破った罪で市場の取引者たちを告発した後に，残忍の極みに達した．兵士たちは，屋台を略奪した後に市場をダイナマイトで爆破した．その後，クマシ〔ガーナの第2の都市〕の町では，マシンガンで武装した兵士たちが市場を襲撃して取引者たちにリンチを加えた．兵士は，取引者の1人を不当利得者として非難しながら，背中から赤ん坊を剥ぎ取り，彼女を銃で撃った．それから，ブルドーザーが市場の屋台をすりつぶして灰燼に帰せしめた．兵士はいった.「これでガーナの女性は悪いことを止めなければならないとわかっただろう」と．

　ガーナ政府は「市場の女性たちによる脅威」という宣伝文句を行使することによって，ひどい欠乏とインフレーションを引き起した自分の失策のスケープゴートとして商人たちを利用した．新聞は政府の主張をそのまま繰り返した．ある新聞は，市場の破壊を「冷酷なマコラの陰謀者たち（つまり，商人たちである）のせいで無力な状態にあった」「労働者や普通の人に歓喜の涙」を流させる「幸せな悲劇」と書いた．

　1 週間のうちに商人たちは露店のあった場所に戻り，屋根はない状態だったが，魚や野菜を売っていた．ロバートソンは，マコラの商人たちのなしとげたことは，「知性と決意，そしてときには必死さがもたらした勝利である」と書いた[2]．

　アメリカにおける市場の自生的発展の事例は禁酒法時代に見出される．1920 年から 1933 年まで，アメリカではアルコールの販売は違法であった．法律があるにもかかわらず，または，法律があったために，社会的地位のある人々も違法なバーやもぐりの酒場に集まり，酒の取引は繁盛していた．

　禁酒法にはコストが伴った．コソコソと事業をする必要があるということは取引費用が高いことを意味し，アルコールに飢えた酒飲みたちは法外に高い値段を支払った．価格は 3 倍に上昇した．怪しげな成分から製造され，有毒な酒もあった．アル・カポネのようなギャングは，競争相手を殺し，警官に賄賂を渡すことで酒の取引を独占しようとした．

　多大な努力にもかかわらず，政府はアルコール市場を潰すことに完全に失敗した．禁酒法時代の終わり頃には，アルコール消費量は禁酒法以前の水準に比べて約 3 分の 2 までにしかならなかった．スコットランド人の歴史家ロバート・ブルース・ロッカート卿によれば，「自由に対する干渉を憎んで，それまで酒には触れたこともなかったような気まじめで気高いアメリカ人たちも，今やあらゆる社交の機会にお酒を飲むことをほとんど名誉なことにした」という[3]．禁酒法という奇妙なエピソードはロバート・バーンズの言葉を思い起こさせる．「自由とウィスキーは相性がいい.」

---

2 ）Robertson（1983）．引用は pp.469, 490 から．Clark（1988）も見よ．アダム・スミスの引用は Smith（1971, vol.1, pp.477-478）による．

3 ）Lockhart（1996, p.151）．消費水準については Miron, and Zwiebel（1991）による．

インターネットが生み出す市場

　古本の市場は転換を遂げた．今や数百万冊もの古本がインターネットを通じて入手可能である．どんなに曖昧なものであろうと，サーチ・エンジンが探している本をすぐに見つけ出してくれる．ウェブサイトを立ち上げるだけで，誰もが世界中に古本を売ることができる．かつての，かび臭い古本屋は，今や世界をまたにかけるプレーヤーとなったのである．

　アメリカで，ニュージーランドのラグビーという難解なトピックに関する絶版本を見つけることは簡単ではない．しかし，カリフォルニアの私の家から広範なコレクションを集めることができた．このようなことは，以前も不可能ではなかったかもしれないが，非常に困難なものであった．インターネットがそれを容易にしたのである．これらの本は，ニュージーランドだけでなく，イギリス，南アフリカ，フランス，オーストラリア，カナダでも見つけることができた．デイブ・ガラハーとビリー・ステッドが1906年に書いた古典『ニュージーランド・システムにおけるラグビー・フットボーラー大全』は，ラグビーに関してこれまで書かれた中で最良の本であるが，その稀覯本が，ウェールズのスワンシーの本屋で売られているのを私は発見した．インターネットがなければ，このような本を入手するのに無数の手紙や電話が必要だっただろうが，おそらく私はわざわざそうしてまで本を入手しようとはしなかっただろう．インターネットのおかげでスワンシーの本屋は私に本を売ることができたのである．

　言い換えれば，ある種の取引費用がインターネットによって低下したのである．その費用とは，何がどこで，いくらで入手できるかを知るために必要な時間，努力，金銭などといった，情報獲得の費用である．インターネット以前は，絶版の本を買う取引費用は高いものであった．今日では，カーソルを合わせ，クリックするだけで済んでしまう[4]．

　インターネットは，以前はただ地域的な市場においてしか扱われていなかったあらゆる財について，グローバルな市場を可能にした．インターネット以前の時代には，18世紀の嗅ぎ煙草入れの収集家はその収集欲を満たすた

4）コンピューターとコミュニケーション技術の進展によってもたらされた経済の変化については Shapiro, and Varian（1998）に詳しく記述されている．

めに，小さな町々をドライブして，埃っぽいアンティークショップやフリーマーケットをくまなく探し回らなければならなかっただろう．それでも，夢の目的物に出会う可能性は非常に低い．インターネットを使えば，世界中あらゆるところにある嗅ぎ煙草入れの場所を突き止めることはもはや難しくない．

　インターネットの成長は，新しい取引方法の探究に拍車をかけた．インターネットの高速な双方向コミュニケーションを用いることによって，売買をより容易にするための無数のメカニズムが作り上げられた．たとえば，インターネットのオークションサイト eBay では，値付け人たちが，がらくたから高尚な芸術品まで，あらゆるものを求めて熱狂的に競争している．

　すべては，1995 年にピエール・オミディアが，収集品の情報交換や取引をしたい人々に対して AuctionWeb というウェブサイトを立ち上げたときに始まった．伝説によれば，最初の目的はガールフレンドが持っていたペッツの容器のコレクションを売ることだった．サイトのサービスは一般の人々へのサービスとして，最初は無料で提供されていた．6ヵ月後には口コミでその利用が爆発的に成長し，オミディアはウェブサイトの運営費用を賄うために，販売価格の数％を課金し始めた．その支払いは販売者の誠実さに任されていただけだが，小切手が舞い込んできた．オミディアは本業をやめ，ジェフリー・スコールが会社に参加した．彼らはオークションのソフトウェアと顧客支援のインフラを共同開発した．「われわれはオフィスになるところであれば，事実上どこでも働いたものだ」とスコールは回想している．「オミディアのリビングルームから出発し，私のリビングルームに移った．」最初のうちは，硬貨や切手といった特定の範囲の市場に焦点を絞ろうとした．「創業当初のうちは，われわれの戦略は日々変化した」とスコールは言う．最終的には特化することをやめて，誰でもどのようなものでも売れるようにした．

　このオークションシステムは大量の情報の流れをさばくために再設計され，AuctionWeb は eBay として 1997 年 9 月に再出発した．2 年もしないうちに，eBay の株式市場価値は 220 億ドルにも達した．ビジネス誌は eBay による市場の再構築を賛美した．『ビジネスウィーク』誌は，eBay がオンライン・オ

ークションによって「独力で新しい市場を創造した」と伝えた．『エコノミスト』誌は「eBayのようなインターネットの競り人たちが，価格メカニズムの効率性を革命的に高める推進者になるかもしれない」と述べた[5]．

　eBayのウェブサイトは，ハイテクによるフリーマーケットである．eBayには4200万人を超えるユーザーが登録されており，典型的なユーザーはこのサイトで1日に20分以上の時間を費やしている．約500万のオークションが日々行われ，捨てられたものから美術品まであらゆるものが売られている．たとえば，この本を書いているときにも，「ビクトリアン・トレードカード」というタイトルの下に約1500品目がリストに挙がっているが，これらは結局のところ19世紀のジャンクメールのようなものである．

　eBayは，それまで純粋にローカルな市場だけで扱われてきた財のグローバルな市場を創り出した．それまで市場を持たなかった財の市場さえ創り出した．リストに挙げられた奇妙な品目の中には，バケツ一杯のテキサスの土，20万ポンドもの各種のニット編物，サンフランシスコ・ダウンタウン近くの駐車スペース1週間分，『ベイウォッチ』〔テレビ番組〕の砂，「私はeBayで魂を売った」と書いてあるTシャツ，などがある．

　eBay成功の秘密の1つは，インターネットが，売り手と買い手の出会いを容易にすることで，あらゆる種類の小物の取引の可能性を新しく創出することを認識していた点にある．成功のもう1つの秘密は，使いやすく柔軟なオークションのメカニズムを構築したことにある．インターネット以前のオークションは，どこにいるかわからない買い手を1つの場所に集めなければならないという欠点があった（値付けはときに電話やファックスでも行われたが，これは面倒なものであった）．eBayオークションの値付け人たちは，ただサイバースペースに集まるだけでよい．

　eBayが取引費用を引き下げた結果，低価格商品の取引を望む，あらゆる場所にいる人々が直接お互いに取引をすることが可能になった．eBayの人気の結果，他の人々もインターネット・オークションのサイトを始めるようになった．今や，何百もの異なるオークション・サイトにおいて，人々はコ

5）eBayの物語は，Holloway, and Morgridge（2000）に述べられている．雑誌からの引用は *Business Week*, April 12, 1999, p.33と *Economist*, June 24, 1999, p.67から．

ンビュータの周辺機器，骨董品，美術品，宝石，旅行サービス，不動産，ワインに値をつけている．eBay はインターネットとオークションが最高に相性のいい組み合わせであることを示したのである．

インターネットはそれまでほとんど取引のされなかった財の活発な取引をもたらした．古い水泳帽，フラ・ガールの色づけされた石膏，プラスチックのお弁当箱が忽然と価値を持ち始めた．身の回りの品々を屋根裏部屋のガラクタのように思っていた人々は，eBay を通じて，収集家たちがそれらのものにどれだけのお金を支払うかを理解するようになった．ジョン・グリシャム，アン・ライス，トム・クランシーのような現代の大衆小説の初版本の価格は暴落した[6]．インターネット・オークションが普及する以前には，収集家は古本屋で見つけたスティーブン・キングの『ファイアスターター』の1980 年版に対して 75 ドルを支払っていただろう．eBay のオークションとその同業者たちは，本棚で埃をかぶって眠っていた本の価値を普通の人々に気づかせることとなった．市場は氾濫し，『ファイアスターター』のような本の価格は約 30 ドルまで下落した．あらゆる競争的市場のように，インターネット・オークションは取引される財の価値に関する情報を生み出したが，中には驚くような結果もあったのである．

起業家たちが市場をつくる

eBay の創設者は，マコラの商人たちとどのような共通点を持っているだろうか．どちらも取引から利益を生み出すために，取引メカニズムを構築していた．市場がないところでは，市場を設立することによって相互の利益を実現することができる．市場が存在するところでは，市場がよりよく機能する方法を発見することでさらなる利益が得られることがある．

人々は新たな市場を工夫して創出し，現存する市場については，それを改善する営みをずっとつづけてきた．経済組織のイノベーションは，技術的イノベーションと同様に生産的である．これら 2 つの種類のイノベーションが，手を携えて進展することもある．たとえば，アールスメールのオークション

---

6) *New York Times Magazine*, January 30, 2000, p.18.

会社は，新しい情報技術を用いて，販売手続きを自動化し，花の処理をスピードアップさせることによって，世界規模の花の取引を可能にした．

インターネットは人々の繋がりをかつてないほど密接にしたが，これはそのような大転換の最初のものでも，最大のものでもない．インターネット以前のコミュニケーション技術の進歩もまた，同様の市場拡大効果をもたらした．『コンテンポラリー・レビュー』誌は1886年に，「電信と印刷機は，大英帝国を巨大なアゴラ，全地域の集会場へと変化させた」と述べている．郵便，鉄道，電話，ラジオ，テレビもまた，皆それぞれの仕方で，コミュニケーションの形態を変化させた．フリードリッヒ・エンゲルスは，1847年の『共産主義の原理』の中で，産業革命に関して，「巨大な産業が地球上のすべての人々をお互いに接触させ，すべての局地的な市場を1つの世界市場へと統合した」と述べた．

エンゲルスはもちろん市場を再構築することには魅了されなかったが，そのプロセスはとどまるところを知らなかった．ある種の取引費用が売買を妨げると潜在的な利益が失われる．そのため，その費用を引き下げる方法を見つけることに利潤機会が存在する．そして，市場のための新奇な工夫が出現する．ある人はまったく新しい市場を設計するかもしれない．あるいは，多数の人々の独立した行動を通じて，市場のルールと手続きが徐々に出現したり，変化したりする．

現代経済のすべてのセクターが取引の組織化に役立っている．小売，卸売，広告，保険，金融産業は，ものを製造するためにではなく，取引を促進させるために存在している．これらの活動は現代経済の大きな部分をなしており，アメリカのGNPの4分の1を占めている[7]．これらのどのセクターにおけるイノベーションも，取引費用を引き下げる方法の発見を意味している．

有能な起業家たちは，これまでずっと，市場をより生産的にする方法を発見することで利益を得てきた．実業家はしばしば市場設計者として行動するのである．彼らのイノベーションはときに巧妙でありながら，ときにはとても単純でもある．あるいは，後から見れば単純に見えると言ってよい．たと

---

7) Spulber（1996, p.137）

えば，料金払い戻し保証を思いついた小売店主は，消費者の不確実性を削減することにより，その素晴らしいアイデアに対する対価を得ながら，すべての人にとって商取引がよりよく機能するようにした．このイノベーションは，1861 年に「私の店で購入して，価格，品質，スタイルで満足できなかったものはレジに戻すことができます．購入料金は喜んで返還します」とシカゴ・トリビューン紙に広告を出した小売業者マーシャル・フィールド・アンド・カンパニー社の創立者ポッター・パーマーによるものだとされている[8]．

株式市場と金融市場

　18 世紀のニューヨークでは，株式や債券は場当たり的に取引されていた．証券の売買を望むものは誰もが，その取引相手を自分で見つけなければならなかった．口コミによってか，新聞紙上の広告か，もしくは適切な人が現れるまでコーヒー・ハウスでダラダラと過ごしながら相手を見つけなければならなかった．1792 年，この状況にチャンスを感じ取ったジョン・サットンという人物が，その当時は泥だらけの小道だった 22 番ウォールストリートで証券の取引を組織化した．サットンは売り手たちが毎朝持ってくる株券や債券を，お昼に手数料を取ってオークションで売った．自身が証券取引事務所と呼んだサットンのオークションは，現代の金融市場成長の口火を切り，ニューヨーク証券取引所にまで成長した．

　変化は早かった．サットンのオークションは，他の取引者たちがそれにただ乗りし始めたため，当初の有効性を失った．もぐりの商人たちが，価格の推移を見るためだけにオークションに参加し，その後はもっと低い手数料で自ら証券の販売を行い，サットンからビジネスを奪っていった．このやり方はすぐに自己矛盾を露呈するものとなった．サットンのオークションにおける取引量が少なくなりすぎて，そこでの価格が証券の真の価値を知るための有用な手引きとならなくなってしまったからである．

　この問題を解決するために，ウォールストリートのもっとも卓越したブローカーたち 24 人が新しいオークションを形成することに合意した．彼らは

8）マーシャル・フィールド社については，Twyman（1954, pp.3-4, 179）を見よ．

固定料金で証券を取引した．彼らは他所のオークションでは売買せず，自分たちの間でのみ売買した．しばらくの間，彼らは証券のオークションを道端で行っていたが，冬が近づくとマーチャンツ・コーヒー・ハウスに移っていった．後に彼らは自分たちのビルを建築した．

　彼らは，証券の売買の仕方を規制するルールをゼロから定式化し，契約の実効化と紛争解決の方法を確立した．証券取引所のメンバー資格には制限が設けられており，メンバーであることで大きな利潤が得られたため，ブローカーたちは追放という罰によって自分たちを規制することができた．メンバーたちとの契約に背いた非メンバーはブラックリストに載せられた．この新しいルールの下で，証券市場は繁栄した[9]．

　サットンがオークションを始める半世紀前に，日本の大阪の米商人はすでに世界で最初の先物市場を構築していた．当時，日本では米は非常に重要であったため，米自身がほとんど貨幣としても機能していた．後に引き渡される財を今買うという先物取引のアイデアは，1620年ぐらいに，名古屋の米商人の長左衛門が，仙台からの参詣の途中で名古屋に立ち寄った友人に会ったときに端を発していると言われている．その友人は，北日本では米の収穫がよくないだろうと長左衛門に話した．長左衛門はすぐさま，その年の名古屋地域の米の収穫を購入し，10％を先払いし，残りを負債とした．長左衛門は，収穫された後に数ヵ月間米を保管し，北日本における不作によって米の値段が上昇したときに米を売り，かなりの利益を得た．

　次の世紀の間に，長左衛門の例から学んだ大阪の米商人たちは，シカゴ商品取引所などのような現代の先物市場と同様の洗練された特徴を持つ市場を設立した．市場を管理する取引者の協会はルールを設計した．数量，配達日，収穫場所を明記するなど，契約条件は標準化されたため，先物契約は容易に取引できた．価格はオークションで決められ，取引は市場の「帳簿」に記録された．市場は自己規制的であり，ルールを破った取引者は追放された．取引を確実にするために，決済所が設けられた．決済所は，契約上の購入者には売り手として，販売者に対しては買い手として行動することで，債務不履

9）ニューヨーク証券取引所については，Sobel（1970）とBanner（1998）を見よ．

行のリスクを減らした．金融ニュースのサービスさえ存在した．毎日の価格
データは，手旗信号，伝書鳩，煙の信号などによって日本中を駆け巡った．

　大阪市場が進化したのは，参加者たちのニーズに応えるためであった．先
物契約の取引によって，資金繰りが厳しい農民は米を収穫する前に資金を得
ることができ，用心深い買い手は将来の価格上昇に対して自分自身を守るこ
とができる．大阪市場はまた，投資家の直観を確かめる場も提供した．17
世紀の小説家井原西鶴は，「人々は，夕方の風，朝の雨といった空の状況を
もとに投機しつつ売買を行った」と記録している[10]．

　金融市場におけるイノベーションは続いている．伝統的には，新規株式公
開（IPO）を通じて新会社が株式上場するときには，株式は固定価格で販売
される．株式は公開前には取引されていないので，その株式価格を設定する
投資銀行は企業価値を推定するのに必要な情報をほとんど持っていない．大
抵の場合，価格は株式市場が後に示す価格よりずっと低く設定される．たと
えば，2000 年に株式公開した 19 のシリコンバレーの企業は，平均して 16 ド
ルの価格で上場したが，その日の最後の取引価格は平均して 28 ドルであっ
た．IPO 直後に 4 分の 3 以上も価格が上昇するのだから，公開当初の株式を
購入することができた幸運な投資家は，明らかに素早く莫大な利益を得たこ
とになる．サンフランシスコの企業 W・R・ハンブレクト社の社長，ウィリ
アム・ハンブレクトは，公開当初の価格付けに伴う問題を改善する方法があ
ると考えている．彼曰く，公開当初の株式を過少に価格付けすることによっ
て，投資銀行は意図的に株式価格の急上昇を促している．投資銀行は，贔屓
の顧客に対して株式を提供し，それらの顧客に対して実質的にかなりの利益
を保証していることになる．顧客は将来の仕事をその銀行に回すことになる
から，投資銀行はその見返りを受け取る．ハンブレクトの見方からすれば，
IPO のこのような運営の仕方は，そのプロセスから排除されている，企業の
元々の所有者や小投資家たちにとって不公平である．「真性の詐欺が続けら
れている」と彼はいう．

　固定株式価格の代わりに，ハンブレクトの会社はオンラインの株式オーク

10）大阪の先物市場については，Schaede（1989）と West（2000）を見よ．

ションを設計し，これを「開かれた IPO（open IPO）」と名づけた．このオークションは，アールスメールの花市場で用いられているような，ダッチオークションを修正したものである．投資家は欲しい株式の数と価格を入力する．この競争的市場のプロセスから出てくる価格には，当該企業に関心を持ち，入札に参加するすべての投資家たちが持つ，当該企業の企業価値に関する予想や情報が集計されている．開かれた IPO は「人為的に交渉された価格よりも真の市場需要にずっと近い価格を提示する」とハンブレクトはいう．「もともとのビジネスモデルは，ウェブの幅広さと力強さをオークションのプロセスと一体化することができるかどうか見極めるためのものであった」が，ビジネスの中で難しかったのは「交渉による価格付けに慣れていた市場で，それと異なる価格付けメカニズム」を行うことだった．開かれた IPO は「本質的により効率的でより安価な方法である．」

　IPO オークションが持つ潜在力は，伝統的な方法でビジネスを行ってきた会社からの激怒という反応によって，早くも示されることになった．産業を見ていた者は，「他の投資会社は，まるでハンブレクトが反キリスト者であるかのように行動した」と述べた[11]．IPO ビジネスに新規参入し，株式発行企業に対して有名な投資会社を使うことを思いとどまらせることは困難な過程であったが，IPO のこの新しい方法は2，3の早期転向者を獲得し，1999年にはオンライン雑誌の Salon.com 社，2001年には Peet's Coffee & Tea 社が開かれた IPO による株式公開を選択した．この文章を執筆している時点では，このオークション IPO が市場設計上のイノベーションとして持続可能なものかどうかに関する結論は出ていない．投資銀行家たちは，伝統的な IPO の形態で，価値あるサービスを提供できると主張している．すなわち，株価を設定することで，彼らは会社の価値を認証し，投資家たちが自らそれを調査する費用を節減しているというのである．擁護者たちによれば，伝統的 IPO は新規発行市場のさまざまな現実に効率的に適応しているという．オークション IPO は，市場における生き残りを賭けたテストに合格するかもしれないし，しないかもしれないが，どちらにしても，それは市場における実験の具

11）*San Jose Mercury News*, June 26, 2000, December 30, 2000, p.11C と *Upside Today*, December 15, 2000.

体例なのである.

芸術の市場

　レンブラントは, 絵画だけでなく商業におけるイノベーターでもあった. 彼は 17 世紀アムステルダムにおいて本格的な美術品市場を確立することに尽力した. 歴史家のスヴェトラーナ・アルパースによれば,「市場システムの複雑な細部に対するレンブラントの執着は, 彼の人生と仕事を貫いていた.」当時, 芸術家たちは自由に活動していたわけではなく, 裕福な力のある後援者に依存していた. レンブラントは, パトロン・システムを終わらせ, その代わりに広範囲の美術品バイヤーによって支えられる市場を築くために, 決然と尽力した. 彼の目的は自分の作品により高い価格がつくようにすることであったが, 彼はまた, 競争的市場が少数のパトロンたちの世話になっている状況より, 大きな芸術的自律性をもたらすと考えていた. アルパース曰く, レンブラントは「芸術をもっと栄誉あるものとするために市場を用いていた.」

　約 1 世紀後に, ドイツの作曲家たちは, 貴族のパトロンに長期間雇われている者としての立場から, 開かれた市場のために生産する立場へと変っていった. 作曲家たちは雇われている者として命じられた作品を書き, 作曲された曲は作曲家にではなく, その主人に帰属していた. ヘンデルとテレマンは雇用者の移り気に従うことに嫌気がさしたと主張し, モーツァルトや後の作曲家たちが自由に働く道を切り開いた. 1781 年の父への手紙の中で, モーツァルトは明らかにやや誇張をこめて, 次のようにいっている.「信じてください. 僕の唯一の目的は, 可能な限りのお金を儲けることです. 健康の次にはそれがもっとも持っていたいものだからです.」曲を楽譜の出版社に売り, 音楽のレッスンを行い, 公のコンサートでの演奏に対して料金を徴収するなどして, モーツァルトは市場における起業家として生計を立てた. 認知心理学者のハワード・ガードナーがいうには, そうすることによってモーツァルトは「独立と自主的創造の基礎」を築いた[12]. モーツァルトは市場のことを, 彼に創造の自由を与えるものと見なしていた.

　市場メカニズムが新たに成長していくのを見るとき, あらゆる種類の市場

の鍵となる特徴が明らかになる．どのような取引も売り手と買い手の両者に
利益をもたらし，価値を創出する（どちらの主体も取引を拒否できるので，取
引が実現するならば，それは取引をしない状況よりも両者の状況を良くしていな
ければならない）．したがって，売買は創造の一形態である．このポイントは
単純なものではあるが，その重要性はいくら強調しても強調し過ぎることは
ない．取引利益が存在するところ，人々はその利益を実現する方法を見出す
ことに余念がない．

　美術品からファイナンスまで，eBay のオンライン・オークションからル
ワンダの難民キャンプの商売まで，新たな市場は常にボトムアップに構築さ
れてきた．起業家たちは，より効率的な取引方法をたゆむことなく考え出し
て，市場設計者の役割を担っているのである．

　しかし市場設計者として活動するのは，起業家たちだけではない．市場の
設計は，政府主導のもとでトップダウン的にも行われる．それは，次章で見
るように，ときには有権者からの圧力によって動かされている．

12）レンブラントについては Alpers（1988, ch.4）を参照．引用は pp.101, 105 からのものである．ド
　　イツ人の作曲家たちについては Baumol, and Baumol（1994）と Scherer（2000）を参考に．引用は
　　Gardner（1944, p.48）からのもの.

第3章

地獄の沙汰も金次第

He Who Can't Pay Dies

エイズと製薬市場

　恐ろしいエイズの大流行が20世紀の終わりにアフリカを襲った．2000年の時点で，世界の3,300万人のエイズ感染者のうち，2,300万人がアフリカの人であった．毎日，平均して5,500人のアフリカ人がエイズで亡くなっていた．若者たちの間で，これほどまで高い死亡率を記録したことは，歴史上かつてなかったことである．その当時のリスクの水準を所与にすれば，あるアフリカの国々では，15歳の少年の半数近くがエイズで死亡するだろうと予測されていたほどである[1]．

　エイズには抗レトロウィルス薬が効くことがわかった．アメリカでは，エイズによる死者は1996年と1998年の間に70％も下落した．しかし，この成功は主に北アメリカと西ヨーロッパに限られていた．1年間の投薬に1万から1万5,000ドルかかり，世界のエイズ犠牲者の大半には手が届かなかった．「よりよい薬が発見されたので，エイズの非常事態は終わると考える人々もいるだろう．悲しいことだがそうではない」と，2000年にコフィ・アナン国連事務総長が述べた．エイズに感染して生活をしているほとんどの人々にとって，抗レトロウィルス療法の1年分の価格は，「簡単に言えば，別の銀河系の話だった．」

　この薬には，大体，製造原価の10倍の価格が付けられている．このマー

---

1 ）UNAIDS（2000, p.25）.

クアップ率は会社の特許権を反映したものである.「貧しい人々は消費者パワーをまったく持たないため,市場が彼らを見捨てたのだ」と,援助機関である国境なき医師団の団長ジェイムス・オービンスキー博士は言った.「地獄の沙汰も金次第という論理には飽き飽きした.」[2]

　20世紀から21世紀への変り目の時点では,どのような人道的な基準から見ても,世界の製薬市場はうまく機能していなかった.当時の製薬市場の状況は市場というものの最悪の姿を示しているが,同時に市場の最良の姿をも示している.結局のところ,人命を救う素晴しい薬剤の開発を加速させたのは市場のインセンティブであったからである.

　製薬市場の再構築は,一歩一歩進められた.これまでわれわれが見てきた他の市場のイノベーションとは異なり,市場の再設計は世論の影響を受けて進められた.

グローバル製薬企業の行動

　懸念材料は,抗エイズ剤の高価格のみではなかった.マラリア,眠り病,リーシュマニア症,結核のような,貧しい国々で毎年何百万人もの人々を死に至らしめている恐ろしい病気に対するワクチンや治療法の研究はほとんど行われていなかった.その間,はげや性的不全のための薬の販売促進活動には莫大な支出が行われていた.ペットの薬の必要性まで取り上げられていた.ある会社は犬の分離不安に対する抗鬱剤まで開発していた.
「製薬会社はいつも,マラリアの新しい治療法を先駆的に開発するよりも,新しい肥満薬を売り込むことで最大の利潤を得ようとしている」と,発展途上国において薬剤の入手が容易になるための運動をしている,国境なき医師団のベルナール・ペクール博士は言った.「新しいワクチンや薬が開発される際,世界のほとんどの人々は念頭に置かれていない.」貧しい人々の致死的な病気を見過ごしながら,新薬の探求は豊かな人々の表面的な苦痛に向けて行われている.熱帯病に対する薬は,新薬特許のほんの1%を構成しているだけである[3].製薬会社は豊かな人々の病気に特化している.

---

2 ）*New York Times*, June 17, 2000, p.A6 と July 10, 2000, p.A1.

　ニューヨーク・タイムズ紙が述べているように，眠り病のための薬剤であるエフロルニチンはひどい一例である[4]．眠り病は，ほとんど耐え難い病状の期間を経て，死に至らしめる．抗がん剤を探求していた研究者は，偶然エフロルニチンの眠り病に対する有効性を発見した．この薬は，それがなければ訪れる致命的な昏睡から人々を助け出すことに成功したため，アフリカでは「蘇生薬」と呼ばれるようにまでなった．しかし，収益をもたらすものではなかったために，特許保有者は製造をやめてしまい，在庫が不足した．フェイスクリームの成分として使われるエフロルニチンが女性の顔の毛の成長を止めることが発見されたとき，特許保有者の関心が復活した．化粧品としての用途のおかげで，エフロルニチンの製造が再開されることとなった．

　このゲームを名づけるとしたら，「セールスマン魂」とでもなるだろう．セールスマンたちの軍隊が医者に薬を売り歩いている．製薬産業がアメリカでマーケティングにかける費用は，医師1人当たり8,000ドルを超えると推計されている．新しい薬やより良い薬を探すことより，マーケティングにずっと多くの金額が支出される．たとえば，緑内障の目薬などのメーカーとして知られるファーマシア社は，公表されている数字によれば，1999年には売上高の40％をマーケティングと管理に支出している．これは，研究に支出される額の2倍である．エイズ薬の世界最大のメーカーであるグラクソ・スミスクライン社は，2000年には，売上高の37％をマーケティングと管理に支出する一方で，研究に対しては14％を支出しているだけである[5]．

　ジョン・ル・カレのワクワクさせる小説『ナイロビの蜂』は，ケニヤの大製薬会社の取引に関するものである．その中で登場人物の1人は，製薬会社の役員たちのことを「もっとも秘密主義的で，二枚舌であり，偽りに満ちた，偽善的な企業版のワイドボーイ*）であり，知り合えたことが嬉しいとは思

---

3 ）Trouiller, and Olliaro（1999）．さらなる情報は，国境なき医師団のウェブサイト www.accessmed.
　　msf.org/ を見よ．

4 ）*New York Times*, May 21, 2000, p.A1 と February 9, 2001, p.A1．*New York Times* は，医薬品産業について 2000 年から 2001 にかけて徹底的にリサーチを行った一連の記事を掲載したが，それは最終的にティナ・ローゼンバーグの感動的な論文「ブラジルを見よ」（*New York Times Magazine*, January 28, 2001, pp.26-31）となった．

5 ）Schweitzer（1997, ch.2），*New York Times*, May 21, 2000, p.A1, April 23, 2000, p.1-1, April 24, 2001, p.C1.

えないような人々」と呼んでいる．この架空の会社は「利潤の神」の名にか
けて「人間の生命を日々犠牲にしている非道徳的な独占」である．危険なほ
どひどい薬を売り歩き，非倫理的な仕方で治験を行い，医療関係の官僚に賄
賂を贈り，科学者たちを脅迫する．「薬はアフリカのスキャンダルだ」と小
説の主人公は言う．「アフリカの苦悩に対する西洋社会の無関心を表わすも
のがあるとしたら，それは，必要な薬が悲惨なほど不足しているという事実
と，製薬会社が過去 30 年以上も卑劣な高価格を課してきたという事実であ
る．」

　ル・カレは，インタビューの中で，小説を執筆する際に，「製薬産業の会
社としての常套句，偽善，腐敗，強欲」に対する「道徳的な怒り」に駆り立
てられたと述べている[6]．そうした怒りが人の心をつかむ小説を生み出した
のである．小説は，戦いへの呼び掛けとして有益な目的を果している．しか
し，建設的な経済分析をするためには問題に立ち戻り，より広い視野を持つ
必要がある．小説家のテーマが人間と人間の性格的欠点にあるのに対して，
経済学者のテーマは制度と，制度がどのように人々の行動に影響を与えるか
ということにある．会社とその経営者たちを悪者としたくなることはわかる
が，プレーヤーたちを非難することは構造的問題を診断する際の妨げとなっ
てしまう．

　熱帯病を無視して，薬の価格を高く設定するのは，企業が現在その中にい
るシステムに反応しているからである．企業は市場のインセンティブに反応
している．株主利益にもとづいて行動することが，企業の受託者責任である．
企業は収益の見込みがあるところに投資を行う．研究につぎ込める資源はた
とえどんなに多額でも無制限ではないから，その資源をどこに向けるかを選
択しなければならない．「われわれがトップ市場に焦点を合わせようとして
いることは否定できない．心臓血管に関するもの，代謝作用，感染対策など
である」と，フランスとドイツの会社であるアヴェンティス社の役員は言う．
「われわれの産業は競争的な環境にある．われわれは，株主に良好な業績を
もたらすことを約束しているのである．」[7]

＊）どこで稼いでいるのかがまったくわからないが富をひけらかす人をいう．
6 ）le Carré（2000, pp.164, 176, 324, 370, 459）．インタビューは *Observer*, December 17, 2000.

　製薬産業のイノベーションは高配当のさいころ博打のようなものである．ベストセラー薬は，1年間に10億ドルかそれ以上を稼ぎだす．しかし，そのような莫大な収益は簡単にはやってこない．製薬産業では，10の新薬のうち3つだけが投資コストを回収できるという．新薬を市場に出すことは，2億から5億ドルの費用がかかると推計されている（製薬会社は個別の薬についての開発コストを開示していないので，これらの数字は推量にすぎない）．データによれば，1999年の研究への総支出は売上の20％を超えている[8]．

　しかし，このリスク・テイキングは十分報われていることを指摘しておかねばならないだろう．利益率で見るならば，1999年のフォーチュン500の世界のトップ500社のリストの中で，製薬産業は優に一位を占めている．製薬産業の利益は売上の18％を占めており，売上の11％が利益となる第2位の「多角化した金融企業」を大きく引き離している．他の産業の中には，利益率0％のものもある．このレポートでは，会計処理の仕方のために，製薬産業の真の利益が過大に算出されている（研究費用は経常費用として扱われるが，投資として扱ったほうがより適切である）．この会計上の偏りを補正すれば利益率は低くなるが，それでも相対的に高い利益率であることに変わりはない[9]．製薬産業は儲かっているのである．

　しかし，にもかかわらず，グローバルな製薬市場の欠点の主な原因が企業にあるということはできない．企業はその利潤を最大化しようとしているだけである．われわれは，このことを与件として，市場設計のもっと深い問題に移ることにしよう．

　研究は多額の支出を必要とし，成果が不確実なものなので，その費用を回収するために，開発に成功した薬に対しては，製造原価よりずっと高い価格をつけなければならない．特許法は，イノベーションを行った者に独占権を付与することによって，まさにこうしたことが可能になるように意図されているのである．世界的な製薬市場は，設計された通りに機能しているわけで

7）*New York Times*, July 9, 2000, p.4-1, May 21, 2000, p.A8 からの引用．
8）費用の推計は Trouiller, and Olliaro（1999）と Schweitzer（1997, p.27）から．研究への支出のデータは www.phrma.org/publications/publications/profileoo/tof.phtml から．2001年2月時点のアクセス．
9）Comaner（1986），Scherer（1993）．フォーチュン500のデータは，www.fortune.com/fortune/fortune500/．

ある．したがって，この市場に欠陥があると信じている人々が取り組むべき問題は，もっとよい結果をもたらすような代替的な市場設計を考えることである．

新薬を生み出す市場インセンティブ

　グローバルな製薬市場の欠陥の根源にあるのは，企業の戦略ではなくて，国々の貧困である．南アフリカのターボ・ムベキ大統領は，エイズに関する国際コンファレンスの開会のスピーチで，アフリカを覆う主要な死因は病気ではなく極端な貧困であることを指摘した．値段が下がれば，エイズの抗レトロウィルス薬を入手できるアフリカの人々の数は少しは増えるだろうが，それでもほとんどのアフリカの人々には手が届かないだろう[10]．たとえずっと低い値段だったとしても，必要とされるだけの抗レトロウィルス薬を買えば，ほとんどのアフリカ諸国の保健予算を破産させてしまうだろう．90％の値引きをしたとしても，1人の1年分の抗レトロウィルス薬にかかる費用は，多くのアフリカ諸国における1人当たり所得以上の額である．エイズ薬のために多額の支出を行えば，結核や肺炎のための薬のような緊急を要する他の事柄にお金が使えなくなってしまう．しかも，エイズ薬の購入だけでは問題を解決することはできない．抗レトロウィルス薬を管理するには手がかかり，効果的に用いるためには，アフリカの大半の場所では目にできないような水準のケア，医師による継続的な監督が必要とされるからである．基本的な保健サービスの改善なしには，たとえ入手可能であったとしても，薬の効果は限られたものとなってしまう．したがって，唯一の真の解決法は貧困をなくすことである．

　豊かな国々は，健康な国々でもある．健康と1人当り所得の間には頑健な統計的関係がある[11]．病気と闘うために必要な資源は，経済成長と共にもたらされる．女性の社会的地位の向上や教育水準の上昇のように，予防策の改善を可能にする社会的変化もまたエイズ治療に必要な一部であるが，これらの改善も国民所得の上昇に随伴する傾向がある．エイズや他の熱帯病の治療

10）*New York Times*, May 21, 2000, p.A1．Zwi, Soderland, and Schneider（2000）．

11）Pritchett, and Summers（1996），Easterly（1999），Ranis, Stewart, and Ramirez（2000）を参照．

にとって，経済成長こそが唯一の頼れる源泉なのである．しかし，明らかに経済成長の実現は容易なことではなく，それは長期的な対処法とならざるをえない．効果が出るのに何十年もかかり，現在の被害者にとっては何の望みももたらさないだろう．迅速な改善策もまた喉から手が出るほど必要とされているのである．

　そのような迅速な改善策は簡単には作り出せない．製薬のイノベーションと流通を市場システム以上にうまくこなすような，代替的なシステムは存在しない．しかし，マラリアのような熱帯病に対する新しいワクチンが持つ社会的価値は，救える命の多さからして，それを販売して稼ぎ出される価値をはるかに超える．ワクチンを必要とする人々の所得が低いからである．したがって，市場によるインセンティブは必然的に不十分である．売り上げは低く，おそらくは開発者の研究コストすら回収できないだろう．貧困が主要な問題なのであり，市場のルールをいじくりまわすことでは，この問題を解決することはできない．しかし，多少の助けとなることはあるかもしれない．

　市場の設計はこの問題の一部分をなしているのだろうか．ある意味では，イエスである．市場において，マラリア治療法はほとんど収益をもたらさず，勃起不全の治療には何十億ドルもの収益が約束されている状況では，研究努力がどこに傾注されることになるかは明らかである．

　しかしながら，これらの欠陥と同時に，市場システムはいくつかの真に賞賛に値する勝利をも収めている．数えきれないほどの命を救い，病状を改善する新薬である．抗レトロウィルス薬は，それがなければエイズによって命を落としていた多数の人々を助けてきた．アメリカの医薬品製造業者の連合である米国研究製薬工業協会（the Pharmaceutical Research and Manufactures of America, PhRMA）が指摘しているように，研究は他にも，多数の医療上の奇跡をもたらした[12]．抗生物質とワクチンは先進国から破傷風，梅毒，百日咳，はしか，小児麻痺をほとんど撲滅した．インフルエンザ，肺炎による死は，心疾患，心臓発作，潰瘍による死と同様に激減した．何百万もの人々の寿命が延び，その生活はより生産的で快適なものになっている．

12）医薬品産業の成功の数々については，米国研究製薬工業協会のウェブサイト www.phrma.org を参照．

　これらの奇跡的な薬の発明を促したのは，市場インセンティブである．利潤動機がなければ，これらの多くの薬は存在しなかっただろう．アダム・スミスは自己利益の追求が慈悲深い結果をもたらすと述べた．利益の飽くなき追求が生命を救う薬を生み出しているという事実ほど，この言葉の顕著な例はない．これまで実行されてきた市場以外の経済システムで，医薬品の重要なイノベーションを継続的に引き起こすことに成功したものはなかった．新薬の開発という面では，国際機関や国家による供給のような市場の代替物は，製薬企業にまったく及ばなかったのである．アメリカや西ヨーロッパの政府系研究機関は重要な研究をしているが，基礎科学を利用可能な薬に転換する能力とインセンティブには欠けている．莫大な投資が必要とされ，研究成果が非常に不確実な状況下で，より良い医薬品の大規模で継続的な開発を促すためには，利潤の見込みが必要である．市場のみが十分な動機づけを提供している．

　それでは，われわれは運命論的な悲観主義者になる以外にないのだろうか．もし市場に代わるものがないのならば，緊急に必要としている人々に医薬品を届ける方法は何もないのだろうか．

知的財産権の管理

　製薬会社が市場ルールに反応しているというのは，事実の一面でしかない．製薬会社は市場のルールを受動的に受け入れているわけではなく，積極的にそのルールを形成しようとしている．製薬企業は市場設計に関する発言権の確保に余念がない．世界各国の首都における彼らの存在感は顕著である．製薬会社は，価格つり上げの訴えに対抗するという理由もあって，合衆国政府に対して激しいロビー活動を行っている．2000年の選挙運動の際，製薬産業は1億6,700万ドルをロビー活動に支出したが，その額は他のどの産業のロビー活動への支出額をも大きく超えている[13]．

　製薬企業のロビー活動への莫大な額の支出は，国家と市場の絡み合いの程度をよく示している．製薬市場が完全に自由な市場であったことはない．知

---

13) *New York Times*, November 4, 2000, p.B1.

的財産権は，国家なしには存在しえない．アイデアの所有権を定義し実効化するためには，洗練された仕組みが必要だからである．政府は，現存の製薬市場を維持していくために不可欠であるばかりでなく，それを改善していくためのどのような試みにも必要である．そのため，医薬品のイノベーションを促すために市場インセンティブが必要とされるという主張は，自由放任主義に賛成する主張とはならない．市場はどのような解決策においても不可欠な一部分ではあるが，解決策のただ1つの構成要素というわけではない．政府は2つの方法で関係してくる．資金を供給するということと市場を設計することである．

　公衆衛生——伝染病やその他の病気の伝播の防止，環境上の危険からの防護，健康的な行動の普及，災害への対応等——は，経済学者が公共財と呼ぶものである．後に議論するように，公衆衛生の供給は，他の公共財と同様に，市場に任せることはできない．伝染病のコントロールは，広く人々に共有される利益をもたらす．たとえば，小児麻痺に対するワクチン接種を受ける人は，接種を受ける人だけでなく他の人にも同様に便益をもたらす．個人のレベルで費用と便益を計算するだけでは，ワクチンの過少な接種という結果になってしまう．すべての先進国において，公衆衛生は政府の正当な関心事項として認識されている．このような国家のアクションに対する論拠は，個別の国の内部だけでなく，世界的にも適用される．エボラ熱，コレラ，黄熱病，髄膜炎のような病気は国境を越えて広がるからである．現代の航空機による旅行によって，病気は以前よりも速く広がっていく．「ある国で発生した伝染病が，次の日には，世界のどこで他の人に伝染していることが発見されてもおかしくない」と世界保健機関は記している．病気の国際的コントロールに対する資金提供を先進国に要求しているのは，先進国自身の純粋な自己利益なのである．

　基礎科学の知識もまた公共財である．科学的知識から得られる便益は，その発見者が獲得するわけではない．そのため，市場は基礎的な研究を促すことはほとんどない．これが，どこにおいても政府が科学研究に資金提供する理由である．アメリカ合衆国が国立衛生研究所（NIH）と他の連邦政府関係機関を通じて行う保健関係の研究への支出は，2000年には総額180億ドル

にのぼっている．大学，基金，慈善事業は100億ドル程度の支出をしている．これらの数字は合計すれば，アメリカの製薬会社すべての研究に対する支出額225億ドルより大きくなる．製薬会社が獲得する，主要な新しい医薬品特許のほとんどは，政府が資金提供した研究から派生したものである．国立科学財団の調査によれば，生化学の特許で引用される鍵となる発見のうち，たったの17％が産業によるものだった．たとえば，エイズの抗レトロウィルス薬の効果を示したほとんどの研究は，国立衛生研究所と他の公的研究機関によってなされている[14]．製薬企業の研究の生産性は国家の資金提供に依存しているのである．

　一般に市場インセンティブは，アイディアを純粋科学の領域から利用可能な応用に転換するために必要とされる．科学的なブレイクスルーを利用可能な新薬へと転換することは，通常，民間部門においてもっとも効果的に行われる．しかし，例外もある．市場が失敗しているところで，公的資金を用いた研究が成功していることもある．顕著な例は，メキシコのトウモロコシ・小麦改善国際センターとフィリピンの国際米研究機関を含む研究センターの国際的なネットワークによる，1960年代半ばの多収穫穀物品種の開発である．この研究は，各国政府，国際機関，基金のコンソーシアムによって資金提供がなされた．新しい米と小麦の品種は，収穫をほぼ2倍にする緑の革命を引き起こした．穀物は世界のほとんどの人々にとって主食であるため，貧しい人々に対するインパクトという点で，多収穫穀物品種はもっとも重要な発明の1つであった．この目覚しい前例に倣って，各国政府，国際機関，基金によって資金提供された国際エイズワクチン・イニシアティブは，エイズ，マラリア，結核に対するワクチンを探し求めている．

　これらの国際公共財を供給するには，多額のお金が必要とされる．国連プログラムの1つ国連合同エイズ計画（UNAIDS）の代表ピーター・ピオット博士によれば，アフリカはエイズに対する基本的な治療に対して30億ドルを，さらに，先進国で通常使用される薬をアフリカの人々に提供するのに数

---

14) Cockburn and Henderson（1997, p.2），Chirac et al.（2000），Narin, Hamilton, and Olivastro（1997），*New York Times*, April 23, 2000, p.1-20. 世界保健機関の引用は *New York Times*, March 11, 2001, p.4-3 から．

百億ドル必要としている．こうした必要額を出せるのは先進国だけである．
「われわれは，世界でエイズと戦うために，数百万ではなく，数十億ドル必
要とする」とピオット博士は言った．「微々たる額ではこれほどの規模の伝
染病と闘うことはできない．」[15]

　各国政府と国際機関は資金提供だけでなく，市場設計，特に知的財産権を
管理するルールを再検討する役割をも担っている．特許制度は，理想的な解
が存在しない問題に対する妥協の解決策である．特許は，公式に認可された
独占である．特許は独占利潤の見込みを提供することによって，イノベーシ
ョンの強力なインセンティブとなっている．前世紀における製薬技術の進歩
の目覚しいペースがそれを証明している．特許を得ることができるという見
込みが，たとえば抗レトロウィルスのような薬を利用可能な医薬品にする開
発を促したのである．

　しかし，特許システムにはマイナス面もある．特許による独占によって可
能となる非常な高値の設定は，イノベーションを行った者に報酬を与えるが，
一方で消費者に害を与えている．特許は，発明を生み出すことに成功してい
るが，一方でその使用を抑制してしまう．

　特許による高値の設定は革新的産業ならどこでも起こることだが，その需
要の性質によって，おそらく製薬産業では他の産業よりも際立っている．典
型的な医薬品の購入量は，価格に対して非感応的である．これは，患者にと
っての必要性が大きく，使用の意思決定が使用者ではなく医師によってなさ
れ，支払いもしばしば使用者ではなく保険会社や政府の健康保険によるから
である．4つの製造業者が競争しているアメリカの抗潰瘍薬の市場調査では，
10％の価格上昇に対して，たった7％しか需要が減少しないと推計されてい
る[16]．このことは，（計算するとわかるが）価格上昇によって総売上高が増加
することを意味し，他の多くの製薬市場のように供給者が1社しかなかった
なら，ずっと高い価格が設定されたであろうことを示唆している．経済学の

---

15) *New York Times*, July 10, 2000, p.A1 と July 19, 2000, p.A1.
16) Berndt et al.（1995）．同様に Ellison et al.（1997）によって行われた推計では，ジェネリック（つ
　　まり特許切れの）薬については価格に対する需要の感応性は大きかったが，特許がある薬につい
　　ては相対的に価格への需要の感応性は小さなものであったことが発見されている．

教科書では，需要が非弾力的であるとき，利潤最大化を図る独占企業は生産コストよりもずっと高い価格付けをすることが説明されている．買い手が価格に対して非感応的である状況では，市場に負担可能なだけの料金を課すことは，すなわち価格が高く設定されることなのである．特許はかけがえのない目的に役立っている一方で，実質的なコストをも伴っているのである．

知的財産法は国家によって定義され，その実効性を与えられるものであり，イノベーションを行う者にとっての必要性と利用者にとっての必要性の間の容易ならざる妥協を表しているものであるから，製薬産業のルールは石に刻まれているわけではなく，変更不可能なものではない．

特許をめぐる争い

いくつかの発展途上国は，自分たちの知的財産権のルールを設定することによって，独自に製薬市場を再設計し始めた．

インドでは，政府が食料と医薬品に対しては製品特許を与えないという選択をしている．このため製薬業者は，アメリカやヨーロッパの会社によって特許が取得されている医薬品のコピーを販売してもよい．特許によって保護されていないから，研究コストはいっさい回収する必要がなく，製造原価を回収できればよいために，価格を低く設定できる．特許制度によって支持された独占企業を持つ先進諸国とは異なり，2000年には，インドでは製薬産業に2万近くの企業が存在し，競争的な価格をつけていた．独占と競争の違いは，真菌感染症に対する薬であるフルコナゾールの例を見ればよくわかる．インドではフルコナゾールは特許で保護されておらず，そのため，いくつかの企業によって販売されていた．しかし，アメリカでは特許が維持されていたために，市場は1つの製造業者によって供給されている．錠剤1錠あたりの価格は，インドでは25セントだったのに対して，アメリカでは10ドルだった[17]．

ブラジルでは，特許を無視した抗レトロウィルス薬の製造が行われているために，多くのエイズ患者が，特許がある場合には高すぎて受けられなかっ

---

17) *Economist*, September 30, 2000, p.69. しかし，インドは国際的合意によって，2005年までに西洋型の特許法に従うことが要求されている．

ただろう治療を受けることが可能である．1997年ブラジル政府は，特許が
存在するエイズ薬品の無認可のコピーを製造することを国内企業に奨励し始
めた．政府はこれらのコピーを購入し，患者に無料で与えた．抗レトロウィ
ルス薬のカクテルはアメリカの価格の4分の1だった．抗レトロウィルス薬
の1つはアメリカの価格の16分の1だった．この政策のおかげでエイズに
よる死者の数が急減したブラジルは，発展途上国の中で数少ない成功例とな
った．ブラジル大統領のフェルナンド・エンリケ・カルドーゾは，「これは
政治的・道徳的問題で，真に劇的な状況である．現実主義の観点から見なけ
ればならず，市場だけでは解決できない」と言った[18]．

　南アフリカは，1997年に強制ライセンス（compulsory licensing）によって必
要不可欠な薬を購入可能にする法律を通過させた（これは，特許を一方的に使
用して，医薬品のコピーを製造もしくは輸入し，特許保有者に事後的に特許使用
料を支払うことを意味している）．アフリカの医薬品製造業者が支払う特許使
用料を引き下げることによって，政府は価格を50％から90％引き下げるこ
とが可能だと計算した．タイは南アフリカに従って，医薬品の特許をくぐり
抜けることを許す法案を通過させた．

　発展途上国は，世界貿易機関のルールの規定の下では，特許を無視し，自
分たちで生産を行うことが許されていると主張した．強制ライセンスは，公
衆衛生の非常事態の際に許される（アメリカ合衆国政府も時折，特許の強制ラ
イセンスを命じることがある．それは通常反トラスト的な理由によるものであり，
ある企業の独占を終わらせるために，当該企業が持つ技術が他企業も利用できる
ようにすることを命じるのである）．

　多国籍製薬企業は発展途上国に異議を唱え，特許を無視することは非合法
的だと非難した．それらの製薬企業は，ブラジルに対して貿易制裁措置を課
すようロビー活動を行った．アメリカの医薬品製造業者の連合である米国研
究製薬工業協会（PhRMA）の広報担当者は，ブラジルについて「彼らはまだ
世界秩序の一部であり，われわれの会社と問題を解決する必要がある」と述
べた．PhRMAは，南アフリカのイニシアティブについても同様に反応した．

18）*Washington Post*, September 17, 2000, Chirac et al.（2000），UNAIDS（2000, p.101），カルドーゾ
　　の引用は *New York Times*, March 31, 2001, p.A4 から．

その立法は「知的財産権の破棄である」と広報担当者は非難し，「エイズの薬が世界中で強制ライセンスされるなら，その研究は停滞してしまうだろう」と主張した．彼によれば，南アフリカの行動は「海賊行為」である．コラムニストのアンドリュー・サリバンは，業界の意見に従って「インドとブラジルの模造品会社は，良く見たとしてもアメリカ製品の模倣者であり，最悪に考えれば泥棒である」と書いた[19]．

　医薬品会社は自らの知的財産権を必死になって守ろうとした．たとえば，2000 年ガーナで，インドのシプラ社がグラクソ・ウェルカム社製のエイズ薬のジェネリック版[*]を，この多国籍企業のつける価格の 10 分の 1 で販売し始めたときの例がある．アフリカ地域の特許当局はグラクソ・ウェルカム社の特許はガーナでは有効ではないと裁定した．しかしながら，グラクソ・ウェルカム社が告訴すると脅すと，シプラ社は販売を停止してしまった．

　発展途上国の主張は，命を救うためには特許制度を廃止する必要があるというものである．「われわれの国民が死んでいくときに，少しでも命を延ばしてくれる薬へのアクセスを否定されてよいものだろうか」とケニヤの議会の議員が問うた．医薬品会社は，イノベーションのためには特許が必要であると反論した．「われわれは，世界中の国境を越えた知的財産権保護を必要としている」とブリストル・マイヤーズ・スクイブ社の広報担当者は述べている．「知的財産権保護なくしては，より効果的な HIV ／エイズの新薬を開発するインセンティブはなくなるだろう．」[20]

　どちらの側が正しいのだろうか．特許は不完全な道具であるが，原則的には特許を無効にしてしまうことは間違っている．しかし，これは原則の問題ではないから，対立する双方の主張を評価するには，費用と便益との比較が必要である．

19）*Sun Jose Mercury News*, December 24, 2000, p.6A．UNAIDS（2000, pp.101-103），*Far Eastern Economic Review*, February 17, 2000．サリバンの引用は *New Republic*, March 5, 2001 から．PhRMA の広報担当者の発言は *Washington Post*, September 17, 2000 に引用されている．

＊）特許に守られた新薬に対して，特許期間が切れるなどして，他のメーカーが製造できるようになった同じ成分，同じ効果の薬のことを「ジェネリック医薬品（後発医薬品）」という．

20）シプラ社については，*New York Times*, February 7, 2001, p.A1 を見よ．ケニヤの政治家の引用は *New York Times*, June 17, 2000, p.A6 の中にあり，医薬品会社の広報担当者の引用は *Toronto Star*, September 18, 1999 の中にある．

　強制ライセンスのコストとしては，次のようなものがある．医薬品会社の知的財産権を無効にし，薬剤をより低い価格で入手可能にすることは，より低い利潤をもたらし，より良い新薬開発のための研究を削減してしまう．しかし，強制ライセンスには便益もある．死者が少なくなることである．アフリカのエイズ患者のうち助けられるのは，ほんの一部だったとしても（アフリカの患者の大部分に薬を与えるためには，単に価格を引き下げる以上のことが必要であるため），数千万人の一部というのは無視できない数である．

　この特別な場合における費用便益の計算は簡単である．それは，発展途上国の立場を支持するものである．高価格のエイズ薬は，アフリカではほとんど販売されていなかったため，仮にアフリカが世界のイノベーションにただ乗りすることを許したとしても，利潤はほとんど減ることはなく，研究の削減もほとんどないか，まったくないだろう．たとえば，グラクソ・ウェルカム社が製造しているエイズ薬について見れば，1999年の売上高4億5,400万ドルのうち，北アメリカとヨーロッパ以外での売上高はたった10%であった．この場合には，所有権を廃止することにほとんど直接的コストが発生しないだろう．前例が他の薬の特許の無効化を導くことになるならば，その糸口となるという間接的コストがあるかもしれない．薬を西洋社会に逆密輸することが，製薬会社の西洋社会での価格付けを崩壊させるかもしれない．しかし，多くの命が救われ，寿命が伸びるという便益は，文字通り計り知れないほどの大きさである．所有権が宗教的に神聖なものであると信じているのでなければ，貧しい国々で特許を無効化することで得られる便益は，明らかに費用を上回っている．緊急対策としてのエイズ薬剤の強制ライセンス賛成論は，圧倒的に強い議論である．

流れを変えた公共的圧力

　アメリカ合衆国政府は当初，発展途上国のようには事態を見ていなかった．アメリカ政府は，気前のよいロビー活動を受けて，製薬会社の側に立っていた．クリントン政権は，特許が存在する薬のコピーを製造する国々に対して，貿易制裁を加えると脅しをかけた．議会は援助を削減するといって脅した．議会に対する1999年の国務省報告では，「合衆国政府のすべての関係する機

関」は,「南アフリカ政府が」その医薬品法案を「撤回もしくは修正するように説得するための,根気強く一致団結したキャンペーンを行っている」と記されている.アメリカ合衆国は,世界貿易機関の中で,ブラジルに対して正式に不服を申し立て,地元企業に他の企業の特許で守られた薬を製造することを許しているブラジルは国際貿易ルールに違反していると主張した.

しかしながら,流れは変わってきた.国境なき医師団やオックスファムのような国際団体やイギリスの慈善事業が世論を呼び起こした.新聞は,しばしばエイズの犠牲者の苦境をレポートした.活動家は問題を政治的アジェンダに押し上げた.活動家は副大統領のアル・ゴアをしつこく追いかけまわし,2000年の大統領選挙キャンペーンの最初の頃には,彼のスピーチの間,騒々しく質問攻めにした.アクト・アップという団体は,作りものの墓やチョークで輪郭を描いた死体,「すべての国に医薬品を」というスローガンとともに,ワシントンDCのPhRMAの本部の前で「ダイ・イン」を演じた.問題そのものに対する関心と,悪いイメージがもたらす株価へのダメージへの関心とから,グラクソ・スミスクライン社の株主たちは,貧しい国々で同社の薬がより入手しやすくなるような対策を同社に求めるキャンペーンを開始した.このような広範な基盤を持った公共的圧力の結果,2001年までに流れが変わった.公衆衛生の専門家たちが貧しい国々におけるさし迫るエイズ危機を世界に警鐘を鳴らし始めてから10年が経過していた.

クリントン政権は路線転換し,エイズ医薬品の特許を無効にしてしまう発展途上国を貿易制裁によって脅すことはやめると宣言した.世界銀行と国連は,この目的のための基金を設立した.欧州連合は,2つの部分からなる計画を提案した.より貧しい国々には医薬品の価格をより低く抑えるような段階的価格設定と,貧しい国々が医薬品のジェネリック版を輸入しやすくするように国際的特許ルールを改革する計画である.民間の慈善活動もまた役割を担っていた.たとえば,ビル・ゲイツとメリンダ・ゲイツによって運営されている,世界子供ワクチン対策基金(the Global Fund of Children's Vaccine)が,発展途上国の子供に予防注射する費用を賄うために設立された(しかし,その金額は,国連合同エイズ計画(UNAIDS)が必要と推計した数百億ドルには及ばない).

　39の製薬会社が，特許侵害を許している南アフリカの法律は知的財産権に関する国際協定に違反しているとして訴訟を起こしたとき，裁判所の外で抗議する人々は，製薬会社の経営者たちを「ウィルスよりひどい」，「エイズで暴利をむさぼる人」と非難するプラカードを持っていた．訴訟は一転して，それら製薬会社の広報活動に大変なダメージをもたらすこととなった．製薬会社が命よりも利益を重視していると非難されることになったからである．2001年の4月には，製薬会社はその訴訟を取り下げた．「われわれはこの裁判に勝つ必要があった．そうでなければわれわれの多くは死ぬ運命にあっただろう」と，南アフリカのエイズ患者ノンサントラ・マセコは言った[21]．製薬会社が訴訟活動から手を引くことによって，貧しい国々は公衆衛生上の理由によって特許を無効化できると一般的に解釈できる前例を作ることとなった．

　2000年には，5つの主要な製薬会社はアフリカとアジアのためにエイズ薬をもっと低い価格で提供するための協議に入ることに同意した．それから，2001年には，主要な企業は西洋社会で設定している価格の10分の1の製造原価で，エイズ薬を発展途上国に供給すると宣言した．メルク社の経営者パー・ウォルドオルセンが言うには，「薬が先進国に再輸出されないようなプロセスを導入する」という条件が付されていた．彼はさらに，先進国政府は発展途上国が保健の社会的基盤と流通システムを構築することを助ける必要があるとつけ加えた．ブリストル・マイヤーズ・スクイブ社のジョン・マクゴールドリックは，「われわれは，アフリカにおいてエイズ薬で利益を追求しないし，われわれの特許を障害物とはしないだろう」と述べた[22]．

　通常の市場の力が働いた結果，インドのジェネリック薬の製造業者との競争に直面し始めた頃から，製薬会社はその価格設定行動を変化させた．しかし，この変化はまた活動家たちの活動に対する反応でもあった．エイズ薬の物語は，消費者とその保護団体――国境なき医師団，オックスファムのような援助団体，アクト・アップのような権利擁護団体，新聞社など――が，市場の動きに修正を加えることができることを示している．ブラジル，南アフ

21）*New Zealand Herald*, April 20, 2001.

22）*Financial Times*, March 8, 2001, March 14, 2001.

リカ，タイのように市場ルールを変えるために積極的に活動した国々が，民主的であると同時に，民衆からの圧力に敏感な政府を持っていたことは，おそらく偶然の一致ではない．

しかしながら，貧しい国々において原価でエイズの薬を販売するという解決策は，他の多くの病気の薬に対しては適用することはできない．特許保護を取り除くことの便益と費用を比較考量する際に，エイズ薬は特別なケースであることがわかる．エイズ薬の発見は，巨額の利益をもたらす先進国市場によって促されたからである．貧しい国々は，どのような価格付けが採用されたとしても，エイズ薬から得られる世界的な利潤のほんのわずかな部分しかもたらさない．このため，貧しい国々からの研究コストへの貢献がなくても，それでイノベーションのインセンティブが明白に低下してしまうということはないだろう．

これとは対照的に，先進国を襲うことのない病気については，特許を無効化して研究のインセンティブを弱めることが，どのような便益も上回る大きなマイナスとなる可能性がある．貧しい国々にただ乗りさせることが潜在的に便益をもたらしうるのは，その病気が豊かな国々を襲っていて，アメリカとヨーロッパの市場がイノベーションを促しているようなときに限られる．熱帯病については，特許が存在しなければ研究は行われない．イノベーションの成果を無料で手に入れられるようにしたとしても，その結果，イノベーションがまったく行われなくなってしまうならば，元も子もなくなってしまう．

貧しい国々のみを襲う病気に対する薬を開発するためには，市場設計のより深い変革が必要とされる．そのような薬に関しては，そもそも研究がなされるために，知的財産権保護が維持される必要がある．しかし，おそらく特許システムを運営する他の方法があるだろう．貧しい国々の病気の新薬開発のために，どのように工夫すれば，研究インセンティブを創出することができるだろうか．標準的な特許システムの下では，非常に高い潜在的社会的価値にもかかわらず，稼いだ収益では開発コストを回収できないことになるので，そのような薬は開発されないだろう．

貧しい国々で薬が利用可能となるための有効な方法を探求する活動のリー

ダーである経済学者のマイケル・クレマーは，現状の特許システムに対する
さまざまな代替案や補完的制度——それらはすべて政府と国際機関による行
動を必要としている——を探求している[23]．たとえば税額控除という方法
によって，製薬会社が研究で使う投入物に対して補助金を与えることにより
研究開発のコストを低下させれば，市場価値の低い薬の開発も利益を生み出
す活動になるかもしれない．しかし，研究への投入物をモニターすることは
難しいので，一般的に投入物に補助金を与えることは，産出物に対する支払
いによって成功報酬を付与するよりも効果的ではない．費用と収益のバラン
スを変えるもう1つの方法は収入を増大させることである．政府と国際機関
が，新しい薬が製造されたなら，その薬の売り上げ1ドルごとに事前に明示
した金額を支払って，企業の利益を大きくする約束をするという方法である．

　貧しい国々は購買力が不足しているので，このアプローチは西ヨーロッパ，
北アメリカ，世界銀行，世界保健機関のような国際機関からの資金を必要と
する．新しい薬を開発するのに2億から5億ドルかかることを考えると，こ
れらの資金はかなり潤沢に用意しておく必要がある．

グローバル市場の光と影

　製薬のグローバル市場は，市場が持つ最悪の側面と最良の側面を同時に浮
び上がらせてくれる．市場インセンティブは，新薬の発見を促すために不可
欠である．しかし，市場を設計する方法は1つだけではない．市場の正しい
設計は時間と場所によって異なる．どのような市場も不完全であり，ときお
り，再設計される必要があるのである．

　そこで，起業家と政府のどちらもが，そのときどきに応じて市場設計者の
役割を担うということになる．次に市場設計がもたらすもの——市場がうま
く機能するために必要とされる土台——について考えることにしよう．

---

[23] Kremer（1998, 2000）を参照．

第4章
情報は自由を求めている
Information Wants to Be Free

バザールの魅惑

　中東の古い歴史を持つバザールは，旅行記の格好の材料である．モロッコのマラケシュの場合，バブ・ドゥッカーラと呼ばれるタイル張りの門を通ってバザールに入る．そこは買い物客で溢れた狭い小道の迷路である．香辛料の刺激の強い匂い，商品のけばけばしい色，ラバ乗りたちの叫び声に感覚が圧倒される．商人たちは，マルメロ，ミント，チーズといった食料品を提供している．職人たちは，製品ごとに分かれて集団を形成している．陶器，靴，真鍮製品，木工品，彫刻，衣服，バスケット，寄木細工といった具合である．

　人類学者のクリフォード・ギアツは，バザールにおける情報は「乏しく，希少で，ある所にしかなく，その伝達のされ方は非効率だが，極めて高く評価される」と述べた．「製品の品質，現在の価格水準，市場成立の可能性，生産コストなど，あらゆることについてわからないことだらけである．そして，バザールが機能する方法の多くは，誰かのためにこのような無知を減少させたり，増加させたり，はたまたその無知から防御するための試みとして解釈することができる.」もっとも安いものも含めて価格は提示されていない．商標は存在しない．広告もない．経験豊富な買い手たちは，不当な高値を要求されたり，粗悪品を売りつけられたりしないように，広く情報を探索して自らを守ろうとする．買い物客は，さまざまな商人がオファーしているものの比較に時間を費やす．他方，商人たちは客に自分のところで買うよう説得することに時間を使う．「情報の探索はバザールにおける生活の中心的

な経験である」とギアツは言う．情報の探索は「バザールにおいて真に高度な発展を遂げた技術であり，あらゆることがそれにかかっている．」[1]

　バザールの商人たちは，価格情報を隠すことで，積極的にサーチ・コスト（探索費用）を増加させようとすることがある．他の客に価格を知られることなく，贔屓の顧客に対してだけお買い得の取引機会を提供できるように，交渉は慎重に行われる．イエメンでは，商人と顧客が手を布で覆って，交渉内容を隠すことがあるという．指の一本一本が数字を意味し，目を使って合意・不合意を表現し，指を動かしながら交渉を行うのである[2]．

　自分自身が，マラケシュでタイル張りの門をくぐって，バザールに向かって歩いていると想像して欲しい．お土産として真鍮の壺を買おうとしているとしよう．真鍮製品の多くの売り手たちが，1つのエリアに集積している．1人の商人から次の商人へと歩いていくのに数秒もかからないので，比較しながらの買い物は簡単なものである．しかし，費用がまったくかからないわけではない．あなたがマラケシュに滞在するのは，ほんの2，3日だけで，他にも訪れる予定をしている場所がいくつもあるかもしれない．商人から商人へと見て歩いているうちに，思い切って買ってしまえば次に移動することができるのにと，一緒に旅をしている仲間が愚痴をこぼしはじめる．もう1つの価格提示を得るための費用は，無視できるものではないのである．

　結局は必要以上に高い価格で買ってしまうことになる．豊かな西洋から貧しい国にやってきた誰もが遅かれ早かれこの苦い経験から学ぶように，旅行者はバザールの商人にはかなわない．必要以上に高い価格で買ってしまう数ある原因のうち，技量の問題は部分的なものでしかない．確かに，バザールの商人は経験を積んだタフな交渉者であるのに対して，ほとんどの旅行者は標準的な価格水準についての一般的知識と細工品の出来栄えを判断する能力に欠けている．しかし，たとえ容赦ない交渉者が，商品価値について専門的判断を下せたとしても，問題は解消されない．たとえ少額であっても，あちこち買い物をして回る費用は，商人間の競争を妨げるには十分なものなのである．あなたは法外な値段を支払うことになる．

---

1 ）Geertz（1978）．引用は pp.29-31 から．
2 ）Weiss（1998, p.43）．

サーチ・コスト

　このように高値がつく論理をもっと詳細に吟味してみよう．あなたが欲し
いと思っている真鍮の壺とまったく同じものを売っている売り手が多数いる
と想像してみよう．あなたはこの壺に 10 ドルまでは支払ってもよいと思っ
ているが，それ以上を支払う気はないとする（話を簡単にするために，売り手
たちはあなたの支払い意欲について知っていると仮定する．もしそうでなければ，
あなたは多少の交渉力を持てるだろう）．売り手の誰にとっても，卸売価格に
地代，労働コスト，事業を続けるための最低限の利潤マージンを合計した壺
の費用は 5 ドルであったとする．あなたはすでに，今まで話していた商人か
ら価格の提示を受けている．別の価格提示を受けるためには，他の商人とも
話さなくてはならない．いささか回り道をして，時間をもう少し使わなけれ
ばならない．その費用は小さいがゼロではない．この状況で，商人たちはど
のような価格を提示するであろうか．

　最初に 1 人の商人だけが壺を売っているベンチマークのケースを考えてみ
る．この場合には独占価格が成立し，あなたが支払っても良いと思っている
最大限の金額である 10 ドルに価格が設定されることになり，商人は100％
の利潤を稼ぐ．これと正反対のベンチマークのケースとして，商人が多数存
在すると同時に，完全な情報を持っているあなたは最低価格をつけた売り手
から自由に買うことができると考えてみよう．このケースでは，すべての商
人が 5 ドルの値をつけることになる．各商人はあなたと取引するために競争
相手よりも低い価格をつけようとするため，価格は費用を回収できるぎりぎ
りまで下がる．競争的なプロセスの結果，うまい買い物ができることになる．

　しかし，この結果は情報がタダで手に入らないときには実現しない．この
ときには，すべての商人が 10 ドルの価格をつけるところに市場が落ち着く
ことになる．商人たちがお互いに共謀しているわけではない．共謀する必要
もないのである．価格が高止まりするのは，単に買い手の情報が不足してい
ることによるのである．

　すべての商人たちが 10 ドルの価格をつけている状況を考えてみよう．そ
のうちの 1 人でも，この 10 ドルを下回る価格を設定して，得することがで
きるであろうか．価格の引き下げにはマイナスの側面がある．以前の高い価

格でもこの商人から買っていただろう顧客から得られる収入が減少してしまうからである．もし情報がタダで手に入る状態にあれば，低価格をつけたとしても，新たな顧客たちがその商人に殺到してくるために，低価格を補って余りあるほどの販売件数増加が見込めるだろう．しかし，サーチ・コストが存在するならば，このような販売件数の増加は無視できる程に小さなものであろう．今，1人の商人の価格を調べるごとに10セントかそれ以上のサーチ・コストがかかるとし，その壺を売っている商人たちが全部で50人いるとしよう．このとき，商人たちの中に費用と等しい価格でその壺を売っている人が1人おり，その人と取引すれば5ドルの節約ができるということを知っていたとしても，その商人を探すことは見合わないだろう．この探索は干し草の山の中から針を見つけるようなものである．追加的にもう1人の商人を訪ねるとき，その商人が低価格をつける人である確率は50分の1なので，その追加的な価格調査から得られる平均収益は，（5ドルに1/50を掛けた）10セントとなるが，それはもう1人の商人から価格を聞く際の費用と同じ額である．これでは，探索をすることは見合わない．そのため，価格を引き下げようとする商人は，ほとんどもしくはまったく販売増加が見込めないため，価格を高く設定しなおすだけである[3]．かくして，高い価格を設定することは，商人たちの自己実現的な予想に依存している．あなたが取引をしようとする商人は，他のすべての商人たちが高い価格をつけていることをあなたが知っていることを知っている．あなたが他の商人のところに行くのに費用がかかることを知っているので，この商人は他のすべての商人がつけるのと同じ高い価格を設定する．そして，あなたはどうすることもできずに，高い価格を支払うことになる．

　競争が機能するためには，低い価格を設定する売り手が報われなければならない．もしも情報がタダで手に入るならばそうなるだろう．しかし，サーチ・コストが顧客たちをロックインしてしまう状況では，売手たちは価格を下げることで損失を被ってしまう．買い物をして回る費用が存在するとき，たとえそれが購入する商品の価値と比べて微小であったとしても，競争圧力

3）この論理は Diamond（1971）によっている．

は働かなくなってしまう．売り手の一人ひとりが小さな独占企業となる．買い手のサーチ・コストのおかげで，商人たちは大きな利潤を得る．小さな取引費用が大きな効果をもたらす例である．

「市場の血液」としての情報

　今日の経済学は情報の問題をその中心に据えている．ケネス・アローは2000年に，「過去30年間の経済学における最重要の新しい概念は，ばらつきを伴った情報の重要性についての議論の発展にある」と述べている[4]．

　情報の不均等な供給から，2つの種類の市場における摩擦が発生する．第1は，サーチ・コストの存在である．何がどこでいくらで手に入るのかを知るのに，時間，努力，お金がかかることである．第2は，買い手が品質を評価することが困難なことから生じる評価コストの存在である．うまく行っている市場は，情報のばらつきから生じる取引費用を削減するメカニズムを持っているのである．

　サーチ・コストは，大小さまざまな方法で市場に機能不全をもたらす．お目当てのものを探す楽しみを別にすれば，情報獲得に費やされる時間とお金は，他のことに費やされればもっと良かったはずのものである．さらに，サーチ・コストのために，取引がお互いに適切でない人々の間で行われることになったり，もしくはまったく発生しないことになったりする．もしサーチ・コストが高ければ，買い物客たちはそれほどものを探さないか，探すことをあきらめてしまうかもしれない．代わりの売り手を探し出すことが難しいときには，他にもっとよい取引や必要によりよく合致した製品を提供する売り手がいるかもしれないのにもかかわらず，もともと知っている売り手から購入することになる．サーチ・コストの結果，互いに不適切な買い手と売り手が取引をすることになり，場合によっては，お互いに利益のある取引の発生が妨げられてしまうかもしれない．先に見たように，サーチ・コストは実際に競争圧力を弱めてしまう．単に選択の機会が存在するということだけでは，市場が競争的に運営されることは保証されない．効果的な競争が存在

---

4 ）この引用は *Journal of Economic Perspectives*, Summer 2000, p.238 の中にある．

するためには，買い手たちがさまざまな選択機会を簡単に比較できなければならないのである．

　情報は市場の血液である．何がどこで手に入り，誰がそれを欲しがっているかという知識は決定的に重要である．市場を通じて情報が流れないならば，その市場はうまく機能しない．情報が完全にタダで流れることはほとんどない．しかし，よく機能している市場には，情報の流れを促進し，したがってマラケシュのバザールの買い物で直面するような問題を解決するようなさまざまなメカニズムが備わっている．われわれは通常そうした仕組みを当然のものとしているので意識することがないが，市場が機能不全を起こしているときにこうした仕組みの不在に気づくのである．

　労働市場においては特に，サーチ・コストが市場パフォーマンスの決め手となる．「多くの人たちが仕事を見つけることができないときに失業が発生する」とクーリッジ大統領は言った．自明なことを長々と論じることはクーリッジの特徴の1つだったが，この発言は見かけほどには自明ではない．求職者たちが仕事を見つけることができないのは仕事がないからではなく，サーチ・コストがかかるためであるかもしれない．職探しには時間と費用がかかるからである．

　マラケシュのバザールで買い手が高い価格を課せられることになるという筋書きは，情報伝達のメカニズムが存在しない市場が，いかにひどい機能不全に陥るかを示す警告である．しかしながら解決策がある．定期的にバザールで買い物をする地元の人々は，旅行者とは違う状況にある．旅行者が直面するのと同じように，地元の人々も取引費用に直面しており，ギアツが記したように製品や価格を知らない．しかし，地元の顧客に対しては，高い価格を設定することを商人たちに思いとどまらせる対抗力が存在する．それは，商人たちが繰り返し商売を行いたいと考えていることである．

　旅行者とは異なり，定期的なバザールの買い物客は特定の商人との関係を構築する．彼らは，さまざまな商人と大雑把に交渉して現在の価格をチェックするけれども，最終的にはいつもの商人との本気の取引に戻っていくのが通常である．これは友情ではなく，便利さによる結びつきである．売り手と買い手は依然として敵対的である．買い物客は低い価格を望むし，商人は高

い価格を望んでいる．買い手と売り手は，時間をかけて一生懸命交渉を行う．しかし，彼らの利害は完全に対立しているのではない．買い物客は，商人との関係によって騙されない保証が得られることを評価しているし，商人たちは，明日もまた来店してくれる程度には，買い物客を満足させたいと思っている．両者の関係がサーチ・コストを節約することになり，リピーターに対してはより低い価格が成立する結果となる．

　しかし，繰り返しの取引関係は情報の問題の部分的な解決策にしかすぎない．洗練された市場には情報を提供する更なるメカニズムが必要である．

サーチ・コストを低下させるイノベーション

　大抵の市場は，サーチ・コストが生成する摩擦を克服するために設計された仕組みを備えており，それによって競争的な力が価格を引き下げることを可能にしている．『コンシューマー・レポート』やイエローページのようなサービスはサーチ・コストを低下させる．口コミは買い物のヒントを与えてくれる手軽な情報源である．長期にわたって事業を継続しようとする売り手は，顧客との繰り返し取引から収益を得るために価格を吊り上げることを控える．広告や特売品によって，顧客をライバルの店から奪うことができるかもしれない．ブランド・ネームや商標は，顧客のサーチ・コストを削減する可能性がある．卸売業者や商社のような市場の仲介者は，企業のサーチ・コストを削減する．情報の獲得を助け，サーチ・コストによる反競争的な効果を緩和するための市場の仕組みを挙げていくと，長いリストができるだろう．

　サーチ・コストは新規事業の機会を生み出しもする．すでに見てきたように，小さなサーチ・コストでさえ，その影響に対抗する力が他になければ，価格の引き上げをもたらす可能性がある．探索は無駄な活動なので，買い手たちは自分たちのために探索を行ってくれるサービスに対してはお金を払ってもよいと思うだろう．サーチ・コストが存在する結果，売り手と買い手がお互いに相手を見つけることができず，相互に利益のある取引が失われるかもしれない．そのために，たとえば不動産業者のような，売り手と買い手の関係を取り持つ仲介者が価値あるサービスを供給することになる．サーチ・コストによって生じる非効率性を改善することから生じる利益が存在するの

である.

　卸売業者や商社のような仲介者は，サーチ・コストを削減するサービスを提供することに，自分たちの市場ニッチを見出してきた．あなたが，アメリカのファッション性の高い靴のメーカーで働いていると想像して欲しい．この会社は，費用がより低くてすむ国に生産を外注することを望んでいる．外注契約を結ぶべき現地の企業をどのように見つけ出せばよいだろうか．工場を訪問し，仕事の質をチェックし，外注価格について交渉するのに，多くの時間を使うことになるかもしれない．あるいは，この探索プロセスを専門家に外注することもできるだろう．たとえば台湾には，アメリカやヨーロッパのファッション・ハウスと台湾の地元の靴製造業者の間の仲介者として活動している企業が存在する．地理学者のヨウティエン・シンによれば，これらの商社は台湾の製造業者の「経営状態と財務状態に関する情報のハブ」として活動しているが，逆方向の情報収集も行っている[5]．すなわち，アメリカやヨーロッパのバイヤーの需要や信頼性についての情報である．商社の従業員たちが，自分が注文した品が生産されている間，品質チェックのために工場に常駐することはよくあることである．欧米の靴会社と台湾の下請業者の間で係争が起きた場合，商社はどちらに非があるかを判断するのに必要な情報を持っているので，誠実な仲介者として行動することができる．これらの商社は，市場をよりよく機能させることによって利潤を獲得している．

　仲介者の省略というのはよく聞くフレーズである．しかしときには，仲介者にも価値がある．もし情報がタダで流れるのなら仲介者を省くこともできるだろう．しかし，情報がタダで流れていないときには，仲介者は有益な目的のために機能している．

「情報は自由に（タダに）なりたがっている[*]．情報は同時に高価になることも欲している.」ハイテクの世界のこのスローガンは，ローテクの世界にも同様に適用できる．この言葉は，コンピュータの教祖的存在であるスチュ

5）Hsing（1999）．引用はp.106から.

＊）原文は"Information wants to be free"である．情報を人格化しているところにこの表現の面白さがあるが，"free"の意味を巡って多様な解釈が提出されている．http://en.wikipedia.org/wiki/Information_wants_to_be_free を参照.

ワート・ブランドによって作られた言葉であるが，説明は次のようにつづく．
「情報は自由に（タダに）なりたがっている．情報は，それを配布したり，
コピーしたり，再結合したりすることが，測定できないほどまでに安価にな
ってしまったからである．また情報が高価になろうとしているのは，受け手
にとって計り知れないほどの価値を持ちうるからである．」[6]

　買い手の情報獲得を容易にするものは，どのようなものでも，買い手に力
を賦与することになる．たとえば電子商取引の出現のような，サーチ・コス
トを低下させる市場のイノベーションは，市場をより効率的にする．人々が
探索に費やす無駄な時間と金銭は少なくなる．買い手と売り手のよりよい出
会いが形成され，価格設定が以前より競争的になるが，このことは買い手に
とって有利に働くのである．

　イノベーションによるサーチ・コストの削減は，売り手にとってもまた大
抵の場合好都合である．情報を求めるために資源が浪費されるため，市場の
情報が改善されることは両者にとってプラスとなるウィン・ウィンの状況で
ある．つまり，市場がより効率的に機能すれば，買い手と同様に売り手も利
益を得る．しかし，例外もある．売り手の状況が悪くなることもある．サー
チ・コストは買い手を売り手にロックインする傾向があり，売り手が高い価
格をつけることを可能にする．このため，サーチ・コストの低下は両者にと
って不釣り合いな販売価格の低下をもたらしうる．

ネットのなかの「摩擦のない資本主義」

　長距離トラック業も，サーチ・コストの低下に伴ってマッチングが改善し
たことの恩恵を受けている．荷物を運び終えたトラックは，空のままで戻る
よりも，他の荷物を見つけて戻った方がよい．そのため以前は，トラック運
転手や荷物を発送する事務所は積荷を見つけるためにあちこちに電話をかけ
なければならなかった．今やインターネットのおかげで，トラックの収容能
力と潜在的な荷物についての情報が容易に手に入るようになった．起業家た
ちが，パスワードによってアクセスする情報提供ウェブサイト（getloaded.

---

6 ）Brand（1987, p.202）．

com や datconexus.com のような）を設立した．トラック運転手や運送会社は月額の料金で会員登録をする．トラックは，もはや空のトレーラーで本部に戻らねばならないことがほとんどなくなり，20％かそれ以上の生産性向上の実現が報告されている．トラック運転手のリチャード・カーシュマンは，車内にノートパソコンを初めて持ち込んだ運転手の1人である（彼は，ボーリング用のバッグに詰めた芝刈り用のバッテリーを使って，ノートパソコンの電力を賄っている）．全米公共ラジオ放送（National Public Radio）のインタビューの中でカーシュマンは，ダラスの喫茶店で，帰宅方向と同じ方向に運ぶ荷物を見つけるまでニュージャージーの家へと帰ることができずに3日間も足止めされているトラック運転手と会ったことがあると話している．コンピュータに電源を入れたカーシュマンがその友人のために瞬時に4つの異なる荷を見つけてあげると，その友人はすぐに道路へと飛び出した[7]．インターネットによってもたらされた情報の流れがトラック貨物市場を再構築したのである．

　光ファイバー・ケーブルの中を光の速さで情報が駆け巡るインターネット商取引は，少なくともスタイルで見る限り，中東のバザールから限りなく遠く離れたものである．しかし本質的には，両者は同じものである．ちょうどマラケシュのバザールと同じように，インターネットでも，情報とその情報を獲得するためのコストが交換方法を規定している．しかし，バザールは情報移転の仕組みがないことから生じる高い取引費用に悩まされている．電子商取引では状況が異なる．インターネット上で情報伝達が容易にできるようになり，売り手と買い手の交渉力のバランスが変化してきた．インターネットは，消費者に多くの情報を与えることで消費者に力を賦与したのである．

　CDNow.com や Amazon.com のようなインターネット小売業者は，サーチ・コストの低い買い物を提供している．こうした業者が顧客を引きつけることに成功した理由は，コンパクト・ディスク（CD）や本を買う人たちの多くが，現実空間よりもサイバースペースにおける検索の方がより便利だと気づいたからである．Autobytel.com や Carpoint.com のような自動車のサイトでは，買い手は自分のコンピュータの上で，ディーラーたちがつけている価格を見

---

7 ）"All Things Considered," National Public Radio, February 8, 2000.

ることができる．インターネットは，買い手のサーチ・コストを低くすることによって，価格設定を買い手にとって好ましい方向にシフトさせた．

インターネットは売り手にとっても助けとなる．インドの田舎のいくつかの村では，村人たちが団結してコンピュータを買った．マドヤプラデシ州のバグディ村では，農民たちは，村のコンピュータを使って，小麦，ニンニク，その他の穀物の近隣市場における取引価格をプリントアウトしている．このことが，彼らの仲買人に対する交渉力を高めている．小麦農家のサトヤ・ナラヤンは，「仲買人が提示する価格に納得すれば彼に売るけれども，そうでなければ自分で市場に持ちこむことにする」と述べている．情報の改善は農家にとって価格設定をより競争的なものにした[8]．

売り手との交渉力のバランスを変化させることにより，インターネットは買い手を助ける一方で，また違う意味で売り手と買い手の両者を助けてきた．市場メカニズムの効率性を向上させることにより，その両者を助けているのである．売り手は，潜在的な顧客数の増大によって利益を得ることができた．潜在的顧客はもはや近くにいる必要がなくなり，世界中のどこにいてもよくなったからである．逆もまた真である．買い手も新しい売り手にアクセスできるようになることで利益を得た．マッチングが良くなれば，売り手と買い手の両者の状況が改善する．

2000年，オーストラリアのメルボルンで行われた世界経済フォーラムにおける講演の中で，ビル・ゲイツはインターネットがもたらした変化について語った[9]．彼が言うには，市場は売り手がもっとも適切な買い手を見つけることを基礎としている．従来の経済においては，この活動は販売促進や流通ネットワークを確立するコストといった間接費用を重荷としていた．インターネットによって，企業が仲介者を迂回して，消費者に直接販売を行うことができるようになったため，莫大な費用が節約されるようになった．従来の経済における取引費用が規模にかかわらず負担しなければならないような間接費用であればあるほど，それは小さな企業にとってのハンディキャップとなる．製品をそこそこの量だけ販売する程度では，その間接費用の支出を

8）*San Jose Mercury News*, July 16, 2000, p.5A．

9）*New Zealand Herald*, September 12, 2000.

賄うことはできなかった．今や，インターネットがあるので，小さな企業でも開業し生き残ることができる．「提供できる製品タイプを記述する2, 3の単語をタイプすることができる限り，1年間にたった2,000, 3,000単位であったとしても，需要に出会うことができるし，その需要に対応することができる．」われわれは今「摩擦のない資本主義」を手にしていると，ゲイツは結論づけた．

　探索は自動化された．買い物ロボットもしくはボット（bot）が最安値を見つけるために，数千のオンライン上の売り手たちを探索して回る．本，CD，コンピュータのような商品については，専門の比較ショッピング・サービスが存在する．さらに，大量の卸売価格の情報もオンラインで入手可能である．以前は，経験豊富な自動車の買い手たちも，中古車価格のリストを掲載した本を手に入れるのに苦労した．今や，その買い手たちは，インターネット上でタダでその情報を見つけることができる．少なくともコンピュータを使うことのできる人にとっては，比較ショッピングはほとんどコストのかからないものである．

　比較ショッピングのために苦労を惜しまない人たちは，他のすべての買い手のために役立っている．経済学の専門用語でいえば，その人たちは正の外部性をもたらしている[10]．製品価格の引き下げを考えている高い価格を設定している売り手は，その引き下げのコストと便益を比較検討する．コストは当初の価格でも購入していた顧客たちから得られる利潤が低下してしまうことである．便益は新しい顧客獲得による売り上げの増加である．もし価格に敏感に反応する買い物客が十分存在しているならば，価格の引き下げは利益をもたらす．より低い価格を求めるけちな買い物客は，高い価格を設定している売り手に価格を引き下げるような圧力を加えるようになるだろう．そして，それはすべての買い手にとっての便益となるのである．

　経済理論が予測するように，インターネットが買い手のサーチ・コストを低下させることにより，はっきりとわかるほどの価格低下が観察されるようになった．新刊本とCDの価格の研究によれば，インターネットによる販売

---

10) Salop, and Stiglitz（1997）．

では，伝統的な小売業者を通した販売よりも平均して8から15％低い価格がつけられている．オンラインで自動車を購入する人は，昔からある販売店で購入するよりも約2％安く購入し，1台当たり平均して450ドル節約している．インターネットは生命保険の価格を5％以上低下させた．われわれの予想通りに，買い手のサーチ・コストの低下は売り手の運営コストの低下と合わさって，低い販売価格へと反映されている．

　しかし，インターネット上の比較ショッピングの簡便さにもかかわらず，インターネットは価格のばらつきを縮小させなかった．拙著『経営戦略のゲーム理論――交渉・契約・入札の戦略分析』（見つけにくい本であるにもかかわらず，ほとんどのオンライン上の書店が扱っていた）を探すために，PriceScan.com で数分間費やすと，Borders.com と Powerll's Books では 17.95 ドル，Amazon.com と Barnes&Noble.com では 16.14 ドルで，Buy.com では 12.71 ドル，Kabang.com では 12.57 ドル，Alldirect.com では 11.49 ドルで提供されていることがわかった．売り手によって送料は異なるが，送料を含めた価格も同様の散らばり具合を示している．1 週間以内の配送では，15.57 ドル（Kabang.com）から 20.10 ドル（Aamazon.com）までの差があった．

　同様の発見は，もっと体系的な研究によってもなされている．価格情報の入手の簡便化は，同一製品の価格の同一化を実現してはいなかった．伝統的な売り手よりもインターネット上では価格がより低くなる傾向がある一方で，インターネット上の売り手の間で明らかな価格のばらつきが存在している．各商品について，最高価格と最低価格の差の平均価格に対するパーセント比として価格のばらつきを測ると，ある研究によれば，典型的なばらつきの大きさは，本について 37％，CD については 25％であった．本については，昔ながらの小売店の間でよりも，インターネット上の小売業者の間の方が価格のばらつきが大きい[11]．

　このような広い価格のばらつきが存在していることは謎である．新刊本とCD は，差別化された商品ではない．どこで買おうと本はまったく同じもの

11）本とコンパクト・ディスクについては Brynjolfsson, and Smith（2000），自動車については Scott Morton, Zettelmeyer, and Risso（2000），生命保険については Brown, and Goolsbee（2000）を見よ．インターネット経済のもっとも完全な説明は Shapiro and Varian（1998）によるものである．

である．もしインターネットが摩擦のない資本主義をもたらしたのなら，すべての買い手がどこにいけば最良の取引ができるかを知っているのだから，価格のばらつきは減少するはずである．

　価格のばらつきが継続的に存在することに関する1つの可能な説明は，怠惰ということがある．買い物客は最低価格の探索に煩わされたくないというのである．しかし，ほとんどの人々は数ドルの節約にも多少の時間を使う価値があると思っているのだから，これは根拠の薄い説明である．これでは，高額商品に対する継続的な製品価格のばらつきの存在について決して説明することはできない．

インド牛乳市場の機能不全

　情報費用が非常に低いときにも，どうして価格のばらつきが持続するのだろうか．できないはずである．しかし，現に価格のばらつきが存在しつづけているのだから，インターネットの市場においてさえ摩擦の影響を受けているのに違いない．インターネット上の取引でも，いくらかの取引費用は存在するが，それは売り手を探したり，価格を知ったりするための費用ではない．これらの費用はほとんどゼロに近いからである．これら以外の取引費用はもっと微妙なもので，品質の観察が困難なことから発生するものである．インターネットは完全に摩擦のない市場を作り出したわけではない．買い手が売り手を信用できるということが，インターネットの出現によって，ますます必要になってきた．

　大々的な喧伝にもかかわらず，実際のところ，インターネットは情報をタダにはしなかった．もし買い物が単に最低価格を見つけることだけであるとしたら，インターネットの比較ショッピングという仕組みは，最終的にすべての小売業者を最低価格をつけている競争者と競わせることになるだろう．しかし，物理的に同一のものであったとしても，買い物客の目から見れば，ある小売業者によって提供される本は，他の小売業者によって提供される同じ本と区別可能なものである．買い物客は単に本を買っているのではなく，本それ自身が一部を構成しているサービスのパッケージを買っているのである．そこでは本は確かに主要な部分であるが，しかし一部でしかない．それ

以外に，買い手はさまざまな種類の保証を得ているのである．その保証とは，本が約束通りに早く配達されること，良い状態で配達されること，商品が期待通りのものでなかったら返品してもよいと小売業者が請け合うこと，小売業者の従業員が買い手のクレジット・カードのデータを不正に再使用しないことなどである．買い手は，自分たちの不確実性を削減するためには，喜んで多少の追加的支払いに応じようとするだろう．情報の費用には，売り手を探し出すコストだけでなく，保証を得るコストも含まれている．小売業者の評判は，そのような保証の情報を伝達することができる．ブランド・ネームは情報を供給する道具なのである．

　信頼を保証するだけではなく，売り手は他にも多くのサービスを提供している．もし地元の本屋とつき合いがあり，店主の判断が信頼できるものならば，聞いたことのない著者の本であっても，店主の推薦の言葉だけで買うかもしれない．見かけ上同質的なものも，実際には同質的ではないことがしばしばある．どこでそれを買うかということが問題となるのである．

　この点をさらに説明するために，インターネットを離れてローテクの例を考えてみよう．かつてインドの町では，質の良い新鮮な牛乳を見つけることが難しかった．儲けを多くするために，卸売業者や小売業者が牛乳を水で薄めていたからである．買い手は匂いをかぐことで牛乳の新鮮さを判断することができるかもしれないが，乳脂肪の含有量を判断することはできないだろう．低品質の結果として，牛乳の売り上げは減少した．20年前に比べて，1人当たりの牛乳消費は25％低下したのである．

　経済学者のジョージ・アカロフは，買い手が品質を観察できないときに，いかに市場が機能不全を起こすかという論理を明らかにする思考実験を行った[12]．売り手にとって1クォート（約1リットル）の高品質の牛乳を供給するのに1ドル，水で薄めた牛乳を1クォート売るのに0.6ドルかかると考えてみよう．典型的な買い手は，質の良い牛乳には1.2ドル，質の悪い牛乳には0.8ドル支払っても良いと思っているとする．良い牛乳，悪い牛乳のどちらの場合であろうと，双方にとっての取引利益が存在する．もし買い手が牛

---

12) Akerlof（1970）.

乳の品質がわかっているのならば，低品質の牛乳には0.6ドルから0.8ドルの間，高品質の牛乳については1ドルから1.2ドルの間の価格がついて取引が行われ，売り手も買い手も便益を得ることになるだろう．しかし，もし買い手が品質を見分けることができないのであれば，どちらの品質の牛乳も同じ価格で販売されることになる．すべての販売業者が買い手にとって同じように見え，その販売業者のうち60％が牛乳を水で薄めていると買い手が信じていると仮定しよう．そうすると，買い手は1クォートの牛乳に対して最大で0.96ドル，おそらくはそれ以下の値段しか支払おうとしないだろう（この計算の仕方は以下の通り．40％の確率で買い手にとって1.2ドルの価値，60％の確率で0.8ドルの価値であるから，平均して1.2ドル×0.4+0.8ドル×0.6，つまり0.96ドルの価値があることになる）．しかし，この状況は維持不可能である．高品質の牛乳を供給するには1ドルのコストがかかる．そのコストを回収できるだけの価格をつける正直な売り手は，騙されるかもしれないという買い手の側に存在する根拠のある恐れのために，牛乳を売ることができないだろう．正直な売り手たちは事業をたたんでしまう．すると，水で薄めた牛乳を売る売り手の割合が100％となる．この市場をグレシャムの法則が支配することになる．低品質の財が高品質の財を駆逐してしまう．

　多くの貧しい国々と同様，インドではこのような状況は普通のことである．多くの財について，市場の機能は不満足なものである．インドのジャーナリストであるアショク・デサイは次のような観察を記している．「あらゆる大きさ，あらゆる品質，新鮮なものから乾燥したものまで，ごちゃ混ぜになったニンニクなら手に入る．しかし，ヨーロッパで手に入るような，大きく，均一で，綺麗なニンニクの玉に出会うことはない．綿は巧妙に混ぜものがされている．食用油はときどき人を殺してしまうほど危険なものである．これらの製品は決して改善されない．それらの製品の製造者は，同じひどい製品を何十年と作りつづけるのである．」

　しかし，（経済学者のロバート・クリットガードの記述するところによれば）インドは混ぜ物の入った牛乳の問題を解決した．インドの全国酪農開発委員会（National Dairy Development Board）は，1970年代に牛乳の品質を改善するキャンペーン活動を開始した．その委員会は，農家から卸売業者，小売店ま

での流通の各段階に，牛乳の乳脂肪含有量を測定する安価な機械を提供し，価格が測定された品質を反映するような支払いの仕組みを立ち上げた．最終的な消費者の段階では，買い手たちが信頼できるように，ブランド・ネームが形成された．結果的に品質が改善され，消費量が増加した．消費者と誠実な生産者は共に便益を享受した[13]．

　牛乳の品質保証問題の解決は，たまたま起きたわけではない．その解決には，一連の協調的行動が必要であった．品質保証のメカニズムを当然視することはできない．それは豊かな国々ではどこにでもあるが，貧しい国々では存在していないことがしばしばである．品質保証メカニズムが存在しないことが，市場がうまく機能しないことの理由の1つになっている．

市場における情報の重要性

　売り手と買い手を引き合わせると同時に，購入しようとしているものの品質を買い手たちが確かめられるようにするような情報流通のチャンネルを構築することは，市場設計の主要な一部分である．「ビジネスの秘訣は他の誰も知らないことを知ることである」と運送業の大立者アリストテレス・オナシスは言った．反対に，市場設計の秘密は情報が流れるようにすることである．

　情報の不均一な分布は，市場が非効率にしか機能しない原因となりうる．比較ショッピングには時間と努力のコストがかかり，その費用は小さかったとしても，ゼロであることはほとんどない．お互いに相手を見つけることが非常に困難であることが原因で，双方にとって利益のある取引が行われないことがある．買い手が負担するサーチ・コストの存在は，売り手の側に価格設定力を与えてしまう．成功している市場は，広告のように，情報が流れるための仕組みを備えている．また，卸売業者や商社のような市場の仲介者が企業のサーチ・コストを低くしている．

　買い手に提供されているものの品質の判断が困難なことがしばしばある．弱みにつけこまれるかもしれないという買い手の恐れが理由で，市場が低い

---

13) Klitgaard（1991, pp.51-55）．引用は Desai（1999, pp.171-172）から．

活動レベルでしか機能しないようになっているかもしれない．次の章で論じるように，市場は，保証，ブランド・ネームや専門化した仲介業者のように，品質の情報を伝えるメカニズムを発展させなければならないのである．

第5章
正直は最善の策
Honesty Is the Best Policy

買い手と売り手の間の信頼

「取引はギブ・アンド・テイク．妥協するのだ．そうすればお金を掴むことができ，次の電車で町を出ることができる．」このフレーズは，ハリウッドスターの華麗なエージェントであるアービング・（スウィフティ）・ラザー*）の単純なビジネス哲学であった．ある人々にとっては，お金を掴むということが市場行動の典型例である．それは，骨肉相食む弱肉強食の世界である．

ところが現実はその反対である．人々を信用できないところでは，市場はうまく機能しない．買い手が見てそれとわかる商品に現金を払うというもっとも単純な取引については，信頼は必要ない．しかし，大半の取引はそれほど単純ではない．うまく運営されている経済では，ビジネスは信頼に足る約束ができる能力を基礎として成立している．

商品について不確実性が存在するようなときはいつでも，買い手は売り手を頼っている．これは，ほとんどあらゆる買い物に対して成立していることである．食べ物を買うときには，それを食べて気持ちが悪くならないことを信じている．薬を買うときには，その薬には副作用がないと期待しているだろうし，自動車を購入するときには，それがしっかりと走り，修理工がうまく修理してくれるだろうと考える．雇用者は従業員が怠け者でないことを期待するだろう．また，医者や会計士に相談するときには，彼らの能力を信じ

---
*）スウィフティは計略の意味．

るだろう．買い手が事前にその品質を確かめることができないときにはいつでも，売り手はいくらか買い手を安心させることができなければならない．逆に，売り手が信用売りを申し出るときにはいつでも，買い手を信用しているだろう．たとえば，その場で支払いをしない顧客たちに財を引き渡すときには，彼らが後でその料金を支払ってくれるだろうと信用しているのである．「正直は最善の策である——それで得するときには.」マーク・トウェインは，この皮肉で，うまく設計された市場の鍵となるものの1つを示している．人々の中には，生れつき正直なものもいるが，そうではないものもいる．うまく設計された市場は，実際に正直者が得することを保証するための，公式・非公式のさまざまなメカニズムを備えている．市場における信頼関係は，無節操な人々にも約束を守らせるようなルールや慣習を基礎としている．

評判という品質保証

　消費者に欲しいと思わせ，お金を出そうと思わせる対象が，フライド・ポテトのカリカリの触感のような取るに足らないものであることもある．「フライド・ポテトはフライド・ポテトに過ぎない」とあなたは言うかもしれない．しかし，その言葉は単に，あなたにハンバーガーの大立者としての才能がないことを示しているに過ぎない．1950年代，マクドナルドの創始者レイ・クロックはフライド・ポテトに取りつかれていた．「フライド・ポテトは，私にとってほとんど神聖な存在になっていた」とクロックは後に語っている．「それを準備することは宗教的に行わなければならない儀式になっていた.」[1] クロックは，液体比重計を持たせて従業員を農家の畑へと送り，最適な水分含有量を満たさないジャガイモを不合格品とした．彼はまた，自然の糖をデンプンに転換するようなジャガイモの保存方法を考え出し，フライド・ポテトを調理する時間を測る「じゃがいもコンピュータ」を開発した．クロックは彼の企業の競争優位をフライド・ポテトの均一性——デンプンと油の正確なコンビネーション——に見出した．ミネアポリスでもミンスクでも，マクドナルドのブランド・ネームは，顧客に提供する商品の品質を正確

1）*New Yorker*, March 5, 2001.

に保証している．

　品質保証を提供する市場メカニズムは多種多様である．人々は，すでに使ったことがあり，長持ちすることがわかっているブランドの一連の商品を買う．信頼できる自動車を作り出すという過去の実績——そのような記録は『コンシューマー・レポート』の中で探すことができる——を持った製造業者から自動車を買う．新しいマフラーを車につける場合には，信頼できる保証を広告している修理屋を選ぶ．免許を持った医者に見てもらう．以前の雇い主の推薦状をもとに，雇用するかどうかの意思決定を行う．友人からの推薦に頼って弁護士を選ぶ．市場は，低品質の生産者と高品質の生産者を区別するための無数の方法を備えている．

　評判とは品質の保証である．よく知られた企業は，聞いたこともない企業に比べて，しっかりした保証を提供している．どんな不正行為がその企業の価値ある評判を傷つけてしまうかわからないから，その企業は時間通りに配達し，期待を裏切ることがないと推測することができる．たとえば，インターネットの小売業者の間で相変わらず存在している価格のばらつきは，消費者が保証を必要としていることの反映である．評判が確立している企業は，評判が確立されていない競争者より高い価格を請求することができる．良い評判から収益を得ることができるのである．

　人を納得させる仕方で情報を伝達することは難しい．どのようにすれば，潜在的な顧客に対して，自分の製品が競争者のものよりも良いものであることを説得することができるだろうか．事実，あなたの商品は他のものよりも良質であるとしよう．また，あなたがターゲットとしている顧客たちが観察できる何らかの行動があり，あなたはその行動を取れるものとしよう．その行動は単にコストがかかるだけではない．その行動は，あなたが不誠実ならば，あなたが正直であるときよりも多くのコストがかかる行動であるとしよう．ここが鍵となる点である．こうした行動を「シグナル」と呼ぶ．あなたがその行動を取るところを見た顧客たちは，あなたが本当に真実を述べていると推測する．シグナルを送るときに，あなたは「言葉よりも行動」という格言に従っているのである[2]．

　広告はシグナルとなりうる．マーク・トウェインが述べたように，「広告

は新聞の中で信用できる唯一の真実である.」清涼飲料水メーカーが，ロックスターを起用した贅沢なコマーシャルのキャンペーンを行っている．まるでその広告の唯一のメッセージは，このコマーシャルには巨額の費用がかかっているということだけのようにも見える．しかし，その浪費がポイントなのである．巨額の費用をかけてコマーシャルを行うこと自体が，その企業のその製品に対する自信を主張しているのだ．その企業は，製品を試した消費者が将来も買いつづけるだろうから，長い時間をかけて広告支出を回収できるだろうと期待している．広告が信頼できるコミュニケーションの役目を果しているのは，低品質の製品を作る製造業者が広告しても収益を得ることができないからである.「試してみれば，気に入ってくれるでしょう」と広告が言うとき，それは単に言葉だけで言うよりも信じられるものである.

　シグナルを送ることは，自然界における方法の1つでもある．東アフリカのサバンナでライオンがガゼルに忍び寄る．捕食者の気配を感じ取ると，ガゼルは6フィートも高く，何度もはね始める．なぜガゼルは，逃げられるうちに逃げないで，1つのところで飛び跳ねるのだろうか．そのような一見狂ったように見える行動も，生物学者の理論によれば，実際には合理的なものである．飛び跳ねることは，ガゼル流のコミュニケーションである．ガゼルはライオンに向かって,「私は強く健康です．私を追うのは，あなたの，そして私のエネルギーの浪費ですよ」と言っているのである．弱いアンテロープが同じことをすることには余計な費用がかかる．ライオンが虚勢を見抜き，追跡をつづける危険があるからである．このため，その行動は信じられるシグナルとなる[3].

　なぜ孔雀はあのような派手で贅沢な尾を持っているのだろうか．その尾は重くてつけて歩くのが大変だし，捕食者の攻撃を受けやすくしてしまう．しかし，それにも存在理由がある──コミュニケーションの手段としてである．配偶者を探している雌の孔雀にとって，豪華な尾は，自分が健康であり，よ

2）シグナリングについては，Spence (1973)，Rothschild and Stiglitz (1976)，Kreps and Sobel (1991)，Riley (2001) を参照．シグナルとしての広告活動については，Milgrom and Roberts (1986) を参照せよ.

3）生物学におけるシグナリングについては，Bergstrom (2001) と Zahavi and Zahavi (1997) を参照.

い遺伝子を伝えることを示すシグナルとなっているのである.

　見せびらかしは, 説得力のある品質自慢である. 孔雀の尾の現実経済にお
ける等価物——一見したところ無駄なひけらかしだが, 実際には信憑性を増
すという目的を持っている——は, 多種多様である. 銀行や保険会社は, 取
引が必要とする以上に豪華な本社屋を持っている. 人目を引く社屋は, その
企業が健全であることを示し, そのような社屋を維持できないような不安定
な企業と区別することを可能にする. 将来にわたって長くそこで商売をつづ
けるつもりであることをシグナルするものとして, 小売業者はもっと安い場
所で十分なときにも, ニューヨークの五番街のように賃料の高い地域に店を
構える. ベンチャー・キャピタリストは, 起業家が自分のお金をかなりの額
を投資しているときにのみ, スタートアップ企業を支援することに合意する.
これは, ベンチャー・キャピタリストの現金が不足しているからではなく,
起業家に誠実さを示すシグナルを求めるからである.

　うまく機能している市場は, 品質についての信頼できる情報を伝達するシ
グナルを送る数々のメカニズムを備えている. シグナルを送ることで, 低品
質の財が高品質の財を駆逐してしまうという問題を克服することが可能とな
るが, それはタダではできない. 孔雀の尾は重荷であり, 銀行の豪華な本社
ビルと清涼飲料水メーカーの高額の広告は最終収益にとってはマイナスとな
る.

契約を守らせるメカニズム

　売り手はどのようにして, 買い手たちが必要な支払いをしてくれることを
信用できるのだろうか. ニューヨークのケーブル・テレビ会社パラゴン・ケ
ーブルは, 故意の滞納者たちに支払いをさせる斬新な方法を採用した[4]. パ
ラゴン・ケーブルは, 滞納者を訴えもしなかったし, サービスの打ち切りも
しなかった. 代わりに, 果てしのない政治的演説, 討論, 公聴会だけしか流
さない C スパンの番組を配信した. これは, 伝えられるところによれば,
効果的な料金徴収方法であった.

---

4 ）*Telecommunications Policy Review*, October 8, 1995, p.9.

　将来に対する関心が，人々に約束を守らせるもっとも基本的なインセンティブとなる．財の売り手に掛売りをしてくれるように頼んだあなたは，将来その支払いをするだろうか．もし近所の店で果物を買う状況だったら，支払うかもしれない．もしその商品が自動車だったならば，支払わないだろう．この相違は明らかに，約束破りによって得をする金額にある．もしその果物屋が買い物に便利ならば，そこで買い物をつづけることの価値が，約束を破ることから得られる2，3ドルを超えることになるだろう．これに対して，自動車を買うときには，支払わないことで数千ドルの利益を得ることになる．しかも，買い手が自動車を購入するのはまれなことだろうから，売り手は再び取引をしたいという買い手の願望にも頼ることができない．このように，正直が最善の策であるかどうかは，次のうちどちらが大きいかに依存している．取引を継続することによって得られる将来の利益と，約束を破ることによって得られる一時的な利益とである．

　支払いの約束を破ることによる利益が，売り手との継続的な取引の価値よりも大きいとしても，それによって他の売り手までが取引を拒否するようになるなら，料金を支払うインセンティブが出てくるだろう．たとえば，ブラックリストに載せられることで失う将来取引の価値が，約束破りを躊躇させることになるだろう．広い意味での評判に対する関心が，誠実な取引に対する追加的なインセンティブを提供している．

　評判を通じた制裁が機能するには，何らかの仕方で言葉が広まらなくてはならない．そのため，うわさ話は実質的な経済的効果を持つ．小さな集団は，通常，行動規範を実効性のあるものにすることができる．金融市場の株式仲買人たちは「集団として自分たち自身を規律づけている」と，砂糖の先物契約のトレーダーは言っている．誰かが悪いことをしたときには，「その人物に『このようなことは二度としない方がいい．もししたなら——君を締め出すことになる』とだけ言えばいい」のである[5]．

　株式仲買人たちや伝統的な村のように緊密に結びついたコミュニティーでは，制裁は自発的に行使される．人々の往来が頻繁な流動的な社会では，評

5）Abolafia（1996, p.172）から引用．

判は確立されにくい．いつ誰が債務不履行をしたのかを他の人々が知るためには，情報チャンネルが必要である．たとえば，信用調査機関は情報の集積所として機能している．ほとんどの消費者にとっては，料金不払いが自分の信用上の格付けに傷をつけるリスクを冒すことになると認識していることが，料金支払いを確実なものにする十分なインセンティブとなる．

　かつて，アメリカの漁業市場は「金だけ取って逃げろ症候群」に冒されていた．卸売業者が魚を州外の買い手に送ると，手形が不渡りになった．買い手たちは，簡単に他の売り手を見つけることができるので，支払いをせずに逃げてしまうことができたのである．この事情を観察したメイン州ポートランドの起業家ニール・ワークマンは，卸売業者の債権回収の代理人として活動するゴー・フィッシュという会社を設立した．彼が収集している情報には他にも転用可能な価値があるので，ワークマンはすぐに債権回収以上のことができることを理解した．「債権の回収は一度だけだが」，「支払いをしない人間についての情報は何度でも売ることができる」とワークマンは言った[6]．ゴー・フィッシュは，魚の買い手たちの信用情報を会員たちにすぐに提供できるようにインターネットを使い始めた．単に情報を投稿するだけの，この簡単な道具によって，ワークマンは市場のインセンティブを作り変えた．今や買い手たちは，魚を継続して買いたければ，請求額の支払いをしなければならなかった．これはゴー・フィッシュに利益をもたらしただけではなく，市場全体の機能の改善をももたらしたのである．

　ニューヨークのダイヤモンドの卸売取引では，ディーラーたちはバッグに詰めた数百万ドル相当のダイヤモンドを，書面契約なしに受け渡しあっている．「幸運と祝福とともに」という意味のmazal u'bracheという言葉とともに握手することで，拘束力のある合意がなされる．口頭契約が機能する理由の1つには，ディーラーたちのほとんどが共通した世界観を持ったハシド派のユダヤ人（Hasidic Jews）だからである．しかし，そのような大きな利益がかかわると，個人的関係は重い制裁とはならないだろう．そこでダイヤモンド市場は，契約に違反した者は，裏切った相手との将来の仕事を失うことにな

6）ゴー・フィッシュについての引用はNational Public Radio, "Morning Edition," January 29, 1999 から．

るだけでなく，他のすべてのダイヤモンド・トレーダーとの仕事をなくして
しまうように設計されている．ダイヤモンド・ディーラーズ・クラブが制裁
を組織化している．そのクラブに参加する際，新メンバーは，どのような紛
争も届け出てクラブの裁定を受けることに合意しなければならない．契約に
違反したメンバーは罰金を課せられるか，最大20日間，取引から排除され
る．罰金の未払いは，すべての人がわかるように掲示される．極端な場合に
は，メンバーはクラブから追放され，そのためダイヤモンドの取引そのもの
から締め出される[7]．仕事を継続していくためには，ダイヤモンド・トレー
ダーは誠実でなければならないのである．

　メキシコでは，履物の取引は靴製造業者の業界団体によって規制されてい
る．この団体は，そのメンバーにとって買い手となる小売業者のデータベー
スを維持・管理している．もしある小売業者が支払いをしなければ，データ
ベースにその事実が記録され，メンバーは誰でもそれを見ることができる．
そのような情報が入手可能であることを知っていれば，小売業者が契約を破
る可能性は小さくなるだろう．これは古くからある仕組みである．中世のヨ
ーロッパでは，商人ギルドがそのメンバーたちに同様な契約上の保証を提供
していた[8]．

　オンラインの事業者間取引が提供しているサービスの一部は保証である．
たとえば，化学産業においては，オンライン取引は，石油化学製品からプラ
スチックに至る工業化学製品の買い手たちが，世界中のあらゆる場所から供
給者を見つけ出すことを可能にしている．信頼がなければ，そのような市場
は存在できなかっただろうし，その場合には，買い手たちは昔ながらの方法
で，長期の関係を築いてきた取引パートナーから購入をすることになる．
「平均的な取引の大きさは20万ドルぐらいだろう」と，化学製品取引所ケム
コネクトの社長ジョン・ビーズリー氏は言う．「この規模の取引をオンライ
ン上で遂行するためには，取引相手が約束した通りに行動すると信じられな
ければならない．」[9] 取引所の競争上の優位は，買い手に対して売り手が時

7）Bernstein（1992）.
8）Woodruff（1998），Grief, Milgrom, and Weingast（1994）. 契約上の保証を提供するこれらや他の
　民間部門のメカニズムについては，McMillan and Woodruff（2000）を参照.

間通りに優良品を納めることを保証すると同時に，売り手に対して買い手が
その請求通りの支払いをすることを保証する能力から生じている．そのため，
ほとんどのオンライン取引はそのサービスを使う企業を選別し，メンバーが
他のメンバーとの取引で約束を破ったときに必ず行動を起こすのである．

「アブソールトリー・スイート・マリー」という歌の中で，ボブ・ディラン
は「法律の外で暮らしていくためには誠実でなければならない」と歌ってい
る．うまく設計された市場は，評判を追跡する数々の方法を備えている．不
誠実な行動についての噂を広めることは，ほとんどの人をほとんどの期間，
誠実にしておくのに十分なものである．

ベトナムにおける契約なしのビジネス

ベトナムでは，多くのビジネスが口約束のみにもとづいて行われている．
「ここには企業間の紛争を解決するような商法がありません」と，ホーチミ
ン・シティの銀行員ヒュン・ブー・ソンは言った．「ビジネスマンは契約に
サインするときも，法律に頼ることができません．このことが騙しあいを容
易にしています．」

ベトナムでは，1980年代中頃の改革を契機に，民間部門の復活があった．
1990年代初頭までに，小さな製造業者が勃興した．しかし，ベトナム政府
の政策は事業者に優しいものではなかったので，起業家たちは自分たちでゲー
ムのルールを作らねばならなかった．ベトナムの民間部門がダイナミック
に活動するためには，契約内容を保証する何らかの手段が存在しなければな
らなかったが，裁判所を使うことができないため，起業家は自分たちで作っ
た仕組みに頼るしかなかったのである．

紛争を防いだ一因は，将来の仕事を失う恐れであった．債務不払いに対す
る罰は，その債務者との取引を停止することだった．ただし，起業家たちは
紛争がそこまで進むことを避けようとした．ある経営者が語ったところによ
れば，債務が支払われなければ「辛抱強く交渉をする.」お金を返済しても
らう方法は「技だから，説明が難しい.」

---

9 ）*Red Herring*, November 1999, p.178.

　同じ業種の仕事をしている人々は，ティーハウスやバーで毎日お互いに顔を合わせるだろう．あるアルミニウム製品の製造業者は，仲間の製造業者と会うときには，特定の顧客が信頼できるかどうかについて議論すると言う．鋼鉄製品を作るある業者も，顧客についての情報を交換するために，毎日他の実業家と顔を合わせると語った．彼によれば，こうした定期的な会合が「市場がうまく機能するために必要なビジネス倫理を作り出す」のである．ある顧客が製造業者を裏切ったならば，その事実を聞いた他の人々はその負債者をブラックリストに載せるだろう．

　起業家たちは，リスクを限定するように取引を構築した．たとえば，財を注文に応じて生産するときや，遠くの町の顧客に販売するときのように，買い手が約束を破るかもしれないというリスクを感じたときには，事前の支払いを主張した．長距離の取引においては，製品を運ぶバスのドライバーが顧客の代理人として行動することもあった．顧客のお金を製造業者に渡したりするなどして，事実上の支払い保証人＝金融仲介者となったのである．

　企業は，取引相手をうまく選ぶことで，紛争の確率を減らした．起業家たちは注意深く取引相手を調査した．ある人が言うには「良い顧客とは自分の製品に対して高い価格を支払ってくれる人ではなく，誠実で約束を履行する人」である．自分の顧客たちの「金融上の能力と人柄」の調査に努力を傾注しているおかげで，多くの人は1人の顧客とも紛争を経験したことがなかった．ある人は，取引を開始する前に，取引相手を「友人，親戚，他のサプライヤーや顧客を通じて，注意深く」調べたという．家族，一族，友人といった非市場的な紐帯が，市場における取引関係を補強していたのである．

　アジアのビジネスにおいて家族的紐帯がものをいうことは，目新しいことではない．しかし，家族のネットワークは取引関係を開始する際に役立つことがあるものの，そのネットワークは不可欠というわけではない．われわれの調査のサンプルとなった起業家の約半数は，長期的な取引を開始する際に，相手企業との間に事前のつながりはまったくなかったと述べた．既存のコネクションの役割は，各企業が自ら行う調査が果していた．経営者たちは，潜在的な取引相手の工場や店を直接訪ねて，取引相手の信頼性を確認すると述べている．ある人は，「サプライヤーの質と信頼性を確かめるもっともよい

方法は，サプライヤーを訪ねて，供給される原料の品質を調べ，測り，テストすることである」という．別の人は，「サプライヤーの信頼性を評価する方法は，供給者を頻繁に訪ね，何を作っているかを吟味することである」[10]と述べている．

　ベトナムでは，契約保証の必要性に応じる形で，取引関係の形成が急速に発展した．法システムの欠けている部分を自助努力が代替したのである．

法システムと非公式ルールの機能

　これまでの話は，企業が契約法を使わずに驚くほどうまくやっているということであった．このことは，裁判所が不必要だということを意味しているのだろうか．非公式的な関係だけで，人々に義務を守らせるのに十分なのであろうか．常識では，その答えはノーであるはずだ．

　非公式の契約だけではうまくいかず，法律のサポートがあるときのみうまくいく取引もある．「多額のお金が絡むところでは，誰も信じないことが賢明である」とアガサ・クリスティは言った．お金を持って逃げ去ることから得られる利益は，評判を傷つけることから生じるあらゆるコストを上回るかもしれない．つまり，かなり遅れて収益を生み出すような巨額の先行投資を伴う取引には，法律が必要である．

　映画界の大立者，ルイス・B・メイヤーは「口頭契約は，紙に書いたものほどの価値はない」と言った．だが，われわれが見てきたように，メイヤーは物事を誇張しており，口頭契約は機能しうる．しかし，総収益の5％を約束された映画スターは，隙のない契約をするようにアドバイスされるだろう．その映画が大ヒットしたときに，スタジオがその取引から逃れようとするかもしれないからである．ある種の取引については，法の代替物は存在しないのである．

　法が円滑に機能するところでは，売り手と買い手はごまかされることを恐れる必要はない．売り手も買い手も損害賠償の訴えを起こすことができるか

---

10) このベトナムの起業家の説明は，ハノイとホー・チ・ミン市において1995年から1997年の間に行われたインタビューと調査を元にしている．より詳しくは，McMillan and Woodruff（1999a, 1999b）に報告されている．引用元はこれらの論文の中に示されている．

らである．しかし，完璧に機能する法システムは存在しない．契約がいつも
揺るぎのない保証を与えるわけではない．古いことわざとは異なり，いつも
「契約は契約」と言えるわけではない．

　いくつかの貧しい国々では，法律はほとんど頼れない．ベトナムはその極
端なケースである．別の国々では，裁判所は存在しているが過重な仕事量を
負った状態にあり，契約執行のために裁判所を使うことは，しばしば割が合
わない．インドでは，2,500万件の契約上の係争が未解決のままである．民
事訴訟は通常，判決が下されるまで10年かそれ以上かかる．インドの閣僚
ラム・ジェトゥマラニによれば，「われわれは借金で身動きがとれない貧し
い国である．しかし，もっと多くの裁判所庁舎を作り，設備とスタッフを整
えるにはお金がかかる．」「5倍の裁判官が必要だと私に言う人がいる．しか
し，私には，どこにその裁判官を配置すべきなのかわからない．」[11]

　優れた法システムを持った国々でも，法律は摩擦なしには機能しない．裁
判に訴えるためには，弁護士費用を払わねばならず，予測できない終結へと
至る長期のプロセスに備えなければならない．裁判に訴えることが割に合わ
ないときもある．訴訟が割に合わないということを取引相手が知っていたな
ら，法律は頼りにできる基礎を提供していることにはならない．また，裁判
所は契約上の約束が実現されたかどうかを評価することができないかもしれ
ない．権利を侵害された主体は，法的に受け入れられるような証拠を用いて，
契約が破られたことを立証することができないかもしれない．たとえば，ハ
イテクの生産に関する複雑な係争においては，製品が仕様に合ったものかど
うかを判断するためには，門外漢には理解し難い評価に頼らなければならな
いだろう．契約違反を立証できなければ，法律は役に立たない．どこであっ
ても，契約関係には当事者間の関係形成に依存する部分がある．よい法シス
テムは不可欠なものではあるが，市場が必要とするような水準の信頼を生み
出すことはできない．契約が守られることを保証するような非公式の手段も
また必要なのである．

　スポーツの世界で，公式ルールの実効化と非公式ルールの実効化の間の相

11）*New York Times*, June 1, 2000, p.A1．公式的な契約と非公式的な契約がどのように相互作用して
　いるかに関する理論については，Baker, Gibbons, and Murphy（1994）を参照．

互作用をみることができる．ビジネスの世界と比べて，スポーツの世界での問題は比較的単純なものである．公式のルールは明確に定義され，簡単に実行される．レフリーはすぐに判断を下し，係争に判決を下す裁判所を待つ必要はない．しかし，スポーツの世界でさえ，非公式のメカニズムが必要とされる余地がある．

　たとえば，ラグビーには，つねに暴力に発展する潜在的可能性がある．タックルはアメリカン・フットボールと同様に激しいものであるが，プレーヤーは防御用具を何も身につけていない．ラグビーの特徴はタックルの後にボールを奪い合うラックである．残酷なプレーヤーは，うつむいたプレーヤーの頭やお腹に蹴りを入れることができるかもしれない．レフリーに見つからないようにすることは簡単なので，野蛮な行為の抑止にルールはあまり役に立たない．ラグビーを比較的安全にするのは，自己実効化（self-enforcement）の可能性である．悪事を働こうとする者は，すぐに自分自身がラックで下敷きにされてしまうことを知っている．これは説得力を持つ．

　野球も同様の自己実効化のテスト・ケースを提供してくれている．速球派のピッチャーは，故意にバッターの頭を狙った「ビーン・ボール」を投げることがある．もちろんピッチャーは，ボールが指を滑っただけだと無罪潔白を主張する（ボールをインサイドに投げてバッターに当てる傾向があることで悪名高い，ヤンキースのロジャー・クレメンスについて，相手チームのバッターたちは「面白いことに，クレメンスは外側には暴投しない」と言っている）．危険な投球を抑止するために，リーグは「警告」ルールを導入した．ビーン・ボールが投げられたとき，審判は警告を発する．どちらの側であっても，再度ビーン・ボールが投げられたなら，その2回目のビーン・ボールのピッチャーとその監督は退場させられる．OBたちは，警告ルールの導入で，実際には，ピッチャーがバッターを狙って投げる確率が大きくなってしまったと主張している．それ以前は，レオ・ドゥローチャーのような監督はビーン・ボールを受けたらすぐに，自分のピッチャーに対してビーン・ボールを投げて復讐するように命じた．今日では，ビーン・ボールを投げるピッチャーは警告からうまく逃れることができるのに，相手は復讐することができない．そのため，野球の公式ルールが有効だった非公式ルールを妨げてしまったと論じる

ことができるだろう．警告ルールの効果は，意図したことと正反対になってしまったかもしれない．もし復讐されることが確かだと見れば，おそらく「間違って」高いインサイドの球を投げることは少なくなるだろう．

　スポーツの世界同様，ビジネスの世界でも，行儀よく振舞うインセンティブは公式ルールと非公式ルールの両方に依存している．裁判所には盲点があるし，煩雑なものとなる可能性がある．市場の参加者は，自分たち自身の自己実効的メカニズムを発展させることによって契約法を補っている．次に議論するように，これらのメカニズムは非常に慎重に設計されている場合がある．

長期の信頼関係による経営改革

　1980 年代と 1990 年代の輸入の急増の後，アメリカの産業に危機が訪れた．輸入がそれほど大きな要因となっていなかったときには，自動車のような産業の企業は，お互いにそれほど競争圧力をかけることもなく，安穏とした生活を送っていた．輸入によって新たな競争が引き起されたとき，突然，快適な生活は粉々に打ち砕かれ，企業は先を争って，贅肉を落とし，もっと効率的になろうとしなければならなくなった．これらの企業は，市場を用いることによって効率性がもたらされることを再発見した．ある投入物については，企業内の製造設備を使うよりも外部からの方が安く調達できるということを発見した．ゼロックス，ボーイング社，モトローラ，フォード，クライスラーといった企業は，サプライヤーたちとの取引方法を変えた．投入物に対する自分自身の市場ルールを設定する際，これらの企業はある種の市場設計を実行していたのである．

　生産工程のある部分は，いつも下請に出されていた．たとえば，自動車メーカーは伝統的にタイヤを外部から調達していた．ミシュランのようなタイヤメーカーは，長年にわたるイノベーションと信頼できる製品の上に競争優位を築いていた．しかし，自動車メーカーが他の投入物を外注できないかと考えはじめたとき，もっと高い水準の信頼が必要とされることに気づいたのである．

　外注するとき，製造業者はサプライヤーを信頼している．時間どおりに配

達できなかったり，標準以下の水準の部品を納品してくるようなサプライヤーは，組立てラインに遅延を引き起こしたり，場合によってはラインを止めてしまうことによって，製造業者に損害を与えてしまうだろう．納品の遅れが引き起こす問題に対処するために，裁判所に訴えるのでは遅すぎるかもしれない．品質の評価に専門的判断が必要ならば，裁判所は低品質の投入物の納品を罰することができないだろう．サプライヤーが高品質の品を確実に納めるようにするため，製造業者は自己実効的メカニズムを設けなければならないのである．

　サプライヤーもまた製造業者を信頼する[12]．あなたの企業が自動車部品を作っていると考えてみよう．自動車メーカーは新モデルを立ち上げようとしており，車体の製造を下請に出したいと思っている．車体はその新モデル独特のものであり，そのために工場設備を入れ替えなければならない．少し考えると，そのような特殊投資をすることは自分の立場を危ういものにするので警戒しなければならないことがわかる．設備を入れ替えた後のことを考えてみよう．当初合意していた車体1台当たりの価格は，投資コストを賄えるものであった．しかし，それ以外の目的には使えない設備に入れ替えたことを知った自動車メーカーは，価格を引き下げるよう要求してくるかもしれない．もし新たに提案された価格が操業コスト（設備入れ替えのためのコストを含まない）を賄うのであれば，その設備を使わないままにしておくよりも，それを受け入れることが利益となる．しかし，このような不当な要求がなされることを恐れるならば，はじめから契約に合意しないだろう（もし契約が完璧なら，そのような約束破りの可能性は排除されるだろうが，通常は，将来起こりうるすべての事象を予測することは不可能なので，契約は再交渉の余地を残している）．すべてのサプライヤーが自動車メーカーを信頼しないのなら，サプライヤーにそのような特殊投資をするように説得することは不可能となり，外部の企業の方が安く作れたとしても，自動車メーカーは車体を自社内で作らなければならなくなるだろう．

　部品の外注を多くするということは，特殊投資を含むような仕事のいくら

12）Williamson（1985, 2000）.

かを外注しなければならないということである．これを達成するためには，製造業者はサプライヤーが信用できる約束をする必要があった．あるケースでは，長年にわたる約束破りの結果として，お互いの間に敵意が存在していた．製造業者は，サプライヤーの不信を何とかしなければならなかった．

　より多くの仕事を下請に出すために，製造業者は直接取引をするサプライヤーの数を減らした．ゼロックス社は，その数を6,000社から400社まで減らした．後戻りしたように思えるかもしれないが，これは短期契約から長期的関係への切り替えの一環である．ベトナムの経営者が証言していたように，企業間関係を維持するためにはサプライヤーに対して多大な注意を払っていなければならないが，そうしたことができるのは限られた数のサプライヤーを相手にしているときである．選ばれたサプライヤーは，通常は基盤の安定した企業であったが，良い仕事をしている限り，特権的な地位を保持できることが保証された．こうした企業が，他のサプライヤーたちを管理するための負担を引き継ぎ，サプライヤーのヒエラルキーが作り出された．

　製造業者が外注に真剣に取り組んでいることをサプライヤーたちが理解するようになると，誠実な取り組みは好循環を生み出した．外注に依存することそれ自体が製造業者のインセンティブを正しい方向に設定した．製造業者はサプライヤーたちにもっと多くの関係特殊的な投資をしてもらう必要があったが，このことは製造業者の側の近視眼的行動を抑止するのに十分であった．というのは，製造業者が信頼できると思われなければ，他のサプライヤーたちは関係特殊的な投資をしないだろうからである．

　サプライヤーの側は，更なる契約継続の見通しからインセンティブが与えられる．それ以前は，新たな契約は，もっとも安い値段を提示したサプライヤーに自動的に与えられていた．今や，製造業者の方針は現在のサプライヤーに対して好意的なものとなった．すなわち，サプライヤーが良い仕事をしていれば，製造業者が契約を更新すると期待することができるのだ．

「ビジネスの新しい黄金律」と題した1994年の『フォーチュン』誌のほとばしるような記事は，新しい種類のサプライヤー関係の成立を宣言した．記事は「それは結婚のようなものだ」と大企業の購買担当役員が言っていると伝え，次のように締めくくった．「アメリカ企業は，真の競争で戦うために

協力することを学んでいる.」

　新しい協力関係は,品質を改善し,コストを削減した.クライスラーの購買部長であるトム・ストールカンプは,1990年代初めのことに言及し,「われわれの歴史の中で初めて,会社がもっと生産的になるためにどうしたらよいかについてのアイデアをサプライヤーと誠実に交換した」と述べた.製造業者は生産と経営の技術についてサプライヤーを指導した.製造業者は新モデルの設計に際して,早い段階からサプライヤーを関わらせるようになった.反対に,サプライヤーたちはコストを削減する方法に関するアイデアを出したり,製造業者の生産スケジュールに合わせるように納品時間を調節したりした.いくつかの製造業者では,サプライヤーから部品が届くたびごとに部品を検査することを止め,代わりに,サプライヤーたちが欠陥のない部品を生産してくれるものと単純に期待し,その部品を直接生産ラインに送るようになった.

　サプライヤー-製造業者間の取引は,法的な契約と長期関係の相互の役割を示している.購買担当役員たちを対象とした1997年の調査によれば,その3分の2は次の言明に同意している.「アメリカ企業がサプライヤーとの取引方法を変えたことによって,サプライヤーとの重大な紛争の発生は劇的に減少した.」その調査によれば,裁判所に持ち込まれたのは,サプライヤーとの重大な紛争の5分の1未満である.購買部長が言うように,もし問題が発生したなら,相手に電話をして「問題に対処すればよい.もし再び取引をしたいのなら,お互いに法的条項は読まない.」[13]

信頼と市場

「人間の商業活動の自由さとその範囲は,約束に対して忠実であるかどうかに完全に依存している」とデイヴィッド・ヒュームは1739年に言った.その2世紀半後に,ケネス・アローは次のように言っている.「事実上すべての商業取引は,それ自身の中に信頼の要素を含んでいる.ある一定期間にわたって行われる取引であればどのようなものでも,確実にそうである.」結果

---

13) 引用は *Fortune*, February 21, 1994, pp.60-64.*Purchasing*, July 17, 1997, p.127.November 6, 1997, p.16 と Macaulay(1963, p61)から.

として,「世界の経済的後進性の多くは,相互信頼の欠如によって説明することができる.」[14]

　うまく設計された市場は,相互信頼を築くためのさまざまなメカニズムを備えている.契約関係は,裁判所に基礎をおくだけでなく,評判をもとにした非公式な仕組みにも依存している.評判によるインセンティブが機能するためには,情報が流れなければならない.同業者組合,仲介企業,信用調査所のような民間部門の組織は,誰が契約を破ったかという情報を広めたり,ときにはそうした人々の集合的ブラックリストを組織化したりすることで,契約関係に役立っている.人々に約束を守らせる上で,これらの非公式の仕組みは,法システムを補完している.

---

14) 引用は Hume(1978, p.546)と Arrow(1974, p.357)から.

第6章
最高札の値付け人へ
To the Best Bidder

築地の魚市場

　東京の街がまだ眠っている時間帯，築地の魚市場は喧騒に溢れている．平日の毎朝早い時間から始まる市場では，約2,500万ドルもの価格がつけられる魚介類が競売にかけられている．築地は観光客のためにあるわけではないので，魚を運んで行き来する小型トラックに轢かれないように注意しなければならない．しかし，早朝ベッドからはい出ることができるなら，その市場は十分見る価値のあるものである．450種類もの異なる魚介類が並べられている．そこには，北紫ウニ，フグ，生きたウナギやエビ，タコ，イカ，あらゆる種類の海水魚，淡水魚が，生鮮なものから，冷凍のもの，乾燥されたもの，燻製にされたものまで並べられている．

　マグロの競売は見ものである．光沢のある銀色のマグロが，3,000本近くも台の上に並べられている．売り手は，築地に魚介類を供給する7つの大きな漁業会社の系列会社である．卸売の買い手は，マグロの尾を小さく切った「窓」を通してそれぞれのマグロを調べ，刺身やお寿司に適しているかどうかを評価する．この検査のために30分の時間が取られ，その後に競売が始まる．競売人は，魚屋に特有な日本語で歌うようにしながら，値段を引き上げていく．買い手は何も言わず，手のジェスチャーで値段を伝える．お互いの指値が瞬時に合わせられるので，1万5,000ドルもの価値のマグロを売るのに，ほんの数秒しかかからない．午前7時までには競売は終了する．約1,000万ドル分のマグロが1時間半の内に売られ，競売人たちはお寿司の朝

御飯を食べに，通りの向かいの食堂に向かう．その間に，買い手は市場の外周に位置する店内にマグロを運び，そこでマグロを切り分け，その切り身を魚屋，スーパー，レストランといった次の買い手に販売する[1]．

　築地は，東京の魚の卸売を円滑にしている．もしこの市場が存在しなかったなら，買い手と売り手は，個別に1対1の取引をするために交渉しなければならなくなるから，その取引方法は面倒になる．買い手にとっては，築地市場はさまざまな漁業会社から入手可能な商品の範囲を示してくれるものだ．売り手にとっては，競売は買い手たちがどれだけ支払ってもよいと思っているかを素早く示してくれる．競争的市場が，取引をとりまとめる効率的な方法を提供しているのである．

交渉と競争の比較

　交渉と競争についてもう少し細かく比較してみよう．消費者需要や漁獲量の予測できない変動によって，魚の価値は毎日変化する．価値を決める客観的基準は何もないので，価格交渉は非常にじれったいものに感じるかもしれない．マグロの価格について交渉している売り手と買い手を想像してみよう．買い手の計算によれば，支払ってもいい最大の額（つまり，それは買ったものを細かく分けて再販売することにより稼ぐことのできる額である）は8,000ドルである．売り手は，取引を受け入れてもいい最低の金額（魚を供給するコストと自分の努力に対する報酬の合計）を6,000ドルと計算している．取引が行われることによって，純額で2,000ドルの利益が実現する．売り手は買い手が支払ってもいい最大の金額を知らないし，買い手は売り手の売ってもよいと思っている最低の金額を知らない．

　最初に，売り手と買い手はお互いにロックインされており，相手を選ぶことができないとしよう．彼らは互いに取引をするか，しないかの選択をする．価格は，売り手の最低額の6,000ドルまで低くなることも，買い手の最大額の8,000ドルまで高くなることも可能である．この間の範囲の価格であれば，売り手も買い手もともに取引しない状態よりも望ましい状態が実現できるか

1）築地市場については，Bester（1998）と築地市場のウェブサイト http://www.tsukiji-market.or.jp を参照．

らである．交渉においては，必然的に到達する唯一の価格というものは存在
しない．この非決定性が存在するために，売り手と買い手の各々は，パイよ
り大きな割合を得ようと試みるのである．

　価格交渉で決まる価格は，売り手と買い手それぞれの相対的な交渉力を反
映している．脅しやフェイント，ハッタリが，交渉上の優位の源泉となる．
買い手はそれほどマグロを必要としてないかのように振る舞い，売り手は
「底値」が高いかのように行動する．売り手と買い手の各々は計算した上で
リスクを取る．というのは，このような非妥協的態度が交渉を決裂させてし
まう可能性があるからである．たとえば，彼らは互いにハッタリをかませあ
って，引くに引けない状態に行き着くこともある．合意に達したとしても，
よりよい取引を求めてお互いに相手の辛抱強さを試すので，非常に時間のか
かった交渉の末にようやく妥結することになるかもしれない．遅れが生じた
り，膠着状態に陥ったりすれば，両者ともが損失を被る．しかし，こうした
ことは困難な交渉に伴う意図せざる結果として起こりえることなのである．

　ここで話を変えて，買い手が 2 人の売り手のうちどちらからでも買えるも
のとしてみよう．1 人の売り手がマグロを供給するコストは 6,000 ドル，も
う 1 人の売り手のコストは 6,500 ドルとする（話を単純にしておくために，買
い手は 1 匹のマグロだけを欲しがっていて，売り手のマグロの品質は完全に同じ
ものであるとする）．交渉が生み出すトリックをなくすために，買い手は単に
2 人の売り手からの提案を受け入れるだけだが，それぞれの売り手をはり合
わせるとしよう．一方の売り手が 7,500 ドルを提案したなら，買い手は他方
の売り手がその値段を下回る提案をするように誘う．この売り手は喜んでそ
れに従い，たとえば，7,400 ドルを提案する．相互の値下げ競争は，高いコ
ストを持つ売り手が競争から外れる 6,500 ドルの値段に下がるまで続く．

　競争で決まる価格には，非決定性は存在しない．価格は 2 人の売り手のコ
ストの高い方の額に等しくなる．そこでは，売り手と買い手の両者が満足し
ている．買い手の純利益（価値 − 価格）は 1,500 ドルであり，売り手の純益
は（価格 − コスト）は 500 ドルである．競争が存在するときには，交渉のた
めの戦術はほとんど何の利益も生まない．もし売り手のうちの 1 人が強気に
交渉しようとしたなら，買い手は別の相手に変更してしまうだろう．反対に，

買い手は競争的なプロセスが自分に有利なように働いているため，苦労して交渉する必要がない．

　もっと多くの売り手がいるときには，競争は買い手にとってずっと有利なものになる．もし売り手が3人で，新たに加わった売り手のコストが5,500ドルだったなら，価格は6,000ドルまで下がる．一般的に，競争下の価格は，2番目に低い価格となる．競争がそこで止まるからである．競争者の数が増加すると，最低のコストと2番目に低いコストの差は縮まり，価格はもっとも効率的な売り手のコストへと近づく．より多くの競争は，より低い価格をもたらすのである[2]．

　交渉のケースと競争のケースの比較をするために，実験室での実験が用いられてきた．そのような実験研究の1つでは，学部学生を集めて，彼らに10ドルを分け合ってもらっている．交渉のケースの実験では，2人1組のペアが作られた．1人がどのようにお金を分け合うかを提案し，もう1人がその提案を受け入れるか，拒否するかを選択する．受け入れる場合には，提案通りに2人の間でお金が分けられ，拒否した場合には両者とも何も得ないものとする．競争のケースでは，1人の売り手が最大9人の買い手たちから最大10ドルまでの指値を受け取り，もっとも高い指値を受け入れる．その後，売り手はその提案のお金を受け取り，勝った値付け人は10ドルの残りの額を受け取る．交渉の実験では，提案者が半分よりいくらか多めを受け取ることがしばしばではあるが，通常は大雑把に言って半々に分けられた．交渉をする2人が何も受け取らないことになる交渉の決裂は，驚くべきことに，かなりの頻度で見られた．決裂は4分の1の割合で見られたのである．競争の実験では，お金はいつも成功して分割され，買い手の利益は2，3セントまで引き下げられた．これは売り手がお金のほとんどを受け取ることを意味している[3]．

　こうして見ると，競争は2つの効果を持っていることがわかる．1つには，

2）交渉の取引費用の理論については，Myerson and Satterthwaite（1983）（交渉の決裂について）と Sobel and Takahashi（1983）（合意の遅れについて）を参照．値付けの理論については，McAfee and McMillan（1987）を見よ．交渉と競争の比較については，Johansen（1979）と Bulow and Klemperer（1996），情報生成の過程としての競争については Hayek（1978）を参照．
3）Roth et al.（1991）.

競争は交渉力のバランスを変化させる．買い手は，1人の売り手がいるとき
よりも，2人の潜在的な売り手が存在するときの方が得をし，10人のときは
もっと得をする．われわれは，このことを説明する高級な理論は必要としな
かったが，もう1つの競争の効果はそれほど明白のものではない．交渉の合
意を遅らせるか，もしくは駄目にしてしまうような厳しい交渉戦略がなくな
ることによって，競争は取引費用を低下させる．競争的な過程は，もっとも
低いコストを持った売り手が実際に販売できる売り手になることを保証し，
そのため買い手をもっとも効率的な売り手に向かわせることになる．

　競争によって制限されていない売り手なら，生産コストよりも高いマーク
アップをつけることができる．売り手同士の競争は，価格を2番目に低い生
産コストまで引き下げる．さらに多くの売り手が競争しているときには，そ
の2番目に低い生産コストは，もっとも効率的な生産者のコストに近くなる．
支払価格が財を供給するのにかかる実際の費用を測定しているという意味で，
競争は正しい価格を実現する．

　時間を通じて，競争はさらにコストを引き下げる効果を持つ．競争は企業
を規律づける効果を持つ．競争相手よりもコストが低い企業は，より大きな
売上高という報酬を得る．コストが高いままの他の企業は，自分自身をもっ
と効率的にする努力をするか，さもなければ廃業することになる．競争の過
程は容赦なくコストを引き下げる．競争的過程が，企業にもっと効率的にな
るためのイノベーションをするよう圧力をかけ，適者生存の論理が非効率な
企業を取り除く．このことは買い手だけでなく，経済全体の利益となる．

　しかし，このことは，競争がすべての取引費用をなくすと言っているわけ
ではない．たとえば築地市場では，300かそこらの買い手は値付けをする前
に30分を費やしてマグロを検査する．すべての買い手たちが，まったく同
じもの，同じマグロの新鮮さと品質を評価している．代替的な方法としては，
こうした重複検査を節約するために，競り人が統一的な等級の尺度を開発し，
それぞれのマグロの等級をつけることが考えられる．しかし，おそらく，信
頼が欠如していることが，競売会社が等級表を作らない理由だろう．値付け
人は，競り人の言葉によって数千ドルを危険に晒すようなことはしないだろ
う．

　次に見るように，買い手同士の競争は，同様の仕方で，買い手たちが財を
どのくらい高く評価しているかを明らかにする．

競争市場が商品価値を明らかにする：オークション

　美術の世界では，作品の価値を測るのに競争的な市場を使う．1890年代，
パリで行われたゴーギャンやセザンヌなどの作品のオークションは，後期印
象派美術の確立に役立った．「批評家たちはオークションを，自分たちの美
学的評価によっては得られないような，美術品の重要性を確認する場と認識
していた」と美術史家のマイケル・フィッツジェラルドは言う．それより早く，
ルノワールは，「絵画の価値を示す唯一の指標がある．それは販売が行われ
る部屋である」と言っていた．

　香港の美術品ディーラーのマギー・ファンによれば，美術の買い手には2
つの異なるタイプが存在する．「第1のタイプは，『私はこれが好きだ』とい
い，それを所有せずにはいられない」タイプである．第2のタイプは「私は
それが好きかどうかわからないし，本当は理解できない．だけど，こいつは
将来有名になるだろう」というタイプである[4]．最初のケース（経済理論家
はこれを「私的価値」と名づける）では，値付け人たちは，売りに出されてい
る品物に対し，各自の主観的な価値を付与している．値付け人たちはすべて，
それが自分にとってどれだけの価値を持っているかを正確に知っているが，
他の値付け人たちがどの程度の価値で評価しているかは知らない．もう1つ
のケース（理論家はこれを「共通価値」と名づけている）では，買い手の評価
は客観的なものである．買い手たちはまったく同じもの——その画家の将来
の市場性——を評価しようとしている．この場合，美術品は誰が競り落とそ
うと同じ価値であるが，競売のときには誰もその価値を知らず，各値付け人
は誤差を伴いつつその価値を推定する．競争は，どちらのタイプの値付け人
が値付けをするかによって異なる作用を示す．

　サザビーズやクリスティーズのようなオークション・ハウスは，公開オー
クション——そこでは，値付け人たちが価格を上げていき，最終的にただ一

4）ルノアールとフィッツジェラルドの引用はFitzGerald（1995, pp.7, 17）から．ファンの引用は*Far
Eastern Economic Review*, July 22, 1993, p.74 から．

人の値付け人が残ったときに終了する——を用いて美術作品を販売する．あなたが，このようなオークションに参加し，絵画に対して値付けをしているところを想像してみよう．また，そのときに自分がその作品にいくらまで支払うつもりがあるかを知っている（私的価値のケース）と仮定しよう．このときのあなたの最善の戦略は，価格が自分の評価額以下の間は留まって値付けに参加し，それ以後はドロップ・アウトするというものである．もし早くに値付けをやめてしまったなら，その絵画が自分の評価額より安く売れるのを目にするという危険を冒すことになるし，もし自分の評価額を越えても値付けに残っていたなら，自分が評価しているよりも高い価格で買ってしまう危険を冒してしまうことになる．もしすべての値付け人たちがこの戦略に従ったとするならば，あなたが勝者となるのは，あなたが競争相手たちよりも高くその絵画を評価しているときだけである．値付けは，最後から2番目の値付け人が降りたときの価格で終わることになるから，あなたが支払うことになる価格は値付け人たちの評価額の中で2番目に高いものとなる．

　競争的な過程が情報を明らかにする．オークションの後には，売り手はどの値付け人がもっとも高くその財を評価していたかを知ることになり，価格がその評価額の推定値を示している．その推定値は2番目に高い評価額の大きさなので，買い手の評価額の過小な推定となる．しかし，値付け人の人数が十分に大きければ，値付け競争の結果，価格は勝者の評価額の大きさに近いところまで引き上げられる．

　商品の価値が私的価値でなく，共通価値のときには，値付けの論理はそれほど単純ではなくなる．値付け人たちは共通価値の不確実な推定値を持っているため，追加的なひねりがあるのである．値付け人たちは「勝者の呪い」の罠に陥る危険性がある．「勝者の呪い」とは，財の価値よりも高い価格をつけてしまったことを知ったときには，もう遅すぎるというような状況のことである．値付け人たちが全員十分な知識を持っていれば，最適な推定値は値付け人たちの評価額の平均値に近い値になるだろう．もちろん，競り落とす付け値は平均的な付け値よりも高いものになる．もっとも楽観的な推計を行った者が勝者となる可能性が高い．おそらくその推計は過剰に楽観的なものである．

『ローマ帝国衰亡史』の中で，エドワード・ギボンは，勝者の呪いの劇的な記述を行っている．紀元後1世紀に，全ローマ帝国が売りに出された．ローマ皇帝ペルティナクスに対するクーデターを起こした軍は，「公開オークションにより，最高札の値付け人にローマ世界を与えると宣言した．」2人の金持ちのローマ人がお互いを相手にして値付け競争をした．「恥ずべき交渉が，2人の候補者の間を行き来する忠実な使者たちによって行われた．使者たちは各人にそのライバルの提示額を知らせていた．」[5] もっとも高い値付けを行ったディディウスが皇帝であると宣言された．しかし，ディディウスはその職のうま味を長い間味わうことがなかった．その後間もなく暗殺されたからである．彼の頭部は槍先につけられ，ローマの街中で晒された．

　どんなオークションでも，軽率な値付け人は落札することの価値を過大評価する危険を冒す（ディディウスほどひどいケースはそれほど多くないが）．値付け人たちがオークションの興奮の中で多く支払いすぎてしまうこともときどきある．しかし，騙されるとは限らない．経験を積んだ値付け人は，注意深く値付けを行うことによって勝者の呪いを回避する．そのような値付け人は，相対的に高い価値の推定値を持つときにのみ落札できることを認識しているので，より低めの値付けをする．実験結果はこのことを裏付けている．被験者たちは最初は高い価格をつけるが，慣れてくるに従って調整するようになり，過大な値付けを避ける傾向を見せる．用心深い落札者は呪われない[6]．

　文学のオークションでは，ビッグネームの著者の原稿に値付けが行われる．ヒラリー・クリントンのホワイトハウスでの8年間の回顧録については，8社の出版社の間で公開オークションが行われ，報告されたところによると800万ドルの値をつけた．値付け人たちは，彼女のまだ書いていない本の潜在的販売力に賭けているのだから，これは共通価値の状況である．落札額の大きさは，勝者のサイモン・アンド・シュースター社が100万部を超える売上げを予測していることを示している．

5）Gibbon（1946, pp.83-84）．
6）勝者の呪いを避けるための付け値については Wilson（1969）と Milgrom and Weber（1982）を参照．実験については Garvin and Kagel（1994）を見よ．

　文学のオークションは勝者の呪いに冒されやすいと信じる人もいる．「人々は互いに猛烈な値付けを行う」とヘンリー・ホルト社のジョン・スターリングは言った．「気がふれたことをしてお金を払いすぎ，次の日には買い手の後悔に苛まれ，自らに『なぜこれを買ったのだろう？』と尋ねかけるのだ」．ただ，この分析には疑問が残る．オークションごとに買い手の後悔に苛まれるということは，誤りから学ぶことができていないという興味深い事実を示している．もう1つの分析としては，出版社は正確に自分たちのしていることを理解しており，猛烈な値付けは合理的であるというものである．本の価値の推定額はかなり不確実なものであると気づいている出版社は，注意深く値付けを始める．オークションが進行していくと，出版社は他の出版社がどれだけ払ってもよいと思っているかを知り，その本に対する自分自身の評価について自信を深める．エージェントのエリス・チェイニーによれば，「勢いづき，多くの出版社が勇気を奮い起こし支出をする．」ヒラリー・クリントンの本を落札した後，サイモン・アンド・シュースター社のデイヴィッド・ローゼンタールは，その取引に満足していると言った．「大きな利潤を獲得する素晴らしい可能性がなければ，われわれはそんなことはしなかっただろう．」

　エージェントのモリー・フリードリッヒは，「オークションを崇拝している」．彼女が言うには，「良いオークションほど面白いものはない．つまり，不誠実はなく，すべての人が幸福になるような，上出来のオークションで本を売ったと知ることほど，すばらしいことはない．その晩は，エージェントとして完全に承認されたと感じて就寝することができる．」そのような見方もあるにもかかわらず，値付け人がお互いの値を知らされ，付け値を上げつづけることができるような伝統的な販売方法は，政府調達で用いられている封印値付けと同じ「最高付け値」法にとって代わられるようになった．著者のエージェントが，2，3の出版社を招いて，各自1つの付け値を提出させ，もっとも高い値付けをしたものがその本を手にする．

　エージェントたちの中には，そのスピードの速さから，最高付け値法を好むものもいる．オークションの方は，価格が徐々に上がりつづけて1週間かそれ以上つづく可能性があるが，最高付け値法は2，3時間で済んでしまう．

「最高付け値法は，過去に比べて，ずっと人気のある選択肢となりつつある」と，サイモン・アンド・シュースター社のキャロリン・リーディは言う．「というのも，エージェントの中にはゆっくりと他の出版社よりも値を上げさせていくという，必ずしもエージェントの便益とならない方法より，即座に出版社の最高価格を得ることを望んでいる人たちがいるからです．」これらのエージェントは，誤解をしている．最高付け値法を用いることによって，彼らは著者の利益に反する行動を取ってしまっている．というのも，この方法は通常，伝統的なオークションによるよりも低い価格をつけてしまうからである[7]．

　一回限りの値付けを行うとき，出版社は実際，自分が払うことのできる最高額の値付けはしない．出版社は，他の誰よりも数十万ドルも高い値段で値付けをしてしまったことをずっと後になって気づくことを恐れる．もしそうならば，このことは本の潜在販売力を過大評価してしまったことになるからである．お金を無駄に支出してしまう失望を予想するので，出版社は過小に値付けをする．実際そうすべきなのである．対照的に，公開オークションでは，落札者は他にも自分とほとんど同じぐらい支払っても良いと思っている人がいることを知っている．公開オークションによって到達する価格は，経験を積んだ値付け人たちが行うことを前提とすれば，最高付け値法による過度に用心深い価格よりも，その本の価値のより真実に近い測定値となっているのである．

　「勝者の呪い」という言葉は石油産業から発したものである．石油産業では，採掘権を巡って数億ドルの値付けが行われる．値付けに際して，石油会社は油田の規模についての地質学的推計を行うが，推計は誤差を含むものであり，ときには油田が枯渇しているかもしれない．これは共通価値の状況である．石油産業の言い伝えでは，値付けが油田の石油の価値よりも高くなるのは普通だと言われていた．しかし，数百万ドルの利益が関わるとなると，高給をもらっている経営者たちが同じ間違いを繰り返すということは疑わし

7）ジョン・スターリング，エリス・チェイニー，デイヴィド・ローゼンタール，モリー・フリードリッヒ，キャロリン・リーディの引用は *New York Times*, May 17, 2001, p.B3 と *New Yorker*, January 8, 2001, p.31 から．

い．統計的証拠はこの疑いを支持している．オークションで競り落とされた
油田は，その投資に対して平均的に良好な収益を生み出している[8]．

　スポーツ放映権の価格急騰は，競争の力をまざまざと見せつけてくれる．
1964 年に，全米フットボール・リーグのコミッショナーだったピート・ロ
ゼールは，チームがそれぞれローカルに交渉するのではなく，リーグがチー
ム・オーナーたちを代理し，共同テレビ放映協定を交渉することを認めるよ
うオーナーたちを説得した．最初の全米テレビ契約は，CBS との 2,800 万ド
ルの 2 年契約であったが，その価格は以前よりずっと高いものであった．以
前はテレビ局がチームをお互いに競わせていたところが，今やリーグが 1 つ
になって交渉を行うことで独占力を獲得したのである．かなりの価格上昇が
それにつづいた．ESPN と Fox という新しい値付け人が，居心地の良かった
3 大ネットワークの枠組みを壊し，真の値付け競争をもたらした．1998 年ま
でに，テレビ局合わせて年間 20 億ドルをリーグに支払っている．イギリス
のサッカーも同じような変化を経験している．1980 年代の後半，イギリス・
サッカーすべてのテレビ放映権は交渉によって 250 万ポンドの値で取引され
ていた．その後，新興のテレビ提供会社 BSkyB が値付け競争をもたらし，
1992 年には唯一のリーグであるプレミア・リーグは年間 4,500 万ポンドで契
約をしている．そして，2000 年には，3 年分の取引について行われた値付け
は，年間 5 億 3,700 万ポンドにまで急上昇した[9]．

　これらの価格は，馬鹿げているように見えるかもしれない．評論家たちは，
競りの熱狂の中で，テレビ会社の経営者は真の価値よりもずっと高い値付け
をしているという．もしそれが真実であれば，われわれは（また，その会社
の株主たちも）テレビ会社の経営者の能力を疑わなければならないだろう．
しかし，能力がないというこの解釈は正しくない．むしろ，これらの価格は，
テレビ会社の経営者がすでに知っていたこと——スポーツ放送が相当に儲か
るものであること——をわれわれに示してくれている．競争がない時代にも，
放送局はそうしたことを知っていたが，疑いなく，それを自分だけの物にし

8 ）Hendricks, Porter, and Boudreau（1987）.
9 ）テレビの契約に支払われた価格は，*Regional Review*, September 1999 と *Financial Times*, June 15,
　2000 から．

ておくことで満足していた．競争が導入されると，関係者たちはテレビ放映権の価値を明らかにせざるをえなくなり，その価値の多くをスポーツリーグに渡さざるをえなくなったのである．

「払いすぎてしまった」と，映画ディレクターのサム・ゴールドウィンが言ったことがある．「しかし，それにはそれだけの価値がある」と付け加えた．買い手が経験豊富であるときには，価格は価値を測定している．各個人の推定値は非常に不完全かもしれないが，最終的な価格は価値のよい推定値である．競争的過程は，分散している情報を集計し，表面化することに役立っているのである[10]．

競争を促進する政府の役割

　競争市場を実現するもっとも確実な方法は，新規企業を登場させることである．独占が存在するなら，その独占企業は異常に高い価格をつけ，経済の他の部分における利潤よりも高い利潤を得ることになる．そこで得られる高い利潤は，新規企業をその事業活動に引きつけ，その結果，かつての独占企業は競争に直面し，価格は下落する．独占はそれ自身を破壊する要因を含んでいるのだ．

　しかし，新企業の創出に対する障壁が，競争の発生を妨げていることもある．ある産業では，大企業が，通常であれば競争を生み出す市場の力さえ阻むほどの優位性を持っている．特許を所有している企業は保護される．また，既存企業が原材料のサプライヤーや，製品流通チャンネルを自分だけのものとして囲い込んでしまうかもしれない．企業が継続的な参入障壁の便益を得ていることはそれほどあることではないが，知られていないわけではない．そのような産業では，独占と高価格，低品質がはびこってしまう．

　政府には，そのような参入障壁のさまざまな記録が残されている．新企業の設立を妨害するなどして，国家自身が被告人となることもしばしばである．起業家は営業許可を得なければならないが，そのためには会社の名称が独自のものであることを証明し，立ち上げ資金の証明を示さなければならない．

---

10) 競争が「発見の手続き」として機能していることは，Hayek（1978）によって初めて指摘された．その理論については，Wilson（1977）を見よ．

さらに税当局と労働当局に届出なければならない．オーストリアでは，新しい事業を始めるのに，起業家は半年の時間がかかり，公的な手数料に1万2,000ドル近くかかる．メキシコでは4ヵ月以上の時間がかかり，2,500ドルの費用がかかる[11]．エジプトとボリビアでは，公式な営業許可の手続き全体にかかる費用は，1人当たりの所得水準の2倍以上にもなる．

　政府がこれくらいの大きさの制約を課すことで，大きな摩擦がその国の市場に組み込まれる．それらの摩擦は競争を減退させる．免許についての規制の中には，原理的には正当化できるものもある．企業は課税目的のために登録されなければならず，安全に操業し，環境汚染しないことを証明する必要があるかもしれない．カナダの例は，経済に損害を与えずに，これらの目的を達成できることを証明している．カナダでは，起業家が公的な認可を得るのに，300ドル以下，2日しかかからないのである．起業を制約する表向きの理由は，消費者を強欲な企業と劣悪な製品から守ることであるが，面倒な登録要件の実質的な効果は，競争を減退させ，消費者が支払う価格を上昇させることである．既存企業は，通常，予想される競争者よりも多くの資源を自由に使うことができるので，自らを競争から保護するための規制を求め，ロビー活動をするのである．

　しかし，新規企業に対する障壁を打ち立てるのは政府だけではない．ある産業においては，自然の障害が存在する．規模の経済がある場合には，生産量が増加すると生産の単位コストが下がるので，新規の競争者にとって足場をつくることが困難となることがある．既存企業の規模だけがハードルになっているのである．このような産業においては，競争を確保するという政府介入の役割が必要となることがある．もっともうまく行っている市場経済には，反トラスト法とそれを執行する規制当局が存在している．価格協定を禁じる法律は，価格を独占水準まで上げるような企業同士の共謀から買い手を守っているのだ．合併や企業買収を規制する法律は，どんな企業も，買収によって支配的地位を獲得し，資金力に物を言わせて潜在的競争者を脅して退

11）事業を始めるためのコストはDjankov et al.（2000）による苦心の研究からのものである．この研究は，75ヵ国をカバーするもので，汚職の水準が高く，政府が民主的でないほど，公式の参入コストが高くなる傾向があることを発見している．

出させることがないよう保証している.

　2000年4月, マイクロソフトは合衆国反トラスト法に違反したとの判決を受けた（上告に対しては, 2001年6月にこの決定が支持されている）. マイクロソフトは, OS市場に独占を築き, ネットスケープ, ジャヴァなどが代替的プラットフォームとして確立することを妨げた. 判事のトーマス・ペンフィールド・ジャクソンは判決において, 「その成功・失敗を実力次第に任しておけば」, OS「市場への競争導入を可能にしたかもしれない起業家努力に対して, マイクロソフトは意図的に攻撃をしかけた」と述べた[12]. ジャクソンは, マイクロソフトが「競争が生み出す富の規模を圧制で抑えつけつづけた」と結論づけた.

　マイクロソフト事件に相当する1980年代における事件といえば, 裁判所の命令でAT&Tの独占に終止符が打たれたことである. 電話産業の初期のころには, その産業の独占には正当な理由があった. ネットワーク構築には高いコストがかかるので, 競争は無駄な重複をもたらしてしまうからである. しかし, 1980年代初めまでには, 新技術によって, 長距離電話サービスが1つの電話会社によって運営される必要性がなくなった. しかし, AT＆Tは強大な既存企業となっていたので, 市場の力だけではどのような新規の競争者も参入できないほどだった. 電話サービスの独占を終結させるには, 政府の行動が必要だった. 当時, この行動は論争の的となった. 「壊れていないものを修理するな」とAT&Tの支持者たちは言った. 今から考えれば, 反トラスト当局が介入したのは正しかった. AT&Tの分割はイノベーションのスピードを速め, 長距離電話サービス価格の低下をもたらしたからである.

競争の効用

　競争は解放をもたらしうる. 『桜の園』において, アントン・チェーホフは, 勝つことのスリルを伝えている. 貧しくなった貴族の土地（タイトルの「桜の園」）が, 競売にかけられた. 低い身分の出の実業家ロパーヒンが, 値付けのプロセスを語っている. 「私が40をつけた. 彼が45. 私は55. つまり,

---

12) ジャクソン判事の判決の引用は *New York Times*, April 4, 2000, p.A1 から.

彼は5ずつ，私は10ずつ値を上げていった——そして終わった．私は抵当プラス90の値付けをし，そこで止まった．そう，今や桜の園は私のものだ！私のもの！　天国の偉大な神よ，桜の園は私のものだ！　誰か，私は酔ってると言ってくれ！　——正気ではないと——これはすべて幻だと言ってくれ！」[13] ロバーヒンは，彼の父が農奴だった土地を手に入れ，興奮しきっていた．競争市場が時代の変化を表わしていた．

　競争は価格を正しく設定し，それがもっとも高い価値を持つような仕方で資源が使われることを促す．競争は，競い合うものたちが効率的に運営するように規律づける．競争は需要と供給の情報を生み出す．競争は，その場その場の交渉という代替的方法よりも，低い取引費用を可能にする．活発な競争のための諸条件を作り出すことは，市場設計の主要な仕事の1つである．

---

13) Chekhov (1978, p.51).

.

第7章
サァ，いくらで買う！
Come Bid!

競りの風景

　ストラヴィンスキーのオペラ『道楽者の成行き』の中で，競り人セリムが「サァ，いくらで買う，いくらで！」と叫ぶ[1]．群集を値付けの熱狂に誘い込むために，大理石の胸像を競売にかけ，彼は繰り返す．

　　　「……15……と2分の1」

　　　「……4分の3……16……17……」

　　　「17まで行った！」

　　　「……17だよ，17！……サァ，どうだ！　どうだ！」

　　　「持ってけ，泥棒！」

　毎日，何千もの同じ光景がインターネットのオークション・サイトで繰り返されている．違う点は，コンピュータ・プログラムが競り人の役目を果たしていることだけである．

　1994年からの電子オークションの短い歴史の間に，起業家たちが新しい取引方法を工夫した結果，さまざまな市場がわれわれの目前に創り出された．公共部門もまた，電波周波数帯のような公的に所有される資源の配分にオークションを使うようになった．これらの新しいオークションは，複雑な設計上の問題を抱えている．経済理論は，オークションがいかに機能するかについて理解するのに役立ち，さらに新しい取引メカニズムを設計するために使

1）台本はW. H. オーデンとチェスター・カルマンによる．

われている.

インターネット・オークションの設計

　スーパーマーケットやデパートなどのように，多くの取引は売り手が決めた価格で行われている．それとは対照的に，オークションは双方向的である．すなわち，売り手は価格付けを潜在的な買い手たちの手に委ねており，買い手同士の競争を頼りとして，受け入れ可能な価格を得ようとしている．なぜある商品ではオークションが行われ，他の商品は公示価格で販売されるのだろうか．その違いは，売りに出される商品の価値の不確実性の程度にある．公示価格は，頻繁に取引されていて，市場価値が確定しているような財に用いられる．オークションはただ1つしか存在しないような財について行われる．ジェーン・オースティンの『高慢と偏見』の手書きの原稿，もしくは，ビートルズが『サージェント・ペパーズ・ロンリー・ハーツ・クラブバンド』のアルバムのジャケットで着ていた衣装を売る際には，価格をつけるように言われても困ってしまうだろう．標準化されているけれども価値が変動するような財については，基準となる価格を設定するために販売の最初の時点でオークションが用いられる．シカゴ商品取引所で行われるブタのわき腹肉の先物契約に対する値付けは，トレーダーの将来の需要と供給に対する直観にもとづくものであり，現行価格を確定するのに役立っている．築地のオークションでは，漁獲の量と質は毎日変動している．アールスメールの花のオークションでは，花が傷みやすい商品である上，需要と供給の気まぐれを反映して，週によって20％以上，価格が上昇したり下落したりすることもまれではない．そこでオークションの本質は何かというと，値付け人たちが販売される財に対して異なる評価を持つとともに，誰も正確には他の人たちがその財をどれだけ評価しているかを知らないということである．売り手は，どんな価格をつけていいかわからないために，価格を設定しないのである.

　オークションは，長く，多彩で，ときには不名誉な歴史を持っている．古代ギリシャでは，奴隷や妻を売るためにオークションが用いられた．インターネット商取引の成長は，オークションを再び活気づけた．オークションは双方向の価格設定を行うので，双方向性が主要な特徴であるインターネット

にはピッタリなのである．

　オンラインの競り人 eBay の設立者たちは，自分たちのオークションに対して，単純だが，効果的な設計をしている．彼らの設計は自己流であった．「われわれがサイトを始め，運営し，発展させていくに際して，学術的研究の恩恵を受けることはなかった」と共同設立者のジェフリー・スコールは言う．「本当に，それは必死の試行錯誤だった．」[2] eBay の設立をゼロから任されていると想定して，われわれならばどうオークション・メカニズムを体系的に設計するかを考えてみよう．

　値付けはどのような形で受けつけるべきであろうか．ほとんどのオークションは，美術品や骨董品を売るのに伝統的に使われてきたような公開オークションを用いている．これは，値付け人たちが他の人の値付けを上回る値付けをしつづけ，最後に1人だけが残るまでそれをつづけるものである．値付けを運営する別の方法は，アールスメールで花を売るのに用いられているようなダッチ・オークションである．価格が高いところから始まって下がっていき，ある値付け人が欲しいというまで値が下がっていく．他には，封印された値付けを1ラウンドだけ行う封印オークションというものがある．高い値をつけた人が落札し，自分の値付け額を支払う．商用の不動産は，ときどきこの方法によって売られる．その変形である第2価格オークションでは，1ラウンドだけの値付けが行われ，高い値付けをした人が落札をするが，最高価格オークションとは異なり，支払価格は2番目に高かった値付け額である．第2価格オークションは，切手の販売に用いられている．

　eBay は公開オークションを選んだ．経済理論はこの決定を支持している．公開オークションは，他の形態のオークションよりも，平均的に財の真の価値に近い価格を実現する[3]．これは，公開オークションにおいては，入札者たちがより多くの情報を手に入れるからである．あなたが落札したならば，その落札額の水準は，その財の価値に対するあなた自身の事前の推定値だけでなく，他の入札者の値付けをも反映したものである．賢い入札者は，勝者の呪い——高い値付けを行う入札者が，落札することの価値をもっとも過大

2）スコールの引用は *Stanford Business*, February 2001, p.14 から．
3）Milgrom and Weber（1982），McAfee and McMillan（1987）．

評価している人であるという傾向——を恐れ，支払い過ぎないように注意深く値付けを行う．公開オークションでは他の人々の値付けの情報が明らかになるので，値付けが封印されているときに比べて勝者の呪いを心配しなくて済むようになり，より高い値付けをする傾向がある．ほとんどの場合，売り手は公開オークションによってより高い価格を得ることができる．

　eBay は，どのようにして値付け人が時間と注意を節約できるようにしているだろうか．通常の公開オークションでは，値付け人はその場にとどまり，ずっと見ていることが必要である．しかし，値付け以外の生活を抱えている値付け人たちは，ずっとそれに集中しつづけることができないだろう．eBay は，オークションの終了時間を売り手に特定させることで，この問題を解決している．通常，その期間はオークションが始まってから，かっきり7日間である．その時点でもっとも高い値付けをした人が落札者となる．時間が大切な値付け人は，その終了時間近くになってからオークションにログオンすればよい．

　終了時間を固定することによって1つ問題を解決すると，値付け人たちのインセンティブを歪めてしまうという新たな問題が発生する．終了時間の数秒前まで待って，その時点の最高の値付けより少しだけ高い値付けを提出し，他の値付け人たちがそれに反応する時間をなくしてしまおうとする人が出てくるのである．このやり方はよく見られたので，「スナイピング（狙撃）」という名前をつけられている（これを自動的に実行してくれるソフトウェアを，たとえば iSnipeit.com などの会社から買うことすらできる．この会社によれば，そのソフトウェアは「あなたの値付けに反応する時間が競争相手たちにまったくないことが確実となるので，あなたは安心していられます」という）．このやり方は売り手にとっては不利に作用する．これは，終りのないオークションにおけるよりも低い価格を成立させることになるからである．というのは，より高い値付けをしたいと思いながら，それができないで終わる値付け人を残しながら，オークションが終了するかもしれないからだ．

　どうすれば，スナイピングを防ぐことができるのだろうか．eBay の解決策は，代理の値付け（proxy bid）を認めるということである．値付け人は，eBay の自動値付け代理人に対して，つけても良いと思っている最大額を秘

密に指定しておくことができる．もし現在の値付けの水準がこの値よりも低ければ，eBay のコンピュータがこの入札者のために現在の値よりもほんの少し高い値付けを自動的に行う．代理人は，指定された値付けの水準になるまで値を上げつづける．こうして，代理の値付け人は，競争の状況にもよるものの，事前に指定した値付け額以下の価格でなら落札することができる．代理値付け人の支払価格は，2 番目に高い価格に値付けの上乗せ幅を合計した金額となる．

　しかしながら，eBay の代理入札は，スナイピングを無くすことにいつも成功するわけではない．賢い入札者は，それでもしばしば，値付け戦争を防ぐことができるという希望を持って，最後の瞬間まで入札するのを待ちつづける．もし早く値を出してしまえば，他の入札者の値を上げてしまうことになってしまうかもしれない．遅く入札すれば，値付け競争はまったく発生せず，価格は低いままかもしれない．

　eBay の主要なライバルである Amazon.com は異なるオークションを設計した．Amazon.com のオークションには，固定した終了時間というものがない．タイム・リミット寸前に値付けが行われた場合には，予定していた終了時間は破棄され，10 分間まったく値付けが行われなくなるまでオークションは継続される．この方法は，スナイピングの問題に対処している．自動的にオークションが延長されるために，終了時間の直前にこっそり値付けすることは意味がなくなる．この点で，Amazon.com の設計は eBay のものより優れている．狡猾な値付け人がルールの裏をかく行為を許さないようにしているからである．eBay と Amazon のサンプルを調べている研究によれば，eBay のオークションの 37％ の値付けが最後の 1 分間に行われているのに対して，Amazon ではそれはたったの 1％ だった．10 人か 20 人ぐらいの値付け人が競争しているときには，スナイピングは問題とならない．しかし，2 人か 3 人の慣れた値付け人がいるだけの場合には，Amazon のオークションの方が eBay のオークションよりも高い値をつけることがある．

　それ以下だと財を売らないという最低価格，すなわち留保価格は使用すべきであろうか．eBay は，これについては売り手の判断に任せている．理論によれば，値付け競争が弱いときには，留保価格は売り手のためになる．正

しい水準に設定されるならば，留保価格は競争がもたらすよりも高い価格に
まで価格を上げることができる[4]．

　eBay は，売り手による詐欺や不当表示からどのようにして買い手を守る
ことができるのだろうか．買い手は商品の品質を調べることができない．売
り手は，あるいは故意に，あるいは不注意に，価値のない絵画を有名な画家
の作品であると表示して出品するかもしれない．財の価値について誤った印
象を与えるために，グルになって値を上げていくサクラによる入札も知られ
ていないわけではない．買い手がすでに小切手を送付したにもかかわらず，
財を受け取ることができないということもときどきある．これらの問題に対
する eBay の賢い解決策は，定期的に出品する売り手たちに対して，信頼性
や品質に関する自分の評判を確立できる場を与えるという方法だった．1 つ
のオークションが終わると，eBay は買い手に売り手の格付けをするよう依
頼し，その格付けとコメントをあらゆる人が見ることができるようにオンラ
インに書きこむ．売り手には，受け取った好意的なコメントと否定的なコメ
ントの数をカウントした点数がつけられる．この簡単な仕組みはうまく機能
している．eBay によれば詐欺が発生するのは，オークションの 1％以下でし
かない．誠実な取引についての評判は価値あるものである．売り手が高い格
付けを持っているときには，付け値は有意に高くなっている[5]．

　しかし，eBay の規模が大きくなると，詐欺防止のためのさらに公式の手
段によって，この評判メカニズムを補完する必要性が生じてきた．eBay の
最高経営責任者のメグ・ホィットマンは，「われわれはみな，eBay のユーザ
ー・コミュニティがロスガトス市の大きさよりニューヨーク市の大きさに近
づくにつれ，詐欺に類する事件に対処しなければならなくなっているという
直観を持つに至った」と語った[6]．eBay は，サイト上で泥棒や詐欺師を捕ま
えるため，かつて検察官だった人を雇った．また，オンライン上の信頼問題
への解決策を提供する企業が設立された．eAppraisal.com 社のような鑑定会

---

4 ）Myerson（1981），Riley and Samuelson（1981）．
5 ）インターネット・オークションのこの説明は Bajari and Hortacsu（2000），Lucking-Reiley（2000），
Roth and Ockenfels（2000）による．
6 ）ホィットマンの引用は *San Jose Mercury News*, April 8, 2001, p.1G から．

社は，料金を受け取って，貨幣や切手，骨董品などの専門家による財の鑑定を提供している．トレードナブル社のようなエスクロウ会社は，買い手が満足な商品を受け取るまで，買い手の支払いを預かっている．

　eBayは，そのオークション設計とは関係なく，ネットワーク外部性と呼ばれるものによって，ライバルのオークション・サイトに対して競争上の優位を保っている．オークションは，多くの買い手をひきつけていればいるほど，売り手にとって価値のあるものとなる．反対に，買い手は売り手がいるところに向かい，このことがこのサイトを売り手にとってさらに魅力的なものにする．eBayは最初のオークション・サイトであったために，ネットワーク外部性がその成功を永続化するように作用している．

　さまざまなオンラインのオークション・サイトで，無数のオークション・メカニズムを見つけることができる．ダッチ・オークションは海洋運搬船のコンテナを販売するために使われている．封印価格オークションは，休暇中の別荘の時間配分に使われている．2，3のサイトでは，パッケージに対する入札を認めている．たとえば，あるワインのオークションのサイトでは，何本かのボトルを一まとめのパッケージにしている（通常は，特定のぶどう畑でできた異なるヴィンテージのものをまとめている）．その上で，このサイトでは，各ボトルに対する値付けだけでなく，パッケージに対する値付けも受け入れている．パッケージに対する値付け額が，個別ボトルへの付け値の合計額を超えているなら，パッケージに対する値付け人が落札する．

　航空チケットやスポーツイベントのチケットのオンライン販売業者は，価格を設定する一方で，情報生成のためにオークション的要素を用いるハイブリッド価格付けメカニズムを使用している．インターネットが普及する以前は，チケット価格を事前に固定しておくことで，需要が予想外に小さかったときには，飛行機や競技場の座席が埋まらないことがしばしばあった．しかし，インターネットの販売業者は，フライトや試合の直前に大幅な割引を行うことによって，そうでなければ埋まらなかっただろう座席から収入を稼ぐことができる．インターネットが提供する即座の双方向コミュニケーションがなかったならば，このような価格付けの柔軟性を実現することは難しいだろう．オンラインのチケット販売によって，消費者の嗜好に関する情報が素

早く流れるようになったことは，反対方向にも作用する．特に人気の高いことがわかったフライトやゲームについては，売り手は標準より高い価格を設定することが可能になるからである．「イールド・マネジメント」として知られているテクニックは，価格に敏感な顧客を価格にそれほど敏感でない顧客から区別し，後者に対してはより高い価格をつけるようにするものである．顧客ごとに対応した価格付けは，新しいわけではない．インターネット以前にも，航空会社は1週間前に予約した人や，土曜の夜を挟みたい人にはより安い価格を示し，最後の瞬間まで購入決定の柔軟性を確保しておきたい人には高い価格を設定していた．しかしインターネットは，より個別の需要に合わせた価格を設定することを可能にした．

　買い手はしばしば，価格以外のことにも注意を払う．経済学者のポール・ミルグロムは，パーフェクト・コマース社のために，価格だけでなく，他の次元でも売り手が競争するようなオークションを考案した[7]．たとえば，あなたがコピー機を買うときのことを考えよう．あなたには必要とする条件がいろいろあるかもしれない．スピード，容量，紙の大きさの種類，連続コピーなどである．他にも，価格，納品日，融資条件も気になるだろう．あなたはこれらの項目について柔軟で，ある次元でもっとよい条件を得るために，他の次元の条件については多少あきらめてもよいと考えている．あなたは希望リストにタイプ入力して，異なる属性のそれぞれをどのくらい重要視しているかを表明する．同様に，潜在的な売り手は，すべての次元について特定したオファーを提出する．オークション・プログラムはすぐに，あなたの希望リストにもっとも良くあてはまる入札をした売り手を識別する（この売り手は必ずしも，もっとも低い価格を提示した者というわけではない）．このメカニズムは，買い手たちに対して，彼らの個別ニーズを満たす能力を持ったサプライヤーを組み合わせることにより，また両者が取引を自分たち好みにするのを助けることによって，買い手と売り手の双方にとっての価値を創出する．

　実のところ，最初のインターネット・オークション・サイトが操業を開始

7）www.perfect.com．

する1年ぐらい前に，一連の電子オークションがすでに行われていた．個人のパソコンから安全なネットワークを通じて値付けが行われ，その値付けがインターネット上に掲示されて，すべての人が見られるようになっていたのである．電子商取引は eBay やそれと類似の会社によって始められたわけではなく，次に見るように公共部門で始められていたのである．

電波周波数帯オークション

　1994年7月，アメリカの電気通信産業のリーダーたちは，ワシントンDCのオムニ・ショアハム・ホテルのダンス・ホールに集まり，前例のないオークションに参加しようとしていた．政府は，ポケットベル・サービスのために周波数帯を使用するライセンスを販売しようとしていた（各ライセンスは特定の地域の特定の周波数帯に対応している）．巨大なコンピュータ・スクリーンが，そのときどきの入札状況を映し出していた．カーテンで仕切られたいくつものブースが1つの壁側を占有していた．入札者は値付けをするブースに入る前に，本人であることの証明をしなければならなかった．他の誰にも見られないようにして，入札者は暗証番号を入力し，入札を行う．何回か値付けが行われた後に，新しい付け値がアナウンスされると，ある者は歓声を上げ，他の者は信じられないといううめき声を上げる．

　ダンス・ホールの向こう側に，連邦通信委員会（FCC）がオークションを運営する「作戦指令室」がある．警備員がドアのところにいて，関係者だけが入れるようにしている．作戦指令室のコンピュータは，値付けがなされるたびに，それを登録していた．入札価格上昇委員会（私はその3人のメンバーのうちの1人だった）が競売人の役割を果たし，ルールを執行した．誰もこれまでこのようなオークションを行ったことがなかったので，何かまずいことが起きないかという恐れから緊張は高まっていた．

　1時間の間に入札価格が数千万ドルも上昇すると，作戦指令室の緊張はいくらかおさまり，反対にダンス・ホール側の緊張が高まった．マッコー・セルラー・コミュニケーション社のウェイン・ペリーは，「今回に限っては，政府が人々からお金を引き出す素晴らしい仕事をしている」と語った．ポケットベル会社であるメトロコール社のデイビッド・ブロックは，「これは乱

打戦だ」と言った．入札者たちは長時間働いた．「すべての会社が夜中に本社に電話をし，『もっとお金が必要だ．もっとお金が必要だ』と言っている」と，エアタッチ・ページング社のキャサリーン・アバナシーは言った．「本社では，人々が数字を打ち込んで計算を繰り広げていた．」

　このオークションは1週間にわたって行われ，小さな周波数帯も含めた10のライセンスに対して6億1,700万ドルの収益を上げた．これにつづいて，携帯電話，ポータブル・ファックス機，ワイヤレス・コンピュータ・ネットワークに使用する，もっと大きな周波数帯について，いくつかのオークションが行われた．ワシントン・ホテルでの試行実験の後，FCCはオークションを電子的に行った．2001年初めの時点で，これらのオークションは総額420億ドルもの収益を上げた．

　周波数オークションによって新しい市場が創り出された．それ以前は，政府は周波数の権利を電話会社と放送会社に与えていた．当初は，ライセンスは行政的な意思決定によって割当てられていた．ライセンスを所有したがっている候補者たちが申し込みを行い，FCCがヒアリングを行って，どの応募者がもっとも相応しいかを決定する．この面倒な方法は，割当てられていないライセンスが溜ってしまったために破綻してしまった．連邦議会は，それをくじに置き換え，何人かの幸運な申込者にライセンスを付与した．くじはライセンスを素早く割当てるのには成功したが，利益が思わず手に入る可能性に，申込者が殺到した．携帯電話のライセンスには，40万人近くの申込者があらわれた．この結果，たとえば，何人かの歯医者がマサチューセッツ州ケープコッドの携帯電話サービスを運営する権利を獲得し，それをすぐに本当の電話会社であるサウスウェスタン・ベル社に4,100万ドルで売るというようなケースも珍しくなかった．1980年代に政府が放出したライセンスの価値は，商務省の推計によれば460億ドルだった．

　連邦議会はこの数字を無視することができず，1993年，ライセンスをオークションにかける権利をFCCに与える法律を通過させた．FCCは，競争入札の「複数の代替的な方法を設計し，試験する」ことになった．法律がそのオークションの一連の目的を明示した．すなわち，「周波数の効率的で集約的な使用」を達成し，新技術の素早い配置を促し，ライセンスの独占を防

ぎ，いくつかのライセンスがマイノリティや女性の所有する会社，小企業，地方の電話会社に行きわたるように保証することである．

　周波数オークションは大規模で複雑だった．初めは，ライセンスがどれだけ価値のあるものなのか誰も理解していなかった．カバーしている場所とカバーしている帯域の大きさの両方で異なる，数千ものライセンスが提供された．入札者には，長距離電話会社，地域電話会社，携帯電話会社，ケーブル・テレビ会社など，アメリカ中の電気通信会社が含まれていた．

　オークションの原理についての手引きを求めた電気通信会社は，オークションの理論が『エコノメトリカ』や『ジャーナル・オブ・エコノミック・セオリー』といった難解な雑誌に掲載されていることを発見した．そして，これらの会社はこれらの論文の著者たちをコンサルタントとして雇った．私はFCCに雇われた．

　経済理論は，オークション設計の鍵となる問題に答えるのに役立った．政府は入札の基本的な形態のうちのどれを使うべきかという問題である．公開オークションか，封印オークションか．複数のライセンスを順にオークションしていくべきだろうか，それとも大規模な同時オークションを行うことによって1度にすべてをオークションすべきであろうか．政府は，ライセンスのパッケージに対するオール・オア・ナッシングの入札を許すべきか，もしくは個別ライセンスへの入札のみを許すべきか．マイノリティの所有する企業やその他の指定企業の利益を促進するために，オークションはどのような構造を持つべきか．どのようにして，ライセンスの独占を防ぐことができるか．政府はライセンス使用料の支払いを要求すべきかどうか．留保（もしくは最低）価格を課すべきだろうか．入札者には競争についてどれだけ知らせるべきか．これらの問題に関する選択を誤れば，ライセンスと企業のミスマッチが生じたり，政府が獲得できたであろう収益を取り損なったり，オークションが何らかの仕方で行き詰まったりする可能性もあった．副大統領のアル・ゴアがこれらのオークションの1つにおける開会の挨拶で述べたように，「これは本で調べものをして得られる知識ではなかった．」[8]

　理論家たちが集まって提案したオークションは斬新なものであった．販売の複雑性を所与にして考えれば，このオークションは，長い歴史を生き残っ

てきた代替的なオークションと比較して，より競争的な入札を促し，ライセンスと企業のよりよい組み合わせをもたらすと，われわれは主張した．「私はFCCをベータ版のテスト・サイトにしたくはない」とFCCのロバート・ペッパーが言ったように，当初は躊躇があったにもかかわらず，FCCはこの革新的なオークションを実行した．

同時上昇オークションの成功

アメリカ政府が以前行っていたように，ライセンスをランダムに配分することに比べれば，どのような種類の値付けプロセスも，ライセンスと企業のよりよい組み合わせをもたらすだろう．しかし，ある種のオークションは，他のオークションよりもうまく機能する．これが周波数帯オークションの設計に多大な努力が傾注された理由である．FCCが採用したオークションのタイプは，「同時上昇オークション」と呼ばれるようになった[9]．複数のライセンスが同時に値付け可能とされ，そのうちのどれか1つのライセンスでも値付けが行われている限り，全体のオークションがつづけられるというものである．入札は何ラウンドにもわたって行われ，各回の結果は次の回が始まる前に知らされる．

同時上昇オークションの広範な諸原則を支えるためには，多くの詳細なルールが必要である．オークション・ルールが，抜け目ない入札者に利用される隙のないものであることを確実にするため，FCC当局者と理論家のコンサルタントが数ヵ月を費した．そのルールは130ページ以上にもなった．

これらの詳細の中に，アクティビティ・ルールがある．入札者の中には，自分たちの意図を明らかにせずに，他の入札者がどのように値をつけるかを注意深く見て待っていようとする人たちがいる．もしすべての人がこのよう

8）この議論はMcAfee and McMillan（1996）によっている．この議論に関する引用のすべてのソースはこの論文の中に記載されている．FCCのオークションの設計過程についてより多くの情報についてはMilgrom（2000）を参照．最近の情報については，FCCのオークションのサイトwww.fcc.gov./wtb/auctionsを見よ．オークションの設計に使われるアイディアの多くはロバート・ウィルソンにその起源を遡ることができる．エコノメトリック・ソサエティの会長講演，Wilson（1999）を参照されたい．

9）同時上昇オークションの背後にあるアイディアは，プレストン・マカフィー，ポール・ミルグロム，ロバート・ウィルソンに発している．

に入札をしたなら，オークションが終了するのにひどく長い時間がかかってしまうだろう．アクティビティ・ルールはオークションをうまく進行してくれた．各入札者は事前にいくつのライセンスを落札したいかという数を明示する．入札者があるライセンスについて「アクティブ」であるとは，前のラウンドから最高値を出しているか，このラウンドでさらに高い値を提出しているか，のどちらかが成立していることと定義される．オークションは3段階あり，各段階で何ラウンド行われるかは特定されていない．第1段階では，入札者は，合計で，事前に示した落札したいライセンス数の3分の1以上のライセンスについてアクティブでなくてはならない．第2段階では，その数字は3分の2となる．そして最終段階では，事前に示した数と同じ数のライセンスについてアクティブでなければならない．もし入札者が要求されたアクティビティ・レベルに達しなければ，所有する権利のあるライセンス数はそれに比例して縮小していく．他のルールは，値の上昇幅の大きさ，値付けの取り消しに対する罰則，アクティビティ・ルールの適用除外条項などを定めている．『ウォール・ストリート・ジャーナル』は，このオークションで入札を行うことは，「一度に12ハンドの10億ドルのポーカーをするようなものである」と述べた．

　なぜ同時上昇オークションを使うのか．なぜ歴史の試練を経た方法である逐次オークション——そこでは，ライセンスは単に順にオファーされていく——を使わないのか．また，1ラウンドの封印入札で，すべてのライセンスを同時に提供するという最速の方法を使わないのは何故か．その主な理由は，ライセンスが相互に依存しているからである．ほとんどのライセンスには密接な代替財が存在する．たとえば，同じ地域と同じ量の周波数帯をカバーする2つのライセンスである．ライセンスはまた補完的でもある．たとえば，もしあるライセンスの所有者が隣接する地域のライセンスも持っているなら，そのライセンスの価値は高くなるだろう．

　何人かの入札者は，複数のライセンスを落札する必要があった．ライセンスを定義する際にFCCは，合衆国を地理的に分割するとともに，スペクトラムを周波数帯で分割することによって，数千のライセンスを作り出した．FCCは，入札者の中にはライセンスを地域的にまとめるか（たとえば，入札

者は北カリフォルニアと南カリフォルニアを別々にではなく，一緒にパッケージ
として需要するかもしれない），周波数帯でまとめるかして（より広い周波数帯
を手に入れるために，2つ以上のライセンスをまとめて欲するかもしれない），手
に入れたがっているものがいると予測していた．FCC は，販売する以前に，
ライセンスをどのようにパッケージ化したらいいかわからなかった．異なる
企業は異なるパッケージを需要していた．したがって，オークション・メカ
ニズムは，入札者が自分のライセンス・パッケージを構築することができる
ほどに柔軟でなければならなかった．

　同時上昇オークションの2つの特徴——同時入札と上昇入札——はどちら
も，最良の仕方で使用できる企業にライセンスが割り当てられることを保証
する．上昇オークションでは，入札者たちがライバルの入札に対抗して値付
けを繰り返し行うことによって付け値の水準が上昇していくが，このことが
入札者たちに対して，ライバルたちが各ライセンスをどれだけ評価し，どの
ようなパッケージを欲しがっているかという情報を与えることになる．終わ
りが近づくと，各入札者は，自分の好みのパッケージをまとめることができ
るか否か，大雑把にそれがどれだけコストのかかるものなのかを知ることに
なった．すべてのライセンスが同時に入札可能であることによって，入札者
に対して，どのようなライセンス・パッケージでも自分が欲しいと思うもの
を追い求める柔軟性や，最初に選択したパッケージが高価になりすぎたなら
第2の候補のものにスイッチできる柔軟性が確保されていた．

　上昇オークションはライセンスのパッケージ化を促すだけでなく，入札者
がお互いの付け値に反応できることで，勝者の呪い（あまり深く考えない入
札者が実際の価値を超えて価格を付ける傾向）を軽減している．しかし，数十
億ドルの利益が関わっているので（さらに言えば，経済学者のアドバイスを受
けて），入札者たちは勝者の呪いを予期し，評価額に対する自分の予測を割
り引いていた．他の入札者たちの値付けを見ることは，入札者たちの勝者の
呪いへの恐れを軽減し，彼らの付け値を押し上げる効果があった．

　一連のオークションによって獲得した420億ドルの収益は，周波数帯の価
値の公表された予測のどれよりもはるかに高かった．オークションが始まる
前には，行政予算管理局は，100億ドルの収益を予測していた．業界はこの

推計に懐疑的に反応した．ベルサウス社の会長であるジョン・クレンデニン
は，「100億ドルの計算を裏づける合理的根拠は何もない」と言った．彼は，
政府の推計は「何もないところから引き出されてきたようなものだ」と言っ
た．MCI社の会長バート・ロバートは「これらのライセンスで100億ドルを
入手できると考えている政府は頭がおかしい」と述べた．皮肉屋にとっては，
こうした反応は腹黒いものに映ったかもしれない．結局，周波数帯の価値を
こきおろすことは，業界の利益になるのだと．蓋を開けてみれば，政府の推
計は実際には低すぎた．集めた金額の多さと，周波数帯の真の価値に関する
情報が明らかになったことの両面で，このオークションは成功だった．

　オークションが使われるようになった現在，周波数帯配分における政府の
役割は何であろうか．政府にはまだ，周波数帯をまとめあげたり，その使用
を調整したりするという規制機能が残っている．所有権の明確な定義がなけ
れば，他の財と同じように，周波数帯も効率的には使用されないだろう．市
場に任されるのは，誰が周波数帯のそれぞれの部分を使う権利を獲得するか
という意思決定である．この意思決定は，政府の役人にはうまくこなせない
仕事である．

　周波数オークションの主な受益者は，競争的な価格で新しい電気通信サー
ビスの素早い導入を享受した消費者と，生み出された政府の収益を通じて利
益を享受した納税者である．『エコノミスト』誌は「政府の競売人が世間的
なアドバイスを必要とするとき，どこに聞けばよいのか」と問い，「もちろ
ん数理経済学者のところである」と答えた．『ニューヨーク・タイムズ』紙
のウィリアム・サファイアは，このオークションを「歴史上もっとも偉大な
オークション」と呼んだ[10]．

　周波数帯オークションは，メキシコ，カナダ，イタリア，ブラジル，オラ
ンダといった国々が使い始めるにつれて，世界中に広がり，『ファイナンシ
ャル・タイムズ』紙が「世界で最大の，企業部門から国庫への協調的なお金
の移転」と呼ぶものになった[11]．アメリカのオークションの1つは，1995

10）オークション設計に関する詳細は，マーケット・デザイン社のウェブサイト www.market-
design.com を見よ．

11）*Financial Times*, November 2, 2000.

年に約70億ドルを稼ぎ出し，ギネスブックに当時最大のオークションとして登録された．そしてこの記録は2000年に塗り替えられた．イギリスの周波数帯ライセンスのオークションは340億ドルを生み出し，ドイツでは460億ドルにまでなった．しかしながら，スペイン，フランス，その他の場所では，周波数帯はいわゆる「美人コンテスト」で配分されつづけていた．「美人コンテスト」とは，政府当局者が，いくつかの曖昧な基準に従って単純にライセンスを配分するというものであり，この方法は情実による選択に傾きがちであった．

　アメリカに戻ろう．周波数帯オークションの成功は，公的所有物をタダで与えるという政府の傾向をなくすことはなかった．議会が高品位放送のための周波数帯をテレビ・ネットワークに与える投票をしたからである．明らかにテレビ産業は電気通信産業よりも政治家に対してずっと大きな影響力を持っている．というのも，電話会社は周波数帯に数十億ドル支払うのに対して，放送局はそれを無料で手に入れるからだ．憶測してもよいならば，これは，選挙運動をニュースでどれだけ取り上げるかに関して，ネットワークが有するコントロールと無関係ではないだろう（ワシントンでいまだに流れている話では，ジェラルド・フォード政権のときに，ある政策問題についてロビー活動をするため，テレビ会社の経営者がホワイトハウスに電話をかけた．その経営者は，物事がテレビ・ネットワークの望むように進まないと，フォード大統領の失敗についての放送が沢山流れるだろうと警告したという．これは紛れもなく噂話ではあるが，噂話であったとしても真面目に受けとられている話である）．

　ジョン・マケイン上院議員は，周波数をタダで与えることを「アメリカの歴史の中で，もっとも大きな詐取の1つ」と呼んだ．FCCは，放送局が無料で手に入れている周波数帯は700億ドルの価値があると推計した．一方，放送局の人々は官僚主義について不平を述べた．「ワシントンの政治家たちは，官僚主義を無くそうとして，かえって問題を複雑にしてきた」と全米放送事業者協会理事長のエドワード・O・フリッツは言った．「FCCは今より多くの規制を敷こうとしている．われわれはこれまで実現してきたことに誇りを持っている．そしてそれを官僚主義に邪魔されることなく継続したいと望んでいる．」[12] 人々はこの言葉に，「自分たちの主要な投入物にお金を支払わ

ばならなくなることに邪魔されることなく」とつけ加えるかもしれない．

オークションとマッチング

　その後，同時上昇オークションの応用範囲はさらに広がった．スタンフォード大学は何人かの経済学者の教員の協力を得て，1996年に同時上昇オークションを用いて大学所有地内の8つの宅地を販売し，総額360万ドルの収益を上げた（その収益は，地震で損害を受けた学生住居を作り替えるために使われた）．大学が土地の価値について事前に判断する必要はなく，市場がその価格を決めた．同時入札は，（隣接した同じ大きさの）区画が同じ値段で売られることを保証した．公開入札が支払いすぎの恐れを低下させたので，落札者たちは結果に対して好印象を持った．大学の住居担当責任者キャロライン・サージェントは，「これはかなりの成功だ．すべての人がこれを公正だと考えている．そのことがすごく大事なことだ」と言った．

　近年，経済学者たちは他の市場も設計している．プレストン・マカフィーと私は，メキシコ政府の金，銀，リン鉱床の権利販売のオークション設計の手伝いをした．メキシコ政府は，ほんの数社しか入札しないだろうと考えたので，留保価格を使いたがった（実際に参加した企業数は，3社から6社の間で変動した）．もし留保価格がなかったなら，競争が弱い状況では，値付け額がその資産価値のずっと低いところで止まってしまうかもしれないからである．しかし，留保価格が高過ぎれば，誰もわざわざ入札しようとしないだろう．またメキシコ政府は，落札者から前払い料だけでなく，採取された鉱物の価値に基づく使用権利料を取ることも望んだ．鉱床の大きさは不明なので，入札者はかなりのリスクを負うことになるが，使用権利料はリスクの一部を企業から政府に移すことで，企業が過度の用心によって入札額を低くしないことを保証していた．しかし，使用権利料を高くしすぎると，価値の多くが政府に移転してしまうため，落札者が鉱物を採掘するインセンティブを奪ってしまうことになる[13]．われわれは，地質学と財務データを用いて，企業

12）マケインの引用は *New York Times*, October 16, 2000 から．フリッツの引用は *Washington Post*, December 17, 2000, p.H1 から．

13）McAfee and McMillan（1986）.

が鉱山の価値を決めるのに使う手続きを真似しようと試みた．その上でわれわれは，留保価格と使用権利料のさまざまな組み合わせに直面したときに，企業がどのように入札するかをモデル化し，これらのシミュレーション結果を留保価格と使用権利料の設定に反映させた．オークションが1998年に実施されたときには，使用権利料は（鉱山に応じて）2，2.5，もしくは3.5％と設定され，6つの鉱山は総額2,100万ドルの値をつけた．

　アメリカの医療インターン労働市場では，卒業したばかりの医療インターンたちが病院で仕事を見つけるためにお互いに競い合い，病院はインターンを求めてお互いに競争する．かつてはインターン市場にルールはなかった．病院は単純に見込みがあると判断されたインターンとコンタクトを取り，そのインターンと直接交渉した．インターンと病院との契約は混乱を極めた．ある観察者によれば，それは「周章狼狽のプロセス」であった[14]．各病院は，もっとも良いインターンを，対抗者に先んじて自分のところに引きとめようとした．他の病院よりも早く取引を締結しようとすることが，他の病院の防御的な反応を誘発した．病院は，インターンの能力に関する実際の情報がほとんどないままで，卒業2年前の有望なインターンと契約するために競いあった．学生たちは，自分の技術と関心がどこにあるのかがわかるようになる数年前から仕事に応募した．結果として，インターンと病院のミスマッチが発生した．

　病院とインターンたちは，もっと多くのことがわかるようになって，もっと適切なマッチが可能となる卒業間際に取引することを望んでいたことだろう．しかし，完全に自由な市場は，病院とインターンを早期に契約するよう駆り立てていた．早期に契約を結んだ病院とインターンは，彼らの行動が他の病院や他のインターンたちに課しているコストを認識していなかったのである．候補者たちがどのように成長するかを見定めようという意思決定をする病院は，その学生が他の病院に取られてしまうという危険を冒すことになった．

　病院は結局，経済学者のアルヴィン・ロスの助けを得て，この市場のルー

---

14) *MSJAMA Online*, www.ama-assn.org/sci-pubs/msjama, September 1, 1999.

ルを設計した[15]．今現在は，各インターンに病院のリストが与えられ，イ
ンターンは希望の順に従って病院をランクづけする．同様に，各病院はイン
ターンをランクづけする．これらのランキングはコンピュータ・プログラム
に取り込まれ，可能な限りインターンと病院の選好が合うようにインターン
と病院のマッチングを計算している．この市場のルールは，現実のチェック
を受けている．インターンと病院は，コンピュータの作ったマッチングを無
視し，独自に契約をすることも自由にできるのである．しかし，実際にはそ
のような2次的な取引によって，コンピュータのマッチングが覆されること
はほとんどない．

　ある学生が言うように，このマッチングのプロセスは「ほとんどの医学部
4年生の人生における苦痛の源だ．事実，医者のキャリアの中で，もっとも
ストレスの高いときと言ってよい」．緊張は「長い間待っていて，自分の運
命がマッチングの日に突然明らかになる瞬間まで」次第に高まっていく[16]．
キャリアの最初の仕事に対する学生の不安を鎮めることができる市場設計の
方法はない．しかし，このマッチング市場は不確実性を低下させた．ルール
がないときには，インターン市場は早期に契約をすることによる外部性によ
ってうまく機能していなかった．うまく設計されたルールの下では，市場は
期待された機能を果たす．この市場は，インターンと病院の生産的なマッチ
ングを発見し，毎年1万8,000人の新卒者と病院のマッチングを効率的に行
っている．

　さらに別の設計の実践例としては，大手の製造業者が経済学者のチャール
ズ・プロットに製品の販売予測をどのように行ったらよいかを聞いた例があ
る．将来の販売に対するもっともよい情報源は，顧客と日々対面するセール
スマンである．会社は，セールスマンの直観，予感，信念をどのように役立
てることができるであろうか．分散した情報を結合する市場の能力を利用し
て，プロットは電子的な資産市場を設計した．たとえば「9月，1,501-
1,600」などと書いた取引可能な証明書が発行される．これの意味は，9月の

15）Roth（1984），Roth and Peranson（1999）．マッチング・アルゴリズムの詳細については Roth
　（1996）に載っている．
16）*MSJAMA Online*, March 3, 1999.

販売が 1,501 から 1,600 単位の間になったならば，その証明書を持っている人に 1 ドルの支払いがなされるというものである．証明書は可能な販売総量の範囲全体にわたって存在している．数ヵ月前に，会社は各セールスマンに各販売量の区間を示した 20 枚の証明書を渡し，セールスマン同士で取引をさせる．販売量が大きくなると予測する人は，大きな販売量の証明書を買って，その証明書の価格を引上げ，小さな販売量の証明書を売って，その証明書の価格を引き下げる．市場が落ち着いたときには，どの証明書の価格も対応する販売水準の可能性に関するセールスマンたちの集団的予想を反映したものとなる．プロットの報告によれば，これらの価格は，企業で用いられている標準的な予測技術よりも正確に販売量を予測している[17]．

経済学者による市場設計

　競争は，どんな水準の複雑性を持つ市場でも自然に発生するわけではない．競争を支えるメカニズムの設計はしばしば起業家によって行われるが，ときには経済学者によって行われることもある．経済理論を厳格に検証する方法は，ビジネスを行う新しい方法を設計する際にそれを用いてみることである．新しい競争メカニズムの設計に際して，経済学者たちは理論をかなり実践的な用途に役立てている．

---

17) Plott（2000）．

第 8 章
自分のために働くときには
When You Work for Yourself

ベトナムのトラックはなぜ動き出したのか

　ハノイのシンクタンク，中央経済管理研究院院長のレ・ダン・ドアンによると，1990 年代初頭には，ベトナムのトラックのほとんどは故障していた．ベトナムのトラックは，ソ連の技術と生産方法を用いて製造され，ソ連から輸入されるので，信頼できないことで有名だった．さらに悪いことには，ソ連崩壊とともに，スペアの部品が入手できなくなった．トラックがなくなり，ベトナムは運送危機に直面した．政府はやけくそになってトラックの所有権を各ドライバーに与えた．「それは奇跡だった！」とレ・ドアンは顔をしかめて述べた．「突然，すべてのトラックが走り始めた．」

　所有権とは正確には何を意味するのだろうか．経済学者のオリヴァー・ハートとオリヴァー・ウィリアムソンが定式化した定義は，2 つの側面を同定している[1]．機械や土地の区画のような資産の所有者は，その資産が生み出すあらゆる残余収益を受け取る権利を持っている（ここで残余という言葉は，所有者が従業員や債権者に約束した支払い分を超えたものを表すために使われている）．所有者は資産から生じたどのような超過的な収益も自分のものにすることができるため，その資産を生産的に活用するインセンティブを持つ．収益が予想外に高いならば，その思いがけない利益を得るのは所有者である．残余所得と並んで，所有者は残余コントロール権，つまり，資産の使用方法

---

1) Hart (1995)．Williamson (1985)．

についての究極的な権限も持っている.

　ベトナムのトラックは，以前は国家によって所有されていた．あるいは，われわれの所有権の定義と整合的に正確に言うならば，トラックは誰にも所有されていなかったことになるだろう．残余コントロール権は曖昧で，トラックに対する究極的なコントロール権を誰が持っているかは不明確であった．また，トラックによって生み出された残余所得を受け取る権利は誰にもなかった．ドライバーにトラックの所有権を与えることは，ドライバーに残余コントロール権を与えることである．官僚的なルールや手続きから解放されて，ドライバーたちはありとあらゆる臨機応変な方法を用いてトラックを修理することができるようになり，スペアの部品をあさったりすることができるようになった．所有権はまた，ドライバーたちに残余所得分を与えたので，ドライバーたちは，トラックを走らせておくインセンティブや，もっと儲かる新しいトラックの使用法を見つけるインセンティブを持つようになった．

　ベトナムのトラックの逸話は，実現可能ならば，資産の所有者は，その人の意思決定がその資産の使用にもっとも重大な影響を与える人であるべきだという命題の実例となっている．所有権は，もっとも強力なインセンティブの源泉である．所有権は，努力を傾注し，計画を練り，リスクを取るためのモチベーションとなる．生産的資産の所有は，所有者に対して，その資産の使用法をコントロールする権限と，そこからの収益が自分のものとなる保証を与えている．共同の所有物は，あまりよく維持管理されていないことが多い．所有権は，資産の最善の使用法について学習し，資産をメンテナンスし，価値を下げず，資産を十全に利用するために補完的資産を組み合わせるよう所有者を動機づける．

　「すべての人は，単独で又は他の者と共同して財産を所有する権利を有する」と，世界人権宣言の第17条が述べている．「何人も，ほしいままに自己の財産を奪われることはない．」財産は，基本的権利であるばかりでなく，市場にとっても決定的に重要なものである．確実な財産権は，生産的努力とリスク・テイキングに関してもっとも確実な動機を与える．お決まりになってしまうが，この命題は最重要なものである．

所有権によるインセンティブ

　預言者ムハンマドは，財産権の早期の提案者であった．メディナの飢饉によって物価が急激に上昇したとき，人々は物価を固定することでこの困難を緩和するようにと彼に嘆願した．かつて商人であったムハンマドは，買い手と売り手の自由な選択を無効にすべきではないと考え，この嘆願を拒否した．「アラーは，価格を設定し，繁栄と貧困をもたらす唯一の者である」とムハンマドは言った．「私はアラーの前で，財産や生活が侵害された人々から非難されたくはない.」[2]

　市場が存在できるのは，財産が存在するところに限られる．市場が成功裡に運営されるためには，収奪が行われないことに対する保証が必要となる．自分が行った投資に対して収益が得られるという保証があれば，人々は投資を行うだろう．先に述べたように，市場を定義する特徴は，参加者たちの自律性である．市場のルールと自分の所有物の範囲という制約の下で，人々は自分自身の選好を反映して売買の意思決定を自由に行う．市場の本質である行動の自由は，人々が自分自身の資源をコントロールできるようにするために，財産権を必要とする．

　しかし，所有権はインセンティブをもたらす唯一の源泉ではない．契約によって従業員たちにインセンティブを付与することもできる．成果にもとづく支払い（pay-for-performance scheme）は，所有権が持つ力の一部を備えている．目標達成のボーナスが与えられる経営者，歩合制で働くセールスマン，出来高払いの労働者らはすべて，従業員というより所有者のように，自分自身の成果に多大な利害関心を持っている．契約の下で誰かのために働くことと，自分自身のために働くことの違いは何だろうか．なぜ所有権はもっとも強い動機づけとなるのだろうか．

　映画『暗闇でドッキリ』の中で，ピーター・セラーズ演じるクルーゾー警部は召使のケイトーに「常に予想できないことを予測しろ」とアドバイスする．しかし，勿論われわれにはすべてを予測することはできない．「定義上，予想できないことを計画することには意味がない」と，アルフレッド・ヒッ

---

2 ）Kellek（1992）．預言者の言行録であるハディースから引用された句は，ムハメット・イルディッズによって翻訳されたものである.

チコックは言った．ほとんど発生しない事象について計画をすることはできる．しかし，単にほとんど発生しないというだけでなく，事前にまったく思い描くことができない事象について計画をすることは不可能である．このことが，契約によってできることとできないこととの境界を作り出している．

　所有権が重要なのは，まさに予測できないことがときに発生することによる．契約が書かれるときにすべての事象が予測可能であるのならば，所有者であることと従業員であることの実質的な違いはないだろう．このときには，従業員であっても，成果報酬契約（pay-for-performance contract）が隙なく完璧に書かれることになり，自分の努力が生み出したものを自分が獲得する絶対的な保証が与えられることになる．しかし，実際には，契約を書く人々が将来起こりうる事象すべての範囲を予測することは不可能である．そのため，契約は必然的に不完備なものとなる．

　契約に書かれていないことが発生したとき，所有者は残余請求者として一方的に意思決定をする．もし，あなたが契約の下で働いていたとして，何か予測できないことが発生したとすると，あなたの権利は特定化されていないことになる．対照的に，所有権によってもたらされる権利は，予測できないことが発生したとしても存在している．無限に存在する事象に対して契約条項を設けることは不可能なので，契約は所有権ほど効力の大きいものではない．契約をもってしても，われわれには予想できないことを予測することはできない．所有権のもとでは，ある意味，われわれは予想できないことを予測することができる．所有権は，予想できないことに対処する社会的な方法である．

　このことは，なぜ小企業がもっともダイナミックで起業家的な傾向を持っているのかを説明している．大企業は，鉄鋼，自動車，コンピュータ・ソフト産業のように，規模の経済がある産業において必然的に優勢になるのに対して，他の分野においては小企業が競争力を持つ．なぜか．小企業は内部がより柔軟で，官僚的なルールや手続きによってそれほど束縛されていないからである．小企業はより敏捷に環境に反応し，より素早く市場環境の変化に適応する．

　しかし，なぜこれらの利点は小企業のみにあり，大企業にはないのだろう

か．大企業も，自分自身をいくつかの部門に分割し，各部門が自分自身の費用と収益に責任を持つようにして，インセンティブを高めることができるはずである．多くの大企業がこのような組織の再編成を行って，小さな独立企業の利点を模倣しようとしてきた．しかし，大企業の一事業部が小企業のように生産的に運営されることを妨げているものは何なのだろうか．全体が部分の合計よりも悪くなるのはどうしてか．

　マイクロソフトがまだ若い企業であった頃，IBMにはそれを買収する機会があった．もしIBMがマイクロソフトを買収していたなら，マイクロソフトはIBMの一部門として，今日われわれが知るような数十億ドルを生み出す最強の企業に成長しただろうか．明らかに，そうはならなかっただろう．ビル・ゲイツにとってIBMのマイクロソフト部門の雇われ経営者であることよりも，マイクロソフト株式会社の所有者兼経営者であることの方がなぜ重要なのだろうか．企業が，所有権と同じようなインセンティブを，従業員のために創り出すことができないのはなぜであろうか．

　実際には，ある程度はこれは可能である．事業部の経営者は，通常，事業部のパフォーマンスに応じて支払いがなされる．契約条項が経営者の行動に大きな影響を与える．経営者に対して事業部の純利益の相当の割合を与えるという契約は，強いインセンティブを生み出すことになるだろう．このような契約は，所有権から来るインセンティブの多くを付与している．しかしながら，成果にもとづく支払いの条項がいかに強力なものであったとしても，ある決定的に重要な点で，どんな従業員契約も所有権には及ばない．

　事業部の経営者は残余コントロール権を持っていないので，その意思決定は上層部によって覆されうる．親企業は，必然的に不完備なものである契約を通して，何か予測できないことが生じたときにも介入は行わないと，信じられる仕方で約束することはできない．契約が書かれたときに皆が予測していたよりも事業部がずっと大きな利潤をあげることになれば，親企業はおそらくその利潤を刈り取ってしまう方法を見つけるだろう．従業員ではなく，企業所有者が残余請求権を持っている．事業が順調なときの報酬は，従業員に対しては事実上上限があるのに対して，所有者の報酬には限界がない．もしビル・ゲイツがIBM内の事業部経営者であったなら，どれほど細かい点

まで成果報酬契約に定められていたとしても，1億ドルのボーナスが支払われることは考えにくい．

　所有者でないこと，つまり残余収益に対する権利がないことは，創造的に投資し，大きなリスクを取る動機に水を差してしまう．市場は企業とは異なり，予期されない大ヒットの成功が生じたときにも，起業家に豊かな報酬を与えることを約束することができる．所有権の配置が，投資と成果に影響を与える．並外れた努力を必要とし，成果がその努力に大きく依存するような状況では，意思決定を効果的に委譲することはできない．すなわち，所有者が直接関与する必要がある．

イノベーションはなぜ起こるか

　特にイノベーションに関しては，所有権が非常に重要である．電球を考え出したトーマス・アルヴァ・エジソンや，電話を考案したアレクサンダー・グラハム・ベルのように，発明につき動かされる孤独な天才の話は伝説的である．しかし，これが今日研究を組織する最善の方法かどうかは明らかではない．イノベーションを行う者は自分のアイディアに対する権利を所有すべきであろうか．もしくは，イノベーションは大組織の中でこそ，効果的に行われるのであろうか．

　研究には規模の経済が生じる．限りない資源を持っているように見える大きな研究室には，最良のスタッフ，最新の設備，アシスタント集団を持つだけの余裕がある．こうした研究室では，多数の異なるラインの研究を追求することができ，あるラインの研究でわかったことが他のラインの研究にも役立つことがしばしばある．たとえば，医薬品会社のグラクソ・スミスクライン社は，新薬の研究のために，1年間に37億ドルを支出し，1万5,000人の科学者を雇っている．そして，ファイザー社は1年間に50億ドルを支出し，2万人の研究者を雇っている[3]．1つのラインの研究に集中し，わずかな資金で運営しなければならない小企業に対して，大企業の方が研究を行う上で優位性を持っているはずだと思うであろう．大企業と小企業のどちらがイノ

3）*Financial Times*, January 27, 2000, p.15. *Economist*, January 6, 2000, p.62.

ベーションにとってより効果的だろうか．それは状況によるのである．

　バイオテクノロジー産業は，研究主体が大規模であるときと小規模であるときの両方の利点を示してくれる．新薬は3つの段階を経る．2つの研究の段階と1つの開発の段階である．最初の段階は応用科学である．純粋な科学的知識が，有効な薬品へと導くことになるかどうかを調べる．第2段階は，動物と人間の被験者による臨床試験である．政府がその薬品に認可を与えるために，危険な副作用がなく，効き目があることを証明する．第3段階は，薬品の製造可能な製品への開発であり，医師に対するマーケティング活動と大規模生産がそれに続く．この最終段階は通常，確立した医薬品会社によって行われる．大企業は，製品開発で明確な優位性を持っている．製造工場とマーケティング・ネットワークの規模は，大企業がより小規模のライバルに競争で勝てることを意味している．より興味深いのは，それ以前の，研究にフォーカスした2つの段階である．

　通常のパターンでは，研究はスタートアップ企業によって遂行される．特に医薬品が本当に新奇なもので，これまであったものの変種でないときにその傾向は強い．新しいアイディアに潜在力を感じている起業家的科学者が会社を起こし，ベンチャー・キャピタリストに資金を出すよう説得し，徹底的な科学的調査に2，3年を費やす．研究段階が完了した後，臨床試験の直前，最中，あるいは直後に，医薬品製造の大企業の1つがこの会社を買収する．

　スタートアップ企業が，確立した医薬品企業よりも発明能力があるのはどうしてだろうか．大医薬品会社が，もっとも優秀な生化学者たちを雇い，彼らに資源を気前よく与えたとしたらどうだろうか．そうすれば，これらの科学者たちが自ら所有する，小さな，比較的資金力のないスタートアップ企業で個別に働くよりも多くのイノベーションを生み出しはしないだろうか．必ずしもそうではないのである．所有権が違いを生み出すのだ．

　飛躍的発見には執念が求められる．難問の解決というものは，シャワーを浴びながら，仕事への道すがら車を運転しながら，お茶の時間にコーヒーを飲みながら，夕飯を取りながら，テレビを見ながら，その難問を考えつづけることから生まれる．アイザック・ニュートンは，どのようにして彼の洞察を獲得したのかと尋ねられて，「問題をたえず自分の頭の中に置いておくこ

とによって」と答えた．おそらくあらゆる時代を通じてもっとも偉大な科学的天才であるニュートンが，問題を解くために，その問題をたえず頭の中に置かなければならなかったのなら，普通の人間は少なくとも集中する必要がある．必然的に官僚的な大組織は，従業員の間にこのような執念を生み出すには不利な立場にある．目の前にある問題への執念は所有権とともに発生する．ここでいう所有権は，金銭的な利益だけでなくアイディアの成功という個人的な関心も含むものとして，広く定義されなければならないが．

起業家兼イノベーターは，成功すると，ときに想像できないほどの大金持ちになることがある．従業員であるイノベーターは，通常，給料以上の報奨金さえほとんど得られない．仮にボーナスが支払われたとしても，その額はたいてい，生み出したイノベーションの価値に比べればほんのわずかなものである．市場は，イノベーターに対してすべての残余収益に対する権利を与えることにより，イノベーション努力を強力に動機づける[4]．しかし次に議論するように，所有権に起因するインセンティブが重要なのはハイテク技術のイノベーションに限った話ではない．

中国の農業改革のきっかけ

1970 年代後半，中国の農業は集団的生産から個別的生産に転換した．この変化は，財産権の力に関する，かなり明確な実験である．農民たちの新しい個人的なインセンティブによって，食糧生産はにわかに増加した．農業の市場化は，数億人の中国人を悲惨な貧困から救い上げた．それは，世界史上最大規模の貧困撲滅計画だった．

小さな始まりがこの巨大な改革の口火を切った．それは，小さな田舎の村での家長たちの秘密の集まりだった．1978 年までに，絶望が中国安徽省の小崗村の農民たちを襲っていた．農民たちが集団で働いていた人民公社は機能不全に陥っていた．中国の穀倉地帯として知られている安徽省には，中国でもっとも肥沃な土地があった．しかし，小崗村の 20 戸の家族は，自分たちで食べるためのコメさえ十分に生産できていなかった．彼らは，他の地域

4）統合企業の場合と独立した企業の場合の研究開発活動のトレードオフ理論については，Aghion and Tirole（1994）を参照．

で乞食をするまでに零落した．天候の悪い年には，飢えに苦しんだ．

　逮捕される恐れがある中，村人たちは秘密裏に集い，人民公社の土地を分け合うことに合意した．村人たちは3つの部分からなる決議をした．第1は，政府の政策を無視しているので，土地を個別家族に分ける契約は厳格に秘密にすべきこと．すなわち，どのような外部者にも漏らしてはならない．第2に，定められた量の米に対する税は国に払いつづける．第3に，もし村人の誰かが投獄されたならば，その子供は他の村人全員が18歳になるまで育てること．村人たちはこのような協定に拇印とともに署名をした．

　急速な変化が訪れた．小崗村の農民たちはあっという間にかなり生産的になった．ある者は，「今は昔とは違う」と言った．「われわれは自分たち自身のために働いている．」自分自身の土地区画で働くことにより，農民たちは努力と報酬の直接的な関係を見ることができるようになった．今や，国に支払わなくてはならない部分を越えた産出物はすべて，農民たちが自家消費したり，販売したりするために保有できた．コメを植えた土地の量は1年間で2倍になり，村は余剰米を生産するようになった．ある農民が言ったように，「自分の家族と自分自身のために働くときには怠けられない」のである．

　秘密の誓いにもかかわらず，噂が広まった．農民たちほど人民公社による農作業の非効率性を理解している者はいなかった．中国全土で，農民たちには変化する用意ができていた．他の村においても人民公社の非合法的な解体がなされ，その運動は素早く広がっていった．ある農民の表現を借りるなら，個人農業は「鳥の疫病のように」広まっていった．「1つの村がそれを取り入れると，郡全体に伝染していった．」[5]

　草の根の改革は，最初は上層部からの抵抗にあった．自分たちの権力と役得を失うことを予見した地方の役人たちは，種，肥料，殺虫剤の供給を止めて小崗村を罰した．しかし，村人たちは幸運だった．村人たちの反乱は，北京の雰囲気の変化と一致したのだ．毛沢東が亡くなった後，新タイプの政治

5）Zhou（1996, pp.56, 58）．人民公社終焉の歴史についてはZhouの魅力的な本とYang（1996）に語られている．その生産性への影響についてはMcMillan, Whalley, and Zhu（1989）において推定されている．引用のいくつかは *New York Times*, September 19, 1998, p.A4 から，その他についてはZhou（1996, p.59）から．

家たちは，農村の変化を利用することが，毛沢東主義者を失脚させるための推進力の一部となるとみなしたのであった．

　省の共産党員の役人たちが村を訪れ，賛意を表わした．そして，今度はもっと高いレベルの北京の役人が個人農業の効果を調査するため，小崗とその近隣の村を訪れた．個人農業が産出量を増加させ，生活水準を改善したと結論づけた彼の報告書は，国家指導者たちに配布され，影響力を持つようになった．小崗の村人たちの会合の4年後，1982年の共産党大会において，中国の最高指導者である鄧小平がこの改革を支持した．1983年中央政府は，個人農業は社会主義経済と整合的であり，認められるものであると公式に宣言した．小崗村が運動を始めてからたった6年後の1984年には，どの人民公社も残っていなかった．

人民公社の現実

　人民公社は，個人のインセンティブよりも，共通利益のために働こうと訴えることに頼っていた．個人的なインセンティブを作り出そうといういくらかの試みがなされていたものの，それらはほとんど効果がなかった．農民たちは生産チームとなって働いていた．各チームのメンバーは，仕事に対する点数が割り当てられていた．その点数はメンバーがどれぐらい効果的に働いたかということを測定するものであり，支払いはその貯まった点数に依存していた．しかし，各個人がどれぐらい一生懸命働いたかということを測ることは不可能だったし，人民公社の稼ぎは平等に分配されるべきだとのイデオロギーがあったので，個別の努力と報酬のつながりは弱いものであった．さらに，人々は生涯を通じて人民公社に属していたため，究極のインセンティブ——働くか解雇されるか——という状況は存在しなかった．集団特有の個人的責任の欠如に加えて，人民公社の役人には，自分たち自身のために予測できない量の穀物を取り上げてしまうような習慣があった．人民公社のメンバーの支払いは自分の成果と無関係であるばかりでなく，もっと悪いことに，残酷なほど不十分なものであった．国は故意にコメの値段を人為的に低く抑えていた．旧東欧における悲嘆が中国にも当てはまった．「われわれは働いているふりをし，彼らは支払っているふりをした.」

　要点は，人民公社の農民たちには努力をするインセンティブがほとんどな
かったということである．農民はヘトヘトになるまで働いても，木の下で一
日中ぼんやりしていても，ほとんど違いがなかった．どちらでも，家族を養
うために家に持って帰れる額はほとんど同じだった．「農民たちの熱意は挫
かれていた」と，小崗村のリーダー，巌俊昌はいう．「どんなに大きな音で
ベルを鳴らそうが，笛を吹こうが，誰も畑に連れ出すことができなかった.」
インセンティブがないことは産出量の低さに直結した．農業の生産性は，共
産主義支配が始まった1949年よりも1978年の方が実際に低くなっていた．

　西欧社会の中には，かつて人民公社をロマンチックに見る人もいた．改革
が始まった直後の1979年，鄧小平の訪米を記念してホワイトハウスで開か
れたディナー・パーティーで，鄧小平は映画スターのシャーリー・マクレー
ンの隣の席に座った．彼女は，その機会を捉えて，文化大革命の最中の
1973年に中国を訪問したことについて話した．文化大革命の頃は，国家的
に病的な状況にあり，毛沢東政府から嫌われていた多くの人々が強制的に都
市から退去させられ，人民公社で強制労働させられていた．「農民から学
べ」と，退去させられた都市の住民は命令された．人里離れた村を訪れたマ
クレーンは，白い髭をはやした学者に会った．その学者は彼女に，大学でか
つて働いていたよりも，トマトを育てるために朝から晩まで畑で精を出して
働く人民公社にいる方がずっと幸福で充実していると語った．その学者の断
言に心を深く揺り動かされたと，マクレーンは真剣に物語った．自分自身，
一時，人民公社で強制労働をしたことのある鄧小平は，忍耐強く彼女の話の
終わりを待った．それから，彼は冷淡に答えた．「彼は嘘をついたのです」
と[6]．

　改革されたシステムでは，各農民は1区画の土地について長期の賃貸契約
をしている．農民は国家に年間割当量（土地の使用に対する賃貸料と考えるこ
とができる）を支払い，割当量以上の産出物は市場で販売することが許され
ている．結果として，努力すればするほど所得の増加に直接結びつくという
意味において，農民たちは完全な市場インセンティブに直面している．人民

6）マクレーンの話は *New York Times*, February 23, 1997, p.E4 と *Irish Times*, October 18, 1997, p.8 に
　語られている．

公社システムでは意思決定は集団のリーダーによってなされたが，新しいシステムでは農民たちはどれだけの作物を育て，どれだけの動物を所有するかを自由に決定することができる．農民たちは新種の作物を試し，多種多様な果物や野菜を植え始めた．ある農民が言ったように，今や「みんなが頭を使い始めた．」

　さらに，人民公社が崩壊すると，政府は米価を引き上げた．1978年と1980年の間に，農民たちが受け取る価格はおよそ30％上昇した．1978年と1984年の間に，食糧生産量は60％以上増加した．この期間に農民たちの所得も毎年20％上昇した．この成長は，市場インセンティブを導入したことの直接的な結果であった．

　農業生産物が急増するにつれて，地方の市場が急速に発達した．高速道路の近くに住む農民たちは屋台を立て，自分たちの育てた果物や野菜を売った．町や都市では，農産物市場が作られた．小説『待ち暮らし』で，ハ・ジンは1980年代初頭の田舎の町を描いている．市が立つ日には，中央通りの歩道には露店商がひしめいていた．売り手たちは，家禽，野菜，果物，卵，生きた魚，子豚，衣服を売っていた．そこら中に編んだバスケット，ひよこの籠，油の壺，魚の桶，バケツが溢れていた．はげた男が自分の製品サンプルの真鍮の笛を吹き，その音が空気を切り裂き，人々の耳をつんざいた[7]．

　提供された大量の食糧は，ほんの2，3年前の食糧不足とは，際立って対照的であった．地方には新しい命が吹き込まれた．農業改革は中国経済の他の部分にも変化をもたらした．農業における生産性の上昇は，労働と資本を解放して，工業生産へと移動させることになった．地方の工場がすばやく設立され，そうでなければ農民として潜在的に失業していただろう人々の雇用を創出した．個人農業が始まって10年経った1989年までに，地方の労働力のほぼ4分の1が工業部門で働くようになった．地方の工場は，食糧生産の増大と共に，中国の驚くべき経済成長に火をつけた．1人当たりの国民所得は20年以上8％を超える率で成長した．これは，平均的な個人の所得が4倍になったことを意味する．

7）Jin（1999, p.10）.

　改革当初，中国農民のほとんどはひどく貧しかった．世界銀行のデータによれば，地方の貧困者の数は，1978年から1984年の6年という短い期間の間に1億7,000万人も減った（この計算は，貧困線を1985年の米ドルで測って1日0.7ドルと定義している．これは，最低栄養摂取量である1日2,100カロリーを得るために必要とされる所得である）．農村の貧困はなくなりはしなかった．1995年には，約1億8,000万人の人々が——大部分はやせた土地と天候の安定しない人里離れた地域に住んでいる——いまだ1日1ドル以下の稼ぎしかない[8]．しかし，億単位の人々を貧困から救ったことは驚くべき成果である．

　集団農業の欠点を正すのに市場が必要だったというのは，悲しい皮肉である．1960年代と1970年代の西側社会における毛沢東主席の崇拝者たちは，新しく，よりよい生活組織化の方法として，中国の人民公社の例をあげることが好きだった．人民公社は，隣人に対する関心が市場の略奪性にとって代わる人道的な仕事場と考えられていた．中国を訪れた人々は，自国に帰ると人民公社は大勝利だと宣言した．ケンブリッジ大学の有名な経済学者，ジョーン・ロビンソンは「利己主義と戦い，特権を遠ざけるように人々に訴えた」結果として，中国は経済的に成功したと主張した．「農民たちは，国家や革命，世界のすべての抑圧された人々のために働いていることを実感するように教えられているが，同時に，農民たちは明らかに自分たちのためになることもしている．」[9] ロビンソンは1976年に，人民公社に関して過大な評価を書いているが，それは人民公社での生活が実際にどのようなものであるかを知っている小崗村の農民たちが投獄の危険を冒して反抗したわずか2年前のことである．

　公益のために働くという説諭に基づくシステムは，利己心に基づくシステムよりすばらしいものに見えるかもしれない．しかし，人民公社のロマンチックな理想化は事実の前に躓いた．改革後の食糧生産の急拡大は，人民公社の成果がいかに惨憺たるものであったかを明らかにした．人民公社では，数百万もの農民が餓死の瀬戸際にあった．市場は理想的には見えないかもしれないが，その下で中国の人々は十分に食べていくことができる．

8）Nyberg and Rozelle（1999, p.95）.

9）Robinson（1976, pp.8, 38）.

中国の土地所有のあり方

　中国の農業改革は財産権の力を見せつけている．基本的な教訓は，インセンティブが大きな力を持つということである．しかし，それほどよく知られていない，さらなる教訓がある．生産性の増加は，農民の所有権を正式に法的に認知することなしに実現したということである．中国は，実際には私有財産を持つことなしに，私有財産の便益を獲得したのである．

　改革は土地の所有権を変化させなかったので，土地は本質的に国家に所有されたままに残された．農民たちは個別の土地区画を割り当てられたが，土地に対して，契約を超える法的権利は持っていなかった（契約期間は当初たった3年であったが，後に15年まで延長された）．農民たちは自分たちが耕した農地を売ることができなかったし，無期限に使う権利も持っていなかった．

　財産権の不安定性に伴う問題が，土地の再配分実施の際に発生した．村のリーダーたちは，定期的に村人たちの間で土地の再配分を行っていた．人々が年をとり，若い人が新しい家庭を持ったりすると，村のリーダーたちは定期的に土地の境界線を引き直した．また，村のリーダーたちが農民との契約を破り，個人的利益のために農民を追い出すこともあった．そのような話の典型は以下のようなものである．1985年，チェンという男が福建省のゼンクオ村から，竜眼というライチのような果物を栽培する果樹園を賃借りした．チェンが一生懸命働いて大豊作を収めた後に，何人かの村人がその果樹園を襲い，すべての竜眼を盗んでしまったのだ．チェンがその果樹園から得られる収益よりもずっと低い賃借料しか払っていないということを根拠に，村人たちは自分たちが正しいと主張した．村人たちが言うには，果樹園は集団的に所有されているので，すべての村人が収穫の分け前に預かる権利がある．村当局は襲撃した者を罰するどころか，チェンとの契約を終結させた．それから，その果樹園は2倍の賃貸料で他の農民に貸し出された[10]．法律の制約を受けている政府であれば，このような行動はしないだろう．

　政府は，すべての土地は国家に帰属し，農民たちは単に一時的にそれを使用する権利が与えられているだけだから，農民たちは取り上げられた土地に

---

10) この話は Lyons（1984）から．

対して何の補償も得る権利はないという立場を取ってきた．財産の不安定性
は，はっきりとわかる影響をもたらした．ある研究によれば，土地の再配分
の危険が高い区画においては，農民たちは少ない肥料と労働しか投入しない
という．また別の研究によれば，没収の危険が高い土地では，農民たちは，
井戸や排水のような長期的投資を行う可能性が低くなるという[11]．しかし，
注目すべきなのは，財産の不安定性が重大な帰結をもたらしていることでは
ない．むしろ注目すべきなのは，これらの影響がいかに小さく見えるかとい
うことである．所有権がないにもかかわらず，生産性は高い．農民たちは，
彼らの土地に対する権利がかなり安定的であるかのように行動しているので
ある．

　土地から追い出されてしまうような人のケースはよくあることではなく，
例外的なことである．当局は契約を破棄することができるにもかかわらず，
十分な予測可能性をもってそうすることを控えてきたので，農民たちは生産
的になるよう動機づけられている．契約はある程度信頼できるように維持さ
れつづけているので，農民たちは賃貸契約の下でも，まるで土地を所有して
いるのと同じように熱心に働いている．農民たちは喜んで「彼らの」土地に
長期投資をする．報われるのに数年かかるような，潅漑，排水，平地の造成，
土地の肥沃化などの投資である．

　私的所有の制度は存在しないが，市場をかなりうまく機能させるような代
替的メカニズム——官僚的行政に基礎を持つ——が，中国には存在するとい
うことだ．法的に定義された所有権がないということは，必ずしも財産権が
ないということではないようである……少なくとも，自作農業の単純な取引
に対しては．

　パズルの主要な部分がまだ解決されずに残っている．中国の官僚たちは，
農民たちに対して自らの権力を濫用する誘惑にどうして負けなかったのだろ
うか，あるいは，官僚ヒエラルキーはどのようにして，この誘惑を抑えたの
だろうか．この答えはおそらく，特定の時間と場所ということにある（した
がって，中国の解決策を他の国がすぐに適用できるというようなインプリケーシ

11）Nyberg and Rozelle（1999, p.63）と Brandt et al.（2000）による報告.

ョンは存在しない）．1980年代から1990年代を通じて，中国の政治的状況は安定していたが堅固というほどではなかった．共産党政府は，対抗勢力こそ存在しなかったものの，それがかつて持っていたような正統性をすべて失ってしまった．改革期の中国では，共産主義は名ばかりのものになっていた．共産党政府の政府としての正統性と，将来のいかなる政治的反対をも予め阻止する能力は，経済成長を成し遂げることにかかっていた．鄧小平下の政府の高官たちは経済学を十分に理解しており，成長には市場が必要であり，市場には保証された財産権が必要であることを認識していた．共産党は高い規律を持った組織を保持しつづけ，そのため，下級レベルの役人たちの自己利益を追求する行動を防ぐことが可能だった．国は，農産物産出量の成長を維持するように地方の役人を動機づけた．そのために，地方の役人にボーナス支払いや昇進で報いると同時に，産出量の目標に達しなかったときには解雇することも行った．極端な不正行為に対する制裁は厳しかった．汚職で有罪になった役人は処刑される可能性もあった．このような党の規律の結果として，官僚的コントロールによって提供された財産権プラットフォームは，場当たり的ではあったものの，市場の力がかなりうまく働くのには十分なほど確かなものだったのである．

　このシステムは1990年代までに緊張の兆しを見せ始めた．農民たちは，自分の土地を売ったり，賃貸ししたりできないまま，ますます非経済的になってくる小さな区画を耕しつづけるよう義務づけられていたからである．農民たちが地方の役人によって課されている高い税金と心づけに反対する中で，ときに暴力を伴う反対行動が発生した．ある農民は言った．「郷，県，市のあらゆるレベルに腐敗した役人がおり，彼らは自分たちの取り分を多くしようと協働している．」[12]　しかし，注目すべきは，役人が権力を濫用したことではなく，むしろ濫用が大部分抑制されていたである．

　伝統的な考えでは，市場は，法システムによって支えられた私的所有権なしに存在することができないとされてきた．しかし，この伝統的な見方は，市場の頑健性を過小評価している．市場が頼りとする支えは，非標準的な方

12）*New York Times*, April 20, 2001, p.A1.

法でもたらされることがある．通常，市場が必要とする財産権の保障は，官僚の裁量によって提供できる以上に信頼できるものである必要があるが，中国のような例外もある．財産権は，法的に定義された所有権と同義語ではない．少しばかりの所有権保証によっても，随分うまくいくことがある．しかし，中国のケースが典型的とは言えない．ほとんどの官僚は投資家が必要とするような保証を提供することはできない．官僚はルールを変えないということに自らを縛ることができない．そのため投資家は収奪を恐れ，投資を躊躇してしまう．財産権を尊重するという政府のコミットメントには，政府が経済の長期的成長に自らの利益を見出せる程度に，政府が十分な安心を感じていることが必要となるだろう．中国は，これまでのところはこれらの条件を満たしてきたが，ほとんどの権威主義的政府はそうではない．

　公式の所有権は必要である．しかし，それを何もないところから割り振ることは簡単ではない．財産権を定義し，維持するためには，制度が必要とされる．西ヨーロッパと北アメリカでは，これらの制度は何世紀にもわたって徐々に築かれてきた．トーマス・ジェファーソンが言うように，「安定的な所有権は社会の法の賜物だが，社会の進歩の中で最近になって与えられたものである.」

　他のほとんどのものよりも権利を定義することが簡単な資産である土地でさえ，私有財産の制度は微妙なものである．財産権は魔法によって現れるわけではない．財産権は国家の行動を必要とし，設定することが難しいこともある．国家は，一連の諸制度を構築しなければならない．最初に所有権を割り当てる手続きが設定されなければならない．土地所有権が正確に記録され，簡単に証明できるように，公的な登記制度が必要とされる．財産の境界が物理的に区切られなければならない．貯蓄をほとんど持たない人が将来の収益を元手にして土地を買うことができるためには，信用市場，エスクロウ・サービスなどが必要とされる．土地所有を管理する法律が書かれなければならない．紛争を裁くために裁判官や弁護士が訓練されていなければならない[13]．

---

13) Deininger and Feder（1998），Nyberg, and Rozelle（1999）．ジェファーソンの引用はアイザック・マクファーソンへの手紙（August 13, 1813）から．http://etext.lib.virginia.edu/jefferson/ にて入手可能．

146

たとえば，日本政府は19世紀後半に農民の土地所有を公式なものにすることを開始したが，20世紀の半ばまでそれを完成することができなかったのである．

私的所有と財産権の違い

　所有権は予測できないことを扱うための社会的な方法である．ベトナムのトラック運転手にとっても，ハイテク産業の起業家にとっても，所有権は創造的な解決策を探し求める自由と，それを実行することから得られる報酬をもたらす．残余コントロールと残余所得の両方に対する権利を保持することによって，所有者は資産をもっとも効果的に使用することができるようになり，またそうするように動機づけられる．収益が予想できないほど大きくなりうるときには，所有権は努力とリスク・テイキングを動機づけるのに役立つ．

　私的所有は，財産権と同義語ではない．所有は，財産権を確保するのにもっとも確実な方法だが，唯一の方法というわけではない．条件が揃った状況においては，官僚的行政のような，財産権保障を達成する非標準的な方法も効果的となる．単純な取引の場合には，ほんの少しだけ財産権を保証するだけで市場を機能させるには十分なこともある．

　財産権を定義することと，それを維持し，実効化するメカニズムを構築することは，市場設計において鍵となる要素である．しかし，財産権はすべての問題を解決するわけではない．必ずしもすべてのものが所有されるべきではない．次に，所有権がどこで終わるべきなのかという問いを考えることにしよう．所有権には便益だけでなく，コストがある．そのため，財産権はときには制限されるべきである．

第9章
特許という困惑
The Embarrassment of a Patent

マクドナルドは「マック」の所有者か？

　マリー・ブレアという名のスコットランドの女性は，フェニー・ストラットフォードというイギリスの村でサンドイッチ・バーを開店し，自分の国民性を簡単に暗示するため，店の名をマクマンチーズ（McMunchies）としていた．彼女はその後すぐに，ハンバーガー・チェーンのマクドナルドから「マク（Mc)」という名前はマクドナルドの財産であるという断固とした手紙を受け取った．「マクドナルド・レストラン社（McDonald's Restaurant Ltd.）は，登録商標としての接頭辞「Mc」の登録された使用者である.」マクドナルドは，看板を撤収しなければ訴えるとして，ブレアに1週間の猶予を与えた．「マクドナルドのような資金を持つ会社と争うなんて考えられません」と，彼女は言った．

　ハンバーガーの巨大企業は，その名前に対する財産権を厳しく防御している．リトアニアのヴィルニウスにあるレストラン，マクスマイル（McSmile）は，笑う余裕すらなくマクドナルドの法的行動にさらされた．ニューヨークのパン屋，マクベーグル（McBagel)，カリフォルニアのハーフムーンベイのエスプレッソ・バー，マクカフィー（McCoffee)，デンマークのシルケボーのソーセージ・スタンドのマクアラン（McAllan's）も同じ目に遭った．いつも目を皿のようにしているマクドナルドの弁護士たちの追跡は，食品サービス・ビジネスだけに留まらなかった．マクドナルドはスイスのインターネット医療サービス会社のマクウェルネス（McWellness)，カナダのホテル・チェ

ーンのマクスリープ（McSleep），オーストラリアの美容院マクヘア（McHair）
まで追跡した[1]（ひょっとしたら，この本の表紙も用心のために著者の名前をマ
クミランではなく「ミラン」とすべきだったかもしれない）．
「どうしてマクドナルドは「Mc」を所有することができるのでしょう」と，
マリー・ブレアは首をかしげた．「だとしたら，彼らはスコットランドのい
ろいろな名前の半分を所有していることになります.」ゲール語で「Mc」は
単に「の息子」という意味だが，スコットランドの歴史と伝統にかかわらず，
マクドナルドはそれを所有していると主張している．

　ピエール＝ジョセフ・プルードンは，「財産とは窃盗である」と主張した．
人々を数世紀にわたり政治活動へと駆り立ててきた数あるスローガンの中で，
これはもっとも馬鹿げているものの1つである．しかしながらこの言葉は，
少なくとも私的所有が必ずしも一義的にいいわけではないことを指摘してい
る．このことは，特に名前やアイディアのときに言えることである．

　知的財産権保護なしでは，現代経済は機能することができないだろう．ブ
ランド・ネームを築き上げるために投資をしてきた企業は，それをモグリの
業者から保護してもらうべきである．作家や作曲家は自分たちが創造したも
のに対する権利を持つべきである．投資家たちが自ら投入した努力に対する
収益を獲得できるためには，社会は彼らのアイディアに対する財産権を認め
なければならない．そうでなければ，イノベーションのインセンティブはほ
とんどなくなってしまうだろう．

　商標，著作権，特許を通して，法律は知的財産権を認めているし，そうす
べきである．しかし，このような保護手段は高圧的なものになってしまう危
険がある．知的財産権を維持するために設計されたメカニズムは，不可避的
にマイナス面を併せ持つからである．すなわち，知的財産の利用を制約して
しまうことである．アイディアに対する所有権を付与することのコストは，
ときにそれがもたらす便益を上回ってしまう．

　新しいアイディアは経済を牽引する．経済理論や統計的研究が認めている

1）マクドナルドについては，*Economist*, July 15, 2000, p.60, *Toronto Star*, October 25, 1987, p.F7,
　Sunday Telegraph, June 27, 1993, p.41, *Daily Telegraph*, September 24, 1996, *Scotsman*, April 14, 1998,
　p.4.

ように，技術進歩は長期的経済成長の主要な源泉である[2]．アイディアの市場が機能することは，一国の良好な経済状態のために不可欠である．その市場がうまく機能するためには，知的財産権の保護は過少でも過大でもいけない．

アイディアの財産権

　アイディア市場というものがそもそも存在すべきならば，そのルールが具体的に設計されなければならないだろう．というのも，アイディアは特殊な商品だからである．ある人が使っていたとしても，他の人もそれを使うことができる．アイディアは，誰かに伝えたとしても，所有しつづけることができる．何かの作用の仕方を人に説明したからといって，自分がそれを忘れてしまうことはない．アイディアの特殊性は，トーマス・ジェファーソンが言うように，「ひとたび公にされると，強制的にすべての人の手に入ることになり，受け手はそれを取り除くことができない」ということである．さらに，「他のすべての人々が全体を所有しているからといって，誰の所有量も減少しない.」われわれが呼吸する空気のように，アイディアは「閉じ込めたり，排他的に占有したりすることができない.」

　ジェファーソンの言葉を経済学の専門用語で置き換えるならば，知識は公共財である．誰でもそれを使うことができ，それを1度使ったからといって，無くならないからである．このことは投資する人々を苦境に立たせることになる．アイディアの利用者は対価を支払うことなく，投資する人たちのアイディアから便益を得ることができるので，投資する人たちはアイディアによって収益を得ることが難しいことに気づくからである．アイディア市場がうまく機能するためには，特別な種類の財産権が存在する必要がある．知的財産法は，アイディアが広く伝達されうることを認識したものでなければならない．アイディアの財産権にできることはせいぜい，アイディアの利用のされ方をコントロールすることである．

　アイディアの財産権が存在しなければ，イノベーターたちは発明コストを

2）Romer（1986）を参照.

賄うことができなくなり，発明はほとんど行われなくなってしまうだろう．創出した価値の一部をイノベーターたちが獲得できるようになっていることが必要である．アイディアが本質的に非排除的であるという問題に対する社会的解決方法は，法律を定めて，アイディアを排他的にし，それを利用する人々から料金を取る権利をアイディア所有者に与えることである．政府が知的財産権を司るルールを設計し，管理する．特許は発明を保護し，著作権は創造的な作品を守り，商標はブランド・ネームを守る，というように．

　確かに，イノベーターを発明に駆り立てる動機には，知的好奇心，個人的なプライド，職業的名声などさまざまなものがあり，金銭的な報酬はその中の1つでしかない．したがって，金銭は唯一の動機づけではないが，それは強力な動機づけを与えるものである．ジョージ・ワシントンは，議会に対して著作権法を通すよう依頼したとき，著作権は国の知識ストックを増大させること，また知識は「公共の幸福のもっとも確実な基礎」であることを主張した．アブラハム・リンカーンは「特許システムは，天才の火に利益という燃料を注ぎ込んだ」と言ったことがある．

　特許は，新規かつ有用であれば，どんなプロセス，機械，製品，合成物，製品の設計に対しても与えられる．$E=mc^2$のような自然法則は特許を取ることができない．特許をとるためには，発明は新規で，有用で，自明でないものでなければならない．特許は，特許権者が他の誰に対しても特許を受けた発明の使用を20年間排除できるようにしている．特許権の実効化は，特許権者が特許権侵害に対して事後的に訴訟を起こすことによって行われる．特許権侵害の嫌疑に対する可能な防御方法は4つある．（1）その特許は新しくないか，自明なものなので，特許そのものが与えられるべきでなかったと主張する．（2）特許の申込書が既知の技術を誤って表示していると主張する．（3）その発明はそれ以前に特許を受けていたものであるか，すでに公共的に使われているものであると主張する．（4）特許が適切な範囲を超えて拡大されていたと主張する，という4つである．

　著作権は別の知的財産の一形態である．著作権は「有形の表現媒体に固定されている，」どのような「オリジナルに作成された作品」に対しても適用される（オリジナルというのはそれが複製したものではないということを意味し

ており，作成されたということは「わずかでも知的活動」を伴っているということである）．したがって，文学作品，音楽作品，写真，コンピュータ・プログラムなどに適用される．著作権は，その所有者に対して，その作品を再生産し，複写物を配布し，公共の場に展示し，派生的な作品の準備をする排他的権利を与えている．著作権は，アメリカでは著作者の死亡後70年まで有効である．著作権には申し込み手続きというものはなく，自動的に原作者の作品に適用される．所有権についての紛争が起きたときには，著作権所有者はその作品が実際に自分のオリジナルであることを証明しなければならない[3]．

　著作権保護は絶対的なものではない．著作権で保護されているものでも，その一定量を学術的，創造的目的のために，支払いをせずに使用することが許されるという「公正な使用」の原則が成立している．したがって，大学教授は授業で何かを教えるために映画からの抜粋を使うことが許されており，小説家は他の小説家から引用してもよい．言い換えれば，法律は著作権にある種の漏れがあることが望ましいことを認識している．

　商標保護もまた知的財産の一形態である．商標は，企業が自社製品を自社製品として区別することを可能にしている．商標を登録することで，企業はその名前に関する法的請求権を獲得する．そうすると，他の企業は自分の財を商標保有者のものとして売ることはできない．商標権は，他企業が同じ財を明らかに異なる商標の下で販売することは禁止していない．商標の侵害を立証するためには，侵害者が消費者を混乱させる可能性があることを証明する必要がある．

　特許権もしくは著作権の保有者は，その使用者に対して，ロイヤルティーや，その他の使用水準に応じた形態の支払いを要求する権利を持っている．したがって，たとえばすでに見てきたように，新薬はその生産コストよりもずっと高い価格が設定されているが，そのプレミアムが特許権者の報酬となるのである．特許によってプレミアムが稼げるとの期待は，イノベーション

3）特許権，著作権，商標の法と経済学については，Besen and Raskind（1991）と Gallini and Scotchmer（2002）を参照．著作権についての引用は，アメリカの著作権法から取ったものである．Besen and Raskind（1991, p.6）を参照．

努力に拍車をかけることになる．特許は創造性を促進する．

しかしながら，特許には欠点もある．特許は，法的に認可された取引の制限である．一度アイディアがこの世に存在するようになると，その使用を制限することは非効率的である．アイディアの所有者がそれを体化した商品に独占価格をつけることが許されているときには，潜在的な社会的価値のいくらかが実現されないまま残ることになる（というのは，価格が追加的の1単位を生産するコストより高く設定されるので，その財を生産コストよりも高く評価をする消費者たちの一部がその財を享受できないことになるからである）．アイディアに対する独占権を与えることは，それを創造する人に対して報いることに成功しているが，それにはアイディアを過度に使用しづらいものにしてしまうというコストが伴う．特許は，文字通り，高い値段を設定するライセンスなのである．

これは，トーマス・ジェファーソンが「排他的特許の困惑」について書いたとき，彼の頭の中にあったことである．完璧な世界では，「アイディアはお互いの間に自由に広まるべきである」とジェファーソンは言った．このジェファーソンの考えに呼応して，19世紀後半にアメリカの最高裁判所は，特許は「この国の産業への重税である．それは事業の誠実な追求を困惑させる」と述べた．

妥協の産物としての知的財産権

以上のように，知的財産権は，新しいアイディアを促すことと，存在するアイディアが十分に使用されることを許すこととの間の妥協の産物である[4]．理想的には，イノベーターはアイディアの生産的な使用を阻害することなく，報酬を受け取るべきである．しかし，これを実現する方法を見つけるのは難しい．ほとんどの国は，財産権に固定的な終了期日を設けることによって，特許の費用と便益のおおよそのバランスを取ろうとしている．特許の有効期限が切れると，そのアイディアは誰のものでもなく，誰もがそれを自由に使うことができる．北アメリカ，西ヨーロッパ，日本で起きている莫大な量の

4）このトレードオフは Arrow（1962）に強調されている．

イノベーションは，特許法が概してうまく行っていることを示している．特許法は研究開発を刺激することに成功している．しかし，それはまた取引に制限を設けていることを忘れてはならない．

　知的財産を巡っては，白熱した議論が盛んに行われている．莫大な額のお金が関わるだけでなく，エイズ薬の特許についてすでに見てきたように，これは文字通り生か死の問題にもなる．マクドナルドは「Mc」を所有すべきであろうか．これも，そのような知的財産の問題だが，それほど簡単ではないものもある．貧しい国々は，病人がエイズや他の病気の薬を入手できるようにするために，特許の義務から解放されるべきであろうか．コンピュータ・ソフトは，当然のこととしてタダにすべきであろうか．新しいビジネス方法に対しても特許を与えるべきだろうか．音楽愛好者が録音した音楽をインターネットを通じて自由に交換し合うことは，許されるべきであろうか，あるいは，音楽会社やミュージシャンに支払いを請求する権利が付与されるべきだろうか．

　これらについての議論は終わる気配がないが，それには理由がある．どのような措置が取られようとも，何らかの欠点があるからである．保護の強化を求める人々は，「知的財産権を弱くすれば，イノベーションが減少する」と言う．彼らは正しい．保護の緩和を求める人々は，「知的財産権の強化は，使用者の一部を排除することによって，アイディアの総価値を縮小してしまう」と言う．彼らも正しい．

　知的財産権に関する無条件の主張が正しいことは，滅多にない．大事なことは，正しいバランスを見つけることである．特許の付与を判断する法的な基準——発明が新規かつ有用で自明でないものであること——に対して，経済学者は更なる基準を加える．特許を与える便益がその費用を上回るべきだという基準である．

　どのようなものであれ，知的財産に関する政策を評価するには，手を汚さずには済まない．机上の空論を振り回すことによっては，評価を適切に行うことはできない．費用と便益とを秤にかけるには，数量的推計が必要である．もし知的財産権保護が弱められたなら，イノベーション活動はどれだけ減少するのだろうか．もし知的財産権保護を強化したなら，アイディアの使用量

がどれだけ縮小してしまうのだろうか．これらの仮説を数量化することは難しいことだが，合理的評価のためには，挑戦しなければならない．

われわれは，知的財産権保護がなくてもイノベーションは行われてきただろうかと問うべきである．もしその答えがイエスならば，知的財産保護の便益は存在せず，費用便益の基準から見て，その保護は是認されない．

1998年，そのような状況が生じた．議会は，著作権の期間を著作者の死後50年から死後70年に延長した．したがって，本がパブリック・ドメインに入るのに20年が追加されたことになる．これによって本の購入者は損害を受ける．本の価格は，著作権がない状態よりも高くなるのだ．出版社は，印税を著者の相続人に支払いつづける義務を負うし，同じ本について他の出版社との競争がないからである．著作権がまだ保護されている『怒りの葡萄』や『誰がために鐘が鳴る』のような作品のアメリカのペーパーバック版の定価は，12ドルかそれ以上である．『トム・ソーヤの冒険』や『高慢と偏見』のような著作権が切れた本は，大衆市場版での定価が約5ドルで，もっと高品質のペーパーバック版で約8ドルである．もっとも安く手に入る版を求めている大学生は，著作権のある本に対しては2倍支払うことになる．このような著作権延長の欠点に対して，それに対抗する便益は何もない．著作者たちが創作の動機を，自分の死後50年経ったときの収益の見込みに見出すということはほとんどありえないことである．議員たちはまた，この期間延長を現存する著作権にも遡及して適用した．これは理解不可能である．著作者たちにとって，すでに自分が書いた本を書くインセンティブは必要ないからである．

特許権付与はどの場合に妥当か

情報経済の発達とともに，情報が所有されるべきか否かの論争が盛んになってきた．ある人々にとっては，知的財産は過去の遺物である．彼らは，著作権や特許が本来自由であるべきものを閉ざしてしまっているとして，サイバースペースのための闘争を仕掛けている．風刺的な雑誌である『オピニオン』の大見出しは，彼らの懸念を一言で要約している．「マイクロソフト，0と1の特許を取る．」

　ワールド・ワイド・ウェブの発明者であるティム・バーナーズ゠リー（彼はその特許を得ていない）は，ソフトウェア開発者に特許システムと闘うよう求めている．彼と他のコンピュータ・エンジニアたちは，コンピュータ初期の時代に実際にそうだったように，人々がソフトウェアをお互いに与え合い，お互いの作品の上に構築できるようにするため，ソフトウェアは所有すべきでないと信じている．サイバースペースで知的財産権に対して闘っているグループ，電子フロンティア財団の設立者，ジョン・ペリー・バーローは，「著作権は創作のためのものじゃない．創作はそれと関係なくなされるのだから．著作権は流通のために存在しているのだ」と語った．これは重要な問いである．ソフトウェアが無料であったとしても，創作は行われるのだろうか．

　何ら特許に対して期待しないで書かれるプログラムも存在する．リナックスというオープン・ソースのソフトウェアが良い例である．リナックスが今日のように発展したのは，特許に妨害されることなく，ユーザーたちがアイディアを共有し，お互いのアイディアを利用してきたからである．しかし，コンピュータのコードを書くことは，詩を書くこととは同じでない．プログラマーの中には世界を変えることを望んでいるものもいるが，多くのプログラマーはただ生活をしていきたいのである．われわれが毎日使うソフトウェアの多くは，利潤動機によって書かれたものである．もしソフトウェアがタダであったなら，ソフトウェア生産は減少してしまうだろう．

　ソフトウェアに特許を与えることの効果について，決定的な証拠はない．特許の見込みがなければおそらく書かれなかっただろう，特許化されたソフトウェアの例は存在する．ソフトウェアに（単なる著作権だけでなく）特許を認める1980年代初期のさまざまな判決の後，ソフトウェア関連企業による研究開発支出は着実に上昇していったが，目を見張るような増加ではなかった．特許を認めることは，ソフトウェア生産に急激な上昇をもたらすことはなかったし，急激な減少をもたらすということもなかった[5]．

5）おそらく間違いなく特許が与えられることを期待して開発されたソフトウェアの例については，Heckel（1992）を参照．特許を認める前と後のソフトウェアの研究開発のデータはBessen and Maskin（2000, Fig.5）に掲載されている．

　電子商取引の成長は，新しい取引方法の発明の火付け役となることによっ
て，特許権保護のさらなる拡張への需要を生み出した．それは1998年のア
メリカ連邦裁判所がビジネス・モデルに特許を与えるという判決を下したこ
とで頂点に達した．裁判所は，発明はただ抽象的なアイディアであるという
だけの理由によって特許から排除されるべきでなく，もしその発明が有用か
つ有形の結果を生産するのならば特許化できるとしたのである．この裁定に
よって，とりわけ新奇の市場設計の特許化が可能となった．

　特許申し込みの洪水が，この裁定の後につづいた．その中には，簡単に考
案できるか，現存する方法と似ているため，「新規かつ自明でない」という
記述にほとんど値しないようなビジネス方法の特許を獲得した者も何人かい
た．Priceline.com社は，買い手が価格をつけ，売り手がその値段を受け入れ
るかどうか決めるいわゆる逆オークションに対して特許を得た．Amazon.
com社は1クリックのインターネット購入システムの特許を得た．ダブルク
リック社は，ネットワーク上で顧客のターゲットを絞り，広告を配信する方
法について特許を得た．サイバーゴールド社は，インターネットの広告に注
意を払った消費者に報酬を与えるインセンティブについての特許を得た．も
っと疑わしいビジネス・モデル特許のいくつかは，それが特許が与えられる
以前から存在する普通のやり方だったとして，裁判所で異議申し立てを受け
た．「ビジネス・モデルについてのばかげたほど自明な特許の波がアメリカ
を飲み込んでいった」と『ニュー・サイエンティスト』誌は2000年に述べた．

　特許を得る価値のないイノベーションにも特許が与えられることがしばし
ばあったにもかかわらず，結局，ビジネス・モデル特許は確立している．市
場設計のなかには，本当に新奇で，自明なものではないものもある．たとえ
ば，アメリカの特許庁は2001年初頭の時点で，「取引，マッチング，または
値付け」というカテゴリーに200以上の特許をリストしていた[6]．事業者同
士の取引のための複雑なオークション形態を発明するには，何年もの努力が
投入される．もっとも効果的な設計を選択するために値付け人の反応の論理
を考え抜くこと，値付け人たちが利用できるようなルールの抜け穴がないよ

6）これらの特許は特許局のウェブサイト www.uspto.gov の Class 705, Subclass 37 の中に見つける
　ことができる．引用は *New Scientist*, Novermber 25, 2000 から．

うにすること，さまざまな計算を処理して，値付け人にとって使いやすいソフトウェアを書くこと，などである．これらのオークションのように，大きな開発努力を要し，収益なしには創造されることがないであろうビジネス方法については，特許が取れることは社会的に便益のあることである．

　ビジネス・モデル特許の価値を判断するためには，費用と便益を数量化する必要がある．（グーグルの特許審理中のサーチ・エンジンを使って）文献を調べてみてもそのような研究を見つけることはできない．しかし，実施に関する多くの問題点があるにもかかわらず，ビジネス・モデルとソフトウェアに特許を与えることは，おそらく有用なイノベーションを促進することになるだろう．

　次は対照的に，ほぼ間違いなく，過度に制限的な知的財産権保護を裁判所が導入したケースを見てみよう．

音楽業界の著作権

　音楽の世界では，知的財産の問題は，ビジネス・モデルやソフトウェアにおけるよりもずっと多くの論争を招いている．たとえば，法学部教授パメラ・サミュエルソンはフリー・コピーを信奉している．エンターテイメント産業は「いつプレーされようと，どこでプレーされようと，すべてのコピーについてコントロールすべきだと考えており，誰も決して再び共有することができないように，使用に応じた支払いシステムを作るべきだ」と考えている，と彼女は言った．「これはファシストの世界だと思う．私はそんな世界に住みたくない．」[7] この問題は，2000 年に 5 大レコード会社が共同で，無料音楽サービスのナプスターを著作権侵害で訴え，法的闘争を開始したときに頂点に達した．

　ナプスターは，録音された音楽のコピーを，インターネットを通じて交換することを可能にした．メンバーたちは，通常，店で売られているコンパクト・ディスクから曲をコピーして，音楽ファイルを自分のコンピュータに取り込む．他のメンバーたちはナプスターのサーバーを通じて欲しい曲を探し

---

7 ）*San Jose Mercury News*, January 3, 2001, p.1C .

出し，そのファイルを自分のコンピュータにダウンロードする．ナプスターのメンバーは何百万人にもなり，音楽ファイルはサイバースペースを通じて流れ出した．

連邦裁判所はナプスターに対して判決を下し，著作権のある曲をそのサービスから取り除くように命令した．ナプスターへの締めつけは正当化できるものだっただろうか．論点の一部は，憲法の立案者たちが著作権を導入する際に，彼らの念頭にあったことに関するものである．財産の神聖性も論点となった．ナプスターの反対者たちは，音楽ファイルのダウンロードは万引きと同じことだと主張した．もっと実りのある分析は，意味論や歴史に焦点を当てるのではなく，単に費用と便益に焦点を当てることだろう．

ナプスターを閉鎖することは，音楽ファイルを転送することが基本的に無料であるときに，音楽から得られる楽しみをそのファンから奪ってしまうことである．ナプスターを閉鎖しないことは，レコード会社，作曲家，ミュージシャンが完全に報酬が支払われなかったなら生じるだろう創造的活動が減少するとことを意味する（費用便益の計算を完全なものにするためには第3の効果も考える必要がある．レコード産業の利潤が減少する可能性である．しかし，これは全体としての社会的な費用と便益の中では合計でゼロとなる．というのは利潤の減少分は，ちょうど音楽ファンのポケットの中のお金が増える額と正確に一致するからである）．

もしナプスターが運営されつづけたなら，創造的活動の顕著な減少が起こっただろうか．フリーの音楽コピーの前例がよい比較を提供してくれる．バンドのグレートフル・デッドは，ファンにコンサートの録音を許し，販売しない限りは，海賊版テープの配布を許可していた．「それでいいと思う」とバンド・リーダーのジェリー・ガルシアは1975年に言っている．「もしそうしたいなら，いくらでもそうしたらいいさ．何をするかとか，何を持ってるかとかに関して，人を管理したいなんて思わないよ．」海賊版の存在にもかかわらず，もしくは海賊版のおかげで，グレートフル・デッドはコンサート・ツアーで他のほとんどのロックバンド以上に多くのお金を稼いだ．インターネット活動家になる以前はグレートフル・デッドの作詞家だったジョン・ペリー・バーローは言う．コピーを認めることは「われわれのしたこと

のうち，もっとも賢明な選択だった．われわれはそれによってレコードの売上げをかなり増加させることができたのだから．」[8]

　裁判所は，コンパクト・ディスクの売上げに対するナプスターの効果について，専門家の証言を取った．ナプスター側に立つものでは，ナプスターが実際に購入を促進しているとする消費者調査があった．音楽を購入する前の試聴サンプルとしてナプスターを利用するメンバーは，CDを多く購入する傾向があった．レコード会社側に立つものでは，ナプスターが運営されていたときに，大学近くのミュージック・ストアの売上げが減少したことを発見した調査があった．この売上げの減少はナプスターの結果だと解釈された（しかし，それは学生がCDをオンライン・ストアで買うようになったからかもしれない）．裁判長のマリリン・ホール・パーテルは，どちらの調査も「欠点のない」ものではないとしたが，レコード会社側によって，ナプスターが売上げを減少させたとする「意味のある蓋然性が示された」とする判決を出した．

　仮にナプスターに起因するコピーが，録音された音楽の総ストックを減少させたとしても，その規模はそれほど大きいものではなかった．レコード産業の破滅の叫びは支持されない．ナプスターがもっとも盛り上がった2000年には，コンパクト・ディスクの売上げはそれ以前よりも高かった[9]．そのため，ナプスターのネットの効果はポジティブであった可能性が大きい．そして，ナプスターのメンバーに対する便益は，レコード会社の被るどんな損害よりも大きなものであったのだろう．もしそうであるならば，費用・便益の基準は，裁判所で行われた著作権解釈よりも，緩やかな解釈を要求することになる．

　ときには，知的財産の弱い保護の方が強い保護よりもうまく機能することがあるということを強調するために，次にホームブルー・クラブとシリコンバレーの話に移ろう．

8）Greatful Dead については，Jackson（1999, p.277），*Atlantic Monthly*, September 1998 を参考に．
9）証言は www.napster.com/pressroom/legal.html と www.riaa.com/Napster_Legal.cfm にある．CDの売上の数字については，www.riaa.com/pdf/year_end_2000.pdf．

シリコンバレー vs. ルート128

　1975年6月，あるコンピュータの熱狂的愛好家が，誕生間もないマイクロソフト（もしくは，当時の呼び方では Micro Soft）が作った最初の商業的ソフトウェアである Basic のコピーを盗んだ．一連の穴がパンチされている紙テープからなるこのプログラムは，マイクロソフトの設立者ポール・G・アレンとウィリアム・H・ゲイツによって書かれたものだった．詳細は曖昧だが，一説によればそのテープはカリフォルニアのパロ・アルトのホテル，リッキーズ・ハイアット・ハウスで，この新ソフトウェアのデモが行われている間に盗まれたらしい．コンピュータの先駆者スティーブ・ドンピアによれば，「誰かが床に置いてあった彼らの紙テープを1本借りたんだ．誰もそれが誰なのかはわからなかったと思うけど」と言う．

「借りられた」プログラムから50本のコピーが作られ，ホームブルー・クラブ——ベイ・エリアのコンピュータ・マニアたちのグループで，会員たちはコンピュータを組み立てたり，プログラミングしたりするアイディアを交換するために集まっていた——の次のミーティングで無料配布された．テープ1本を受け取ったクラブのメンバーはみんな次のミーティングでは，2本のテープを携えて人に渡すことになっていた．海賊版のコピーは増殖していった．

　このことが20歳のビル・ゲイツを激怒させた．彼はすべての主要なコンピュータ関係の出版物に，その行為を非難する公開書簡を送った．ゲイツは皮肉たっぷりに，コンピュータの熱狂的愛好家たちの態度は「ハードウェアはお金を払われなければならないもので，ソフトウェアは共有するものだと思っている．それは，ソフトウェアのために働いた人にお金が支払われるかどうかなんて知ったことかというものだ」と書いた．そして，「あなた方のしていることは窃盗だ」と締めくくった．

　マイクロソフトのプログラムが盗まれたすぐ後に，シリコンバレーでは新企業が次々誕生した．その多くはホームブルー・クラブのメンバーによって設立されたものである．「ビル・ゲイツの財産はわれわれのおかげだ」と，盗まれたテープのコピーを50本作ったクラブ・メンバーのダン・ソコルは言った．「もしわれわれがテープをコピーしなかったなら，彼のソフトウェ

アを使う人々の爆発的増加は起こらなかっただろう.」[10]

ホームブルー・クラブとマイクロソフトの対決は,シリコンバレーと全コンピュータ産業を形作ることになった2つの対抗する力の縮図である.一方の側には,個別企業の利益がある.ビル・ゲイツが言ったように,ソフトウェアを生産する会社は自分たちの努力に対する収益を稼ぐことができるように,いくらかの財産権保護を必要とする.他方の側には,産業全体の利益がある.ダン・ソコルが示唆したように,急速に技術を進歩させている産業では,現在のベスト・プラクティスが直ちに普及するようにアイディアが自由に流通することが必要である.

イノベーションを普及させることとイノベーターに報酬を与えることの間にバランスが必要とされる.両方の要求を満たすことは難しいが,シリコンバレーは,コンピュータ・エンジニアの労働市場の新しい構造を進化させることで,偶然の重なりによってこの正しいバランスを取ることができた.

なぜシリコンバレーなのだろうか.シリコンバレーが豊かなアイディア市場になったのはなぜだろうか.1970年代のほとんどのコンピュータ産業の専門家たちは,コンピュータ産業の中心がシリコンバレーではなく,マサチューセッツ州ボストン近くにあるルート128になると予測していただろう.すでに,ルート128は繁栄しているコンピュータ産業の本拠地だった.ルート128の企業は世界でもっともダイナミックだった.マサチューセッツ工科大学の近くにあって,ルート128はコンピュータ科学の最良の頭脳の多くをリクルートすることができた.しかし,シリコンバレーが台頭すると,ルート128はそのシーンから消えていった.その違いはどこにあったのか.

シリコンバレーの成功は多様な要素に起因している.スタンフォード大学工学部の近くにあり,そこから協力を得られたことがシリコンバレーの立ち上げを可能にし,以来,スタンフォード大学は高度に訓練されたエンジニアや経営者をシリコンバレーに供給しつづけた.カリフォルニアのライフ・スタイルが教育のある若い人々を引きつけ,彼らはそこに留まったり,引っ越

---

10)盗まれたプログラムの話と引用はManes and Andrews(1993, pp.81, 91),Levy(1984, pp.227-229),*New York Times*, March 26, 2000, p.3-1,September 18, 2000, p.C1 から.シリコンバレーの分析は Saxenian(1994)と Gilson(1999)による.

してきたりするようになった．製造工程のほとんどを下請に出すというシリコンバレーの主要企業の傾向は，柔軟性をもたらした．ベンチャー・キャピタルをすぐに入手しやすいことが，新規企業の立ち上げを容易なものにした．ただし，これはシリコンバレー成功の原因であるとともに，その証しでもある．間違いなく，幸運もまた役割を演じた．

　何がシリコンバレーを動かしているかに関する影響力のある本『現代の二都物語』の中でアナリー・サクセニアンが論じたところによれば，シリコンバレー成功の主要な理由は流動性と共有の文化である．シリコンバレーのエンジニア労働市場は，ルート128とは異なる仕方で機能していた．伝統に邪魔されることがなかったシリコンバレーは，競合企業の従業員同士のオープンな関係という文化を発達させた．アイディアは自由に交換された．エンジニアたちは頻繁に職を変えたし，彼らが元の企業で学んだことを新しい企業で活かすことに誰も反対しなかった．その点，マサチューセッツは融通がきかなかった．企業への忠誠心や長期雇用が評価された．アイディアは企業内にしっかりと保持されていた．

　シリコンバレーにおける転職は激しい．エンジニアたちの1つの仕事における在職期間は，平均してたった11ヵ月だった（平均的アメリカ人の3年の在職期間と比較して短い）．「私がやってきた東部の世界とまったく異なるものとして強く印象に焼きついたのは，人々の流動性だった」とシリコンバレーのある経営者は語った．「人々のキャリアは，ずっと流動的だが，その実質的リスクはずっと低い．」

　仕事の流動性は直接的な効果と間接的な効果の2つの帰結をもたらす．新しい職に移るエンジニアは元の職で学んだものを自分自身とともに持っていく．新しいアイディアはこのようにして産業全体に広がっていく．「ここシリコンバレーでは会社に対する忠誠心よりも技術に対する忠誠心の方がずっと高い」とある経営者は言う．「あなたが電気回路の設計者だとすると，大事なのは素晴らしい仕事をすることなのだ．もしそれが今の会社でできないならば，他の会社に転職するでしょう．」さらに，異なる会社のエンジニアたちが仕事を離れてシリコンバレーのカフェやレストランで会うときには，彼らはお互いに助け合い，お互いの現在の技術的問題をいかに解決するかの

アイディアをあれこれ考えて議論しあう．ライバル会社のエンジニアたちとブレインストーミングをするインセンティブは，それが最終的には自分たちのキャリアに結びつくことにある．各エンジニアはいかに自分の頭が良いかということを証明したがる．他の会社で仕事の空きができたときには，自分の名前が挙がるようにするためである．実際，近い将来にその空きができるかもしれない．「シリコンバレーのネットワークは会社への忠誠心を凌駕している」と別の経営者は言う．「私が雇っている上級エンジニアは，常に電話をし，わが社の競争相手と情報共有をしている．」[11]　したがって，転職と転職の可能性の両方がアイディアの企業間の流れを作り出している．シリコンバレーのコンピュータ技術者たちはセネカが 2000 年前に広めた格言に従っていたのである．「最良のアイディアは社会共有の財産である．」

　シリコンバレーの労働市場が共有の文化を発展させた一方で，ルート 128 は囲い込みの文化となったのはなぜだろうか．法学者ロナルド・ギルソンの論じるところによれば，その説明は法律の相違に求めることができる．法律が，従業員が前職で学んだことを新しい職で使用することを禁止することによって，アイディアに対する企業の投資を保護することがある．転職後の競業避止契約は，元従業員は，通常は 1，2 年の決められた期間，競合企業で働いてはならないと規定している．このような契約をマサチューセッツ州の法律は実効性のあるものとしており，カリフォルニア州の法律では禁止している．ルート 128 の企業の従業員たちがライバル会社に移るときには，訴えられるリスクを冒すことになる．シリコンバレーの従業員にはそのような恐れはない．シリコンバレーの成功を導いた転職は，間違いなくカリフォルニアの知的財産権保護の弱さに帰することができる．

　競業避止契約は特許と同様に，取引に対する法的制限である．マサチューセッツ州の法律は競業避止契約を実効化することによって，従業員たちによるイノベーションに対する財産権を企業に与えて，企業がイノベートすることを奨励している．しかしこれには，従業員たちがもっと良い仕事を探すことを妨げるとともに，現存するアイディアの使用を制限するという犠牲が伴

11）経営者の引用は Saxenian（1994, pp.36, 54, 55）から．

う．カリフォルニア州のように，このような契約に実効性を付与しないときには反対の効果が表れる．転職を通じたアイディアの普及は，イノベーションをする企業のためにはならない．企業の収益を少なくしてしまうからである．しかしすべての企業のアイディアの力を借りることになるので，産業全体としては進歩する．アイディアは1つの企業の内部にとどまった場合よりも広範に利用されることになる．この雇用後の競業避止契約がシリコンバレーとルート128の違いの根幹にある．言い換えれば，市場設計の微妙な側面がシリコンバレー成功の重要な要素となっていたのである．

　一般的には，知的財産権保護が弱い方が良いときもあるし，そうでないときもある．ビル・ゲイツが盗まれたプログラムについて述べたように，不都合な点はイノベーションを行っている企業に対する報酬が少なくなることで，誰もわざわざイノベーションをしようとしなくなる可能性があることである．ここでコンピュータ・ソフトウェア産業の特殊な性質が話に加わる．コンピュータ分野における新しいアイディアの寿命は非常に短い．イノベーションを行う企業にとって，そのアイディアをおそらく2，3週間だけ一人占めすることができれば，それで十分かもしれない．急速な変化の中では，短期間の排他的使用だけで，企業に十分な競争力を付与するかもしれないので，イノベーションは報われるかもしれない．シリコンバレーの慣習は多分，他の産業ではそれほどうまく機能しないだろう．コンピュータ産業においてさえ，発展段階が異なれば，その慣習はうまく作用しないかもしれない．産業が新しいときにはアイディアは自由に流れたが，産業が成熟してくるにつれ，シリコンバレー企業もアイディアに対する権利保護のために法律に訴え始めた．独自に開発されたアイディアの流通をどの程度まで自由に許すかは，状況の詳細に依存する．

　もしカリフォルニアがもっと厳格な知的財産法を持っていたならば，シリコンバレーの成長は抑制されていたかもしれない．財産権は市場がいかにうまく機能するかということに影響を及ぼす．知的財産権をまったく保護しないことでイノベーションのインセンティブをほとんどなくしてしまう可能性がある一方で，知的財産権を必要以上に拡大してしまう可能性もある．所有されるべきものには限界がある．

特許に替わるシステムはあるのか

知的財産権保護は過度なものになる可能性があるものの，ある種の活動についてはその必要性を否定することはできない．新薬の開発に数億ドルものコストがかかる医薬品産業では，知的財産権保護が不可欠である．しかし，エイズ薬に関して見たように，特許の持つマイナス面は残酷な結果を招く可能性がある．

特許はアイディアの財産権を定義する唯一の方法ではない．特許の代替的選択肢は買上げメカニズムである．政府がイノベーションに対する権利を買い上げ，その特許をパブリック・ドメインにおき，誰にでも自由に使用させるというメカニズムである．イノベーターは一括固定額の支払いを受け取る．これが，特許から得られる独占利潤の代わりにイノベーションを動機づけることになろう．特許を受けた医薬品は，もう必要以上に高い価格を設定されることがなくなるだろう．技術はすべての人々にとって自由に利用可能となるので，市場は競争的となり，価格は製造原価にまで引き下げられるであろう．

デイバ・ソーベルの非常に興味深い本『経度』に記録されているところによると，買上げメカニズムの早期の先例は，18世紀に英国議会が提供した経度の決定方法に対する賞金である．当時，航行の誤りによる難破で無数の命が失われていたため，提供された賞金は2万ポンドという大金であった．多くの発明者たちがアイディアを提出したが，ほとんどはばかばかしいものであった．経度の正確な計測という問題は，どこぞの時計職人ジョン・ハリソンが発明したクロノメーターによって解決された．その設計は「公衆の使用のために」利用可能なものとされて大量生産されるようになり，あまねく船上で用いられ，航海をずっと危険の少ないものにした．

クロノメーターを生み出すのに成功したように，買上げメカニズムは，医薬品産業のイノベーションを生み出すことにも成功するだろうか．市場設計では，いつものように悪魔は細部に存在している．2つの困難が解決されなければならない．

まず，支払いの約束が信頼できるものでなければならない．デイバ・ソーベルによれば，クロノメーターの発明の後，英国政府はもっともらしい異議

を述べ立てては, 2万ポンドの賞金をハリソンに支払うことをためらった. ハリソンは政府に認めさせるために残りの人生をかけて闘った. 彼が当然もらうべき金銭の全額を受け取ったのは, 漸く40年後のことであった. 新しく開発された医薬品を買い上げることは, すでに高い収益を上げている医薬品企業に数百万ドルもの支払いをすることである. このような気前の良い支払いをしようとする政府は, この支払いを納税者の資金の浪費とみなす人々からの政治的圧力にさらされることになる. 評論家は, お金は医薬品会社に与えるよりも病人に支払うべきだと主張するかもしれない. このような圧力は抗し難いかもしれない. 政府が約束を破るかもしれないと予想すると, 企業は研究に必要な何百万ドルものお金を事前に投資することを躊躇するだろう. なんらかの信じるに足る形の約束, 約束された支払いがなされることを保証するなんらかの方法がなければ, 買上げメカニズムは失敗するだろう.

　もう1つの困難は, 買上げ価格をいかに決定するかということにある. 理想的な研究努力の水準を実現するためには, 価格は新薬の社会的価値と等しい大きさにすべきである. 困難は, いつものように, 情報に関するものである. イノベーションの価値を事前に評価することは不可能である. 政府, そして他の誰も, 買上げ価格を最適に設定するための知識を持っていない. もし価格設定が低すぎれば, どのような新薬を生み出すことにも成功しないだろう. 逆に価格設定が高すぎるなら, 納税者のお金が誤って支出されることになる. たとえば, 経度の測定に対する賞金のケースに関して言えば, 今となっては, 賞金の公表によって開始された嵐のようなアイディア競争やジョン・ハリソン自身の行動が, より控えめな賞金でも同様の成功を収めたかもしれないことを示唆していると言えよう[12].

　イノベーションをもたらすもう1つの方法として, 研究トーナメントがある. これは買上げメカニズムのように賞金を現金で提供するものだが, その与え方が買上げメカニズムとは異なっている. 研究トーナメントの賞金は予め決められた期日に支払われ, イノベーションが首尾よく完了するときまで引き延ばされることはない. 賞金は, 薬の開発がまだ終了していなかったと

---

12) 買上げ価格の設定については, Kremer (1998), Shavell and van Ypersele (1999) を参照.

しても，事前に特定化された特徴を持った医薬品の開発が最も進んでいる企業に与えられる．ちなみに，アメリカの国防総省が研究トーナメントを用いている．1991年国防総省は，ロッキード社のYF-22とノースロップ社のYF-23の間で，新型戦術戦闘機の試作品性能比較飛行を行った．ロッキード社の飛行機が獲得した賞金は推計900億ドル相当の生産契約である．これと似たケースとしては，いくつかのアメリカの電気公益事業会社が，1993年に行われたもっともエネルギー節約的な冷蔵庫に対するコンテストのスポンサーとなり，ワールプール社が3,000万ドルの賞金を獲得した．

　イノベーションに対するあらゆるインセンティブと同様，研究トーナメントにも利点と欠点の両面があり，それがどの程度うまく機能するかは詳細に依存している[13]．1つの困難は，またもや，賞金額を適正水準に設定することにある．もう1つの困難は，政府がどうにかしてどの企業の研究がもっとも進んでいるかを判断しなければならないという点にある．利点は，政府がある期日にある額を誰かに必ず支払うことが義務づけられているので，信頼できる仕方で賞金を支払う約束をすることが難しくない点である．特許買上げシステムでは政府が約束を破るかもしないということに企業の心配の種があるならば，トーナメントは買上げシステムよりも研究の奨励に成功するだろう．

　特許買上げシステムも研究トーナメントも，イノベーションのインセンティブを付与する完璧な方法ではないが，どちらも伝統的な特許システムとは異なるものである．新薬の開発を促進し，既存の医薬品を手頃な価格で流通させることに成功するのが，これらのシステムなのか，あるいは特許システムを代替する別のシステムなのか，はたまた特許システムを補う他のシステムなのかは，未解決の問題である．アイディア市場では，新しい創造的な設計がまだ必要とされているのである．

終りのない争い

　マルクス・ブラザーズは，映画『カサブランカの夜』を制作していたとき

---

13) 研究トーナメントについては，Taylor (1995) と Fullerton and McAfee (1999) を参照．例は後者の論文からのもの．

168

に，知的財産権に関するある災難に巻き込まれた．5年前に，ワーナー・ブラザーズ・スタジオはハンフリー・ボガートとイングリッド・バーグマンが出演する『カサブランカ』という映画を作っていた．ワーナー・ブラザーズはマルクス・ブラザーズに対して，映画のタイトルについて訴えると脅す手紙を送った．

「私は，カサブランカという街が排他的にワーナー・ブラザーズのものだということをまったく知りませんでした」とグルーチョ・マルクスはその返事の中で書いた．「『ワーナー・ブラザーズ』についてはどうでしょう．貴社はそれも所有しているのでしょうか．多分ワーナーという名前については使用する権利を持っているかもしれませんが，ブラザーズという名前についてはどうでしょうか．ワーナー・ブラザーズがそう名乗るずっと前から，われわれは職業上ブラザーズでした．」返信はそんな感じで3ページほど続いた．ワーナー・ブラザーズの弁護士は，あらすじを教えて欲しいと返信してきた．もう1度シュールな返信を受け取った弁護士は熱心にさらなる筋の詳細を求めた．グルーチョイズムに満たされた3度目の手紙に弁護士が困惑した挙句，そのやり取りは終わった．

　ワーナー・ブラザーズに同調するかのように，フロリダの新聞社セント・ピーターズバーグ・タイムズ（St. Petersburg Times）社は2000年，ロシアのサンクト・ペテルスブルグ・タイムズ（St. Petersburg Times）に対して，権利を侵害しているとして，インターネットのアドレス www.sptimes.ru を放棄するよう要求する手紙を送った．ロシアの新聞はフロリダの新聞に対して，ロシアのサンクト・ペテルスブルグという街はフロリダのセント・ピーターズバーグよりもずっと前に築かれているので，フロリダの新聞社の方が街の名前を使用しないよう変更すべきだと逆襲した．フロリダからはそれ以上何も言ってこなかった[14]．

　このような言い争いはばかばかしいものだが，財産権に限界を設定すべきであるということを再び例証してくれる．グルーチョ・マルクスは，彼独特のスタイルで，私的に所有されるべきでないものが存在することを主張した．

14）カサブランカの話は Marx（1994, p.14）から．セント・ペテルスブルグの話は *Moscow Times*, January 27, 2000 から．

社会一般の観点からすれば，カサブランカやセント・ピーターズバーグのような名前に対して財産権を与えることに何の利益もなく，逆に何かが失われる．

　この点は，マクドナルドのケースに戻って考えることができる．マクドナルドが「Mc」を所有しているのとの主張は，実際にはセント・ピーターズバーグ・タイムズやワーナー・ブラザーズの主張ほどつまらないものではない．マクドナルドだけでなく，すべての人が商標制度に利害関心を持っている．ブランド・ネームは，信頼できる情報を提供する市場のやり方の1つである．よく知らない近隣をドライブしているとき，名前のないレストランに立ち寄るよりはマクドナルドに立ち寄るだろう．金色のアーチが，そこで何が買えるかを正確に教えてくれるからである．「マクドナルド」という名前は，清潔さと金額に見合う価値とに対する保証である．マクドナルドはそのブランドを築くために多額の投資をしており，それを守ろうとすることは正当化できる．

　ロナルド・ゴールドスピンクという人がイギリスのウィザンシーにカフェを開き，その店をマクロナルドとしたとき，ロナルドは訴えられたが，この場合は，おそらく適切だっただろう．ロナルドはマクドナルドのブランドにただ乗りしようとしていたからである．どこに線を引けばよいのだろうか．マリー・ブレアが自分の店をマクマンチーズと名づけることに対してマクドナルドから抗議があったとき，彼女は「ここは小さな店です．店では，冷たいサンドイッチ，冷たい肉，それから変わったソーセージ入りのロールパンを売っています．気が確かな人ならば，誰が私の店とマクドナルドを勘違いすることがあるものでしょう」と言った．これはまったく正しい疑問である．あるレストランが，「Mc-何とか」と名前をつけることで，マクドナルドの名前に目に見える損害を与えているだろうか．あるときには損害を与えるだろうし，他の場合にはそんなことはないだろう．

　限界があることは常識で考えればわかる．マクドナルドはインターネットの健康サービス会社マクウェルネスに対する訴訟で勝訴した．マクウェルネスに名前を変更することを命じるよう裁判所を説得する中で，ハンバーガー会社マクドナルドの弁護士は「マクドナルドは将来 Mc という接頭辞の使用

を，マクウェルネスという商標が使用されようとしているのと同じサービスに拡大するかもしれない」と主張した[15]．マクドナルドが将来の不特定の時点で医療サービスに参入するかもしれないという理由で，言い換えれば，まだ行われていない投資に対して商標保護の権利が与えられたということである．弁護士以外に，このような主張に惑わされる者は，誰もいないだろう．

　要約すると，アイディア市場の設計では財産権が重大な役割を果たしている．知的財産に対する権利は定義されなければならない．それがなければイノベーションのインセンティブが抑制されてしまうからである．しかしまた，それは制約されなければならない．新しいアイディアの創出を動機づけることと，既存のアイディアの完全な利用を許すこととの間で，バランスが探られなければならない．

　知的財産の問題は，熱気に満ちた議論を引き起こしている．知的財産というのは矛盾表現だと言う人もいれば，現行ルールは不変のルールだと言う人もいる．どちらの観点も正しくない．知的財産は，イノベーターに報酬を与えることとアイディアの完全な利用を許すことという，相互に両立しない目的にかかわるため，知的財産権保護の普遍的な理想的水準というものは存在しない．強い知的財産権か，弱い知的財産権かは状況によって変わってくるのである．

15）*St. Petersburg Times*（Russia），August 29, 2000.

第10章

なんびとも孤島にあらず

No Man Is an Island

自動車の弊害

単に自動車を運転しているだけで，私は他人に害を与えていることになる．他のドライバーたちの血圧を上げていることはさておいても，交通渋滞をひどくすることで他のドライバーたちを遅らせているからである．また，たとえ注意深く運転したとしても，私の車が路上にあることで，他の人が事故にあう可能性が少し高くなりもする．さらに，私の車の排気ガスは他の人が吸っている空気を汚している．

経済学者はこのような意図せざる副作用を「外部性」と呼んでいるが，それは取引や活動の外側に生じる費用（または便益）のことである．ある行動が外部性をもたらしているというのは，その行動が意思決定者でない他の人に対して金銭的なやりとりなしに影響を与えているときである．外部性はどのような市場においても発生しうる．外部性は是正しないで放置しておくと市場機能を低下させるので，市場設計によって解決する必要がある．

自動車の運転から生じるさまざまな外部性は，ドライバーが他人に及ぼす効果を考慮することを促すメカニズムによって抑制される．たとえば，交通ルールは不注意な運転をするドライバーをコントロールしている．不注意なドライバーを訴えることができることも，同様の作用をしている．エンジンの排ガス規制は大気汚染を抑制しているし，ガソリン税は車を運転することの費用を高くしている．

それでも，主要な外部性は是正されていない．それは混雑である．ある推

計によれば，1999 年には交通渋滞によってアメリカ人は 450 万時間を失っている．ロサンゼルス，アトランタ，シアトルの平均的ドライバーは，1 週間に 1 時間以上も交通渋滞の中で費やしている．相乗りしたり，出発時間を遅らせたりすることなく，混雑する高速道路を運転すれば，他のすべての人の移動時間を少し長くすることになる．私の運転が他の 1 人のドライバーに対して引き起こす遅れは小さいかもしれない．しかし，影響を受けるすべてのドライバーについて合計すれば，私の運転が引き起こす追加的な移動時間は，運転しないことで私が被ることになる不便の大きさを超えることになるだろう．私が運転するという意思決定をするとき，その行動がもたらす社会的費用のすべてを考慮してはいないのである．

米国連邦道路局の推計によれば，2000 年には自動車運転の負のスピルオーバー（つまり混雑，大気汚染，事故）の費用は，合計 4,460 億ドルにのぼった．これらの社会的費用の一部はドライバーたちが支払っている．たとえば，燃料と車両税と保険料は 1,080 億ドルにのぼっている[1]．残りは自動車運転からの外部性であり，それは平均して 1 マイルの運転あたり約 1 セントである．

外部性の解決法とその限界

利己的な意思決定は市場を動かす動力となるが，ときにそれは非生産的なものとなる．1624 年にジョン・ダンが「なんびとも孤島にあらず，なんびとも 1 人だけで完全ならず」と記したとき，彼は外部性の概念のことを予期していただろう．外部性は市場の機能不全を引き起こしうる．公害のような負の外部性について言えば，意思決定者は自分の行動のすべての費用に責任を持つわけではなく，費用の一部は他人が負担することになる．そのため，汚染活動の水準は過大となる．外部性は負のものだけではない．たとえば，ある企業の研究開発がスピルオーバーして，他の企業が便益を受けることになるときのように，正の外部性もある．正の外部性があるときには，便益を受けるものが自分の受けた便益に対する支払いをしないので，過少な活動し

1）Glickman（2001）．交通で失われる時間のデータはテキサス農工大学のテキサス交通研究所による研究からのものであり，*New York Times*, May 9, 2001, p.A14 に掲載されている．

かなされなくなってしまう．市場がその潜在力を完全に発揮するためには，市場ルールは，他の人々への影響を意思決定者に考慮させる工夫を施すことで外部性を取り込まなければならないのである．

　共同体が自分たち自身で外部性の問題を解決する場合もある．影響を受ける人の数が十分少ないときには，人々は友好的な解決策を生み出すことができる．小さな田舎町では，土地の人々は隣人との関係を考慮して，ほとんど使われていない道を使ってドライブする．しかし，自助による解決策がうまく機能する状況もあれば，そうではない状況もある．多くの種類の外部性については，ボトムアップの解決策では不十分である．皆が自主的に運転を控えることによって都市の道路の渋滞が解決されるとは考えにくい．この問題を解決するには，なんらかの広域的な意思決定が必要である．ときには，トップダウンが唯一のうまく機能する解決策となる．

　つまり政府が，他の人々に対する影響を緩和する仕方で行動することを人々に求めるルールを設定することによって，外部性に対応することができる．速度制限や道路の安全を考えたさまざまなルールは，運転による外部性を抑制する．飲酒運転を禁じる法もその一例である．同様に，自動車運転による大気汚染も規制によって対処されている．高速道路が多い大都市ロサンゼルスでは，自動車の排気ガスが息の詰まるような大気汚染の主要な原因だった．加鉛ガソリンを禁止し，自動車排気ガスを制限する法律がこの問題を解決した．

　大規模かつ非常に害の大きな外部性（ロサンゼルスのスモッグは健康問題を引き起こした）に対しては，その活動を非合法化することが唯一の解決策となるかもしれない．しかし，これは不器用な方法であり，対策が問題そのものよりも悪い結果をもたらす可能性もある．もっとうまい対処方法は課税である．課税は，外部性に価格をつけることによって，意思決定者に外部性への考慮を促す．

　ガソリンに対する課税は，運転の費用を上昇させることによって，大気汚染と混雑を抑制することに役立っている（ただし推計によれば，運転によって引き起こされる外部性はアメリカのガソリン税よりもずっと大きなものであるが）．アルコールに対する課税は，飲酒運転による外部性を抑制することに役立つ．

データの示すところでは，アルコール税の引き上げは高速道路での事故死亡者数をかなりの程度減少させるという[2]．

「もし君が自動車を運転するなら，私は道路に課税するだろう」とは，ビートルズの歌『タックスマン』の一節である．混雑に対してすら課税することもできる．後にオークションの研究でノーベル経済学賞を受賞することになるウィリアム・ヴィックリーは，1963年にワシントン D.C. の自動車運転に課金する計画を提案した．道端の受信器が通過する自動車一台一台をスキャンし，そのデータを中央のコンピュータに送り，そのコンピュータが混雑料を計算してドライバーに請求をする[3]．その料金は混雑がひどいときには大きくなり，まったく混雑がないときにはゼロになる．

　この提案はその当時には斬新すぎたが，技術がヴィックリーの想像力に追いついてきた．シンガポールはヴィックリーのアイディアを実践し，特定の道路のピーク時の使用に対してドライバーに課金した．すべての車はプリペードカードを挿入するダッシュボード・ユニットを備えており，車が（道路の上のアーチに取り付けられている）課金ポイントを通過すると，プリペードカードから電子的に料金が引き出される．料金は自動車のタイプと時間帯によって異なる．車がカードを持っていない場合，ナンバープレートの写真が赤外線写真で撮られ，ドライバーに自動的に罰金が課される．その意図は「皆さんにより良い旅の計画をしてもらうためです」と交通当局の職員ザイナル・アビダンは言う．「この道路を本当に使う必要がなければ使わないでしょう．」[4] 中央ビジネス地区の交通量はピーク時で13％減少した．

　ひとたび適切な価格付けがなされれば，混雑の外部性はなくなる．しかし，このためには測定技術以上のものを必要とする．料金を正しく設定しなければならないからである．大事な点は，政府が収入をあげることではなく，人々に自動車運転の真の費用を支払わせることにある．その料金は，ラッシュアワー時の運転を他のドライバーに与える混雑費用よりも低く評価する

2 ）混雑の外部性を正すために必要な税額は，Edlin and Mandic（2001）が推計している．アルコール税の交通事故死に対する効果は，Ruhm（1996）が推計している．

3 ）Vickrey（1963）．

4 ）*Deutsche Presse-Agentur*, April 1, 1998.

人々を排除するのに十分な程度に設定されるべきである．料金を正しい水準ちょうどに設定することは難しい．そのためには他のドライバーの混雑による損失を推計しなければならないからである．この課税方式の最初の提案者A・C・ピグーも認識していたように，この困難は外部性を補正するためのどのような課税にも付き纏うものである．正しい税額を決定するための実際上の困難は「非常に大きい．科学的決定をするために必要なデータはほとんどまったく存在しないからである．」[5] 間違った水準で設定されるならば，課税は外部性を解決しないし，事態を悪化さえさせるかもしれない．

　価格が正しく設定されるなら，外部性に対する課税はほとんどすべての人の厚生を改善する．人々は混雑税を2つのうちどちらかの仕方で支払うことになっている．現金で支払わないのならば，浪費される時間や交通渋滞の中でじっと座っているフラストレーションの形で支払わなければならないのである．道路使用に課税することは混雑を緩和させる．ラッシュアワー時の運転を継続する人々にとって，移動が速くなることはその料金に見合うだけの価値があるのである．

　課税や規制は，トップダウンによる外部性の解決策である．もう1つの解決策は，トップダウンとボトムアップの両方の要素を兼ね備えている．それは財産権を設定し（トップダウンで），人々が法律によって定められた枠組みの中で交渉により（下から）外部性を解決するというものである．どのような外部性も財産権の不完全性からもたらされるものと見ることが可能である．もし空気が私有財産だったならば，所有者はその空気を汚染する人に対して，空気「使用」の料金を課すことができる．そうすれば，外部性はなくなるだろう．もちろん誰も空気は所有することができないが，ある場合には，財産権を拡張することが効果的な解決策となる．

　ノーベル経済学賞を受賞した経済学者ロナルド・コースが指摘したように，明確に定義された所有権があれば，人々は相互に利益のある外部性解決策を交渉によって探ることができる．牧場経営者が柵をきちんと維持管理していないため，牛がトウモロコシ畑に入って作物を台無しにしてしまい，近隣の

5）交渉による解決策については，Coase（1960）を参照．課税と補助金については，Pigou（1947）を参照．引用は42ページからである．

トウモロコシ農家に損害を与えてしまったとしてみよう．柵を修理すること
が価値を生み出すものと仮定しよう（すなわち，柵の修繕費用は牛が引き起こ
す被害額よりも小さいとする）．トウモロコシ農家が裁判制度を用いるならば，
牛の農場経営者は訴えられることを恐れて柵を修理するだろう．また，法律
による責任の割り当て方によっては，トウモロコシ農家が柵の修繕費を支払
うことになるだろう．どちらの仕方でも，両者にとってより望ましい結果が
達成される．外部性を正せば追加的な価値が創出されるので，市場参加者た
ちは自ら外部性を解決するインセンティブを持つ．明確に定義された財産権
の下で，そうしたことが可能となる場合もある．

　同様に，訴えられる可能性がある場合，不注意な運転の費用は運転者自身
に振りかかってくる．無謀な運転で事故を引き起こしたなら，被害を受けた
人々は補償を要求し，おそらく裁判所がその支払いを命じることになろう．
市民法が安全運転のインセンティブを作り出しているのである．

　しかし，背後に法律を意識した自由な意思決定がすべての外部性を解決す
るわけではない．大気汚染がその一例である．多くのドライバーが公害に寄
与しているので，被害を受けている人は誰を訴えればいいのか識別すること
ができない．加害者が訴えられる可能性がない状況では，裁判制度は危害を
制限するインセンティブを生み出しはしない．被害の原因を特定できないと
きには，課税もしくは規制が唯一の有効な解決策である．

　外部性は至る所に存在しており，そのすべてを考慮に入れることはできな
いし，また入れるべきでもない．しかし，外部性が非常に大きい場合には，
市場にその機能を発揮させるために外部性に対処しないわけにはいかない．
どの解決策が最良のものであるかは状況に応じて変わってくる．次にお話し
する海洋漁業の多彩な歴史は，外部性のケーススタディになっている．ほと
んどすべての可能な解決策が試されたものの，大抵の場合，成功することが
なかったのである．

魚の乱獲はなぜ起こるか

　ジョン・スタインベックは『キャナリー・ロウ（缶詰横丁）』の中で 1930
年代と 1940 年代のカリフォルニア・モントレーのイワシの缶詰工場で働く

労働者の生活を描いた．それよりは知られていない『たのしい木曜日』では，1950年代初めのモントレーを再び描いている．そのときまでに缶詰工場は閉鎖されてしまっていた．産業がなくなった原因は，魚が取れなくなったことにある．海洋温度の低下に起因する魚の数の自然減という要因もあった．しかし，スタインベックが悲しんだように，漁業の崩壊は部分的には人的要因によるものだった．「缶詰工場もまた規制を撤廃し，すべての魚を獲ることで戦争を戦った．それは愛国心から発したものだったが，魚は戻ってこなかった．不思議の国のアリスの中のカキのように『それらをすべて食べてしまった……』．すべてのイワシが獲られ，缶詰にされ，食べられてしまったとき，缶詰横丁は悲しみに包まれた．」[6]

漁業は今日危機的な状態にある．海洋生物学者ルイス・W・ボッツフォード，ファン・カルロス・カスティラ，チャールズ・H・ピーターソンが雑誌『サイエンス』に書いた論文によれば，海洋エコシステムの管理は「主要な目標である維持可能性を達成することに失敗した．」「およそ半分の魚の種類でストックが完全に獲りつくされており，他の22％は乱獲されている．」結果，「グローバルな海洋漁業は上限に近づいている．」それにつづいて『サイエンス』誌に掲載された，世界の主要な海洋生物学者19人による研究によれば，乱獲は何世紀にもわたって行われ，多くの魚は破滅的なまでに脆弱な状態に陥っている．この論文は，次のように締めくくっている．「乱獲された魚ストックの世界的な割合に関する一見悲観的な推計でさえ，ほとんど確実に低すぎる．」[7] アメリカだけについて言っても，バラフエダイ，ニューイングランドのタラ，チェサピーク湾のワタリガニ，メカジキ，大西洋のマカジキ類，冬ガレイ，エビ，マグロ，サメなどの魚種が乱獲の被害を受けている．何が慢性的な乱獲の原因なのだろうか．

政府もこの問題の原因の一部となっている．スペインや台湾のような国は雇用を守るという名目で漁船に補助金を与えており，乱獲への圧力となる過

6) Steinbeck (1996, p.1).
7) Botsford, Castilla, and Peterson (1997)（引用はp.509から），Jackson et al. (2001)（引用はp.636から）．漁場危機の経済学についての素晴らしい説明は，Grafton, Squires, and Kirkley (1996) を参照．

剰生産能力をもたらしている．アメリカ政府，カナダ政府はずっと大きな船に補助金を与えた結果，かつて非常に豊かだったニューイングランド沖のジョージ堆漁場は，魚が獲り尽くされてしまった．補助金の継続が，産業が新しい現実に適応することを妨げてしまった．このことが，ストックの枯渇に拍車をかけた．国連食糧農業機関（FAO）の統計家クリストファー・ニュートンによれば，「漁業の歴史は，魚を獲り尽くすまで問題を先送りする歴史である．」FAO によれば，700億ドル相当の魚を獲るために，毎年世界で900億ドルもの補助金が支払われている[8]．

　しかし，乱獲の主な理由は補助金ではなく外部性である．乱獲の主要な原因は，漁師たちが自分の目の前のインセンティブに反応して行動することにあるからである．

　漁業が農業と異なるのは，魚が自由に移動できるという点にある．海はオープンなので，その中身は土地のように囲うことができない．財産権を監視し，それに実効性を持たせることは難しい．誰も獲る前の魚を所有することができないからである．財産権がうまく定義できない結果，市場は機能不全に陥る．漁獲率の上限は，生物学によって設定される．すなわち，魚を獲りすぎるならば，海に残される魚の数が過少となり，持続可能な水準を維持できる程度に魚が生殖することができなくなる．しかし，自由市場のインセンティブは乱獲をもたらしてしまう．

「今のところ，私の唯一のインセンティブは漁に出て，できる限り多くの魚を殺すことだ」とロードアイランドのロブスター漁師ジョン・ソーリエンは言う．「魚を残したとしてもただ別のやつに獲られるだけだから，漁場を維持するインセンティブなんてまったくないね．」彼の論理は完全に正しい．彼が責任ある行動を取って魚獲を控えたとしても，魚は獲られるので再生産されないだろう．彼ひとりでは魚のストックの維持を保証することはできない．彼に残された選択肢は，今日沢山獲って明日ほとんど獲らないか，今日の漁を控えて明日ほとんど獲らないかというものである．責任ある行動は手ひどい目にあうことになるので，皆が魚にラッシュする．状況の論理が，漁

---

8 ）*Calgary Herald*, June 15, 1997, p.A2. *Ottawa Citizen*, April 1, 1995, p.B3.

師全員ができる限りの魚を獲るように仕向けてしまっているのだ．自分の乱獲の費用を他人に負わせてしまうという意味で，外部性が存在するのである．

　漁業によって毎年 8,000 万から 8,400 万トンの魚が獲られているが，世界野生生物基金（the World Wildlife Fund）によれば，魚の再生産が可能となる漁獲量は年間 6,000 万トンである．野生生物基金のジム・リープは「海はわれわれが積み重ねてきた虐待をこれ以上受け入れることができない状態だ」という[9]．どうすれば乱獲を防ぐことができるだろうか．これまで試みられてきたさまざまな解決法は外部性に対する対処法のあらゆるものに及んでいる．

　もし海が，将来にわたって所有しつづけると期待されるただ 1 人の所有者によって管理されるならば，問題は解決されるだろう．ただ 1 人の所有者であれば，自己利益が保護にあることを認識するだろう．唯一の所有者である漁師は，今日魚を海に残すことによって明日利益を得ることになるからである．

　牧歌的なヤシの木に囲まれた，マーシャル諸島のサンゴ環礁の島々は，太平洋上，ハワイから西に飛行機で 5 時間ほど飛んだところに点在している．人口や面積は小さく，総面積 70 平方マイルの土地に 6 万人の人口が住んでいるだけである．しかし，広く散らばった島々が 1,200 以上もあり，200 マイルの土地の内部に広がる海が領土に含まれるので，マーシャル諸島共和国の政府は大きく広がる海洋を管理しなければならない．海はマーシャル諸島共和国の主要な資源である．遠いところにあって目立たないが，マーシャル諸島共和国の漁業管理はおそらく世界の中でも独特なものである．過剰漁獲問題に対して，政府は単一の所有者による解決策を実行してきたからである．政府はアメリカの民間企業オーシャン・ファーミング社と排他的な契約を結び，その会社だけにマーシャル諸島の 80 万平方マイルの海で漁業をすることを許している．オーシャン・ファーミング社はその対価として，獲った魚の価値の 7％をマーシャル諸島共和国政府にロイヤルティーとして支払っている[10]．

---

9 ）世界野生生物基金の報告は *Monterey County Herald*, August 19, 1998 にまとめられている．ソーリエンの言葉は *New York Time Magazine*, August 27, 2000, p.38 に引用されている．

10）*Regulation*, Spring 1998, p.10.

180

　しかし，単一の水産会社に海のコントロール権を与えることは，通常は現実的でないか，政治的に望ましくない．マーシャル諸島共和国は国内に商業的な水産業を持たないため，すべての海の管理を外部との契約に任せてしてしまうことにほとんど反対はない（契約でも，島の地元漁師たちが自分たちの必要のために小規模漁業をつづけることは許されている）．世界中のほとんどの漁場は多数の独立した漁船の生計を支えているので，漁船の所有者と乗組員たちは漁場の独占化に対して政治的な反対運動を行うのが通常である．あれやこれやの理由によって，単一の所有者による解決策は，通常は選択肢になりえない．乱獲の問題に対しては公式・非公式を問わず，さまざまな解決策が試みられてきたが，それらの成功の度合いもさまざまである．

　漁師の共同体が非公式的な解決策を練り出すこともある．乱獲に対抗する集団的メカニズムである．北ブラジルのバイーアでは，漁師たちは，漁獲総量と各漁師がどれだけとってよいかを定めた複雑な行動規範の中で働いている．この規範を破った者に対しては，共同体のメンバーが口をきかなかったり，ボートや網を壊したり破ったりすることで制裁を加える．トンガでは，漁師たちに魚を分け合うことを求める社会規範に従っている．家族が食べられる以上の魚を獲った者は，貧しい人々や老人に優しいルールに従い，無料で魚を他の人に与えなければならない．日本のある地方の漁業共同体でも，持続可能な仕方で資源を管理している．これらのケースでは，特定の地理的境界が存在し，同じ家族が何世代にもわたって漁業に従事しているので，すべての人が行動規範を理解しており，社会的制裁が社会規範を効果的に支えている．アメリカのメイン州の共同体では，誰が，いつ，どこでロブスターを取っていいかを決めることで，近海でのロブスター漁を規制している．彼らがこの保全方法を支える仕方は力づくである．共同体のルールに従わない者は，魚を取る仕掛けを切り離されたり，ボートを沈められたりする危険を冒すことになる[11]．

　非公式な解決策は，漁師たちの緊密な共同体の中でのみ機能する．匿名的で，外部者が参入することができるような大集団の場合，社会的制裁はほと

---

11) Bender, Kagi, and Mohr（1998），Sethi, and Somanathan（1996），*New York Time Magazine*, August 27, 2000, p.40.

んど効果を持たず，通常，乱獲を防ぐために政府の介入が必要とされる．

　政府が漁業を規制する際には，漁船の数や大きさに対する管理や，漁を特定の季節だけに限定するような規制が行われてきた．これらは直接的すぎる管理方法であり，それぞれに予測可能な歪みをもたらす．投入物に対する規制コントロールの結果，漁師たちはその分の埋め合わせをするために，規制されていない投入物を過剰に使うようになる[12]．ボートの数に対する制限は，設備と乗組員を増量した大きな漁船を生み出した．船の長さを制約した結果，企業は幅がより広く，より重い漁船を建設するようになった．乗組員の人数に対する規制はハイテクの釣具に対する投資をもたらしたが，魚の位置を特定する電子機器を導入することで漁船の漁獲量は劇的に増加することになった．他方，設備に対する制限は，乗組員を増加させることになった．漁の期間の制限は，許可された時間内に可能な限り多くの漁ができるように，キャパシティの大きい漁船に対する投資を促すことになるが，そうすると，この投資は残りの期間遊休状態に置かれることになる．漁の期間の制限はまた，1年のほとんどの期間，顧客に対して冷凍した魚を供給しなければならず，新鮮な魚を供給する場合に比べて，生み出される価値を低くすることを意味する．

　規制から生じるこうした歪みを認識したうえで，もっと市場ベースの，新しい保全方法へと転換した政府もある．投入物をコントロールするのではなく，各漁船に数量割当を課し，どれだけ獲って良いかを定めたのである．数量割当は，乱獲が誰も魚を所有できないことから生じるという根本問題に，所有権を確立することによって，直接的に対処するものである．各漁師の意思決定が他の漁師に影響を与えるという外部性をなくすことによって，数量割当は激しい漁獲競争をなくすことになる．

　数量割当によって魚の再生産が可能となり，将来の漁業はもっと容易なものとなる．オーストラリア政府で割当の遵守を監視している生物学者リック・ガーヴェイは「漁業は，労働時間を減らすことで，儲けを多くできる唯一の経済的活動かもしれない」と言う[13]．

---

12) Grafton, Squires, and Kirkley（1996）．Grafton, Squires, and Fox（2000）．
13) Leal（2000）．ガーヴェイの引用は *New York Time Magazine*, August 27, 2000, p.41 から．

　ニュージーランド，カナダ，アイスランドなど，漁場における財産権の確立でもっとも進んでいる国々では，数量割当の権利を他の私的財産と同様に売買することを許している．新規参入者や拡大を望む既存業者は，割当を購入する必要がある．この結果，割当はもっとも効率的な生産者の手に渡ることになる．規制の下にある場合とは異なり，漁師たちは生産性を改善する技能や設備に投資する動機を持つことにもなる．

　数量割当の権利保有者は，保有する割当の価値を維持するために，漁場を保護することに大きな利害関心を持つようになる．ニュージーランドでは，漁師たちが協会を設立して，帆立貝，フエダイ，オレンジラッフィーのストック保全を目的とする研究に資金を提供している．

　カナダのブリティッシュ・コロンビア沖のオヒョウ漁業は，1980年代には危機的状態にあった[14]．漁獲量は激減していた．規制当局は漁業期間を立てつづけに短縮したが，乱獲を防ぐには無駄な試みであった．1990年までに，漁は1年のうちたった6日だけしか許されなくなった．漁の期間を過度に短くすると，漁が集中的に行われるようになる．もっとも良い漁場を巡って漁師間の争いが頻発した．危険な天候の下でも漁船は海に留まるなど，安全性は顧みられなかった．1991年に個別の数量割当が導入されてからは，オヒョウ産業の経済的効率性は目に見えて改善した．漁を短期間に制限する必要性がなくなったため，漁獲は必要なときに行われるようになり，魚は新鮮なまま出荷されるようになった．活動している漁船の数は減少した．漁業の収益性は高まり，過酷な活動ではなくなった．そして，保全も達成されたのである．

乱獲を財産権で解決する

　漁業の例は財産権の持つ力を立証している．乱獲は，捕獲される前の魚は誰も所有していないことが原因である．数量割当という方法で財産権を作り出すことによって，乱獲のインセンティブは取り除かれる．しかし，この方法は不完全な解決法である．財産権の監視には費用がかかるし，見落しもあ

---

14) Grafton, Squires, and Fox (2000).

るからである.

　ペンを一筆振るだけで, 魚に対する財産権がうまく機能するわけではない.
数量割当も規制的な仕事の必要性をなくしてはくれない. 規制当局は, 最初
に誰が数量割当を受けるかに関するルールを設けなければならない. 漁獲権
を分割することは必然的に漁師間の争いの種となる. 漁獲量が数量割当を超
えないようチェックするためには, 継続的かつ広範な政府の監視が必要であ
る. これは面倒だし費用がかかる. 海上での活動は地上における大抵の活動
よりも監視が難しいからである. 陸揚げの際に検査官が漁獲量をチェックし,
割当量を超えているときには高額の罰金が課される. ブリティッシュ・コロ
ンビアのオヒョウ漁業では, 最終的に消費されるところまで追跡できるよう
に, 埠頭で陸揚げされる際に, 魚一匹ごとに船のコードの札をつける. 監視
員を乗船させたり, ビデオカメラを設置することを要求する規制当局もある.
オーストラリアなどの国々では, 軍事用航空機を海上パトロールに用いて,
特定海域に存在すべきでない漁船をチェックしている. マーシャル諸島共和
国におけるような, 独占権の付与という乱獲問題に対するもっとも徹底的な
解決策でさえ, 政府による監視の必要性はなくならない. 正当な額のロイヤ
ルティーを確実に受け取るためには, 水産会社の漁獲量を監視できなければ
ならないからである. 海洋漁業における財産権が機能するためには, 政府が
行政や調査活動, 実効性確保のために膨大な資源を支出することが必要とな
る.

　その上, どのような監視システムも完璧ではない. ニュージーランドは,
割当数量の超過を防ぐために, 他のほとんどの国よりも大きな労力を費やし
ている. ニュージーランドでは, 陸揚げの時点から, 最終消費または輸出に
至るまでの魚の移動の各段階を記録する完全な文書化が強く求められる. 漁
師は免許を受けた魚の買い手以外に魚を売ることができない. 漁獲報告, 免
許を受けた魚の買い手の領収書, 冷凍保存報告, 輸出送り状がすべて照合さ
れ, 食い違いがないかチェックされる. 乱獲や誤報告は刑事犯罪となる. 漁
業管理官が魚の違法取引取締りにかける熱心さは, アメリカの禁酒法時代の
エリオット・ネスのアルコール販売に対する戦いを彷彿とさせるものである.
典型的な事件としては, パブで許可を受けていないザリガニ (またはイセエ

ビ）一袋を販売した男が逮捕されたことが挙げられる．それでも密漁はつづいている．毎年450トンのザリガニがブラック・マーケットで売られていると推計されているのだ[15]．これは合法的な漁獲量の7分の1の量である．水産物における財産権の完全な実効化はほとんど不可能である．

　複数の国が関わっている場合には，数量割当を実行することはさらに困難になる．多くの魚は各国の管轄区域を越えて泳いでいく．たとえば，メカジキは広く赤道地帯から寒冷な海域まで行ったり来たりするため，そのストックの保全には国際的な協力が必要とされる．メカジキを獲る国の数は30以上あり，真の保全のためにはそれらすべての国々が制限総量と削減の分担方法に同意することが必要だ．しかし，巨額のお金が関わる場合，国際協定の合意は困難であり，交渉はしばしば失敗する．

　漁業に関する国際対立は，ニュースで定期的に大きく報道されている．ベーリング海では，ロシアの小型砲艦が日本の漁船に突っ込んだことがある．南アフリカは，違法な20キロメートルの長さの網を使ったという理由で，スペインのトロール船を拘留した．アイスランドとノルウェーの漁船が北海で銃を撃ち合ったこともある．日本と台湾の漁船が南太平洋で行っている工場式漁業は，さまざまな島国と定期的な紛争を引き起こし，ときには船が拿捕される．魚ストックの減少は，ビスケー湾におけるスペインとイギリスのマグロ戦争や，北大西洋におけるカナダとスペインのターボット戦争，北海におけるイギリスとアイスランドのタラ戦争を引き起こしている．

　交渉の結果，合意された国際協定もいくつかある．アメリカとカナダは太平洋のサケを分け合うことに関する合意を実行している．日本，オーストラリア，ニュージーランドはクロマグロの国別の数量割当を決める協定を結んでいる．どちらのケースでも，交渉が妥結したのは，敵対心が対立国同士の関係に傷をつけた後のことであった．

　国際的数量割当の遵守は，実効化にずっと多くの問題を孕んでいるので，国内の数量割当よりも不確実性が非常に大きくなる．クロマグロに関する協定が結ばれてから5年経った1999年には，日本が協定に違反し乱獲してい

---

15) 監視については Batkin (1996)，Squires, Kirkley, and Tisdell (1995) を参照．違法なザリガニの数字は *New Zealand Herald*, February 17, 2000 からのものである．

るとして，オーストラリアとニュージーランドは国際海事裁判所に申し立て
を行った．「日本は，すでに深刻なほど枯渇している非常に重要な回遊魚の
ストックを危機にさらしている」とニュージーランド政府の弁護士ティム・
コーリーは言った．日本の役人はその漁業が「実験的」なものであると弁護
した．割当数量を超過して日本の漁船が1年間に獲っていた1,600トンのマ
グロは，クロマグロの量を評価する研究努力のために「必要不可欠」であっ
たという（「実験的に」獲られたマグロはキログラム当たり100ドルで売られる刺
身にするため，日本の魚市場で競売にかけられた）．裁判所は日本に不利な判決
を下した．その判決の後，外務大臣の高村正彦は「日本の見方が十分に理解
されず，残念である」との声明を出した．割当数量を超えた「実験的な」漁
業はつづいた[16]．

　要するに，漁業の完全な管理は困難である．固定的で安定的な漁師の共同
体においては，社会的制裁に支えられた行動規範が漁を維持可能な程度に制
限する可能性がある．しかし，ほとんどの漁場では漁師の新規参入が可能で，
そのような安定的な共同体が成立しないから，政府による監視がなければひ
どい乱獲となる．他方，政府による漁の規制は歪みを引き起こすだけで，通
常，どのような場合にも乱獲を回避できない．実行可能な最善の解決策は漁
獲数量割当である．財産権を創出することで，数量割当は魚をどれだけ獲る
かという漁師の意思決定の外部性の問題を解決する．これはもっとも市場指
向的な解決策である一方，政府による広範な監視がある場合にのみ実行可能
なものとなる．

プロスポーツ界の外部性

　1999年5月カンザスシティで，ちょっと変わったタイプの不公平に関す
るデモが賑やかに行われた．抗議する人々のプラカードには「富を分かち合
え」と書かれていた．その怒りを引き起こしたのは世界的飢餓やグローバリ
ゼーション，環境問題，公民権といったものではなく，野球における不平等
の問題だった．デモはカンザスシティ・ロイヤルズとニューヨーク・ヤンキ

---

16) *Japan Economic Newswire*, August 27, 1999, *New Zealand Herald*, August 23, 1999, *Global Information Network Interpress Service*, September 3, 1999.

ーズの試合のときに行われ，約5,000人のファンが野球場を出てデモに参加
した．ファンの中には，お金が野球を支配していることを示すために，ドル
のお札をつけたヤンキースのキャップをかぶっているものもいた．

　これは変わった出来事ではあったが，抗議者たちの言い分は的を射たもの
だった．野球選手の労働市場は歪んでいる．ヤンキースは選手に惜しみなく
大金を注ぎ込んでいる．多額の支出が球場での成功に形を変える．お金で成
功が買えることは，フロリダ・マーリンズの例が示している．新たに設立さ
れたこの球団は，お金を無制限に支出して，1997年のワールド・シリーズ
で優勝した．翌年には，最高のプレーヤーたちをトレードに出すことで，そ
れまで支払っていた給与総額を5分の1以下にまで削減し，最下位のチーム
となった．1996年から2000年までの間，フロリダ・マーリンズ以外にワー
ルド・シリーズで優勝した球団はヤンキースだけであるが，ヤンキースはリ
ーグでもっとも多額の給料を支払っている球団である．1995年から2000年
の間，シーズン後にプレーされた189試合のうち，給与総額の分布の下半分
にあるチームが勝ったのはわずか3試合だけだった．1989年には，給与総
額が一番低いチームと一番高いチームの差は3,000万ドルであったが，1999
年までに格差は1億6,000万ドルにまで上昇した．スポーツキャスターのボ
ブ・コスタスは，給与支払額の格差は「継続的な成功の独占状態」を作り出
す恐れがあり，野球が抱えている病状の根本原因であると述べた[17]．
「われわれはどうしたって強くなれない」と，カンザスシティのデモに参加
したロイヤルズのファンの1人が不満をぶちまける．「やつらは野球チーム
というよりもサーカスの興行団だ．観客は皆，カーニバルの雰囲気を味わう
ために出かけていくだけで，チーム同士が競り合う試合を観戦しに行ってる
んじゃない．」あるいは，まったく出かけない．リーグ内に実力の拮抗状態
がなければ，弱いチームが損害を受けるだけでなく，すべてのチームが損害
を受ける．結果がわかっている一方的な試合をお金を払ってまで観戦しよう
とはしないファンもいるし，テレビ視聴率も落ちることになるからだ．ファ

---

17) *New York Times*, November 11, 1999, p.A25．April 7, 2000, p.A1，July 1, 2000, p.B17．コスタスに
　ついては，*New York Times Book Review*, July 2, 2000, p.14 の彼の本 *Fair Ball* の書評から引用してい
　る．

ンは自分が応援するチームがライバル・チームよりもいくらか強くなって欲しいと思うが，大幅に強すぎることは好まない．絶対的・必然的に勝つチームは，恒常的に負けるチームとほとんど同じぐらい退屈なものである．

　球場の入場者数のデータは，強さのバランスが重要なことを示している．もちろん，接戦だけが大事なわけではない．ファンはデレック・ジーターのような卓越した選手の技能を見たがっている．データは，ホームとビジターの両チームの質が入場者数に顕著な影響を与えることを示している．しかし，それぞれのチームの質を一定に保つならば，接戦（それは賭けの倍率や両チームの最近の勝率によって測られる）が予想されるときに入場者数がより大きくなるのである．アメリカン・フットボール，オーストラリアン・ルールズ・フットボール，国際クリケット，サッカーなどの他のスポーツの統計的研究もまた，接戦が予想される試合が多くのファンを引きつけるという結論を出している[18]．

　アメリカのプロ・スポーツの歴史は均等な戦力の価値を示している．リーグの構造はゆっくりと進化した．野球とバスケットボールの最初のプロ・チームは，バスケットボールのハーレム・グローブトロッターズのような「巡業者」だった．これらのチームは互いに，あるいはアマチュアのチームを相手に，エキシビション試合を断続的に行っていた．したがって，最初のうち，これらのチームは自立していた．しかし約20年後，チームは自立性を放棄し，自らリーグを結成した（野球は1871年，バスケットボールは1937年）．リーグの形成は消費者の需要に応えたものだった．ずっと弱い相手に簡単に勝ってしまう巡業チームは，選手の技能という素晴らしい見世物を提供した．しかしすぐに，組織された選手権試合の方が，ファンは喜んで観戦に駆けつけることが明らかになった．技能を見せつけるだけでは十分ではなかった．ファンたちは激しいプレーや真剣勝負で勝つか負けるかという緊張感を欲していたのである．プロ・スポーツが多くのお金を支払う観客を引きつけるよ

18）野球における戦力バランス効果の大きさについては Rascher（1999）を参照．アメリカン・フットボールについては，Welki, and Zlatoper（1999），オーストラリアン・ルールズ・フットボールについては Borland and Lye（1992），クリケットについては Hynds and Smith（1994），サッカーについては Szymanski（2001）を参照．

うになったのは，リーグが形成され，うまくバランスの取れた競争が行われるようにルールが設定されてからであった[19]．

　したがって，健全なスポーツの競争では，チーム間の強さのバランスを取るように，選手の能力がかなり均等に分布している必要がある．リーグ内のすべてのチームは，ある程度拮抗した競争状態を保つことに利害関心を持つ．にもかかわらず，人口の大きな地域のチームは，最良のプレーヤーに高い値付けをして獲得しようとしがちである．

　野球におけるアンバランスを作り出しているのは外部性である．スター選手を追加的に獲得する強いチームは勝つ確率を高めることで自分のパイの取り分を増加させるが，それはグラウンド上の競争をアンバランスなものにして，パイ全体の大きさを小さくしてしまう．バランスの取れていないトレードは直接関係する2つのチームに影響を与えるだけでなく，競争力のバランスを変化させてリーグ全体に影響を与える．しかし，各チームはそのトレードがリーグにもたらす損害の一部分しか負わないので，競争力のバランスを促進するインセンティブは不十分なものとなる．たとえば，2000年にニューヨーク・ヤンキーズが強打者ホセ・カンセコを毎年300万ドルの年俸とボーナスで獲得したとき，『ニューヨーク・タイムズ』紙は次のようなコメントをした．「ヤンキーズは本当にカンセコを欲しい訳でも，必要な訳でもない．ただカンセコが他のチームに入ってプレーしないことを確実にしたかったのである．」[20] 拮抗したスポーツ競争の便益はすべてのチームが分かち合うものなので，各チームはリーグ全体に及ぼす影響と関係なく，高値をつけてスター選手を獲得しようとするかもしれない．

　プレーオフ出場に必要とされるほどの選手たちの能力に欠けていて，近い将来に相当良い選手を獲得できる見込みのない弱いチームのことを考えてみよう．そのような球団は現在いるスター選手をトレードに出すことで利益をあげる誘惑に駆られるだろう．というのは，筋金入りのファンは，たとえばリーグの中で12位から18位に転落したとしても，お金を払って観戦しつづけると予想されるからである．これは個別チームにとっては利益のあること

---

19) Noll（1991），Scully（1995, ch.1）．
20) *New York Times*, August 8, 2000, p.C23.

かもしれないが，競争をさらにアンバランスにすることで，リーグ全体の集団的利益を損なってしまうことになる.

　観客やチームは，スポーツ全体の強さのバランスに価値を置いている. しかし，お金のあるチームは最高のプレーヤーすべてを獲得する誘惑に駆られ，弱いチームは手持ちの最高の選手を売り渡す誘惑に駆られてしまう. したがって，プレーヤーの移動に関する何らかの制限がなければ，競争力のバランスは実現されそうにない. 競争力のバランスの外部性を考慮に入れるためには，ある程度の調整が必要とされる. つまり，選手の労働市場を規制するルールである.

制度設計にひそむ設計者の利害

　ここに落とし穴がある. チーム間の選手の移動に関するルールを設定するのはリーグだが，リーグの動機は単純ではない. 競争力のバランスを達成することは目的の1つではあるものの，唯一の目的というわけではない. リーグは選手たちの給料を抑制することに利害関心を持つ球団オーナーたちによって構成されているからだ. 選手獲得を巡るチーム間の競争を制限するようなどんなことでも，球団オーナーたち相互の利益となる. 経済学者であるシャーウィン・ローゼンとアレン・サンダーソンは，「他のどのような労働市場でも，雇用者たちが共同で労働者への支払いに制限を設けることは許されていない」と指摘している[21].

　スポーツ・リーグは長年にわたって，競争力のバランスの名のもとに多くの方策を導入してきた. これらの例の多くでは，競争力のバランスは単に選手の給与を抑制するための口実だった. 主要なアメリカのプロスポーツ・リーグにおいて採用されている方策——制限条項，新人のドラフト制度，上限給料の設定，収入分配等々——は，しばしば競争のバランスを取ることに失敗してきたものの，選手の所得の抑制には成功した.

　1880年にプロ野球で導入された制限条項は，ある種の非自発的な奴隷状態であり，選手としてプレーをつづけている期間全体を通して，選手を球団

---

21) この競争力バランスに対する方策の説明は，Fort and Quirk（1995），Kahn（2000），Rosen and Sanderson（2001）（ここからの引用は p.25 から），Weiler（2000）を参考にした.

に縛りつけた．球団は選手を他の球団に売ることができるが，その選手を買った球団は選手の残りのキャリアに対する権利をも受け取ったのだった．結局，それでも金持ちの球団は欲しい選手を誰でも獲得することができたので，制限条項はバランスの取れた競争を促すことはなかった（データが示すところによれば，制限条項が廃止された後でも，チーム間の戦力不均等はまったく増加していない）．制限条項の唯一の影響は，選手の給料を制限したことにあったが，最終的に 1976 年に裁判所が違法であるとの判決を下した．

アメリカン・フットボールの新人ドラフトは，最終順位の逆の順序で行われる．つまり，最下位に終わったチームが最初に新人の選択を行うことができる．この方法は，新人の市場を制限することで新人の給料を抑えている．制限条項のように，この制度も競争力のバランスにはほとんど影響を与えなかったように思われる．新人が最初どこにドラフトされようと，金持ちの球団は最良の選手を買うからである．

チームの選手への給与総額に上限を設ける上限給料制は，バランスの取れた競争の達成を意図した別の方法である．この方法はプロ・バスケットボール協会（NBA）とプロ・フットボール・リーグ（NFL）によって採用されている．全リーグの粗収入の一定割合が選手に行くことになっている（バスケットボールでは 48％，フットボールでは 63％）．この合計額をリーグ内のチーム数で割って，チームごとの最大給料総額を計算する．上限給料制は一般的には，ある程度の成功を収めたと見られているが，これを巧みにかいくぐることは難しくなく，バスケットボールでは給与支出の均等化は実現しなかった．1997 年と 1998 年の間，シカゴ・ブルズとニューヨーク・ニックスの選手の給与総額は，ロサンゼルス・クリッパーズとミルウォーキー・バックスの 2.5 倍の大きさだった[22]．この格差は，適用除外によるものであった．たとえば，チームは選手に対して外部からなされたオファーに対抗することは許されているのである．しかし，粉飾決算，後払い，申告されない支払いもあるから，本当の格差は公表されている給料よりもおそらくずっと大きいものだろう．「オーナーたち自身が協定を守っていることを確実にするために，

---

22) Weiler（2000, pp.190-191）．

われわれは数十万ドルものオーナーたちのお金を支出してきた」とNBAコミッショナーのデイビッド・スターンは言った[23].

　上限給料制が意味するところは，弱小チームもバスケットボールの選手権に優勝することが可能となるということであり，実際にもそうである．しかし，上限給料制は収益を選手からオーナーへと移転するものでもある．選手の給料に上限を設けることは，競争力のバランスを保つという目的にとっては不器用な方法である．

　チーム間の収入分配は，競争力バランスを保つ方策として，より効果的なものの1つである．再分配は，入場券とテレビの収入からなされている．テレビの全国放送からの収入は主要なアメリカのスポーツでは均等に分配されるが，地方テレビの収益は分配されない．バスケットボールとアイスホッケーでは，入場料収入はビジター側のチームと分け合わないが，すでに述べたように，バスケットボールでは選手とリーグ全体で収入の分配を行っている．野球のアメリカンリーグでは，入場料収入の20％をビジター側チームが，80％をホーム側チームが受け取り，ナショナルリーグではそれぞれ5％と95％となっている．野球では，比較的豊かなチームがお金を支払う側で（2000年にはチーム当たり1,700万ドルにも上った），比較的貧しいチームが支払いを受ける側である（2000年には，チーム当たり最大2,300万ドル）．アメリカの主要なスポーツの中で，収入分配をもっとも行っているのはフットボールである．入場券の収入は，60：40の割合でホーム側チームとビジター側チームとの間で分配される．地方テレビ局で試合放映はなく，全国放送からの収入がチーム間で均等に分配される．上限給料制と合わせて用いられることで，収入分配はたとえば全フットボールチームの中でもっとも小さな町でプレーしているグリーンベイ・パッカーズが競争力を持つことを可能にしている．欠点としては，魅力的なプレーによって多くの観客を引きつけるチームが，誰も見たがらないようなチームに補助金を与えることを要求される構図になっていることである．

　つまり，アメリカのスポーツでは，制限条項と新人ドラフトは，選手とチ

23）*New York Times*, November 1, 2000, p.C27,　November 21, 2000, p.C21.

ームの間でのお金の再分配の機能を果たしたが，競争にバランスをもたらすことはほとんどなかった．上限給料制はしばしばかいくぐられてしまい，収入再分配も制限された形でしか実現していない．これらの方法は潜在的には効果的なものだが，どれも競争力のバランスという問題を完全に解決するわけではない．上限給料制はチームよりも選手たちに負担をかけることになるし，収入分配は成功者に罰金を課すようなことになってしまう．競争力バランスの問題は，大目に見ても，部分的に解決されただけである．

　アメリカ以外の国々では，競争力の均等化のために，さらに2つの方法が用いられている．1つは，全チームを上位リーグと下位リーグに振り分け，それぞれが別々の競争を行うというものである．各リーグの中での競争は，全チームが一緒に競争する場合に比べて，より均等になる．各シーズンの終わりには，上位リーグの最下位チームは下位リーグに降格され，下位リーグの最上位チームが上位リーグに昇格する．そのため，良い成績を収めるための追加的なインセンティブが付与されることになる．リーグを分割する方法は，成功を罰するのではなく失敗を罰するという利点がある．

　もう1つの方法は，選手の移籍に伴う料金支払いである．選手を獲得しようとするクラブは，その選手が現在所属しているクラブに対して移籍料を支払わねばならない．移籍料は交渉によって決まり，提示された金額が低すぎるならば，選手が現在所属しているクラブはそのトレードを阻止することができる．移籍料は高騰する可能性がある．1990年代後半のヨーロッパのサッカーでは，2,000万ドルかそれ以上の支払いも珍しくなかった．2000年，レアル・マドリードはルイス・フィーゴ選手を獲得するために，バルセロナに対して5,600万ドルの移籍料の支払いを行った．競争力のバランス確保を目的とする他の方法と同様，移籍料制度も競争力の均等化の面ではうまく機能してこなかったようである．たとえば，イギリスのサッカーでは，毎年のように，同じ顔ぶれのクラブがプレミア・リーグを支配しつづけた．欧州連合の政策委員，ヴィヴィアン・レディングによれば，移籍料制度は「経済的に力のあるクラブと弱いクラブの間のギャップの拡大」を防ぐことができなかった[24]．

　要するに，スポーツ・リーグは，各チームの人事の意思決定がもたらす外

部性に対処する必要がある．しかし，ここでの市場設計者はオーナーたちで
あり，オーナーたちは中立的ではない．可能な解決策は，リーグのルール設
定プロセスに選手たちを参加させることかもしれない．しかしこれは，選手
組合が強くなければ実現の可能性が低いだろう．スポーツ労働市場のよい設
計はまだ実現していない．市場設計においては，設計者の利害がどこにある
かが大きく影響する．

解決の難しい外部性

ある場合には，外部性に対処するように自生的に市場が形成される．養蜂
家は果樹園農家に便益をもたらす．蜂が果樹の受粉を行ってくれるからであ
る．このことに対して報酬が支払われないならば，果樹園の周りで育てられ
る蜂の数は過少となるだろう．ワシントン州では，果樹園農家は養蜂家にお
金を支払って，果樹園の木々の間に巣を置いてもらっている．養蜂家は季節
によって移動する．初春には州南部のサクラの果樹園に蜂の巣を置き，晩春
にはそれをトラックに積んで北のリンゴの果樹園へと向かう．果樹園農家は
養蜂家に対して受粉料金を支払う[25]．存在したかもしれない外部性は，契
約によって解決されている．

しかしながら，ある種の外部性は養蜂家と果樹園農家のようには，簡単に
解決されない．公害が一例である．日本の水俣湾において悪名高い事件が発
生した．1932 年から 1968 年の間，化学製造業者のチッソは水銀を含む工業
排水を何トンも水俣湾に流していた．地元の人々は水産物を食べて水銀中毒
になった．その後，脳障害と麻痺状態が発生した．この惨劇の生存者である
杉本栄子は「激しい苦痛の中で，患者たちが叫び，壁を引っかく様子を見て
きた」と述べている[26]．数百人もの人々が亡くなり，数千人が病気になった．
身体的に障害をもった子供たちが生まれた．水銀が病気の原因であると研究
者たちが証明した後でさえ，チッソはさらに 10 年もの間排水を継続した．
排水が止まったのは，チッソの生産方法がより安価な方法に置き換えられた

---

24) *Financial Times*, October 27, 2000.

25) Cheung（1973）.

26) Smith（1975）. 杉本氏の引用は *Business Daily*, February 13, 1998 から.

ときであった．市場活動がもたらす副作用の中には，市場に任せることができないものもある．

財産権を定義し，それに実効性を持たせることによって，補正できる外部性のケースもある．別のケースでは，有害な活動に課税することができる．極端なケースでは，唯一の解決策は有害活動を禁止することである．うまく設計された市場においては，補償されない副作用を取引が生み出さないようにルールが設定されている．しかし，海洋漁業とスポーツ・リーグの例が示しているように，そのような設計を正しく行うことには困難が伴う．

さて，われわれはこれまでのところで市場設計の基本的特徴すべてを扱ってきたことになる．うまく機能する市場のプラットフォームは，次の5つの要素を持っている．情報がスムーズに流れること．人々が約束を守ると信頼できること．競争が促進されていること．財産権が保護されているが，過度に保護されていないこと．第三者に対する副作用が抑制されていること．この本の残りの部分においては，市場設計のこれら5つの要素がいかに実行に移されたり，移されなかったりすることになるのかを見ていくことにしよう．

第 11 章
公衆に対する陰謀
A Conspiracy against the Public

モブツのどん欲

　モブツ・セセ・セコは，ザイール（彼の死後，コンゴ民主主義共和国と名称が変わった）の大統領だった時に，国の鉱物取引から数十億ドルを盗んでいた．モブツは自分自身のために国中に 12 もの豪邸を建設した．そのうちの1つには，イタリアの大理石の床，純金の蛇口，ディスコ，核シェルター，1万5,000本ものワインを貯蔵するワインセラー，音楽の鳴る庭の噴水，希少動物のいる私的な動物園があった．モブツはロゼ・シャンパンをがぶ飲みする一方で，国の基本的な機能は放ったらかしにしていた．銅，コバルト，ウラン，金，ダイヤモンドの鉱床が豊かにある国だが，経済が崩壊する中で，人々はやっとのことで暮らしているだけの状態にあった[1]．

　国家と市場の間には本質的な緊張関係が存在するが，その緊張関係はときおり不安定なものになる．政府は市場設計において必須の役割を担っている一方で，政府の市場に対する介入には欠点もある．政府がなすべきことを行うとは，必ずしも信頼できないからである．政府が市場の妨げとなることも珍しくない．モブツは極端な例であるが，残念なことに，国民から収奪を行う政治家や官僚は珍しくない．政府の役人たちが市場を阻害し，賄賂を強要して利益を得ることもある．役人たちはまた，特定の市場参加者を優遇して公衆に対する陰謀を企てたりもする．

---

1 ）モブツ時代のザイールについては，Wrong（2000）を参照.

汚職と経済成長

　ロシアではビジネスは国家の嫌がらせの下で行われている．多くの官僚たちは誠実であるが，中にはごく当たり前に企業から賄賂を搾り取る官僚も存在する．「全体的な状況があまりにも腐敗している．どこに行っても，産業の利益を考えていない人ばかりだ」とモスクワの企業家は言う．「人々は自分の利益だけを気にかけている．皆がお金を欲しがっている．」賄賂が支払われるのは，事業を登録するとき，国有の建物のリース契約を行うとき，国有銀行から融資を受けるとき，輸入品を通関させるとき，輸出免許を得るとき，税当局に所得を申告するとき，防火や安全の検査を受けるとき，電話線を設置するときなどである．汚職はロシアのもっとも広範な犯罪の1つである．毎年，検察官は約3,000件の政府役人による収賄を明らかにしているが，これは氷山の一角に過ぎない．ある推計によれば，収賄の総額は，教育，科学，医療に対する政府支出の合計額を超えているという．汚職は財・サービスの価格をおそらく5から15％引き上げている[2]．「あなたが政府の役人で賄賂を取らなかったとしても，あなたは誠実だとは思われないだろう」とロシアの政治アナリストのセルゲイ・マルコフは言う．「あなたはバカと思われるだけだ．」

　企業は腐敗した役人に支払いをするだけでなく，犯罪組織にもお金を支払わなければならない．「保護」のための支払いがはびこっている．役人が犯罪者と区別できないことも，ときおりある．あるモスクワの検察官が次のような不平をこぼしたことがある．「マフィアが経済に浸透する主な手段は官僚を通してである．官僚こそわれわれの主要な敵だ．マフィアのメンバーは第2の敵に過ぎない．」[3]

　経済学におけるもっとも基本的な命題の1つは，投資の果実を自分のものにすることができないのなら人々は投資をしないだろうというものである．1990年代を通して，ロシア経済のパフォーマンスは，改革中の多くの東欧

2）推計は Levin and Satarov（2000）から．

3）ロシアの汚職についての情報は Brady（1999, p.187），Handelman（1995, pp.378-379），Johnson et al.（2000），Waller and Yasmann（1995）から得たものである．引用は Brady（1999, p.187），*New York Times*, April 18, 2000, A31 から．

諸国のパフォーマンスに遅れをとっていた．この遅れの主要な理由の1つは，財産権の保護が欠如していることであった．ポーランド，ルーマニア，スロバキア，ウクライナ，ロシアの5つの移行経済の製造中小企業の経営者たちに対して，汚職にさらされているかどうかを尋ねた調査がある．ロシアとウクライナでは，ほとんど全員が，事業登録，火災検査，衛生検査，税務調査の際に賄賂を支払ったと回答している．一方，ポーランド，ルーマニア，スロバキアでは賄賂があるとの報告は20から40％である．このデータでは，企業が留保利益から再投資したいと思うかどうかは，明らかに汚職にさらされているかどうかに関係している[4)]．もっともゆすりのリスクが高い企業の投資額は，そのリスクがもっとも低い企業のそれに比べて，40％近く少なかったのである．

　経済成長のデータはこのことを確認している．汚職が多いことは，少ない投資，そして低い成長を意味している．国々の汚職水準を比較可能な仕方で測定することは簡単ではない．さまざまな国の汚職水準の指数は，海外のビジネス・コンサルタントへのアンケートをもとにして作られている．このような指数は必然的に主観的で不正確なものとなるが，汚職がどの程度投資を減退させ，成長を低下させているかに関する感触は得ることができる．経済学者のポール・マウロが，汚職指数，国民所得，投資のデータを用いて70ヵ国にわたる統計分析を行ったところ，汚職指数が高いところでは投資の水準が有意に低いことを発見した．0から10までのスケールで汚職の度合を測り，10という数字でまったく汚職がないことを示し，0がもっとも汚職がひどいというようにすると，データは2ポイントの汚職指数の改善が，投資を4％・ポイント増加させ，それがさらに経済成長率を0.5％・ポイント引き上げることを示している．

　インドの汚職指数は3.3で，イタリアは7.3である．統計的結果の示すところによれば，インドがイタリアのレベルまで汚職を引き下げれば，年間経済成長率は現在より1％・ポイント上昇する．すなわち，1990年代を通じて平均して5％の成長だったのが，6％で成長していたかもしれないのだ．2,

---

4) Johnson, McMillan, and Woodruff (2001).

3年の複利で考えても，これはインドの生活水準に際立った改善をもたらしていただろう．もしイタリアがアメリカと同じ9.3という水準まで汚職を減少させていたならば，その成長率は0.5％・ポイント高くなっていたことだろう[5]．

　汚職が市場の機能を低下させ，国を貧しくするという一般的な傾向は，決して驚くべきことではない．しかし面白いことに，これには2，3の例外がある．スハルト大統領政権下のインドネシアは，広範な汚職の存在にもかかわらず，30年間にわたって高い成長率を実現した．

　1960年代後半には，インドネシアは世界の最貧国の1つだった．平均的なインドネシア人の所得は，バングラデシュ，ナイジェリア，ガーナのような国々の人々の所得よりも低かった．スハルト大統領の下でマクロ経済は安定化された．予算は均衡し，インフレーションは抑制された．農業改革は食糧生産を促進し，石油輸出は海外からの収入をもたらした．成長の持続がその後に続いたことで，1990年代までにインドネシアは中所得国になった．1992年には，1人当たり所得は1960年の水準の3倍になった．この成長の便益は広く行き渡った．貧困線以下の人口の割合は1970年には60％だったのが，1996年には11％にまで下がった．スハルト大統領が政権を降りる1年前の1997年には，国連はスハルト大統領が貧困の削減に成功したことを称えた．

　その間，スハルトの家族とその取り巻きは相当に豊かになり，吸い上げた数十億ドルを海外の銀行口座に貯めたと言われている．西欧のある大使によれば，スハルト大統領の政府は「王様が決して疑われない権威を持ち，その子供たちは財産が神から与えられたものだと考えている君主制」のようなものであった．スハルト一族の財産は150億ドルから450億ドルと推計されている．

　スハルト一族の影響力は至る所に行き渡った．ある推計によれば，一族は1,200社を超える会社で相当数の株式を保有していた．銀行，航空会社，ホテル，運送会社，電気通信会社，ショッピング・モール，テレビ局，ラジオ

5）汚職が減少したときの成長率の計算については，Mauro（1995）の推計を使い，Wei（1998）を元にしている．同様の推計はKnack and Keefer（1995）においても行われている．

局，そして，新聞社などである．スハルト一族は，紙，合板，セメントの生産を独占し，木材会社，製粉所，肥料工場，有料道路，発電所，石油化学工場に利害関係を持っていた．一族のメンバーの企業は，気前よく補助金と税制優遇措置を受け，競争入札なしに政府の契約を獲得した．インドネシアで事業をしようとしている外国企業は通常，パートナーか代理人としてスハルト一族のメンバーを迎え入れなければならなかった．ヒューズ・エレクトロニクス社やルーセント・テクノロジー社のような主要なアメリカ企業は，スハルトの子供たちと共同事業を行っている．ジャカルタを拠点にした政策アナリスト，ユスフ・ワナンディは，スハルトについて，「独占の形成，国家の契約の操作，自分自身の目的のための国有企業の利用など，彼が行ったあらゆることでの権力の乱用」と述べている[6]．

　にもかかわらず市場は繁栄し，それとともに経済成長がもたらされた．インドネシアの高成長は，ほとんどの発展途上国よりも大きな，健全な投資からもたらされたものであった（民間部門の投資は1980年から1996年を通じて，国内総生産の17％を占めていた．これは韓国やマレーシアのような他のいくつかのアジア諸国より低かった一方で，南アジア，ラテン・アメリカ，サハラ砂漠以南のアフリカ諸国よりも高かった[7]）．汚職があるにもかかわらず，地元の人々も外国人も，インドネシアを安心して投資できる場所とみなしていた．

　インドネシアとロシアの全体の汚職水準は同程度であった．実際のところ，データでは，インドネシアの方がロシアよりもずっと悪いように見える．監視機関のトランスペアレンシー・インターナショナルによれば，1999年にはインドネシアが世界で3番目にもっとも汚職の多い国という不名誉を受けている一方で，ロシアは17番目だった[8]．ロシアで市場が停滞したのに対して，インドネシアでは広範な汚職の下でも市場が機能したのはどうしてだろうか．

---

6) *New York Times*, January 16, 1998, p.A1. *Washington Post*, January 25, 1998, p.C1. *New York Times*, October 12, 1999, p.A1. *Financial Times*, June 27, 2000. Vatikiotis（1998, pp.43-45, 151-152）．

7) 民間部門の投資水準のデータは Glen and Sumlinski（1999）で与えられている．

8) www.transparecy.de/. 2000年11月のアクセスによる．

統制されない汚職 vs. 統制された汚職

　インドネシアとロシアで汚職の影響が異なることは，アンドレイ・シュライファーとロバート・ヴィシュニーの理論によって説明できる[9]．もし消防検査官，税調査官，税関職員，国有銀行の貸出担当者，事業許可の登録官のすべてが企業に損害を与える権力を持つなら，彼らは皆，企業から利益をゆすり取ることができる．すべての人が自由にゆすれる状態の下では，自分ひとりが企業にお金を残したとしても，結局ほかの官僚がそれを取ってしまうだろうと考えることになるので，各人はできるだけ多くを取ろうとする．しかし，すべての人が別々に現金箱に手を入れるならば，企業は投資をする意欲を失ってしまう．そのため，次の年からは賄賂を取れる分がほとんど残っていないということになる．収賄者の制限のない強欲が生産活動を抑制し，その結果として，賄賂総額は本来可能であった額よりも小さなものになるだろう．

　別の状況を考えてみよう．そこでは，官僚たちは厳しく規律づけられており，同じように腐敗しているものの，将来を見越しており，もし強欲を抑制すれば長期にわたってもっと多くのものが得られることを理解しているとしよう．賄賂の額を制限することで，企業の投資と成長が可能となり，最終的には，後で収賄者が搾取できる大きな余剰を生み出すことができる．

　この理論は，コントロールされない汚職が投資を抑制することになったロシアの状況をよく説明している．共産主義の崩壊以前，ソビエト連邦は明らかにゆすりに対する規律を保持していた．共産主義の終焉と共に，自滅的な汚職の競い合いが発生した．ロシアの中小企業協会の理事長マーク・マサースキーによれば，「共産党は国全体を略奪した．」「しかし，彼らがヒエラルキーのランクに応じて賄賂を取っていたのに対して，今や誰でも，まるで今日が最後の仕事の日であるかのように賄賂を取っている．」[10]

　インドネシアでは汚職は上から厳しく管理されていたため，投資を抑制することはなかった．スハルト大統領は，官僚の手綱をきつく握っており，議

9）Shleifer and Vishny（1993）．この論理は第10章で議論された海での乱獲の論理と非常に似たものである．

10）Handelman（1995, pp.39, 286）．

会をコントロールしていた．ほとんどの政治家はスハルト大統領のお世話に
なっていた．スハルト個人で，すべての高級官僚，裁判官，軍の将校を任命
し，昇進させていた．スハルトには官僚たちを監視する多様なチャンネルが
あった．1967年のクーデターで大統領になる以前に自分自身が兵士であっ
たスハルトは，軍を自分の政治目的のための道具と化した．スハルトは軍の
将校を官僚機構に据えつけた．大企業は元将校だった者を雇うことによって
保護を買ったが，彼ら元将校たちは問題を起こす官僚たちを告発することが
できた．官庁内の低い階層の職員たちの小さな汚職はひどいものだった．し
かし，これは小さなことだった．スハルトは収賄の度が激しくなってくると，
定期的に職員を解雇した．彼の権力が劇的に示されたのは，1985年に汚職
を理由にすべての税関を廃止したときのことである．スハルトの目的は汚職
をなくすことではなく，汚職を独占化することだったのだ[11]．

　スハルトの広範な統制によって，大規模な余剰はすべて確実に彼の一族に
流れ込んだ．官僚に対する規律は市場を機能させることになった．搾取され
ないことを確信した事業家たちは投資をし，経済が活気づいた．利潤に従っ
て賄賂が上昇するにつれ，トップの人々は莫大な利益を得た．

　したがって，市場の設計は汚職のような違法活動についてさえも重要とな
る．明らかに，汚職があるよりも汚職がないほうが市場はより良く機能する．
しかし，汚職が存在することを所与とすれば，機能する市場が汚職と共存で
きるかどうかは，汚職を統制するルールに依存している．インドネシアにお
いて市場が機能したのは，国家が無制限の汚職を統制することができたこと
によるものであり，汚職が通常持っているような投資抑制効果に歯止めをか
けていたからである．汚職が存在することを所与とすれば，すべての人が無
制約に汚職できるよりも，汚職が独占化されているほうが市場にとって害が
少ない．

　インドネシアのシステムはスハルト1人の権力に依存したものであり，彼
とともに没落した．スハルトは1998年，1,000人以上の人が死んだ暴動の後
に退陣した．スハルトの幕引きは，部分的には1997年のアジア金融危機と

11）スハルト時代のインドネシアの説明は MacIntyre（2000）に拠っている．

いう外的ショック——インドネシアの貧弱な政治的，法的，規制的制度によっては衝撃を和らげることができなかった——によるものであり，また部分的にはスハルト政権のえこひいきに対して人々の嫌気がさしたことによるものだった．デモをしている学生は，korupsi，kolusi，neptisme の3つの言葉を表す「KKN」を大声で連呼した．学生の意見では，汚職，共謀，身内びいきが金融危機の原因だった．経済は急降下し，1997から1998年の間に16％以上も縮小した．

　場当たり的な基礎の上に築かれていたインドネシアの市場経済は，永久には繁栄することができなかった．市場が経済成長をもたらすことができるためには，財産権を支えるための信頼できる政治経済制度が必要とされた．汚職は財産権を侵害することで事業を抑制する．しかし，インドネシアについて特筆すべきことは，財産権を保証する正常な制度的メカニズムなしにインドネシア経済が機能していた期間の長さである．場当たり的な基盤にもかかわらず，30年もの間，インドネシア経済は高成長を実現しつづけた．アジア金融危機は成長3年分に相当する価値の損害をもたらした．しかし，危機は破滅的であったにもかかわらず，危機が終息した後で見ると，インドネシア人たちは成長が軌道に乗る以前よりもずっと豊かであった．

　次に議論するように，汚職は政府の役人のレベルだけでなく，市場参加者の間で発生することがある．

日本の「談合」

　名古屋の，煙草の煙が充満する料亭の中で，地方の建設会社の中間管理職約20人が低いテーブルを囲んで座り，刺身を食べ，酒を飲んでいた．着物姿の若い女性が膝をついてお酌をし，煙草に火をつけ，彼らの冗談に律儀に笑っている．彼らはまるで古い友人であるかのように，にぎやかに冗談を交わしている．しかしながら，そのとき，彼らは激しい交渉を繰り広げているのだ．彼らは名古屋市が競争入札によって発注しようとしている道路建設工事について議論をするために集まっているのである．議題は，どの会社がその工事を落札するかということである．

　「談合」とは，どの企業が落札するかについて入札者間で行われる交渉に対

して，日本でつけられた名前である．選ばれた企業は高値の入札を行い，その「ライバル」たちは競争しているという見せかけを示すためにさらに高い値の入札を行う．これらの企業にとって，これは快適なビジネスの方法である．談合の下では，各企業は苦労して競争をしなくても，いつかは契約を落札できることがわかっている．また，談合の下では，企業は低価格という不快感から免れることができる．

　価格を引き上げる共謀は，典型的なボトムアップのメカニズムである．この共謀は，共謀のメンバー企業と非メンバー企業を問わず，共謀を不安定にするような行動のインセンティブをなくしてしまうようなものでなければならない．そのためには，3つの困難が克服されなければならない．第1に，共謀者はそこで得た利益を分配する方法を必要とする．利潤の分配について言い争いになれば，共謀が崩壊してしまう可能性がある．第2に，協定はそれに実効性を与える方法なくしては価値がない．価格を決める契約は，法律によって実効化することができないので，どのような共謀的取り決めも自己実効的でなければならない．第3に，共謀はそれ自身の中に崩壊の種を含んでいる．共謀が成功している産業で獲得される高い利潤は，新規参入企業をその産業に惹きつける．これらの新規参入企業との競争は共謀の取り決めを破壊してしまいがちである．これらの大変な障害に直面しながらも談合が成功していることは，目を見張る成果であるとも言える．これは共謀者の巧妙さの証しである．談合はいかに機能しているのだろうか．

　談合には少なくとも2つの企業が必要である[*]．これら企業は，建設工事における安全性促進のような表面上は無害な目的のための協会を作っている．1つの企業が談合グループを組織するために指名され，談合ルールを設定する．各参加企業は，どの公共工事に興味があるかを談合のオーガナイザーに知らせる．談合のオーガナイザーは全企業に対して，談合の会議の時間と場所を記したファックスを送信する．オーガナイザーの仕事の中には，どの企業にどの仕事が割り当てられてきたかを記録し，仕事が確実に均等に行きわたるようにすることも含まれる．オーガナイザーはまた，契約の割り振りに

---

[*]　原文の"It takes at least two to dango"は，"It takes two to tango"（けんかするには2人いる）の駄洒落である．

関するもめ事の仲裁も行わなければならない．

　談合は社交的なプロセスである．共謀者は，料亭や，喫茶店，ゴルフ・クラブなどで会合を持つ．このことは，次のアダム・スミスの言葉に命を吹き込むものである．「陽気な集まりや娯楽のためにさえ，同業の商人たちが一緒に集まることは滅多にない．しかし，一緒になるときはいつでも，会話は公衆に対する共謀か，価格を引上げるための計略に行き着く．」租税当局のデータによれば，日本の建設産業は毎年50億ドルかそれ以上を交際費に費やしている[12]．つまり，多くの陽気な集まりや娯楽が行われている．

　しかし，東京のジャーナリストが指摘するように，すべてが楽しいわけではない．「談合のオーガナイザーは多忙を極めている．企業の間で入札価格を調整するだけでなく，さまざまな権力者やヤクザとの関係を維持しなければならないからだ．彼らの夜のスケジュールは絶え間ない食事と飲み会で一杯となり，しばしば体を悪くし，病気にさえなってしまう……決して楽な仕事ではない．」哀れである．

ボトムアップの市場設計としての談合

　談合のオーガナイザーたちの仕事は，本質的に，自分たち自身の市場を設計することにほかならない．彼らは，政府の契約を誰が落札するかを決定する非公式なルールを設定しているのである．

　利益の分配に関する交渉の間，共謀者たちは，特定の契約をどの企業が落札するか，どのような価格で入札をすべきか，他の企業はどのように補償されるかといった事柄について合意しなければならない．

　落札者はどのように選ばれるのだろうか．談合に参加している企業は，集団として，特定の工事に対し，それをもっとも低い費用で受注できる企業が落札者となることを望む．そうすることで共謀者の間で分配される利益を最大化できるからである．しかし，生産コストが企業の私的情報であるという事実によって，交渉は複雑なものとなる．また，各企業はこの私的情報によ

---

12) 企業がどのように談合を組織し実行しているかに関する情報ソースと，この議論に関する引用はMcMillan（1991）を参照．アダム・スミスの引用はSmith（1976, vol.1, p.144）からのものである．

って交渉上の優位を得ようとする．談合グループはメンバー企業のこうした操作の影響を受けにくいような交渉手続きを開発しなければならないことになる．

　談合企業のグループは，落札者を選ぶ手続きに工夫を凝らしている．あるケースでは，落札は単に順番で割り当てられる．参加者の観点からは，これは理想的な共謀の方法ではない．というのは，この方法ではコストが最小の企業が選ばれそうにないからである．別のケースでは，形式的な談合ルールが進化している．たとえば，納品の地点にもっとも近く位置している企業や，その特定の発注を引き受けることにもっとも努力している企業に契約が与えられる．同じ仕事に対して連続して契約が発生するときには，後の方の契約は最初の契約を受注した企業に与えられる．落札者を割り当てる別の方法では，各入札者に対して，入札に参加した回数と過去に落札したときの入札額の大きさの両方を元に算出した点数をつけている．これらのルールは，コストがもっとも低い入札者が落札者となる可能性が確実に高くなるようにして，分配される利潤の全体を最大化するための試みと解釈することができる．こうしたルールが生み出す結果に，いつもすべての人が満足するわけではない．利潤の分配に満足しないメンバー企業が報道機関に詳細な情報を漏らすことによって，談合は周期的に暴露される．

　共謀者たちは，落札者がどれぐらいの価格で入札するかということについて，どのようにして合意するのであろうか．ここでは，政府が意思決定の手助けをしてくれる．入札に先駆けて，政府は上限価格を設定する．最適な共謀入札額はこの上限額ちょうどか，それに近い価格である．上限価格が入札者に漏らされることがしばしばある．これは，建設省の元役人で，現在は入札業者に雇われている人を通してである．日本の新聞によれば，多くの談合事件において「地方自治体の職員は，請負業者に対する気前のよいマージンを含む見積額を設定することによって，この悪習を隠すことを効果的に援助してきた」という．

　落札しなかった共謀者たちはどのように補償されるのだろうか．談合の交渉の間，現金や贈り物が交換される．計画通りに落札すると，落札するように指定されていた企業は他の入札者たちに対してお金を支払う．こうした賄

略は婉曲に「協力金」もしくは「補償金」と呼ばれている．たとえば，台所設備のサプライヤーたちの松山市における談合では，落札額 11 万 4,000 ドルに対して 3 万 5,000 ドルの利潤を生み出した．この利潤は均等に分配された．落札企業は他の談合参加者 6 社のそれぞれに 5,000 ドルを支払い，自分のために 5,000 ドルの利潤を確保したのである．

　共謀は違法行為なので，ある程度の機密性が必要とされる．建設企業の内部で談合にかかわる者は，ほんの数人の管理職のみである．建設会社の幹部の説明によれば，談合を組織することはジョン・ル・カレの小説における諜報戦のやり方に似ている．「企業内部の人でさえ，誰が談合のオーガナイザーかは簡単には見分けることはできない．これは，談合がオープンに行われる種の活動ではないからである．報道機関が談合の取り決めの存在を知ったときには，すぐに記者の調査が部分的なものに留まるように，談合の専門家によって処理されなければならない．そのシステムはトップが否認可能なように設計されており，会社の上層部が関与しないように構造的に仕組まれている．」

　契約に入札する際，事前に決定された落札者以外のどの企業も，共謀的な協定を離脱し，決められた落札者の合意された入札額よりほんの少しだけ低い価格を入札し，その契約を落札して大きな利潤を得るインセンティブを持っている．談合に実効性を持たせるメカニズムは何なのだろうか．企業同士の相互関係の継続性という性質が，合意を自己実効的なものにする．企業が逸脱しないのは，将来の入札競争で報復を受けることを知っているからである．すなわち，現在逸脱することの費用は将来の利潤を失うことである．しかし，関係の継続性はあらゆる国のほとんどの産業で観察されるものであり，明らかに，報復が可能であることが共謀の生成に十分な条件であるとは言えない．伝えられるところによると，暴力団が，談合に実効性を付与する追加的かつより直接的な手段になっていることがあるという．政府もまた，入札が行われた後に，すべての入札価格がすべての入札者にわかるようにすることで一役買っている．すべての入札価格の公開は，談合の結束を促す効果を持つ．各入札企業は，自分が指定通りに入札しなかったときに，そのことが他のすべての企業にすぐにばれるとわかっているからである．

　次に，どのようにして新規参入企業を排除しているのだろうか．再び，政府の政策が共謀を促進している．もっとも普通に見られる入札システムにおいては，公式に認められた指名業者のみが入札に招かれる．この政策を正当化する理由は，公共の安全性である．すなわち，この制度設計は，落札企業が受け入れ可能なレベルの品質の工事をする能力があることを保証するためのものだというのである．しかし，この政策は新規企業の参入を難しくしている．共謀者たちにとっては便利なことに，政府はカルテルを実行する上でのもっとも難しい問題の 1 つを解決してくれているのだ.

　新規競合企業の参入を制限する政府の役人は，おそらく腐敗してはいない．彼らは誠実であり，単純に官僚的な警戒心に動機づけられているのであろう．役人たちは，たとえば，建設された橋が後に地震で崩落するというような，何か悪いことが起きた場合，完全に企業の能力をチェックしていたとしても，外部企業に契約を落札させたことに対する非難を免れないだろうことを知っているのである.

　企業を指名業者のリストに載せる際に考慮されるのは，日本における仕事の実績だけである．この手続きは，外国企業がこの市場に参入することを妨げることになる．外国企業には日本での工事歴がないからである．この論理は，古典的なパラドックス的状況（catch-22）である．つまり，入札しなければ契約を落札することはできない．しかし，過去に落札していなければ入札することは許されないのである.

談合の非効率性

　談合の主要な被害者は日本の納税者である．建設工事の価格は，談合により 15％から 30％高くなっていると推定されている．日本政府は公共工事にふんだんに支出しており，道路，橋，トンネル，空港などに，毎年 1,000 億ドルを超える建設契約を発注している．談合に起因する過度に高い価格は，納税者のお金の数十億ドルが浪費されていることを意味している.

　都営地下鉄の新路線の建設費は，1999 年までに，1989 年に計画されたよりも 50％も高い 100 億ドルもの巨額に達していた．この費用超過を見た石原慎太郎東京都知事は，工事が談合によって支配されていると述べた．工事

を監督している都の官僚によって批判された直後に，彼はこの発言を撤回した．「私は談合が関係しているかどうかはわからない」と彼は言った．「私は談合が関係しているとは思わない．しかし，奇妙なことじゃないかな．かなり大勢の頭の良い人々がここで入札の仕事をしていることを考えると，このような費用の違いが発生することはすごく不思議なことだ．」[13]

　なぜ談合は維持されるのか．また，なぜ建設業の改革は難しいのだろうか．報告された利潤のデータからは，関与企業が大きな利益を得ているという証拠は何も示されていない．談合による利益の一部が企業のオーナーのポケットに入り，粉飾決算によって隠されていることは疑いないが，ほとんどのものはそうではない．最終的には小さな純利益しか得られない独占利潤を得るために，企業は非常な努力を費やさなければならない．企業は独占利潤を得るための競争に資源を使い果たしているのである．談合による高価格が生み出す超過利潤の多くは，政治的便宜を得るための競争に使われており，最終的には政治家の手に渡る．

　建設業は，日本における政治献金の最大の源である．政治資金の調達プロセスは非常に不透明なものであるため，誰も建設業の政治献金の大きさを知らない．それはおそらく，数十億ドルになるだろう．日本の新聞記事によれば，建設業の大手企業は，公共工事の契約発注にどれだけ影響力があるかに応じて，政治家にお金を分配している．1年に2度，各政治家にどれだけの政治献金をするかの等級を割り振っているのである．1993年，東京地検は金丸信副総理大臣を所得税脱税の容疑で逮捕した．検察官は，金丸氏の事務所の金庫の中に5,000万ドルを超える価値の現金，債券，金の延べ棒を発見した．それらは，主に建設産業からもたらされた寄付である．金丸氏によれば，これらの資産は個人的使用のためのものではなく，彼が「長年温めてきた政治改革の夢」を実現するためのものだったそうである．

　談合は，単に納税者から企業，政治家への所得移転というだけのことではない．価格操作は，経済的効率性に実質的な損失をもたらすからである．談合の下で生産コストが非効率なまでに高くなる理由として，以下の3つのも

---

13) *New York Times*, November 25, 1999, A1.

のがあげられる.

第1に, 競争入札では, 仕事はそれにもっとも適した企業に割り当てられる. 入札は相対的な生産コストを表に出す. 最低価格入札者がその仕事にもっとも適した企業なのである. 談合のオーガナイザーの努力にもかかわらず, 通常, 低コストの企業を選抜する手段として, 交渉は入札より効果的でない.

第2に, 競争の規律を回避する企業の生産は非効率となる傾向がある. そうした企業はコストを削減するイノベーションを追求しようとはせず, 高い賃金や給料を支払い, 管理職の役得のためにふんだんにお金を使う. 日本の建設業の生産性は, アメリカやドイツの建設業よりも低い. この低い生産性は, 談合に起因するものかもしれない. しかし, ここでは注意が必要である. 日本の建設業は二重構造である. 熊谷組などの企業が国際競争で目立った成功を収めていることに示されているように, 大企業の中には高度に洗練された技術を持っているものもある. 小規模な建設契約, 特に地方自治体によって提供される契約は, 効率的な大企業とのオープンな競争では契約を勝ち取ることができないことを考慮して, 小さな企業のために残されている.

第3に, もし共謀企業が非効率な新規参入者の参入を完全に抑えられないとすると, 産業全体のコストは競争状態におけるものよりも高いものになるだろう. 日本の建設業に競争が導入されるならばおそらく淘汰が行われ, 何千もの小企業は倒産するか, 効率的な企業によって買収されることになるだろう. 談合のオーガナイザーは, ある種の仕事を小企業のために残して, すべての企業がいつかは契約を受注することができるようにしている. 現在, 政府は不必要に高い平均生産コストを補填しているのだ.

談合という言葉は日本に特有のものだが, その慣習はもちろん日本特有のものというわけではない. ヨーロッパでも公共工事に対する共謀が発生しており, 経済協力開発機構 (OECD) は「このような慣行は, 入札結果が過度に高い価格となる直接的な原因であり, 調達政策の健全な運営と不整合的である」と述べている. アメリカの建設業でも共謀的な入札が行われていないというわけではない. そこにも談合と同等のものがあるのだ. 司法省が反トラスト法で立件する刑事事件の大半は, 建設業者による入札価格操作に対するものである. これらは主として, 地方自治体の仕事をする比較的小規模の

道路建設会社や電気工事業者によるものである．

政府介入の両義性

　政府は，市場の基盤を侵食するような共謀を企てることがある．汚職は生産性を引き下げる．収賄者のなすがままになることを恐れる企業が投資を控えるからである．価格協定もまた，価格システムが資源を配分する機能を妨げることで，生産性を引き下げる．次に私が主張するように，市場システムが本来の機能を発揮するように手助けするには，政府の建設的な行動が必要とされる．しかし，政府の介入には，非生産的な方向へ歪められるリスクが存在している．

第12章
草の根の努力
Grassroots Effort

アインシュタインの希望

2000年，ワルシャワにある美術館は，共産主義時代の日常生活に関する回顧的な展示を催し，それに「灰色」というタイトルをつけた．1980年代にポーランドのような共産主義国を訪れたなら，その味気なさにショックを受けたに違いない．中央計画経済の下での生活を回顧して，チェコ共和国大統領ヴァツラフ・ハヴェルは，次のように述べている．人々は今日「しばしば共産主義の崩壊以前にここがどんな様子だったかを忘れている．生活がいかに灰色であり，道がいかに灰色であり，国中の果物屋の看板がいかに同じであったかということを．」[1]

どうして多くの国が中央計画経済を行うようになったのだろうか．地獄への道は善意で敷き詰められているという格言がある．アルバート・アインシュタインは1949年に「なぜ社会主義か」という論文を書いた[2]．市場経済は恐慌と不安定性と貧困化をもたらす，というのが彼の答えであった．「私の意見では，今日存在するような資本主義社会の経済的無政府性こそ，真の悪の根源である．」この悪を取り除く唯一の方法は，生産手段を「社会自身によって所有する」社会主義を確立することであると結論づけた．アインシュタインは，「共同体の必要に応じて生産を調整する」計画経済は，働くことのできるすべての人になすべき仕事を配分し，すべての男性，女性，子供

1）ハヴェルの引用は *New York Times*, August 23, 2000, p.A8 から．
2）Einstein（1995, p.158）に転載されている．

の生活を保障するだろうと主張した.

　当時，アインシュタインの立場は多くの人々に共有されていた．しかし，それから40年後，ソビエト・ブロックの計画経済に生活していた人々は激しく異議を唱え，計画者を放り出した．共産主義の崩壊以降，中央計画経済がうまくいくと主張する者はほとんどいない．後になって考えてみれば，計画経済はアインシュタインが望んだものとは逆の結果をもたらした．計画者は「共同体の必要性に応じて」生産を調整することはできなかった．ソ連では，基本的必需品が欠乏していた．店には剥き出しの棚があり，無愛想な店員がいる．店に何かの在庫があるときには，その商品のために列を作らなければならなかったが，商品は粗悪に作られたものであった．計画者はまた，「すべての男性，女性，子供の生活を保障」することもできなかった．農業から工業へと大規模に資源をシフトさせようという中国の計画者の試みは，推計3,000万もの死者を出すという世界史上最悪の飢饉をもたらした．これには，1959年から1961年の間の大躍進政策というグロテスクに誤った命名がなされている[3]．

　どうして，アインシュタインのような天才——その名前は最高の知性を意味し，彼は間違いなく善意の人である——が，今日では完全に間違ったものとされている考えを支持してしまったのだろうか．中央計画経済が失敗するだろうということは，アインシュタインの時代には自明のことではなかったのだ．また，市場が中央計画経済以上によく機能するかどうかも自明ではなかった.

　経済のどれだけの部分を市場に任せるべきなのであろうか．中央計画経済の落とし穴は基本的に情報の問題である．計画者は，その意思決定に必要な知識を結集することができない．このため，経済を上からコントロールすることは成功しない．多数の市場からなるシステムが，誰もそれに責任を持つ人がいないのにもかかわらず，機能するのは何故だろうか．答えは，市場が何百万人もの人々の間に分散している情報を集め，価格が経済を方向づけているからというものである．この答えは，最初に聞いたときには多くの人を

3）大躍進政策の間の死亡数の推計は Yang（1996, pp.37-39）にまとめられている.

驚かせるし，信じ難いものだが，それにもかかわらず真実である．

　経済における国家の役割は何だろうか．誠実な答えは，曖昧さを排除したものにはなりえない．2つの命題が市場の強さとその限界が何であるかを示してくれる．第1は，市場の活力はその分権的性質から来ているということである．すなわち，市場は，問題に対する創造的な解決策を見出す権限を人々に賦与する．この性質は，基本的に中央集権的な存在である国家とは正反対のものである．市場はリジリエントなので，ときには国家による支えなしに，あるいは国家からの妨害があったとしても機能しうる．しかし，このことから，国家が市場にタッチすべきでないということにはならない．第2の命題は，現代経済で発生する手の込んだ取引にとって，国家の存在は不可欠であり，国家は市場ならば過少供給しかしない財・サービスを供給したり，市場のルール設定者かつ審判として背後で活動すべきであるということである．しかし，これらの2つの命題は同じ重みを持つものではない．分権化には限界がある．しかし第1の要点は，分権的な——すなわち市場ベースの——意思決定が経済的成功のために不可欠だということである．

計画経済の検死解剖

　共産主義的計画経済は死に絶えたが，その検死解剖を行うことは有益な情報を提供してくれる可能性がある．中央計画経済の失敗は，その反対物である市場システムの働きについて教えてくれるからである．共産主義は市場原理のすべてを否定した．市場は本源的に分権的であるが，共産主義者はすべてのものを中央集権化しようと試みた．私的所有は非合法化された．企業は国家によって所有されていた．他の企業と競争して製品を売るのではなく，企業は単に製品を国家に納めるだけだった．価格は需給をバランスさせるために変動しなかった．その代わりに，計画者が生産コストとほとんど関係なく価格を設定し，財の移動を命令しようとした．起業家精神は禁止され，官僚たちが投資を決定した．金融市場の代わりに，国有銀行が資金を配分した．商業に関するルール・ベースの法システムは存在せず，官僚たちが契約の実効化を行い，紛争をケース・バイ・ケースで解決した．

　市場の否定の結末は，非情なほどの権威主義的管理方法を用いたにもかか

わらず，悲惨なまでに非効率的な経済であった．企業にとって計画経済とは，遠くにいる官僚の命令に従うことを意味していた．経営者は，どうすれば最善の方法で製品を作ることができるかということよりも，計画経済の硬直性をいかにうまくくぐり抜けるかということに関心を示した．その結果は低い生産性だった．計画者が生産者に提示したインセンティブは直接的なものにならざるをえなかった．報酬は測定される産出量に基づいたものだった．たとえば，ガラスは生産された平方メートル数で測られた．ガラス工場は確実に割当を達成するために手を抜いて，しばしば設置される前に割れてしまうほど薄いガラス板を作った．鉄鋼の産出量はトンで測られた．1トンの鋼板を作るもっとも速い方法は厚い鋼板を作ることだったので，鉄鋼工場はしばしば使いものにならないほど分厚い鋼板を作った．自動車製造業者の生産性は生産された自動車台数で測られた．自動車がうまく走らなかったことは，驚くに値しない．1970年代のソビエト連邦と東ヨーロッパの労働者1人当たりの産出量は，西ヨーロッパとアメリカの3分の2未満であったと推計されている．この計算は国別の資本量の違いを調整したものなので，このことは，計画経済が労働者の生産性を可能な水準よりも3分の1も低くしていることを意味している．計画経済下での中国の農民の生産性は，人民公社が廃止された後に比べて約半分であった[4]．経済を中央から制御することの結果は浪費なのである．

　経済全体の計画はなぜ失敗したのであろうか．答えの一部は明確であるが，他の一部はそれほど明確ではない．経済を運営する権力は，少数の人々に集中していた．そう言っても議論の余地はないと思われるが，スターリンの官僚たちは人々の最善の利益を第一に考えていたわけではなかった．権力は腐敗するものだが，計画者は経済に対する絶対的な権力を持っていた．エドマンド・ウィルソンが彼の同情的な社会主義思想史『フィンランド駅へ』の中で書いたように，「レーニンの目的はもちろん人道主義的，民主主義的，反官僚主義的なものである．しかし，レーニンの目的にとって状況の論理は強すぎるものであった．」共産党は「専制的な機械へと変貌した．」ウィルソン

4）生産性の推計はBergson（1992），McMillan, Whalley, and Zhu（1989）．

は国家による生産手段の接収は「決して，独裁者たち以外の誰の幸福も保障する」ことができなかったと結論づけた[5].

　しかし，計画者に責任を押しつけることは，計画経済が失敗したもっと深い理由を見落としてしまう．あなた自身が中央計画者になったと想像して欲しい．その仕事は経済全体の設計である．あなたは国のために全力を尽くしたいと考えている．すなわち，可能な限り，すべての人の必要を確実に満たしたい．あなたなら，どのようにそれを行うだろうか．

　これは絶望的なほど難しいことである．鉛筆のような単純なものでも，一国全体での生産を管理するためには，来年どれだけの鉛筆が必要となるかを見積もらなければならない．次に，さまざまな鉛筆工場に注文を分割し，小売業者と鉛筆メーカーの行動を調整し，鉛筆メーカーの生産スケジュールとグラファイト，木材，ゴムのサプライヤーのスケジュールを合わせ，鉛筆と投入物の価格を適切に設定しなければならない．

　経済全体の資源の最適配分を計算する仕事は莫大なものであり，今日ですら，最大最速の現代コンピュータをもってしても実行することは不可能である．共産主義的計画経済が始まったとき，このことは予測されなかった．ロシア革命直前の1916年に，レーニンは，社会主義経済の運営に必要な「経理とコントロール」は「監視し，記録し，領収書を発行するという非常に簡単な操作であり，読み書きができ，算数の最初の4つのルールを知っている誰でもこなすことができる」と書いている．レーニンはより簡潔に，どのような料理人にも計画経済の管理を教えることができるだろうとも言っている．計画経済に関する誤った考え方は，レーニンのジョークの中に隠されている．経済が料理人によって効率的に指令されるということはありえない．アインシュタインにもできない相談である．ソ連の計画経済では，数億人の人々と数十万社の企業をコーディネートしなければならなかった．この作業は，計算論的に実現不可能だったし，今でも不可能である[6].

　『職種・肩書辞典』に掲載されているところによれば，アメリカには約2万

---

5) Wilson (1940, pp.480, 483).
6) 計画経済の計算上の失敗についてはHayek (1945) によって鋭く分析されている．引用はWilson (1940, pp.451-452) から.

もの異なる職種が存在する[7]．中央集権的計画には，このような多様性に対応する手がかりさえ得られなかっただろう．誰かがどこかで従事しているもっとも訳のわからない仕事の中には，バレル・スクレーパー[*1]，ボローニャ・レーサー[*2]，シリアル・ポッパー[*3]，デューリー・ライダー[*4]，エッグ・スメラー[*5]，ナッパー[*6]，パドラー[*7]，パッファー[*8]，スクラッチャー[*9]，ウォール・アテンダント[*10] のようなものがある．この種の複雑性に対して計画者ができることは，その複雑性を押さえ込んでしまうことだけである．

これで，中央計画者が直面する問題が終わるわけではない．企業から企業，企業から顧客への数十億もの財やサービスの流れだけではない．たとえ経済の多面的なクモの巣を映し出すことができたとしても，中央計画を立案する試みはより深い障壁でついえてしまう．計画することができるほどに，経済の詳細な動きについて十分に知ることはないだろう．

どんな経済でも，知識は分散して存在している．たとえば，どれだけの鉄鋼を生産するか，その生産をどのようにさまざまな鉄鋼生産者に配分するかを決めるためには，計画者は鉄鋼を製造するのに何が必要かを理解している必要がある．この情報は生産者から引き出す必要があるが，生産者による情報の開示にはインセンティブという障害が立ちはだかっている．もしある企業が生産コストが低いとか，生産能力が高いと報告するなら，計画者はその企業に多くの量を生産するように命令するだろう．この事実を企業の経営者が見逃すはずはない．より容易な目標を得るために，もちろん計画経済下の

7）『職種・肩書辞典』はアメリカ労働省によって公刊されており，www.oalj.dol.gov./libdot.htm にある．
 * 1）樽の頭部に印字された情報を削り取る人．
 * 2）ボローニャ・ソーセージの回りをひもで縛る人．
 * 3）原材料をシリンダー入れ，それを操作して朝御飯のシリアルを作る人．
 * 4）車を連結し，動力のスイッチを入れる人．
 * 5）腐った卵を嗅ぎ分ける人．
 * 6）繊維を毛羽立てる人．
 * 7）しっくいの懸濁液をかき混ぜる人．
 * 8）球状の熱い金属でアイロンをかける人．
 * 9）フェルトやウールの帽子の毛をスムーズにして磨く機械を見る人．
 * 10）壁に貼られた紙や黒板に，オッズなどのレースの情報を書く人．

企業は自分の知識を隠してしまう.

西側に亡命した1950年代のソビエトの経営者は,計画のプロセスが「生産の全部門とその会計システムにおける膨大な量のいつわり」を含んでいると報告している.「至るところに,抜け穴,嘘の数字,虚偽の報告が存在している.」[8] 経営者たちは,企業を監督する省庁に対する報告の中で,企業の費用と生産能力について虚偽の報告をしていた.彼らは,労働,資材,設備の必要性を誇張し,技術改善を知らせず,新しい機械の生産性を隠し,手持ちのエンジニアの人数を過少申告し,仕事に必要な時間を過大申告した.同様の虚偽の申告は,ヒエラルキーのすべてのレベルで発生した.企業の内部では,生産現場の監督が中間管理職に水増しした報告をし,中間管理職も経営トップに対して同じことを行った.虚偽報告は企業レベルだけでは終わらなかった.企業に直接責任を持つ官僚は中央計画委員会に対して,その企業の生産能力を過少報告した.こうしたことの結果は,実際の生産能力と報告された生産能力の乖離の累積であった.ソビエトの経済全体が,歪められた情報に基づいて立てられた計画に従って運営されていたのである.

情報不足は,単なるソビエト・システムに生じた不具合では決してない.情報不足は中央からのコントロールにつきものである.多くの情報は一番下のレベルで発生する.経済を運営する上で重要な知識は科学的・工学的知識だけでなく,しばしば一時的で一見些細なことに関する,より日常的な事実からも構成されている.地域的条件や特殊な状況に関する知識は時に価値あるものであり,こうした知識は人々が日々の仕事の副産物として獲得するものである.重要な情報を持った人々は,計画者に報告したことが究極的には自分たちに影響を与える仕方で使われることを認識しており,情報を自分の利益になるように使おうとするかもしれない.このことはしばしば,ソビエトの経営者のように,知識を自分たちの中に囲い込んでしまうという結果をもたらす.

人々が自分の知識を中央に伝えるようとするか否かはさておき,その情報を伝えること自体が不可能かもしれない.人類学者ジェイムス・スコットは,

---

8)計画経済の情報上の失敗についてはBerliner(1957)によって素晴しく詳細に示されている.引用はp.161から.

局所的な知識，常識，抜け目のなさ，実践的技能，ノウハウを思い起こさせるために，古代ギリシャ語のメーティス（metis）という言葉を復活させた．メーティスは「常に変化する自然的・人的環境に反応する上での，広範な一連の実践的なスキルと獲得された知性」から成る[9]．流体力学と構造安定性の専門家だが海を渡った経験のない物理学者よりも，メーティスを持ったベテラン船長に託された船の方が荒れ狂う嵐の中を生き残る可能性が高いだろう．スコットが指摘したように，偉大なシェフが書いた料理の本であっても，本の中にはシェフの知識の一部しか含まれておらず，アマチュアが盲目的にそのレシピに従ったとしても，シェフの作った料理には敵わないだろう．反復や実践から得られた技能の多くは直観的なものであり，書かれたルールに還元することはできない．どのような経済でも起こるような多くのことに，メーティスが含まれている．書けないことは，計画に取り込むことができない．

「どうして，246種類ものチーズが存在している国を統治することができると期待するのだろうか．」フランスの大統領であることに不満を述べて，シャルル・ド・ゴールはそのような問いを発した．ド・ゴールは国を統治することはできたかもしれないが，彼をもってしてもフランス経済全体を計画することはできなかっただろう．

市場経済はなぜ機能するのか

　経済全体の計画を機能しないものとして退けるのであれば，市場がかなりの役割を果たさねばならないと結論せざるをえない．しかし，市場がその仕事を遂行できることを，われわれはどうすれば知ることができるのだろうか．現代経済のような複雑なシステムにおいて，全体に対する責任を負う人なしに，競争市場はどのように無政府的混乱を避けることができるのだろうか．

　取引は，こみ入ったつながりの中で発生する．原材料から始まって，財は

9）Scott (1998)．引用はp.313から．スコットは，解決策として市場を支持しているわけではないが，中央集権的方法の失敗例を多数示している．さまざまな思想的背景を持つ学者たちが，中央集権的方法の致命的な欠陥として局所的知識を利用できないことを指摘している．Hayek (1945) と Stiglitz (1994) も参照．

価値を付加する多くの企業を通り，最終的に完成品が消費者のもとに届く．牛から牛乳を取り，それが乳製品工場にゆき，さらにそれがスーパーマーケットにゆき，そして読者自身のもとに届くというような毎日のことですら，困難な物流の問題を抱えており，多くの人々のコーディネーションを必要とする．市場はこの問題をどのように解決できるのだろうか．

　アダム・スミスは書いている．「われわれが夕食を期待できるのは，肉屋，酒屋，パン屋の博愛によってではなく，彼らが自分自身の利益を顧慮することによってである．われわれは彼らの博愛心にではなく，彼らの自己愛に訴えるのである．また，彼らに語るのは，自分の必要性についてでは決してなく，彼らの利益についてである．」人々は価格に導かれて選択を行う．財は生産され，それを欲し，それに対してお金を支払うことができる人々に届けられる．自己利益はより大きな善のために利用される．スミスは有名な言葉で結論づける．自分自身の利益のみを意図しながらも，生産者もしくは買い手は「見えざる手によって導かれ，彼の意図とは無関係な目的を促進する．」[10] 1776年にスミスが定式化した見えざる手の比喩は，市場経済をつき動かすものに関する古典的な説明である．

　これは，アダム・スミスの洞察が見えざる手の比喩を超えて取り上げられ，厳密な理論的基礎が与えられるようになる約2世紀も前のことである．競争的市場は数百万の人々の行動を調和させることができるだろうか．レオン・ワルラスは19世紀後半にこの疑問に答えるための最初の大きな第一歩を踏み出した．経済の中の各財とサービスに対して需要と供給の均衡を表現する方程式によって経済の数学モデルを定式化したのである．ワルラスは，すべての市場で同時に供給と需要が等しくなりうるのかという重要な問題には解答を与えなかった．この問題は1954年まで未解決のままだったが，この年，ケネス・アローとジェラール・ドゥブルーは，ノーベル賞を獲得する業績となる相当に数学的な論文の中で，「市場経済に関するスミスとワルラスのモ

---

10) このパラグラフは，スミスが「見えざる手」によって意味しようとしたと一般的に考えられているものを描写している．実際には，スミスはもっと違うものを表現していたようである．Grampp（2000）を参照．しかし，ここで重要なのはテキストの解釈ではなく，スミスに結びつけられるようになった考え方である．引用はSmith（1976, vol.1, pp.18, 477）から．

デルの内的な論理整合性を確認した」（ノーベル委員会からの引用）のであった[11]．経済学の最高の到達点の一つとして，アロー＝ドゥブルーの理論は，個々人の別個の意思決定が整合的な全体的結果に集計される正確な条件を示した．価格は，財の不足や過剰が存在するときに需給均衡を回復するように上下し，そのことによって経済の舵を取る．経済は，市場の見えざる手によって整合的に方向づけられうる．

　市場経済においては，経済の運営に関する計算と意思決定は，計画経済における場合よりも小さな部分に分割されている．うまく機能している市場においては，価格は自己修正的メカニズムとして作用する．ある財の生産量を需要量が上回るときには，財をどうしても欲しいと思うため現行価格以上に支払ってもいいと考える潜在的買い手が，価格を上方に押し上げる．こうして価格がより高くなると，生産者は産出量を増加させることになる．バレル・スクレーパーの仕事に空きがあるときには，雇用者が提示賃金を引き上げ，人々はそれに反応して仕事を変える結果，仕事の空きが埋められる．価格システムにおいては，中央計画経済とは異なり，いつ需給不均衡が発生したかを知る中央当局が存在する必要はないのである．

　価格の動きが経済を安定的結果に導くことができるという証拠は，実験経済学によっても示されている．ヴァーノン・スミスらが行った研究である[12]．経済は，実験室の中では，被験者たち——通常は大学の学部学生である——が消費者と企業の役割を担うことによってシミュレートされる（被験者が真剣に意思決定を行うように，意思決定の結果にもとづいた現金の支払いがなされる）．この実験市場のルールがうまく設計されているときには，経済の中の誰も理論的均衡水準（つまり需給の一致する水準）の計算ができるほどの情報を持っていなかったとしても，価格はすぐにそこに落ち着くのである．ヴァーノン・スミスが言うように，「人々は取引者として生まれてきた」のである．取引を治めるルールが実験上の経済に需給を等しくする結果を「計算」するよう促しているのである．

11）Arrow and Debrew（1954）．引用はノーベル賞のウェブサイト www.nobel.se のドゥブルーの業績
　　についての文章からのもの．
12）Smith（1982）と Plott（2000）を参照．

　意思決定の分散から，われわれがときどき「市場の知恵」と呼んでいるものが発生する．市場が起こす大きな間違いは，計画者が起こす大きな間違いよりも少ないのである．その理由は，ビジネスマンたちが官僚たちよりも賢いものと決まっているからではない．たとえば，コンピュータ産業で言い伝えられている話は，多くの間違った予測が，その道のことをもっともよく知っているはずの専門家の人々によってなされてきたことを物語っている．コンピュータの発明に寄与した天才的数学者ジョン・フォン・ノイマンは1954年に，「世界市場には5台のコンピュータがあれば十分だと思う」と言っている．1977年には，ディジタル・イクイップメント・コーポレーションの社長ケン・オルセンは「誰も家庭用にコンピュータを欲しがる理由はない」と言っていた．1981年には，マイクロソフトの創立者ビル・ゲイツは「誰にとっても640Kで十分なはずだ」と言ったと伝えられている．誤った予測をしがちであるという点では，ビジネスマンも他の人々も同じである．しかし，市場経済の中では，そのような多くの予測にもとづく行動が同時に行われている．それらの予測のあるものは正しく，あるものは間違っているだろう．これとは対照的に，計画当局が経済的意思決定を独占することは，追求される経路の数を制限してしまうことになる．市場経済がうまく行くのは，予測が通常正しいからではなく，誤った予測の結果がチェックされるからなのである．市場経済では，一国全体が分散して賭けをしているのである．

インターネットの分権的構造

　経済の全体を効果的に計画することは不可能なのだから，市場による運営が許容されなければならない．しかし，だからと言って，市場が経済全体を網羅すべきであるということにはならない．インターネットの物語は，市場のような分権的システムの利点を示すと同時に分権化の限界をも示してくれる．

　インターネットの機能の仕方は，市場経済に似ている．市場経済が企業と企業，企業と消費者をつなぐシステムであるのとちょうど同じように，インターネットはコンピュータ・ネットワークとコンピュータ・ネットワークをつなぐシステムである．市場経済とインターネットは主要な特徴を共有して

いる．分権的構造と，その結果として生じる融通のきく性質である．インターネット企業の経営者ジョン・クォーターマンによれば，インターネットの「最強の特徴」は，「それをコントロールする単一の主体が存在せず，各部分が自分自身を運営し，協力し合ってネットワークのネットワークを形成していることである．これがインターネットだ．」ワールド・ワイド・ウェブは，その発明者のティム・バーナーズ゠リーによれば，「数千人の草の根の努力によって」テイクオフした[13]．

インターネットには，ソビエト連邦の計画当局であるゴスプランのような中央計画局は存在しない．強い中央当局の代わりに，多くの人々がそれぞれ小さな一部をコントロールしている．結合してインターネットを形成している多数のネットワークは，何千ものサービス・プロバイダーと何百もの電気通信会社によって運営されている．

インターネットは最初からモジュラー構造を持つように設計されており，インターネットの一部分は，他の部分の活動を邪魔することなしに変化させることができる．これは効果的だった．この構造がインターネットを適応可能なものにし，参加型のものにしたからである．ユーザーのニーズがインターネット発展の動力となった．インターネットは恒常的にアップグレードされている．そのオープンな構造は，インターネットが計画ではなく，進化によって発展することを可能にした．インターネットの発明者も，インターネットがどうなるかを予見できなかった．最初は軍と科学者のための道具として考案されたインターネットは，郵便サービス，図書館，ショッピング・モールの代用物へと転換した．

仮に集権的に制御されていたならば，インターネットが今日どのような姿になっていたか想像してみよう．たとえば，マイクロソフトやIBM——それを言うなら米国郵政公社の方が適切かもしれない——をインターネットにおけるゴスプランに相当するものだったとしてみよう．集権的制御はインターネットの発展を阻害し，多様性は失われていただろう．分権的なインターネットでは，われわれはインターネット接続の仕方を各自選択することがで

---

13) クォーターマンの引用は Gromov (1998) から．バーナーズ゠リーの引用は *San Jose Mercury News*, January 30, 2001, books section, p.2 から．

きる．ワールド・ワイド・ウェブに接続するために，利用可能なプログラム
をどれでも使用することができる．ウェブだけでなく，インターネットを通
信媒体として使用する多くのタイプのシステム（e メール，ファイル交換，さ
まざまな種類のライブビデオや動画映像，テルネット，仮想私設ネットワークな
ど）から好きなものを選ぶことができる．コンピュータのブランドも選択可
能である．中央計画者であったなら，柔軟性と生産性を犠牲にして，すべて
の人に同じソフトウェア，同じデータ転送方法，同じハードウェアの使用を
強要していたかもしれない．

　インターネットと同程度に複雑などんなシステムにおいても，構成要素が
いかに機能するかに関する知識はシステム全体に分散して存在しており，誰
も全体を把握することができない．経済学者ハル・ヴァリアンとその同僚た
ちによる研究によれば，ワールド・ワイド・ウェブには 1,000 万から 1,200
万冊分の本と同じだけの内容のテキストが存在している[14]．データがイン
ターネットを流れていくプロセス全体を理解している人は誰もいない．無数
の相互接続の様子を描いた地図も存在しない．何台のコンピュータがインタ
ーネットに接続し，接続している人々が皆どこにいるのか，彼らがインター
ネットで何をしているかを知っている人は誰もいない．もっとも洗練された
ロボット検索プログラムも，インターネットの一部を探索し記録することし
かできない．ネットワーク全体の現状を監督することは不可能である．集権
的制御には中央からの監視が必要となる．インターネットは監視可能である
べきだと固執するならば，インターネットに永続的な低開発状態を強いるこ
とになるだろう．

　集権的制御のさらにずっと大きなコストは，イノベーションの抑制である．
過度に中央集権化したシステムの主な欠陥は，局所的な知識を収集し，活用
することができないことである．システムをどう改善すべきかについてのも
っとも良い洞察は，しばしば現場にいる人々が持っている．よいアイディア
は，少なくとも中央にいる人々から生まれるのと同じくらいの頻度で，実地
のユーザーから生まれる．中央当局は通常，こうした想像力のエネルギーを

14）Lyman et al.（2000）.

うまく活用することができない．集権的に制御されているシステムにおいては，現場にいる人々は，たとえ自分によいアイディアが浮かんだとしても，それが実用化されるか否かの意思決定が遠い中央当局によってなされることを知っている．現場の人々は，自分のアイディアが的外れな仕方で実行される可能性を予見すれば，わざわざイノベーションの努力をしないだろう．反対に，中央の人々がイノベーションの促進を望んだとしても，彼らには，必要な知識を持っている人々を動機づける方法がわからないだろう．創造的な人々を動機づける最善の方法は，彼らにイノベーションに対する利害関心を持たせることである．つまり，自分が適切だと思うアイディアに従う自由を彼らに与え，生み出された収益の一部を確保することを許すということである．これは分権的システムを用いることである．

　これまで，多様な人々やグループがインターネットの改善に貢献してきた．誰かが「あるクールな特徴をつけ加えたいと望んだとしても，ネットワーク同士が結ばれた世界では，それは全然問題ない」と初期にインターネットの研究をしたコンピュータ科学者デイヴィッド・アイゼンバーグは言った．彼はつづけて，コントロールの中心的なポイントがないので，「誰でも末端でコントロール権を持っており，誰でも何でもすることができる」のだと言った[15]．その結果，技術とビジネス手法の両面で，目を見張るようなイノベーション能力が生まれた．たとえば，技術面では，電話，郵便，放送サービスを大変革する低コストのコミュニケーション手段が生み出された．ビジネス手法では，財・サービスの売買方法の再構築がもたらされたのである．

　インターネットの成長は「偶然の出来事や一時的な流行ではない」と『エコノミスト』誌のクリストファー・アンダーセンは言う．それは，「個々人の創造性が持つ力を解き放ったことの帰結なのである．もしこれが経済であったならば，中央計画経済に対する自由市場の大勝利ということになるだろう．音楽で言えば，バッハに対するジャズの勝利である．独裁制に対する民主制の勝利である．」[16]

15）*New York Times*, February 10, 2000, p.C1.
16）アンダーソンの引用は Gromov（1998）から．

インターネットは集権的制御も必要としている

つまり，分権化ということがインターネットの本質である．インターネットの推進者たちが言うように，インターネットは「本質的に（naturally）」自由なものである．インターネットは，いかなる集権的制御や指令もなく運営されるリバタリアン的システムとして記述されることが通常である．たとえば，インターネット広告の大企業ダブルクリック社の最高責任者ケヴィン・オコナーは，インターネットを「リバタリアニズムのための世界規模のプラットフォーム」と記述している[17]．インターネットをリバタリアン的と呼ぶことは，陳腐な決まり文句となった．しかし，それは決まり文句であるだけでなく，間違いである．

インターネットにリバタリアン的というラベルを貼ることは，それがいかに始まり，どのように運営されつづけているかという事実に反している．コンピュータ起業家のシャロン・アイズナー・ジレットとミッチェル・ケイパー（両者はソフトウェアの大会社ロータス・ディベロップメント・コーポレーション社の設立者である）によれば，「完全な無政府状態とする一般的な描写とは反対に，インターネットは実際には管理されている．」インターネットは完全に分権化されているわけではないのだ．ジレットとケイパーの勘では，インターネットの日々の運営の99％は何の指示もなく行われている一方で，さまざまなルーチンではない活動からなる残りの1％のために中央当局が必要とされている．さらに言えば，中央当局は当初システムを立ち上げるために必要とされたし，新しい活動をインターネットに統合していくために必要とされつづけている[18]．

インターネットの中央集権的な意思決定のいくつかは，ボトムアップに運営される組織によるものである．たとえば，技術的管理や標準設定は，IETF（Internet Engineering Task Force）のようなアドホックなボランティア団体の責任となっているが，これらの団体は，開かれたメンバーシップと民主的な手続きで運営されている．しかし，自主規制が中央集権的意思決定の唯一

17) *New York Times* November 21, 1999, p.3-1.
18) インターネットの起源とその分権性については，Abbate（1999），Claffy, Monk, and McRobb（1999），Gillet and Kapor（1997）を参照．

の形態というわけではなかった．政府もまたその役割を果たしてきたのである．インターネットは自生的に発生したわけではなく，政府によって構築されたものだ．インターネットに関して，そのときばかりは，政府が勝者を選択したのである．

インターネットをスタートさせたのは，国からの補助金である．アメリカ政府は，インターネットの前身を構築するために約1億2,500万ドルを支出した[19]．1960年代と1970年代，アメリカ軍はデータ共有のためにコンピュータを繋ぐ方法に関する研究のスポンサーとなり，この研究が大学のコンピュータのネットワークをもたらした．重要な技術的進歩は，ヨーロッパ諸国政府の協力的な努力の結果であるヨーロッパ素粒子物理学研究所（フランス語の頭文字CERNで知られる）によってももたらされた．アメリカ政府の科学機関である全米科学財団（NSF）もまた，軍からコンピュータ・ネットワークに関する責任を継承した1980年代以降，かなりの資金を提供した．1995年になって初めて，アメリカ政府はインターネットの直接的管理をやめた．

政府の資金提供だけが重要だったわけではなく，政府の意思決定も重要な要素だった．皮肉なことに，インターネットがこれほど分権化されているという当の事実は，中央集権的になされた意思決定の結果である．1980年代初頭，アメリカ軍は利用の柔軟性を確保するために，モジュール構造を要求した．他にも，インターネット・プロトコルの採用という軍の意思決定は，お互いに話をすることができるためには異なる種類のコンピュータ間で共通の言語を必要とするという問題を解決した．ネットワーク間の非互換性が発生する可能性があったが，互換性がなければファイルを送ったりウェブページを見たりすることは難しくなっていただろう．適度の中央集権的管理なしには，インターネットは今日われわれが経験しているような柔軟で簡単に使える道具には成長していなかったに違いない．

いくらかの管理は依然として必要である．特に，ドメイン名またはドット・コムのアドレスに関してはそうである．ネットワークが機能するために，それぞれの名前は一意のものでなければならないが，これはコーディネーシ

19）Press（1996, Table 3）．

ョンなしには確実に実現することができない．ドメイン・ネーム・サーバーには中央集権的要素が不可避的である．これらのサーバーは，「.com」や「.edu」のような形で終わる各アドレスに対して1つないし2，3あるが，電話帳のような役割を果たし，アドレスのマスター・リストを保持し，コミュニケーションの経路決定が正確に行われることを保証する．インターネット利用者にドメイン名を割り当てるシステムもまた，集権的に行われることが避けられない．使用可能な名前は，決められた規則に合致していなければならない．当初，アメリカ政府は政府自身か下請を通して，ドメイン名の配分を行っていた．1998年政府は，ドメイン名の配分を行う機関として民間非営利団体 ICANN（the Internet Corporation for Assigned Names and Numbers）を設立した．ICANN はインターネットを自由で非公式的なものとみなす人々の間で論争の対象になった．ICANN は彼らが欲しいと思うドメイン名の選択を妨げることができるからである．しかし，ある種の調整は必要とされる．「好むと好まざるとにかかわらず，すべてをうまく機能させるためには，ただ1つの基になるものがどうしても必要でしょう」とインターネットのパイオニアで ICANN の理事長となったヴィントン・サーフは言う．「共通基盤となるルールは存在すべきです．それこそ ICANN が達成しようと努力しているものです．」[20]

　インターネットの商取引は，契約や知的財産保護に関して，国家が提供する現存の法システムに依存してきた．反トラスト規制の機構は，伝統的企業を守ってきたのと同じように，インターネット企業を略奪的競争から守ってきた．また，国家はコンピュータ・ウィルスをまき散らす者を訴追してもいる．

　したがって，インターネットは互いに相反する2つの教訓をわれわれに与えてくれるのである．インターネットの活力は分権化の中に存在している．数十万人の人々のイニシアティブと想像力がインターネットを発展させてきた．しかし分権化にも限界がある．インターネットの成功の非常に重要な側面は，集権的管理の存在である．これはインターネットの物語の中でも，ユ

20）*San Jose Mercury News*, January 14, 2001, p.6F．

ーザーたちがインターネットに対して自由に創造的な適応をすることができるということに比べて，ずっと小さな部分であるとされてきた．しかし，それは不可欠なものであった．インターネットを立ち上げ，ルールのいくつかを設定するのに政府の援助がなければ，インターネットは頓挫していただろう．厳格に制限されなければならないとはいえ，いくらかのコーディネーションは今も必要である．インターネットや他の複雑なシステムにおいては，管理と自律性の両方ともが必要不可欠である．大事な点はそのバランスを正しく取ることである．

　現代経済はインターネットよりずっと複雑である．ある推計によれば，ワールド・ワイド・ウェブに含まれる情報量は，世界の総情報量の0.001％だけである[21]．インターネットは大きなものではあるが，それほどは大きくないのである．インターネットがある程度の管理の枠組みの内部で分権化される必要があることの理由はどれも，現実経済のあらゆる場面で適用可能なものばかりである．

市場における政府の役割

　成功した起業家は，フランク・シナトラの言葉のように，「私は私のやり方でやってきた」と信じたがるものである．これは大方は正しくても，完全には正しくない．通常，国家がその土台を作っているからである．アメリカ経済の発展の過程において，国家はずっと存在してきた．すでに述べたように，インターネットは政府が立ち上げたものである．コンピュータ，電気通信，バイオテクノロジーのようなハイテク産業一般は，政府の基礎科学研究に対する資金提供なしには発展しえなかっただろう．航空宇宙産業は軍事調達の上に築かれたものである．1950年代にアイゼンハワー大統領によって始められた州間幹線道路は，長距離商業を促進した．

　もっとも雄弁な市場支持者であるアダム・スミスもまた，市場の限界を認識していた．何でも市場によって供給することはできない．国家は，国防と警察力を提供することによって市民を守らなければならない．さらに，国家

---

21) Lyman et al.（2000）.

は，「社会にとって非常に有益かもしれないが，その性質上，どの個人に対しても利潤では支出を賄えないような公的制度や公共事業を設立し，あるいは維持する義務を」負っている[22]．

　こうした財・サービスは公共財と呼ばれるものである．公害のコントロールや警察による治安維持がその例である．公共財は2つの特徴によって定義される．まず，公共財は「非競合的」である．それの意味するところは，ある人が公共財から便益を受けたからといって，他の人々にとって利用可能な公共財の数量が減少しないということである．公共財とは異なり，たとえばパン一斤のような通常の財は，消費されると使い尽くされてしまう．しかし，公共財はそうではない．きれいな空気や効果的な警察力からもたらされる安全性は，それを誰かが享受することが，他の人々が正確に同じ便益を享受することの妨げとなることはない．第2に，公共財は「非排除的」である．これの意味するところは，ひとたびその財が存在するようになると，誰でもその財からタダで便益を受けることができるということである．汚染されていない空気や警察からの保護は，それらを供給するための支出負担に貢献しようがしまいが，それらからの便益を受けることができる．公共財には財産権が存在しないのである．

　公共財から得られる便益は非常に広範なものなので，その供給を市場に任せっきりにすることはできない．きれいな空気，効果的な警察活動が提供する犯罪がない状態，もしくは国防による安全保障は，すべての人が享受するものなので，誰に対しても料金の請求をすることができないし，企業はそれらの供給のために支出をしようとはしないであろう．支払いをしようがしまいが，すべての人に便益を与えるので，公共財はある程度のコーディネートされた意思決定なしには，過少供給されることになってしまう．小さな緊密な共同体であれば，自分たちの公共財を独力で作り出すことができるかもしれないが，多数の人々に便益をもたらす公共財は，政府による資金提供，そしておそらくは供給をも必要とする．ある種の公共財は国家によって供給されるか，さもなくば誰によっても供給されない．

22）Smith（1776, vol.2, p.244）．

　医療や教育にも，公共財的側面がいくらか存在している．伝染病を根絶したり，国民が確実に識字能力を持つようにすることは広範な便益をもたらす．したがって，ある程度の国家による供給は正当化される．しかし，整形外科やビジネス・スクールにおける教育のような別の側面では，ほとんどの便益は直接そのサービスを受けた人のものとなるため，それらは公共財ではない．それでは医療や教育は，どの程度が国家の供給によるべきで，どの程度が個々人が各自市場を用いて解決すべきなのだろうか．公的供給と私的供給の境界線を正確にどこに設定すべきかということには，追加的な考慮が必要である．もちろん，この本で述べられているアイディアは，政府と市場のどちらによって医療がよりよく供給されるかという議論に重要な関わりを持っている．この本で展開されているアイディアは，医療市場がどのような仕方でもっとも良く設計されうるかということと，そのような市場の限界がどのようなものであるかに関する指針を提供するからである．しかしこの種の議論においては，何が公平かといったことに関する倫理的判断をも包含する別の論点もまた肝心である．

　公的な供給か私的な供給かといった問題は，問題となる財が公共財か否かといった技術主義的な考慮を越えたところで決定される．この問題は価値判断によっても決定されるからだ．国家の理想的な範囲は，非常に論争の余地の大きい争点である．私が議論している考え方も，うまくいく国家の規模に上限と下限が存在することを示しているという意味では，この問題への解答に役立つだろう．政府がこの範囲の外部にある国の生活水準は低くなるからである．ある政府は明らかに大きすぎ，民間部門によってもっとうまく供給できる財・サービスの生産まで引き受け，集権的制御の不器用さを生じさせている．別の政府は明らかに小さすぎ，コーディネーションの基本的機能や公共財の供給を怠っている．これらの機能は国家を必要とするし，それなしでは，洗練された経済活動が繁栄することはありえない．

　これらの明白な両極端のケースの間には，国家に対して，より積極的な役割を付与するものから，それほど積極的でない役割を付与するものまでの広い範囲が存在している．理性のある人々でも，政府の規模の大きさについて合意できない可能性がある．それは，豊かな人々から貧しい人々への所得再

分配の大きさについて合意できないからである．私はここでこの点について自分の立場を主張するつもりはない．政府が再分配を多くすべきと思うか，少なくすべきと思うかは，各人の個人的価値判断によるものだからだ．この問題は究極的には，目的ではなく手段についての学問である経済学による分析では解決不可能である．私は本書での議論を，市場がうまく機能する可能性に関する分析と市場設計における国家の役割を検討することに限定する．

　公共財についての前述の議論は，経済学の教科書から直ちに得られるものである（「非排除性」，「非競合性」といった重々しい専門用語はつきものである）．既存の経済学でこれまでそれほど検討されてこなかったのは，本書の主題の1つ，市場がうまく機能するためにはどのような公共財が必要とされるかという問題である．

　アダム・スミスは1776年の著作の中で，経済が成長していくにつれて，政府が拡大するだろうことを予見していた．すなわち，道路，橋，港などのように，彼が「社会における商業を促進する制度」と呼んだものの公的供給がますます必要とされるだろうことを．適切な投資収益を得るための価格設定が難しいために，公的なインフラストラクチャには国家の関与が必要である．しかし，公的供給は必ずしも公的生産を意味するわけではない．これらの設備は時に民間部門によって最も効率的に生産されるが，その公共財的性質によって，政府が支払い面で援助してくれることが必要となるのである．

　道路，橋，港への資金提供は，現代国家が商業を促進するための唯一の手段ではない．法的あるいは規制的インフラストラクチャを供給することによって，すなわち市場ゲームのルール設定の手助けをすることによって，国家はまた市場活動の土台をも供給しているのである．

地下経済という市場

　市場は国家の助けなしに自生的に発展する．ニューヨークの歩道は，まがいものの時計から，書籍，Tシャツ，花に至るまで，あらゆるものを販売する行商人で溢れている．ニューヨークを訪れた誰もが気づくように，彼らは有益なサービスを提供している．雨が降っているときには傘を，寒ければジャケットを，日差しが強ければサングラスを，しかも通常の店よりも便利に

かつ安く買うことができる．市議会が恣意的に免許数の上限を853に定めたことによって，1万近くの行商人のほとんどは無許可となり，合法的に開店することがほとんど不可能になった．許可を受けていない行商人たちは，ときおり，逮捕されたり商品を没収されたりして，警察からの嫌がらせを受ける．デイビッド・ディンキンスとルドルフ・ジュリアーニの両市長は，行商人たちを厳重に取り締まろうとした．ディンキンスは，彼らのことを「小商店や合法的商店の頭痛の種」だと言った．しかし行商人たちは耐えている．

　街頭販売は，グローバルな活動をするまでにもなっている．アンデスのすぐ近くのエクアドルのオタヴァロ・バレーでは，土着の職人たちがセーター，ポンチョ，毛布，敷物を織り，世界中に出荷している[23]．東京，アムステルダムといった他のさまざまな都市だけでなく，ニューヨークの道端でも，相当に目立つ衣装のオタヴァロの人々が手芸品を売っている．男はポニーテールにフェドーラ帽をかぶり，女は巻きスカートを履いている．数年間海外で過ごした後，かなりの貯蓄をして故郷に戻り，兄弟や従兄弟と入れ替わる．この取引の仕方は非常に生産的であり，オタヴァロ・バレーは栄えた．製造技術こそ，昔ながらのはたを使って伝統的なアンデスのデザインを作り上げる初歩的なものだが，オタヴァロの人々はファッションのトレンドに対しては21世紀流の反応の速さを示している．流行の色や柄に関する情報が行商人たちによってオタヴァロにファックスで送られ，2週間のうちに職人たちは現在のスタイルで作った新しいセーターやポンチョを海外に出荷する．

　ニューヨークの街頭行商人のように，企業や労働者が公的に登録されていないことを指して，その企業や労働者は地下経済にいると言う．開発途上国では，小売だけでなく製造もしばしば地下経済において行われている．地下経済において操業することは一方で，徴税者に把握されていないことを意味している．それはまた他方で，国家の保護の外側にいることでもある．地下経済の取引は，法システムや国家が提供するその他のサポートの便益を受けていない．

---

23) ニューヨークの行商人とディンキンスの引用は，*New York Times*, June 14, 1983, p. B1. *Financial Times*, June 3, 1998, p.4. オタヴァロ・バレーのネットワークについては *Los Angeles Times Magazine*, November 14, 1993, p.30.

　地下経済の取引はこっそりと行われているため，どれだけの事業活動が行われているかを正確に推計することは難しい．その推計には，バラバラの手掛かりを工夫してつなぎ合わせるような経済学的探偵作業が必要となる．ランダムに選ばれた回答者に質問票を送って行われるサンプル調査が，経済の一部分から経済の全体像を構成するために使われることがある．他には，その国の年間総支出と測定された総所得の比較を行なう方法がある．国民経済計算の仕組みにより，これら2つの合計値は一致するはずである．しかし，もし所得を生み出す活動が地下経済で行われているために当局に報告されていなければ，測定された所得は総支出よりも小さくなる．地下部門の規模は，これらの数字の差から推測することができる．さらに別の方法としては，電力使用量から推測する方法がある．総経済活動は電力消費と強く連動しており，ほとんどの国では，経済活動の1％の増加は電力消費の約1％の増加をもたらす．したがって，一国の総経済活動はその国の電力消費量から推測することができる．この総額から公式に報告された経済活動水準を引くことにより，地下経済活動の推計額が得られる[24]．

　これらの方法を組み合せることによって，ナイジェリア，エジプト，タイが世界でもっとも大きな地下経済を持っていると推定されている．その額は，公式の国民所得のほぼ4分の3になる．ペルー，フィリピン，メキシコ，ロシアのような国々では，地下経済は公式の経済規模の約半分の大きさであり，タンザニア，チリ，韓国では約3分の1である．したがって，これらの国々は，報告されている国民所得で示されるほどは貧しくはない．公式の国民所得は経済活動のかなりの部分を見落としているのである．たとえば，ナイジェリア，エジプト，タイのような極端なケースでは，もし地下経済の推計値が正確ならば，人々の所得は公式データが示すよりも概ね4分の3だけ高いことになる．

　地下経済の数値は良いニュースでもあり，悪いニュースでもある．地下部門の存在は，一方で，多額の市場活動が国家と独立に行われうることを示している．市場にとって国家は必要不可欠ではなく，機能していない政府や敵

---

24) 地下経済の計測方法と引用されている推計のソースは Schneider and Enste (2000) を参照.

対的な政府の下でさえ，市場は栄えることができるのである．

　他方では，多額の地下活動を抱える国々は貧しいという傾向がある．北ア
メリカや西ヨーロッパのような豊かな国々においては，地下経済は国民所得
の約10分の1の大きさである．これらの国々における地下経済活動は，主
に街頭販売の売上，租税当局に報告されない自営業の所得，物々交換取引に
よって構成されている．対照的に，開発途上国の地下経済には，通常の製造
企業やサービス企業の多くが含まれている．豊かな国々では大多数の経済主
体が国家にサポートを要求することができるが，貧しい国々では多くの経済
主体がそれをできない．

　国家の役割とは何であろうか．多額の地下経済活動は，国家がない場合だ
けでなく，国家が破壊的であったとしても，市場が機能できることを示して
いる．これは国家が市場にとって重要なかかわりを持たないことを示してい
るのだろうか．もし国家が手を引きさえすれば，市場参加者たちが必要とす
る市場をサポートするメカニズムをすべて自分たち自身で供給していたのだ
ろうか．

地下経済の不安定性

　エルナンド・デ・ソトは，有名になるべくして有名になった『もう一つの
道』という本の中で，ペルーの活気ある地下経済を，国家からほとんど独立
して人々自身が運営する民主的システムとして描いた[25]．無免許の起業家
たちが非公式の旅客輸送を発展させた結果，1980年代には，免許を持つ人々
が走らせる大量輸送車両はリマ全体の10％に過ぎないほどになった．無数
の街頭販売人たちが無許可で，税を支払うことなく，食べ物，煙草などを販
売していた．当局は，街頭販売人たちを規制しようとし，彼らを非常に低価
値の商品の取引だけに制限する法令を可決した．しかし，これらの法令に実
効性を持たせることはできないことが明らかとなり，最終的にリマ市長は，
彼には街頭販売をコントロールすることができないと敗北を認めた．

　リマの街頭販売者たちの多くはグループを形成し，路地裏に市場を作り出

25）ペルーの地下経済の情報はde Sotto（1989）をもとにしている．特に3章と5章．引用はp.152
　　から．

した．土地に不法に居座り，屋台を設置するために無許可の建造物を建てた．
これらの市場が販売していたのは，ほとんどが食糧であるが，それ以外にも
衣服や日用品が売られていた．屋台主が投資して市場に固定された建造物が
できたことによって，永続性があるような感覚が生じた．顧客は売り手が明
日も同じ場所にいるだろうと信じることができたので，市場の売り手と顧客
の間の信頼関係が発展する可能性が生まれた．市場の売り手は，街頭販売者
ではありえないような保証やアフターサービスの提供をし始めた．結果とし
て，家庭電化製品のような財の取引も行われるようになった．

　ペルーの地下経済の起業家たちは国家とは関係なく，自分たちのミニ経済
を運営している．彼らは地下経済に留まることで，過度に官僚化された国家
を回避している．デ・ソトの共同研究者たちは，官僚制のコストを実証する
ために，小規模の衣服工場を設立するために必要な官僚主義的手続きを自ら
経験してみた．根気強くすべてのルールと規制に従い，賄賂の支払いによっ
て可能な近道は取らなかった（免許を出す公務員たちからの賄賂要求は10回あ
った）．工場の操業開始に必要な11の異なる許可を得るのに，約1年かかっ
た．

　地下経済にとどまることは税を逃れることであるが，それは同時に，国か
らの支援が得られないことでもある．ペルーの地下経済の起業家たちは法シ
ステムを利用することができない．彼らは法律の代わりに自分たち自身の規
範や慣習を持っている．しかし，これらの規範や慣習には欠点がある．非公
式ルールは，法システムの十分適切な代替物とはなりえないのである．契約
法を利用できないために，地下経済の起業家たちは自分たちが評判を知って
いる人々とだけ取引をする．これは取引できる相手を限定することになるの
で，商売は小規模なままに留まってしまう．地下経済の事業主たちは，占有
している土地に関するアドホックな権利を持っているが，その権利は効果的
な法システムの下にある場合と比べて安全ではない．没収される危険がある
からである．その結果，起業家たちは，工場や設備に対するお金のかかる固
定的投資や，単純加工からもっと高度な財の製造へと成長することを可能に
するような投資をしたがらないことになる．法の外での操業には「莫大な費
用がかかる」とエルナンド・デ・ソトは結論づける．「一見した無秩序，資

源の浪費，権利侵害，日々の勇気は，非公式に操業する人々が，彼らに対する保護を拒否したシステムに代わるシステムを築こうとする，必死の創意工夫に富んだ試みである.」地下経済には限界があるのである.

　リマからニューヨークに至る，あらゆる場所の地下経済を調べるときに，もっとも印象的なのはそのダイナミズムである．活気があり，生活を維持していくエネルギーに満ち溢れている．市場は国家なしに繁栄することができる．しかし，もうひとつ目立つことは地下経済の不安定性である．地下経済の事業は，少数の例外を除いて，小規模なものである．地下経済の事業は，小売，サービス，小規模製造業といった簡単な活動に限られている.

　地下経済は，自生的秩序が市場の発展と繁栄を可能にすることを示している．しかし，それはある程度までのことである．取引が単純で企業が小規模であるときにだけ，自生的な秩序はうまく働く．その限界を超えると，政府がまったく存在しなければ，市場は機能不全に陥るのである．不介入が行き過ぎてしまうこともありえるのだ．現代経済はいくらかの管理を必要としている.

　街頭市場のような自生的に発生する市場は，比較的単純なものであるという意味で，市場一般の典型であるとは言えない．取引のほとんどは，街頭販売者による食糧や衣服の転売のような，生産のない純粋交換である．生産が行われたとしても，どれも小規模である．取引される財は，買い手が品質を簡単に確かめられるほどの単純なものなので，売り手が買い手を騙す余地はほとんどなく，買い手が騙されることを心配する必要性もそれほどない．取引が単純なところでは，市場の運営は容易であり，自由放任主義がうまく機能する．しかし，純粋に非公式なメカニズムで運営される市場では取引費用が高いので，結果として，多くの生産的機会が失われてしまうことになる．取引がもっと複雑なところでは，非公式なメカニズムには非常に大きな限界がある．市場は，すべてのことに対処するようには，自生的に発生しないのかもしれない．それでも市場が発生した場合，その市場は効率的に機能しないだろう.

　市場が効果的に機能するためには，財産権と契約を保護し，第三者に対する損害を制限するメカニズムが必要である．これらのメカニズムの多くは，

市場参加者自身によってボトムアップで提供される．しかし，いくらかのメカニズムはトップダウンで提供されるか，もしくはまったく供給されない．現代経済の複雑で大規模な取引を支えるには，法と規制が必要である．

市場の範囲

　市場設計のもっとも根本的な問題は，市場の範囲をどこで区切るべきかという問題である．繁栄している経済のほとんどの意思決定は，その意思決定と直結した利害を持つ人々に分権化されている．政府が必要以上の役割を担おうとしたり，政府に不向きなことをしようとするならば，経済はひどい状態に陥る．局所的な知識を動員できるという理由により，市場は中央計画経済に勝っている．他の中央集権的に運営されているシステムと同様，ソビエト連邦は局所的知識を動員することができなかった．

　対照的に，市場システムは情報の流れを効率よく利用している．うまく機能している市場では，価格が市場参加者の中に分散している情報を集計する役割を果たしている．価格がフィードバック・メカニズムとして機能することで，市場システムは何百万人もの行動をコーディネートする．

　中央計画経済の崩壊は，政府が経済に干渉すべきでないことを証明するものとして取り上げられることがある．しかし，これは誤った推論である．われわれは，黒くないものを見ても，それが白に違いないという推論を強いられることはない．政府が頻繁に失敗することは，理想の国家が最小国家であるということを証明しているわけではない．計画経済か完全な自由市場かというように選択を設定することは，過度な単純化である．広範な便益を提供する公共財は，国家によって生産されるか，少なくとも資金提供されなければならない．政府は必要以上のことをしようとすることがあるが，その反対に，必要なことすらしない可能性もあるのである．

第13章

他人のお金を管理する人々

Managers of Other People's Money

巨大企業の効率性

　企業が一国経済ほどの規模になることがある．ゼネラル・モーターズ（GM）の年間生産額は，ウルグアイとハンガリーの年間生産額の中間に位置している（GMの付加価値，あるいは純所得と賃金支払いを合計した額は350億ドルである．ウルグアイの国民総生産は200億ドル，ハンガリーの国民総生産は460億ドルである）．110万人を雇用するウォルマート・ストアーズの「人口」はモーリシャスと同じ規模であり，エストニアとほとんど同程度の大きさである．

　企業は市場経済を眺望するときにもっとも目を引く存在である．ここにパラドックスがある．企業はある種の集権的計画によって運営されている存在だからである．責任はすべて最終的にトップが引き受ける．企業内の取引は，市場ではなく，階層的コントロールに従っている．企業は企業間の取引に関しては市場を用いる一方で，企業内部の取引については意図的に市場を封じている．計画は，共産主義経済では過去の歴史になっているが，市場経済の企業においては今も盛んに行われているのである．

　ハンガリーやエストニアが計画経済で生産的になることができないのに対して，ウォールマートやGMが計画経済としてかなりの程度生産的なのはどうしてだろうか．計画が経済全体に対して行われるときに発生する資源の浪費から企業を保護しているものは何なのか．

　答えは3つある．〔第1に〕企業の所有者たちが，企業業績に直接の利害関

心を持っており，経営者の意思決定を監視している．しかし，大企業に関して言うならば，私的所有だけでは企業が効率的になることを十分保証するものではない．企業の外側にある市場の力が，企業を効率的に経営するように経営者を駆り立てている．〔第2に〕規律は製品市場からやってくる．企業は顧客がその企業の製品を買いたくなるように仕向けなければならないのである．〔第3に〕規律はまた金融市場からももたらされる．経営がまずい企業は倒産するか買収されてしまうからである．そして市場からの規律そのものは，反トラスト規制や金融規制の形で，部分的に政府の行動に依存している．

企業はなぜ存在するのか

　企業は不可避的に中央集権的である．確かに，多くの大企業は市場の利点を取り入れようとしている．たとえば大企業は，それ自身の損益勘定を持つ事業部を設立している．しかし，企業が市場を模倣したとしても，それはせいぜい不完全な模倣にしかならない．意思決定権がヒエラルキーの下方に移される分権化が行われるかもしれないが，そのような分権化も本部の究極的支配に従属したままである．企業には，中央集権的に運営される予算配分と報告のメカニズムがある．すべての企業内取引の最終的な決裁者は経営陣であり，内部市場ではない．

　企業内取引が中央集権的に指令されていることを際立たせるのは，とりわけ雇用である．従業員の給与は，企業の俸給表に従っている．企業外の労働市場が賃金相場の下限を設定しているが，従業員は他の場所で稼げる以上の給料をもらっているかもしれない．給与はしばしば勤務年数に依存しており，市場で行われるように個人の現在の生産性に細かく合わせて調整されてはいない．中間管理職の主なインセンティブは昇進という飴と解雇という鞭であるが，このことは経営本部が管理職のインセンティブを設定していることを意味する．

　ノーベル経済学賞を受賞した経済学者で博識家のハーバート・サイモンは，現代経済のどれだけ多くが市場ではなく，組織によって支配されているかを説明する寓話を提供している[1]．サイモンは「社会構造を見通すことができ

る望遠鏡を持って宇宙から地球に近づく」火星からの訪問者を想像した。火星人の望遠鏡には，企業組織はベタの緑色，市場の取引は赤い線に映るので，経済は赤い線と緑の領域からなるクモの巣模様のように見える。ほとんどの取引は企業内で発生するため，企業組織が火星人の見る景色のほとんどを構成していた。もし火星人がこの光景を描写するメッセージを火星に送り返したならば，「緑の点を結ぶ赤い線のネットワーク」と記述するのではなく，「赤い線によってお互いにつながれた緑の大きな領域」と記述したことだろう。サイモンは「緑の塊が組織でそれらをつなぐ赤い線が市場取引だとわれわれの訪問者（火星人）が知ったなら，その構造が市場経済と呼ばれているのを聞いて驚くかもしれない」と述べた。

　被雇用者の所得はアメリカの総所得の71％にのぼるが，それは，企業その他の組織の境界内部で行われる取引を表わしている。残りのほとんどは投資や自家営業を通じた市場取引によるものである（それは，個人業種所得，法人利益，地代および利子所得の合計である）[2]。つまり，市場指向的経済においても，企業内取引が支配的なのである。市場における取引は総所得の3分の1にも満たないのだ。

　大企業はおよそどの現代経済でも主要な役割を担っている。企業が大規模になるのは，生産過程の性質や自社製品に対する需要がその原因である。鉄鋼や自動車のようないくつかの産業では，大企業が大量生産を通じて規模の経済を得ている。ヘンリー・フォードが発見したように，製造は大規模に行われるほど安価になるだろう。マイクロソフトのウィンドウズのようなソフトウェアの生産は，規模の経済がある活動の典型的な例である。コストのほとんどは事前の設計段階で発生し，追加的顧客にサービスを提供するコストは小さなものである。医薬品産業においては，研究開発支出を賄うために多額の売上高が必要となる。朝食用シリアルや家庭用洗剤といった生産物では，流通とマーケティングを通して規模の経済の利益を得ている。電子商取引で

---

1 ）Simon（1991, pp.27-28）．配分の非市場的形態としての企業については Holmtstrom（1999）と Goldman and Gorton（2000）を参照．

2 ）1999 年についてのデータは経済分析局（Bureau of Economic Analysis）から．www.bea.doc.gov./bea/dn1.htm ．

は，ネットワーク効果から規模の経済が発生する．インターネットのオークション・サイトでは，より多くの売り手がより多くの買い手を惹きつけ，それがさらに多くの売り手を惹きつけるので，サイトは自己増殖的スパイラルによって成長する．新しいオークション・サイトを始めることは難しい．既存サイトのユーザーたちを惹きつけることが困難だからである．より大きいものがより良くなる可能性がある．

　規模の経済それ自身が，企業と市場の間の境界線がどこに引かれるかということを決定しているわけではない．企業が必要な投入物を手に入れる方法は2つある．それを作るか，それとも購買するかである．企業内取引は企業の命令の階層的連鎖によって媒介されている．異なる企業との取引は市場によって媒介される．自分で作るのではなく購買するという選択をし，生産の一部を外注に出した企業は，市場メカニズムに信頼をおいているということになる．

　市場が非常に目覚ましい効率性を達成するのであれば，なぜ多くの取引が意図的に市場から企業という計画された部分経済へと移されるだろうか．全員が被雇用者ではなく，独立の請負業者にならないのは何故であろうか．答えは，企業は市場における摩擦への対応として存在しているというものだ．ときとして，市場を使うよりもヒエラルキーを運営した方が少ない費用で済むことがある．企業がその投入物を自社内で生産するか，他の企業から調達するかは，それぞれの形態の取引にかかわる相対的費用に依存している．ロナルド・コースが1937年に書いたように，この比較に影響を与える要因の1つは，市場が機能する際の効率性である．市場を用いる取引費用が高いところでは，企業は投入物を自分自身で生産する傾向があり，市場が円滑に機能するところでは，企業は仕事の多くを外注する．

　企業が規模の経済から便益を受けるためには，必ずしも自社生産能力を必要としない．インターネット・ルーター（インターネットの情報の行き来を管理するハードウェア）のトップ企業シスコ・システムズ社は，ほとんど仮想企業である．シスコ・システムズ社は，生産プロセスの一方の端点に位置する研究開発と，他方の端点に位置するマーケティングに集中している．実際に製品を作る中間部分については，ほとんど他の企業に外注している．シス

コ・システムズ社の製造部門を運営しているカール・レッドフォードは「インターネットがなければ，こういうことはまったくできなかっただろう」と言う．シスコ・システムズ社は，同社と外注会社の間で，金融，技術，顧客に関する大量の情報を即座にやり取りできるようにしている．シスコ・システムズ社は，互いに遠隔地にある多数の企業間で複雑な取引が管理されることを許容している[3]．

　企業の内部がある種の集権的計画によって運営されているとすれば，そこにおいて市場が付与するような，効率性追求のインセンティブに置き換っているものは何なのだろうか．

株式会社という発明

　企業が効率的に運営されていることの第1の理由は，企業規模とは関係なく，私的所有にある．株主は企業に直接の利害関係を持っている．株主は収入を増加させ費用を低下させる機会を追求するよう動機づけられている．利潤が1ドル増加すると所有者の手に1ドル余計に入るからである．

　20世紀後半における国有企業の民営化の波をもたらしたものは，この基本的な真実の再発見である．結果として所有権の大規模な移動が起こり，100を超える国々が1兆ドル近くの収入を得ることになった．1980年以降，国家所有は世界中で激減した．もっとも大きく減少したのは，国家が生産を独占していた旧共産主義諸国においてである．だが，非共産主義諸国においても，国家はその生産のシェアを減少させた．低所得諸国では国有企業による産出量は国民所得の16％から5％にまで低下し，先進工業国では9％から5％にまで低下した．

　大抵の場合，私的所有が生み出すインセンティブは，目を見はるというほどではないにしても確実な改善をもたらしてきた．民営化された企業のパフォーマンスに関して行われたこれまでの多くの研究は，所有権が確かに重要であるという証拠を提出している[4]．民営化の後，（全部というわけではない

3）企業理論についての詳細は，Milgrom and Roberts（1992）を参照．シスコ社については，*Economist*, February 12, 2000, pp.61-62.

4）Megginson and Netter（2001）が私的所有が重要であることの証拠をまとめている．

が）大部分の企業は国有だったときに比べて，顧客に対して以前より低い価格をつけ，より良いサービスを提供している．労働者 1 人当たりの産出量は（平均して約 20%）上昇し，投資支出は（平均して約 5%）増加し，収益性は（平均して約 4%）改善した．いくつかの企業は民営化後に雇用を増加させた．しかし，多くのケースでは民営化後に労働者のレイオフが行われた．これは国有企業の下で過剰人員がはびこっていたことの証しである．全体としては，民営化後に雇用が少しだけ増加した（平均して約 1%）．また，生産性はより速く上昇するようになり，生産コストは低下し，負債額は減少した．国有企業の私的所有へのシフトは，大体のところ，意図通りのものを達成した．企業は国有のときよりも，民間に所有された時の方が良い業績を上げるのである．

　しかし，所有権はこの話の一部にすぎない．民間の所有者を持つことは，企業が完全に効率的に運営されることを保証するものではない．所有権には限界がある．産業革命直前に考え出された組織上の発明は，ひきつづく世界的な経済成長にとって，蒸気機関や綿織機のような工学的発明と同じぐらい重要なものであった．その組織上の発明とは有限責任会社である．それ以前には，企業規模は，所有者が直面するリスクによって大きく制約されていた．事業はいつも不確実性をはらんでいる．どのような企業でも，あげることのできる利得は予測不可能な仕方で変動する．不況時には，企業所有者は自分たちの投資を失う危険に晒される．株式会社はこのような投資家のリスクを制限することに役立っている．有限責任と複数所有者によって，個々の投資家の負うリスクが薄められる．その下では，誰もただ 1 人で企業リスクの大部分を負うことにならないので，企業は規模の経済の利益を得るのに十分なほど大きく成長することができる．しかし，限定されたリスクは限定されたインセンティブをも意味している．もし各株主が会社のほんの一部分だけしか所有しないのであれば，株主の誰もが会社の経営がうまく行っているかどうかをわざわざチェックする動機を持たなくなってしまう．大企業はどのようにして慢心を回避しているのであろうか．

　アダム・スミスは，1776 年の著作の中で，彼が株式会社形態の致命的欠陥と考えた点を指摘している．株式会社の経営者たちは「自分自身のお金と

いうよりも，他の人々のお金を管理する人々である.」彼らが，それが自分
自身のお金である場合と「同じような細心の用心を払って，それを管理す
る」ことは期待できない．スミスは株式会社の将来について悲観的であった.
株式会社がうまく経営されることはないだろうと考えたからである.「怠慢
と浪費がいつもはびこる」とスミスは警告した[5)].

　株式会社においては，所有は経営から分離している．スターリンのソ連に
おける計画者がおそらく社会主義理論家が望んでいた目的を追求しなかった
のとまったく同じように，他人のお金の管理者である企業の最高責任者は,
企業を所有者の望む方向に向かわせるとは限らない.

　所有者によって経営される小企業では，私的所有はそれだけで企業がうま
く運営されることを確実にする．しかし，多くの株主を抱える大企業ではそ
うではない．経営者の意思決定を後知恵で批判することは簡単ではない．そ
れは費用も時間もかかる仕事である．この仕事には，多くの情報が必要とさ
れる．1人の株主にとってみれば，この仕事から生まれる便益のほとんどは
他の株主のものになってしまうので，努力するに値しない仕事ということに
なってしまう．原則的には，取締役会が株主に代わって経営者を監視する.
しかし彼らが使える時間と資源のことを考えると，経営者をチェックする取
締役会の能力もまた限られている.

　ほとんどの大企業は，経営者にストック・オプションを与え，経営者報酬
を企業の株式市場価値に連動させることによって，企業業績に対する利害関
心を経営者に付与している．これらのインセンティブは，経営者の利益を部
分的に（部分的にだけであるが）所有者の利益と同じ方向に向かわせる．そ
れでも中央計画経済の下で発生したのと同様の情報上の問題が効率性を阻害
する．ヒエラルキーを運営するコストは，知識が組織内の人々の間に分散し
ていることから生じる．それらの知識には科学的，工学的な知識だけでなく,
人々や局所的状況に関する日常的な情報も含まれる．生産ラインで働く労働
者は，現場においてのみ明らかになるような品質の欠陥，ときどき遊休して
いる機械，利用可能な原材料の余剰などを観察しているだろう．中間管理職

---

5) Smith（1976, vol.2, pp.264-265）.

は新工程の工学的問題や，生産性を向上させるような労働者の再配置の仕方に気づいているだろう．現場のセールスマンたちは自分たちの企業の製品に対する需要について知っている．トップ・マネジメントが計画を練る際に必要とする需要や費用の情報の多くは，組織の下から得なければならないのだ．組織にとって価値のある知識は，最下層を含め，組織のすべてのレベルで，日々の仕事の副産物として獲得されている．

　なぜ情報の源泉が意思決定の責任から分離されていることが問題となるのだろうか．人々は自分が獲得したどのような特別な知識も自分に有利なように利用する．ヒエラルキーの中に分散した知識は利害対立を避けられないものにする．人々には自分が持つどのような情報優位をも利用しようとするインセンティブがあるので，情報は歪んだものになる．フランスの大企業の社長は，「人々は自分の情報を共有することをしぶる」ことを観察した．「とりわけ管理職は，情報が追加的権力を与えると考えているようである．」中間管理職は「情報を出し惜しみすることと，それに伴う権力に関心を持っている．」[6]

　この情報の抱え込みは複数事業部制企業の予算配分プロセスにおいても発生する．アメリカの大会社の研究によれば，事業部の経営者は（低い価格と低い販売予測によって）予想収入を過少報告し，（必要な人材を多く見積り，必要のないプロジェクトを提案し，費用を引き下げる工程改善の採用を報告しないことで）費用を過大報告することにより，年間の予算に余裕を持たせていたという．操業状態が悪かった年には水増しは少なくなったものの，平均して事業部予算の20％から25％の水増しがなされていた[7]．所有と経営の分離は，ときどきソ連の計画経済を思わせるような浪費をもたらすのだ．

株式会社が直面する市場の規律

　つまり，株式会社内部のインセンティブがうまく整えられないことを心配した点では，アダム・スミスは正しかった．しかし大体のところでは，株式会社は非常にうまく機能している．洞察力の鋭かったスミスも，予測に関し

6）*Economist*, February 27, 1993, p.70.
7）Schiff and Lewin（1970）.

ては今日の経済学者と同様であった．スミスの「怠慢と浪費」といった憂鬱
な予測にもかかわらず，株式会社は世界中で生産を組織する支配的な方法と
なった．1999 年の世界の上場企業の株式価値総額は 35 兆ドルだった．もし
組織の株式会社形態がスミスの予測通りにひどいものだったとしたら，競争
市場において，それはずっと昔に代替的な組織形態——1 人の所有者によっ
て経営される企業，パートナーシップ，非営利企業，もしくは政府に所有さ
れた企業——に取って代わられていただろう．それとは逆に，株式会社は，
大規模な生産過程を許容可能な効率性で運営できるものとしては，これまで
発見された唯一の方法なのである．「現代の株式会社はおそらく人間の協力
の最高形態である」とシリコンバレーの起業家ジェリー・カプランは指摘し
た．「労働，原材料や加工原材料，資本，知識といった形態の特化した資源
は，これらの構成要素をずっと価値のある財に転換する驚くべきプロセスに
よって統合されている.」[8]

　スミスは所有と経営の分離の問題点について正しい診断を下した．ただ，
スミスはその解決策を予測できなかった．その解決策とは市場の力である．
市場のシステムはチェックとバランスをもたらす．市場の力は，外部から企
業に圧力をかけることによって，経営者の意思決定を制約し，経営者に企業
を効率的に経営するよう促す．規律は企業が製品を売る製品市場と企業が資
本を得る金融市場の両面からもたらされる．

　うまく機能している金融市場——利用しやすい銀行と株式市場——は，企
業が投資をし，成長することを可能にし，企業により良い業績をあげる圧力
をかける．流動的な株式市場では，企業業績が悪いときには，株式を売り，
株式市場における企業価値を引き下げることによって，所有者たちがパフォ
ーマンスの悪い経営者たちを罰することができる．企業買収者たちがこの規
律をさらに強めることになる．株式市場での価値が低くなってしまうほど業
績の悪い企業は，企業買収者に買収されてしまうかもしれない．彼らの買収
後の最初の行動でよくあることは経営者をクビにすることである．買収の脅
威は経営者が企業を効率的に経営するように促す．

8）Kaplan（1995, p.21）.

　製品市場もまた規律を与える．自社製品の販売競争に直面する企業は，十分高い品質と十分低い価格で生産し，消費者が競争相手の製品に先んじて自社の製品を買うようにしなければならない．生産コストを削減できない企業は市場シェアを失い，究極的には倒産してしまうだろう．対照的に，独占企業にはこのような規律が働かず，高い生産コストで製造された粗雑な製品を供給する傾向がある．経営者にとって，企業をいかに効率的に経営するかを考えることは，絶え間ない向上と反省とを必要とする難しい仕事である．リストラクチャリングには痛みが伴う．製品市場の規律がなくなれば，経営者はわざわざリストラクチャリングに取り組もうとしないだろう．経済学者ジョン・ヒックスが述べたように，「すべての独占利潤の中で最良のものは静かな生活である．」

　ゼロックス・コーポレーションは，1960年代にはヒックスの静かな生活を堪能していた．複写機市場における独占が特許で保護されていたからである．当初は高度に革新的であったが，イノベーションを生み出しつづけることができずに，生産コストは膨張していった．1970年代初期に競争相手が現われたとき，その不備が厳しく露呈されることになり，複写機市場におけるシェアは急落した．引き続くリストラクチャリングの時のゼロックス・コーポレーション社の社長デイヴィッド・T・ケアンズは，「われわれはいつも成功してきたので，これからも成功していくだろうと考えていた．われわれの成功は驚異的なものだったので，それに甘んじてしまった」と言った．ゼロックス・コーポレーションが存立可能な競争者へと自らを作りかえるには，苦痛に満ちた10年間が必要だった．自社製品の品質を改善し，イノベーションのスピードを上げ，そして製造コストを20％削減したのである[9]．このように大幅な改善が可能だったということは，それ以前がいかに非効率であったかを物語っている．

　アメリカの自動車産業も同じような道をたどった．アメリカ自動車産業は，かつてはほとんど真の競争がない居心地のよい寡占状態であった．1980年代になると主として日本からの自動車輸入が急増した．新しい競争が自動車

9）ゼロックス・コーポレーションの引用とデータはMcQuade and Gomes-Casseres（1991）から．
　ヒックスの引用はHicks（1935, p.8）から．

メーカーに再編を強いることになった．内部のヒエラルキーをもっと平らな
ものにし，在庫をジャスト・イン・タイムに変更し，下請業者をもっと多く
利用して自社生産を減少させ，製品ラインを改訂することによって，自らを
贅肉のない競争者へと転換した．自動車企業とゼロックス・コーポレーショ
ンの例は，私的所有がそれだけで企業の生産的経営を促すのに十分でないこ
とを示している．それに加えて，競争の圧力が必要となるのである．

　大企業には必然的に非効率性が伴う．企業の組織化は，相互に整合的でな
いさまざまな目的の追求を必要とするからである．企業は，生産コストを低
く抑えるために贅肉をそぎ落として経営しなければならない．しかし，それ
は同時に革新的であるべきであり，そのためには，利潤を生まないかもしれ
ない仕方でも価値ある資源を使うことが必要となる．企業はヒエラルキーの
下のレベルで発生する情報に対してすぐに反応しなければならないが，それ
と同時に，さまざまな部署がお互いに矛盾した動きをしないよう集権的なコ
ントロールを行わなければならない．面倒な妥協がいたるところに存在する．
組織に完全な形態は存在せず，管理する人々が継続的に注意を払うだけであ
る．厄介な妥協の１つが一方向に傾きすぎてしまうときは，いつでも途中で
修正が行われる．このような注意が確実に維持されるためには，外部の市場
による規律が必要となる．

国家による規制の役割

　あるミシシッピ州議会議員が「自由な企業システムはこの国にとってあま
りに重要なので，それを民間の諸個人の手に委ねるわけにはいかない」と言
ったそうである．一見矛盾した表現ではあるが，この言葉にはいくらかの真
実が含まれている．企業に規律を与える程度に市場がうまく機能するために
は，国家の行動がいくらか必要だからである．

　大企業は，開発途上国よりも豊かな国々において，ずっと広範に存在して
いる．アメリカでは，50人以上の従業員を抱える工場が，製造業の総雇用
者数の80％以上を占めている．タイでは，その数字は30％であり，インド
ネシアとガーナでは15％である．アメリカでは，従業者数10人未満の工場
はたったの4％しか占めないのに対して，タイではこうした小工場は60％で

あり，インドネシアとガーナでは約80％である[10]．豊かな国々には，大きな企業が存在しているのである．

　国民所得の低いことと小規模生産はどう関係しているのだろうか．労働が安価で資本が希少なところでは，企業は単純な設備を使用する．このためには小規模な生産が経済的である．言い換えれば，貧しい国々の企業が小規模なのは，そうあるべきだからである．しかし，これは説明の一部ではあってもすべてではない．説明の残りの部分は，貧しい国々には，企業の成長を可能にし，また成長したときに効率的運営を可能にするような，市場を支える制度がないということである．うまく機能している経済では，国家が控え目な仕方で，製品市場の競争が存在しつづけることや，金融市場が適切に機能することを保証する手助けをしているのである．

　政府が市場ゲームのルールを設定する主な方法は，法律を作り，それを実効化するための機関を維持することである．窃盗や詐欺から人々を守り，財産権を定義・保護し，契約を支援するために，法律が必要とされる．さらに，政府は規制機関を通じて，直接的に経済活動を監督している．すべての政府は，ある程度は市場を規制している．

　法律だけではなぜ十分ではないのだろうか．合理的な人々が法律の保護の下に交渉を行うことによって，すべての問題を解決することはできないのだろうか．契約が守られなかったり，詐欺が行われたり，所有権が侵害されたりしたときに，人々が訴訟を起こせるだけで十分ではないのだろうか．われわれはなぜ規制という形の追加的な政府の関与を必要とするか．答えは，法律は不完全なものであり，ある場合には規制の方がより効率的に機能するからというものである．法律の執行には裁判所よりも多くのものが必要とされる．経済的紛争は非常に複雑になる可能性がある．このため，裁判所を補完するために，規制が必要とされることがある．通常，その規制は企業の日々の活動に対する直接的規制ではなく，市場が本来想定されている機能を確実に果たすように監視することである．

　専門家を雇っている専門的官庁は，産業に関わる深い知識を必要とするよ

10）Tybout（2000, pp.15-18）．

うな意思決定に関する限り，ジェネラリスト的な法システムよりももっと適切に行うことができる．しばしば規制機関には，立法府で生まれる法律に詳細な点や特定的な条件を付加することが求められる．規制機関は，多くの人々が企業活動を個別に検査しなければならない重複を避けることによって，情報収集と検査の費用を節約している．一般的には，官僚機構が敏捷性で知られているということはない．しかし，もし官僚制がうまく機能すれば（これは大事な条件である），立法府や裁判所よりもずっと素早く行動することができるのである．

ガバナンスの難しさ

よく考えてみれば，株式保有とは驚くべきことである．自分が苦労して稼いだお金を，最終的にさらに多くのお金として取り戻すことを期待しつつ，企業経営者の管理に委ねることになるからである．ほとんどの場合，実際にお金は戻ってくる．もしこのプロセスをリップ・ヴァン・ウィンクルのように数百年の眠りから覚めた人に説明しようとするなら，それが作り話でないことを確信させるのに四苦八苦するだろう．「わたしにお金を渡してください．そうすればそれを増やして返してあげますよ．」これはすべての詐欺師が熱心に言うことである．同じ売り込み文句を使っている株式会社を信頼することができるのは何故だろうか．

市場は利潤動機によって動かされているが，株式会社は経営者が自己利潤を追求せず，受託者義務に従い，株主のために利益を追求するという前提のもとに成り立っている．経営者が利他的でないのは，われわれと同じである．経営者が株主利益のために行動することを確実にするためには，そうするためのインセンティブが与えられなければならない．しかし，そのようなインセンティブを作り出すことは簡単でない．この点について成功している国々は多くないのだ．金融市場は信頼があるところでのみうまく機能するからである．

根本的には，この問題は情報に関する問題である．もし投資家が経営者の意思決定を簡単に評価できるのであれば，投資家には心配すべきことがほとんどないだろう．経営者を訴えることが可能ならば，言い換えれば，経営者

を罰することが可能ならば，不誠実な経営者や無能な経営者による不適切な行動は防ぐことができるだろう．しかし通常，経営者は会社内部で起こっていることについて，想定上の上司である株主よりずっと多くのことを知っているのだ．

先進工業15ヵ国の会社首脳陣に対する調査によれば，株式会社が被害を受けた不正行為の主要なケースのうち4分の1は，企業自身の経営者によって社内でなされたものである．たとえば，ホテル，自動車レンタル，不動産のフランチャイズ会社であるCUCインターナショナル社の最高幹部たちにより，アダム・スミスも考えもつかなかった規模の怠慢と浪費で，株主の信頼の乱用が行われた．投資家に190億ドルの損害をもたらした（アメリカの当局によれば）史上最大の会計上の不正において，彼らは株価を人工的に高く保つために利潤と予測収益を水増ししていた．収入は年間数億ドルも過大に報告され，支出は口座間の資金移動によって隠蔽されていた．雇われていた会計士は数字を捏造することが「私の仕事であり，上司がそうするよう奨励した」と言った．CUCインターナショナル社は民事訴訟で和解し，28億ドルという記録的な金額を株主に支払うことで合意した．そして，経営陣は刑事責任での有罪を認めた．「このケースは詰まるところ，利己主義，強欲，傲慢によるものである」と捜査担当のFBI捜査官は言った．「この事件は嘘と詐欺と不正に関するものである．」[11]

しかし，先進工業国においては，この種の経営者の不正行為は珍しい．人々は喜んで自分たちのお金を株式会社に投資する．経営者たちが「怠慢と浪費」によってそのお金を使ってしまわないと信じることができるのは何故だろうか．

株主に信頼できる情報を提供するための工夫の一部は，さまざまな市場仲介者の存在である．証券取引所は上場企業に対し，資産報告書の形で特定のデータを報告するよう要求している．上場は投資家に対してある種の保証を与えており，上場廃止は不正報告に対する罰則となっている．専門の企業がさまざまな方法で株式会社によって報告された情報の裏づけを行っている．

11）CUCインターナショナル社については，*New York Times*, December 8, 1999, p.C1 と June 15, 2000, p.C1．企業の不正事件に関するサーベイは Sherwin（2000）で議論されている．

会計士が企業の資産報告書の監査をしている．投資銀行が株式発行を引き受けている．法律事務所が企業の事業内容説明書の承認をしている．これらの仲介者が信頼を獲得しているのは，自分たちの評判に対して自ら関心を抱いているからである．評判が，長期にわたって彼らが事業を行うことを可能にしている．自己規制団体のメンバーになることから，さらなる信頼が得られる．アメリカの全米証券業者協会のような自主的団体はメンバーの監督を行っており，不正行為をするいかなる業者も追放される．経済紙もまた監督システムの一部である．ジャーナリストたちが不正行為や無能力を暴くのである．

　これらの市場ベースの仕組みは，国家が提供するさまざまな仕組みによって強化されている．政府は株主の権利を定義し保護する法律を作る．その法律は投資家が正確で時宜を得た情報を確実に得られるように設計されている．これは，会計事務所，法律事務所，投資銀行が自らの評判を守るインセンティブを補うものである．これらの事務所や銀行が保証した情報開示が誤っている場合，彼らにその法的責任を負わせることになるからである．法律は，経営者が自分自身の便益のために何ができて，何ができないかを定めている．虚偽の情報開示やインサイダー取引は法的罰の対象である．法律はまた，不法行為によって受けた損害に対して，個人が会社や経営者を訴えることを可能にしている．

　アメリカ，イギリスやそれと同等の諸国は，ただ市場の力や法システムに頼るだけではなく，さらに，金融に関する強い規制当局を備えている．複雑な金融上の仕組みを審査し，ホワイトカラーの不正行為を追及するには，専門機関が必要となる．証券取引委員会（SEC）は，アメリカの証券市場を統治するルールを設け，議会による一般的な法律の穴を埋めている．SECは民事法廷において告訴を行い，刑事事件については司法省に委ねている．SECは証券取引，証券に関する弁護士や会計士を監督している．株価の操作は，法的訴追を容易にかい潜るものの，規制当局ならばコントロールできるような巧妙な方法でなされる可能性がある．何層にも積み重なった取引を通して実行されたインサイダー取引は，専門家にしか見破ることができないだろう．専門分野に集中した規制機関は，金融上の不正取引に対して，判断

分野が多岐にわたっている裁判所よりも信頼できる抑止力を提供している.

　金融市場監督のシステムは, 多数の監督手段にもかかわらず, 完全には機能しない. たとえば, CUC インターナショナル社の大規模な虚偽報告は, 少なくとも 12 年間見破られなかった. この事件はただ偶然によって, CUC インターナショナル社が他社と合併し, 新しいパートナーが不正行為の継続を拒否したときに暴露されたのである. 当局が動いたのは, 内部告発があった後のことであった. CUC インターナショナル社の雇われ経営者・会計士が会計上の虚偽報告をしないようにするのに, 投獄のリスクでは十分でなかった. 市場ベースのコントロールもまた, その不正行為を見つけることができなかった. 監査役はどういうわけか, 定期的な監査においても, 架空の収益や普通でない口座間の資金移動に気づくことがなかった. 批判に対して会計事務所の弁護士は奇妙なほど防衛的に, 「CUC インターナショナル社の人々は徹底して監査人を騙そうとしていたので, どのような監査事務所でも騙されてしまったことだろう」と言ったのである[12].

情報開示の重要性

　株価を操作するための虚偽の情報開示は, 経営者が株主を犠牲にして利益を得られる唯一の手段ではない. 企業の大株主かつ経営者といった立場にある内部投資家は, 通常, その会社の事情をよく知っているし, それをコントロールできる立場にある. それとは対照的に, 少数株主のような外部投資家は, 内部投資家ほど企業価値についての情報を入手することができない. このため, 外部投資家が経営者の意思決定を監視し評価することは難しい. したがって, 外部者は内部者からの収奪に対して脆弱である.

　強欲な経営者たちは, 企業利益の多くの部分を自分の手に入れようと企てる可能性がある. 彼らは単純にお金を盗むだけかもしれないし, 結局同じようなことだが, 自分が所有する別会社にその企業の資産や産出物を不自然に低い価格で売ってしまうかもしれない. 彼らは, 会社が自分たちに対して, 法外に高い報酬を支払ったり, 贅沢な役得を与えたり, 寛大な条件でお金を

12）*New York Times*, June 16, 2000, p.C1.

貸しつけるように仕組むかもしれない．これらの横領は，外部者には解明しづらい複雑な方法で行われる可能性がある．

　こうした経営者監視の難しさは，経営者にできることを制限するルールの根拠になっている．企業価値の評価は困難なので，しばしば政府は，経営者が内部情報を使ってその企業の株式を取引するインサイダー取引を禁止している．このような禁止がなされないところでは，外部投資家が晒される脆弱性のために，株価は低くなるだろう．経営者がより多くの情報を持っているので，外部投資家たちは何が起きても自分たちは損をすると予想することだろう．外部投資家たちは，会社が成功したときには，経営者が内部情報を使って素早く利益を得ることで自分たちの利益が薄められ，会社が不成功のときには，経営者が早期に自分の株式を売り払うことで，株価の下落を加速させるだろうと恐れるからである．したがって，外部者たちは，その株式を低めの価格でしか進んで買おうとはしなくなる．その結果，株取引は本来あるべきよりも少なくなってしまう[13]．

　インサイダー取引や自己売買の禁止は，外部投資家が情報をより多く持っている内部者の犠牲にならないことを保証し，外部投資家の期待収益を改善し，結果として外部者からの投資水準の増加をもたらす．政府による介入が正当化される理由は，外部性の存在である（スポーツ労働市場におけるアンバランスな競争の外部性と類推的である）．良心的でない経営者たちは，自らの行動が株式市場全体の流動性減少を引き起こすというコストのすべてを負担しない．良心的な企業も，良心的でない競争相手と同じレッテルを貼られて，証券市場から完全に引上げてしまうかもしれない．一般的に言って，株主たちの搾取されることへの恐れや投資への躊躇を取り除くような方策によって，すべての人々が便益を得る．インサイダー取引の禁止は金融市場に対する人々の信頼を促進し，すべての企業にとって資金を得やすくするのである．

　1929年の大暴落後の1934年に確立されたアメリカの規制構造では，正確な情報開示が強調されている．当時の大統領フランクリン・D・ルーズベルトは，金融監督のシステムは「証券の誠実な取引を促し，それによって人々

---

13) Akerlof (1970)，Ausubel (1990)，Black (2000)，Johnson et al. (2000)．

の信頼を取り戻すために，……ありのままの真実を言う義務を売り手に対して課すものである」と述べている．

　多くの国々では，投資家保護はアメリカやイギリスよりも弱く，人を欺く行動を取った企業がしばしば罰せられないでいる．株主保護がそれほど厳しく行われていないところでは，投資意欲は冷えこんでしまう．いろいろな国々を見てみると，金融市場の流動性と企業が投資資金を集める能力は国ごとに大きく異なっていることがわかる．金融市場発展を示す1つの指標は，国内総生産に対する上場企業の総価値の比である．この数字を比べると，イギリスやアメリカ（それぞれ1.3と1.1）は，フランスやドイツ（0.4），開発途上国（インドネシアは0.4，ガーナは0.3，ペルーは0.2）よりも大きい．強い投資家保護を行っている国々は，大きな資本市場を持っているのだ．証券市場の有効性はそのプラットフォームの設定において政府がどれだけ積極的であるかに応じて異なっているのである[14]．

　限定的な株主保護しかしていない国々では，株式は狭い範囲の人々にしか所有されていない．それは，投資家たち，特に小規模の投資家たちが自分のお金を企業に委ねることに躊躇してしまうからである．企業は比較的小規模で，資金供給が不足するために近しい人々によって所有されている．投資家たちは実績のない企業に対する投資には特に躊躇するので，新規株式公開はほとんど行われない．企業が資金を得られるかどうかは，たとえば政治的コネクションのような，企業活動の経済的価値以外の要因によって決まってくるため，投資は必ずしももっとも収益の高い分野に流れなくなってしまう．

　典型的な開発途上国では，株式会社の所有は狭い範囲に限られている．閥族が株式会社セクターを運営している．この閥族は通常，所属していない人に対して不親切である．インドネシア，フィリピン，タイでは，10の富裕な一族が，株式会社の資産の半分をコントロールしている．所有権の少数者への集中は，公式の株主保護が存在していないことを反映したものである．会社がそれを支配している一族の利益のために経営されるだろうという外部

---

14) Shleifer（2000, ch. 7）を参照．さまざまな国の資産市場の有効性についての統計的研究には Levine（1997），Demirgü-Kunt and Maksimovic（1998），Claessens, Djankov, and Lang（2000），La Porta et al.（1997, 2000），Wurgler（2000）がある．

者の恐れは根拠のあるものであり，外部者はそれらの企業への投資を思いとどまることになる．閥族のメンバーは大抵の場合政府に特別のつながりを持っていて，このような縁故資本主義は外部株主をさらに無防備な状態にしている．

ロシアにおいては，規制による監督はほとんどなく，裁判を起こすことも難しい．投資家たちは企業の状態に関する情報をほとんど知らされず，ほんの少しだけ知らされた情報も信頼できるものではない．投資家たちが株主総会から締め出されてしまうこともある．経営者は頻繁に子会社を売ってしまい，収益を自分の懐に収めてしまう．株式の価値はあたりまえのように薄められる．ときには，株式はあからさまに没収されてしまう．もっとも大きな企業でさえ，意味のある会計情報を開示することや監査を受けることを拒否している．株主から巻き上げることが普通になっている．その結果，株式は割安に取引され，ロシアの株式の総価値は本来あるべきものよりも数十億ドル低いものになっている．「今日のロシアでは，株主は経営者の行動をコントロールすることができない」とある株主は不平を言う．「われわれには全体像がわからない．だから，すべて信頼に頼るしかない．盲目的な信頼にね．」[15]

金融市場が誠実に運営されるように促すメカニズムは，数多く，複雑なものである．裁判所，規制機関，民間部門の業界団体による自己規制，仲介会社はすべて，投資家が自分のお金を進んで他人に預けるために必要な透明性を作り出すシステムの一部分である．そもそも証券市場が存在していることが「ある意味，魔法みたいなものだ」と法学者のバーナード・ブラックは言う．「投資家たちは莫大な額のお金を完全に無形の権利に対して支払っているのだから」．しかし，彼はつけ加えて言う．このように投資家たちが進んで経営者たちを信頼するということは「規制のない市場では起こらない」ので，本当は魔法みたいではないのである[16]．

---

15) *New York Times*, February 12, 2000, p. B4.
16) Black (2000, p.1565).

株式会社というカラクリ

アンブローズ・ビアズの『悪魔の辞典』によれば，株式会社は「個人的責任を伴わず個人的利益を獲得する巧妙な仕組みである.」規模の経済を獲得するために形成される株式会社は市場の範囲の限界を表現している．企業はお互いに取引するために市場を使う一方で，企業内取引のためには集権的コントロールを用いているからである．個人的責任が欠如していたとしても，私的所有は企業を効率的に運営するための手段の1つとなる．しかし，所有と経営が分離した大企業においては，私的所有だけでは十分ではない．製品市場と金融市場の両面からの外的な市場圧力が，企業の誠実さの維持に役立っている．

企業に対する規律づけの力としての製品市場と金融市場の有効性そのものは，法システム，反トラスト規制，金融規制といった制度に依存している．会社に関する信頼できる情報を株主に与えるように設計されたルールなしでは，投資家は自分のお金を企業に委ねることをしぶってしまうだろう．

たとえルールがあったとしても，物事が悪い方向に向かうこともある．2001年から2002年にかけてのエンロンの不祥事は，経営者による信頼の乱用を制約するメカニズムの必要性を明確に示した．粉飾決算の陰に隠れ，株主たちを犠牲にして，エンロンの役員たちは蓄財したのであった．

現代経済は，ほとんど理解し難いほど複雑である．取引には多数の人々の協力が必要で，それが結実するまでに数年を要するかもしれない．市場には，市場がこうした複雑性を処理することができるようにする上手く設計された上部構造が必要である．市場設計においては，問題は市場か国家かという問題ではなく，市場と国家の問題なのである．

第14章
競争の新時代
A New Era of Competition

公益を産む市場

　公害に対する戦いにおいて市場の力を利用することを早くから提案していたJ・H・デールズは，「もし政策を実行するための市場を確立することができるならば，どんな政策立案者も市場なしに済ますことはできないだろう」と1968年に書いている．市場は政府に対して何を提供するのだろうか．利潤は所詮公共政策の目標たりえないのだが，市場は単にお金に関するものではない．うまく設計された競争的市場は資源を，もっとも良くそれを利用できる者の手に配分する．このことは，市場がときに公共部門においても役立ちうる理由となっている．市場は政府にとって代わることはできないが，ある領域では政府の仕事を手助けすることができるのである．

　すでに政府による市場設計の一例を説明した．電波周波数帯のオークションである．ここでは別の2つのケースを見てみることにしよう．カリフォルニア州の電力供給の規制緩和とアメリカ政府による大気汚染権市場の創出である．

環境保護を機能させる

　1988年，アメリカ副大統領ダン・クェールは「環境に害を及ぼしているのは汚染ではない」と述べた．「環境に害を及ぼしているのは，空気と水の中の不純物である．」[1] 酸性雨は，それを空気の不純物と呼ぼうが汚染と呼ぼうがどちらにしても，環境にダメージを与えている．酸性雨は湖を死の湖

に変えてしまう．酸性化した水の中では魚は生き続けることができないからである．酸性雨は森林や歴史的建造物にもダメージを与える．また，汚れた空気は呼吸器官や心臓に問題を引き起こして，人々の健康を害し，寿命を縮める可能性がある．

　酸性雨の主要な原因である二酸化硫黄の排出量を削減するために，アメリカ政府は1990年の大気浄化法において，大気汚染をコントロールする新しいテクニックを導入した．この法律は，それまでの指令統制による方法を廃止した．指令統制による方法では，汚染物質を排出している各企業に対して，環境保護庁（EPA）の役人が許される排出量を決定し，直接規制していた．この指令統制による方法の代わりに，EPAは汚染権市場を創出した．具体的には，大気浄化法は排出許容量（emissions allowances）——その保持者に対して，1年間に1トンの二酸化硫黄の排出を許可するライセンス——を導入した．また，排出許容量は自由に取引できるものとされた．誰でもそれを売ったり買ったりできるし，将来の使用のために貯めておくこともできた．

　排出許容量という方式は論議の的となった．経済学者たちはこの方式を長い間提唱してきたが，政治的障壁がその導入を遅らせていた．この方式に対して（すべてではないが）一部の環境主義者たちが唱えた反対意見は，排出許容量は汚染権を割り当てているので，汚染を正当化するように見えるという点で非道徳的であるというものであった．許容量に賛成する意見は，この方式が汚染を制限する他の方法よりもうまく機能するだろうというプラグマティックなものだった．

　環境保護を自由市場に任せておくことはできない．汚染の害を受ける人々が汚染者に対して影響力をまったく持っていないことは，よくあることである．環境にダメージを与える企業は，自分たちの会計には表われない費用を社会に課すことになる．市場ベースでは，企業は自分たちの汚染行為を制限するインセンティブをまったく持たないからである．もし環境が保護されるべきならば，国家がこの空隙を埋めなければならない．

　排出許容量が導入されたのは，政府を汚染コントロールから締め出すため

1）*Detroit News*, November 9, 1999, p.A9. デールズの引用はDales（1968, p.100）から．

ではなく，政府がより効率的に汚染コントロールをする際の手助けとしてであった．排出権取引は，政府を市場で置き換えているわけではない．むしろ，政府は市場を自らの政策目標の達成に役立てるために用いているのである．政府が市場に委ねるのは，自らの役割の一部だけである．それは，排出量削減をどのように企業間で分け合うかを決めるという役割である．一方で，政府はもっとも重要な役割を保持している．すなわち，全体でどれだけの汚染が許容されるべきかを評価し，遵守をチェックし，ルールを破った企業に罰金を課すという役割である．

　話を先取りして言うと，排出許容量の方式は，それを研究してきたほとんどの人々の意見では，注目すべき成功を収めた．それ以前のどの酸性雨対策よりも効果的だったのである．この方式の提唱者であった環境防衛基金（Environmental Defense Fund）は，この評価に同調して次のように言っている．排出権取引は「懐疑的な人々が予測したよりも速く，ずっと安上がりに，酸性雨を除去しつつある．市場システムは創意を発揮し，酸性雨の除去が必ずしも経済に重い負担を課すものではないことを示しつつあるのだ．」[2] 実際，排出された汚染物質の量は政府が設定した上限を30％も下回った．しかも，これを達成するためにかかった産業界に対するコストは，他の方法よりも数十億ドルも少ないものであった．大気環境や雨中の硫酸濃度の測定値は全国的に改善された．

　環境団体もまた，ときに排出許容量を購買し，それを市場に出さないというエレガントな工夫を実行している．オハイオ州クリーブランドの「大気環境保護団体」は，購買して市場から引き上げた1単位の許容量が二酸化硫黄の大気中への放出を1トン減らすことになるという約束で，許容量を入札で取得し公衆に販売している．クリーブランドのグレン・フォールズ・ミドル・スクールの6年生たちもまた，許容量を購入するために資金集めを行った団体の中の1つである．同環境保護団体のケビン・スネイプは「個々の市

2）排出許容量プログラムに関するこの部分の記述は，Ellerman et al.（2000），Bohi and Burtraw（1997）と Environmental Protection Agency（1999）に事実を負っている．こここと，後の箇所での環境防衛基金からの引用はその1995年3月のニュースレターからのもので，www.edf.org にある．EPA の Web サイト，www.epa.gov/acidrain も見よ．

民が参加できるようにし，環境にいいことを行ったと実感してもらうことが，われわれの活動の原点なのです」と言う．彼らは3年間に6,000から8,000トンもの大気中の汚染物質を削減した[3]．ケビンは，許容量はクリスマス・プレゼントとして特に人気が高いという．同様の活動は国中で行われており，普通の人々が大気の浄化に対して，小さいけれども目に見える貢献を行っている（その規模は小さいが，とるに足らないものではない．大雑把な推測だが，彼らの貢献が大気汚染を削減している規模は，政府が設定した水準の約1%ほどである）．許容量を環境団体に販売している企業は利潤を得ていると考えて間違いない．価格が，こうした企業の汚染物質削減費用を補って余りあるからである．環境主義者たちは自らお金を支出することで，よりきれいな環境を得ているのである．

　二酸化硫黄の主な排出者は，石炭を用いる火力発電所である．これらの発電所が排出量を削減するためには，（排煙から二酸化硫黄を除去する）空気清浄器を設置するか，よりクリーンな燃料（硫黄分の少ない石炭や天然ガス）へと転換しなければならない．削減コストは，立地，設備の経過年数やタイプに依存しており，プラントによって大きく異なる．

　政府は，2010年までに二酸化硫黄の排出量を1年あたり1,000万トン削減する意図を公表していた．この目標を伝統的な指令統制による方法で達成するには，EPAによる微細管理（マイクロマネジメント）――汚染物質を放出する各プラントを調査して，そのプラントが削減すべき排出量を決定し，汚染コントロールのための特定の設備の設置を命令すること等――が必要だったかもしれない．別の可能性としては，指令統制による方法はすべての企業に対して一律の標準を設定していたかもしれない．その場合には，すべての企業に対して，コストや業績に関わりなく，同一の削減手順を取ることを求めることになる．

　取引可能な排出許容量によって，微細管理（マイクロマネジメント）や直接的ルールなしに，柔軟性が達成される．政府は単に排出の全国的な総量を決定し，各工場がどれだけ削減するかは市場に決定させる．政府が目標排出

3）*Columbus Dispatch*, December 1, 1999, p.4D．*Buffalo News*, August 27, 1997, p.16C．

量に等しい数のライセンスを創出して，それを汚染物質排出企業に与えると，これらの企業同士がライセンスを取引する．排出量削減が相対的に容易な企業は許容量の一部を売り，収入を排出量削減活動に用いる（そしていくらかの利益を残す）ことになる．排出量削減が相対的に困難な企業は追加的な許容量を購入する．結果として，削減コストが低い企業では，課せられた水準以上にクリーンな操業を行うため，産業界にとって可能な限り低いコストで排出総量の削減目標が実現されることになる．

　この理論の正しさは実践の中で証明された．大量の排出許容量が売買されている．1998 年には，排出量約 1,000 万トンに相当する排出量取引が行われた．行動は企業によって異なる．ある企業は排出許容量を販売して，最初の割当量よりも少ない汚染物質を排出し，別の企業は許容量を購買し，割当量以上の汚染物質を排出している．環境防衛基金は言う．「削減目標を超過達成する方法を発見できた電力会社は，自分だけで目標を達成することが高くつくとわかった他の電力会社に対して，余分な排出許容量を売ることが許されているので，報酬を与えられることになります．この利潤によるインセンティブが競争とイノベーションに拍車をかけてきました．たとえば，エネルギー効率は高まり，天然ガスのようなよりクリーンな燃料の使用は増加してきましたし，硫黄を中和するための新たな浄化化学物質が開発され，生物工学者たちは化石燃料内の硫黄を食料として代謝するバクテリアを作ろうとしています．」

　他の競争的市場と同様に，排出許容量の市場が行っていることは，本質的には情報の生成である．排出権市場は，汚染削減を最小費用で達成する方法を示しているだけではなく，汚染削減コストが実際にどれほどかかるのかを白日のもとにさらけ出すのである．

　排出許容量市場が達成できることを政府ができないのは何故だろうか．原理的には，頭のいい官僚であれば，削減コストが相対的に低い工場に対して追加的削減を求めることで市場と同程度の費用対効果で汚染をコントロールできるだろう．しかし官僚には，削減コストがどの工場で高く，どの工場で低いかはわからない．重要な情報は局所的に保持されている．状況は企業ごとに異なっている．自らの環境，とりわけ汚染物質の削減コストがどれほど

になるかを，もっともよく理解しているのは企業自身である．EPAが企業の
削減コストを知ることができるのは，企業が情報を自発的に提供するときの
みである．しかし指令統制のもとでは，インセンティブは逆に作用していた．
経営者たちはEPAと交渉する際に，なるべく達成が容易な浄化目標が割り
当てられるように，企業の削減コストを誇張するかもしれなかった．指令統
制のもとでは，削減コストを知ろうとするインセンティブは殆どなかったの
で，経営者たちは削減コストがどれだけ低くなりうるかを知らない可能性さ
えあった．官僚が行う汚染コントロールは，情報の欠如によって妨げられて
いたのである[4]．

　これとは対照的に，市場のもとでは，情報をもっともよく知っている人々
によって意思決定がなされている．行動は言葉よりも雄弁である．企業が市
場で行うことは，企業が官僚に対して語るどんな言葉よりも，信頼できる情
報を提供してくれる．浄化コストが低い企業には，自分のもつ許容量を販売
することによってこの事実を明らかにする利潤ベースのインセンティブが作
用するのである．

　排出許容量の価格が予想よりずっと低いことにほとんどの人々が驚いた．
指令統制が，すべての人々に（おそらく汚染者を除いて）許容量価格に対する
誤った印象を残していたからである．排出量取引が開始される以前には，
EPAは1トンの二酸化硫黄を除去するのに750ドルかかると見積っていた．
他方，電力会社は1トンの二酸化硫黄を除去するのに1,500ドルかかると主
張していた．1994年から1999年の間に実際に取引された排出許容量の平均
価格は約150ドルであった[5]．許容量を150ドルで売るということは，企業
が排出量削減1トンあたりのコストは150ドル以下であると言っているに等
しかった．驚くべきことにEPAは市場が明らかにした額の5倍の削減費用
を信じていたし，さらに驚くべきことに産業は10倍かかると主張していた
のである．

4）技術的な注：Baron and Myerson（1982）の線に沿って，企業に対して自分たちの私的情報を開
　示することを促すメカニズムを工夫して作ることは理論的には可能である．このメカニズムには，
　低コストであることを開示する（したがってもっとも多くの浄化をしてくれる）工場に補助金を
　与え，他の工場に課税することが含まれる．しかしながら，このようなメカニズムは，不可能で
　はないにしても，実際に実行することは困難である．半は情報の問題によるものである．

　排出量取引市場は，環境主義者たちの同盟者であることが判明した．直接規制のもとでは，汚染物質除去のコストを過大評価していた EPA は，本来あるべき水準より少ない削減量を推進していたかもしれない．除去にかかる真のコストを示すことで，市場は実際，大気汚染に関する積極的な目標値の設定を支持したのであった．

　しかし，すべての人々が納得したわけではない．多くの環境主義者たちが取引可能な排出許容量を評価する一方で，原理的な見地から排出許容量に対して嫌悪を示す人々もいる．許容量取引がオンラインで行われるようになったとき，シエラ・クラブは再度異議を唱えた．「オンラインの二酸化硫黄オークションは汚染権を eBay で売ろうとするものです」とクラブの広報担当アン・メニコフは述べた．「どこで取引をしていようと悪いことですが，オンラインの二酸化硫黄オークションはそのことをより明確にします．」[6]　しかし，排出量取引に対する有効な反論は難しいだろう．許容量市場は汚染の水準を引き下げたのだから．

　市場インセンティブを利用する環境対策は，これ以外のところでもあちこちで行われるようになった．有鉛ガソリン利用の段階的廃止，ロサンゼルスの大気環境改善，地球温暖化の原因である二酸化炭素の全世界での排出量制限などである．

　排出量取引の成功は，どんな公害問題でも市場に任せることができることを意味しているのだろうか．そうではない．第 1 には，市場がうまく機能しないような状況が存在するし，そこでは指令統制が必要とされるからである．酸性雨は，他のタイプの汚染よりも解決が簡単である．二酸化硫黄排出権市場と同様の簡単さで市場を立ち上げることができるのは，汚染がどこで発生するかよりも，汚染の総量が重要な場合に限られる．単一企業が特定地域に

---

5 ）1,500 ドルという額は，1990 年の大気浄化法の中で，EPA による許容量の直接販売の価格として述べられており，750 ドルという数字は，1990 年に EPA によって，許容量が取引されるだろう価格の最良の推定値として引用されている（Bohi and Burtraw, 1997, p.8）．許容量の価格は，1994 年から 1999 年の間，70 ドルから 220 ドルの間にあった（www.epa.gov/acidrain/ats/prices を見よ）．この間，硫黄含有量の少ない石炭の価格が予期できない下落をしており，このことが実際の価格と予想価格の 5 倍から 10 倍の差という乖離を部分的に説明している．Bohi and Burtraw（1997）と Ellerman et al.（2000）を見よ．しかし，その乖離の大半は情報の問題によるものである．

6 ）*Forbes ASAP*, August 21, 2000.

損害を与えるような厳密に局地的な汚染のケースでは，排出量ライセンスを取引する相手が存在しないので，排出量市場を創出することができない．この場合には直接的規制が必要となる．市場はどんな種類の公害に対しても適用可能なものではないのである．第2には，二酸化硫黄のコントロールのように市場が機能するところでさえ，排出総量の上限の設定や遵守の監視など，政府がリーダーシップを発揮しつづけなければならないからである．

市場設計の失敗を補完した2次市場

取引可能な汚染ライセンスの市場は成功したものの，それが導入されたときには，市場設計問題が十分に考え抜かれていたわけではなかった．政府が実施した許容量のオークションには欠陥があった．この欠陥は，一見して無害な市場ゲームのルールの細部が重要であることを示しているという意味で興味深い[7]．この問題は込み入ったものだが，あらゆる種類の市場が参加者にチェスのような推論を促すことの例となっており，市場ルールを設定する際には参加者の意思決定を予想する必要があることを示している．

EPA はダブル・オークションを使用した．すなわち，買い手側の人が付け値を提出するとともに，売り手側の人が価格提示を行うのである．付け値と価格提示は封印されている．価格は以下のように決定される．最初に EPA は付け値を高いものから順に，価格提示を低いものから順に並べる．その上で，最高の値をつけた買い手と最低の価格提示を行った売り手を組み合わせ，2番目に高い値をつけた人と2番目に低い価格提示を行ったものをマッチさせ……というようにして，付け値が価格提示を超える最後の買い手と売り手に至るまで同様の手順を繰り返すのである．支払価格は買い手の付け値に等しく設定されるので，各取引は異なる価格で行われることになる．最高の値をつけた企業は，自分が提出した付け値を最低の価格提示を行った売り手に対して支払い，2番目に高い値をつけた買い手はその付け値を2番目に低い価格提示を行った売り手に対して支払うという具合である．この価格づけルールは一見理に適ったものに見えるかもしれないが，実は屈折したインセン

7）Cason and Plot（1996）は EPA オークションのこの欠点を指摘している．

ティブを生み出す．売り手にしてみれば，価格提示を低くすることで，付け値の高い買い手と組み合わされることになるので，受取価格を増加できることになる．したがって，売り手は低い価格を提示することが最善となる．自分の付け値を支払うことになる買い手は，売り手たちが提示すると予測される（低い）水準を少しだけ上回るような低い値付けを行うことがベストである．売り手と買い手はすぐにこのロジックを理解するので，すべての価格提示と付け値は低いものとなる．

　EPA のオークション設計はものごとをさかさまにしてしまっている．売り手がより低い価格を提示した方がよいようになっているからである．幸いなことに，まずいオークション設計も悪影響をもたらさないことが判明した．ボトムアップの市場創出がトップダウンの市場設計の欠陥を補ったからである．排出許容量という政策は，EPA オークションとは別に私的市場が発生したことで助けられることになった（実際，EPA は自らのオークションを私的市場を立上げるための一手段と考えていたのであり，この点で EPA は成功したのであった）．仲介業者たちが，依頼人を代理して許容量を売買したり，自分自身の利益のために投機したりすることによって，マーケット・メーカーの役割を演じた．売り手たちは低い価格が見込まれる EPA オークションに許容量を提供することを躊躇したかもしれないが，私的市場という代替物が存在していたのだ．私的市場が取引のほとんどを捌くことになった．

　排出許容量の 2 次市場の運営は容易である．ある許容量 1 単位は，単に 1 年間に二酸化硫黄を 1 トン排出する権利に過ぎないので，別の許容量 1 単位と同一だからである．取引されているものの単純さのおかげで，円滑に運営できる排出許容量の 2 次市場を創出することは難しくなかった．このため排出許容量のケースでは，市場設計の間違えはたまたま大きな問題にならなかった．汚染許容量の問題は単に市場に任せるという問題でしかなかったのである．次にわれわれは政府が設計した別の新市場の例を見ることにしよう．そこでは，設計上の欠陥は深刻な問題となったのである．

カリフォルニア電力市場改革の失敗

　電力市場が創出された後の 2001 年，カリフォルニアで停電が発生した．

電力市場を創設したカリフォルニア州下院法案によれば，規制緩和は「競争的かつ低コストで，信頼できる電力サービスを供給する市場構造」を創出するはずだったが，実際にはそうならなかった．

　電力市場を構築する試みは失敗した．電力の卸売価格は以前の10倍に跳ね上がったし，停電が続いた．グレー・デイヴィス州知事は電力市場の実験を「壮大で危険な失敗」と呼んだ．

　電力会社はかつて電力のほとんどを自ら生産していた．規制された独占として，電力会社はどんな費用増も料金値上げの形で顧客に転嫁でき，コスト・ダウンのインセンティブがほとんどなかったため，生産コストは高かった．競争的市場になれば，効率的な生産と安価な電力が実現するだろうと期待された．卸売電力市場を創出するために，規制当局は電力会社に対して発電所を売ることを求めた．新しい規制緩和のシステムでは，電力会社は純粋に電力の小売業者となり，独立した発電所から卸売電力を購買することになった．1996年に規制緩和を成立させる法案にサインする際，当時の州知事ピート・ウィルソンは「われわれはまた1つ，時代遅れの独占に決着をつけ，それを競争の新時代に対する期待によって置き換えたのです」と語った．

　カリフォルニア州上院エネルギー委員会委員長であり新市場の設計者でもあったスティーブ・ピースによれば，卸売電力市場の創出は「世界中のあらゆるところで行われた産業改革の中でももっとも複雑なもの」であった[8]．電力という商品が持つ特別な性質が，電力市場のパフォーマンスを特に設計に対してセンシティブなものにした．電力貯蔵の費用は高くつくので，電力は必要に応じて生産されなければならない．しかも需要は時間や季節ごとに大きく変動する．需要のピーク時には，少数の発電所を除くすべての発電所が最大能力で操業している．そして，そのようなときでも，ほんの少数の限界的な生産者のみが高い価格をつけることができるだけである．たいていの市場では，高価格が自らに終止符を打つ．高い価格が新規生産者を当該産業に引きつけ，このことが価格を低下させることになるからである．しかし，電力に関しては，たとえ高価格が引きつけたとしても，長期においてさえ，

---

8) *Los Angeles Times*, January 11, 2001 と January 14, 2001 からの引用．*Economist*, August 24, 2000．*San Jose Mercury News*, April 11, 2001, p.1A．

需要を満たすための供給の増加は徐々にしか起こらない．新たな発電所の建設には数年かかるからである．それは，一部には必要とされる工学技術のためであるが，一部には自分たちの近所での建設は困るという反対運動のためでもある．

　価格設定のためにオンライン・オークションが行われた．電力を購入したい会社は毎日，翌日に欲しい電力量と支払ってもよい価格を表示した付け値を提出する．販売を望む会社は量と価格のオファーを提出する．一連のコンピュータが値付けとオファーを順に並べて，時間ごとに供給が需要に一致する価格を計算する（ところで，このようなオークションは数年前には実行不可能だったであろう．瞬時に付け値を比較し，市場均衡価格を計算し，買い手と売り手に注文数量を割り当てるには，強力なコンピュータが必要とされるからである）．

　オークション価格はどんどん高くなった．「われわれはすでに異常な暴利行為の領域に足を踏みこみつつある．それも桁外れのだ」と2001年にカリフォルニア州下院議長フレッド・キーリーは連邦エネルギー規制委員会に対して述べた．規制緩和によって価格は低下すると考えられていたのに，どうして価格は上昇したのだろうか．

　カリフォルニアの電力問題の主要な原因は，規制緩和前に生じていたと言わねばならない．供給と需要の力には打ち勝てないのである．規制緩和に先立つ数年間，カリフォルニアの確固たる経済成長は電力使用量の増加を招いていた．この間，大きな新しい発電所はまったく建設されなかった．実際には，発電能力は1990年から1999年の間に2％減少した．規制緩和の有無にかかわらず，カリフォルニアは電力不足に困っていたことだろう．規制緩和後まもなく，2つの予測不可能な事件に直面したカリフォルニアは不運でもあった．これらの事件はどちらか1つであれば切り抜けることができたかもしれないが，同時に発生したために大きなダメージを残すことになったのである．降雨量と降雪量が平年以下であったために，水力発電用の水量が少なくなり，天然ガスを発電に用いる必要が大きくなった．しかし同時に，天然ガス価格の急上昇が発生したのである．

　高価格は部分的には大きな需要に対する市場の通常の反応の結果であった．競争市場価格を決定するのは限界費用（すなわち追加的電力1メガワットを発

電するのにかかるコスト）である．大きな供給量が必要とされているときに，最終価格を決める（pivotal）供給者は高コストのガス火力発電所であって，低コストの水力発電所ではない．したがって需要がピークに達したときには，限界費用は高くなり，価格も高くなるのである．天然ガス価格が上昇するにつれて，発電コストが上昇し，電力価格も上昇した．

　しかし，これが話のすべてではない．ときに価格は発電コストを大きく上回ったからである．規制緩和後には発電会社のあるものは一方的に価格を設定することができた．グレー・デイヴィス知事はこれらの発電者たちが「良心的でない方法による利潤」を稼いだと言い，彼らを略奪者，便乗値上げ者として厳しく非難した．

　知事は「人為的に希少性を作り出し，価格を桁外れに上昇させるために」，「いくつかの発電者が電力供給を抑えていたかもしれないことを示す証拠が存在する」と述べた[9]．そのような市場操作は不法である．実際そうしたことが起こっていたのかどうかを決定するのは裁判所の仕事だ．この判断を下すには企業の会計記録の詳細な検討が必要であり，それには召喚の権限が必要である．しかし，これらの発電者たちが不法に共謀して人為的希少性を引き起こしていたか否かにかかわりなく，高価格は部分的には単に供給の限界から発生する自然の希少性によって説明できる．発電者たちがシステムを弄ぶことは容易であった．需要ピーク時には，ほとんどの発電者たちはすでに能力一杯で生産していたので発電量を増加させることができなかった．ほんの一握りの残りの発電者たちがどれだけの電力が生産されることになるかを決定できたのである．これらの事実上の決定権を持つ（pivotal）発電者は皆，システムの購入量が価格によって変わらないことに気づいていた．市場が耐えられるだけの料金を課すということは，非常に高い値をつけることなのである．

　価格が過度に高かったことを証明することは困難である．発電の限界費用は，各時点で発電能力のどの部分が使用されていたかに依存し，時間ごとに大きく変動するからである．価格が費用以上にマークアップされていたかど

---

9 ）*San Jose Mercury News*, April 11, 2001, p.1A .

うか，もしされていたとしたらどの程度なのかを立証するには，発電コスト
に関する非常に詳細なデータを収集し，数千件もの個々の取引を精査する必
要がある．経済学者セヴリン・ボレンシュタイン，ジェームズ・ブシュネル，
フランク・ウォラクによる注意深い推計によれば，1998年から1999年にか
けての卸売価格は限界費用を平均して16％上回っていた．それが2000年に
はさらに500％に跳ね上がった．州の電力供給網を運営する独立系運用機関
による推計によれば，2000年から2001年の10ヵ月の間，発電者が電力会
社に課した価格は競争価格を62億ドル上回っていた[10]．言い換えれば，1
年に満たないこの期間，価格の超過分は州内の家計当たりにして約500ドル
にも達していたのである．

市場設計は細部が重要

　新市場を機能不全に陥らせたのは，その設計であった．規制緩和以前には，
システムは集権的にコントロールされていた．発電の段階から家庭・事業所
への送電に至るまで，すべての意思決定は各電力会社内部で規制監督のもと
に行われていた．旧システムは，安心できる量の供給がなされていたという
意味では機能していた．しかし，それは効率的に機能していたとは言えない．
発電コストが高かったからである．集権的コントロールの限界を所与として
考えるならば，旧システムは期待できる程度には機能していたといえる．大
きな州の電力供給のように複雑なシステムを集権的な仕方で効率的に運営す
ることは，不可能ではないにしても難しいことである．

　規制緩和は発電段階と送電段階の間に市場を差し挟むことによって，集権
的コントロールをなくした．しかし欠陥があった．集権的コントロールに代
わる代替的なコントロールの仕組みが設置されなかったのだ．通常の市場に
おけるコントロール・メカニズムは価格システムである．そこで市場をうま
く機能させるのは価格の動きである．供給が不足しているときには，価格が
上昇する．その結果，消費者は使用を減少させるインセンティブを持つ．需
要が減少し，不足が回避される．価格の運動がシステムを自己修正的なもの

---

10) Borenstein, Bushnel, and Wolak (2000), *New York Times*, March 23, 2001, p.A14. 同様な推計につ
　　いては，Joskow and Kahn (2001) を参照.

にしているのである．規制緩和された電力市場では，この簡単なメカニズムの機能が妨げられていた．価格がすべき仕事をすることができなかったのである．

　電力会社が電力を購入する際の卸売価格は市場で決定されたにもかかわらず，規制当局は電力会社が顧客に課すことができる小売価格を固定していた．卸売価格が急騰したときでも，小売価格は維持された．電力会社は電力の購入に対して，売ることを許された額よりずっと高い価格を支払うことで絞り取られる形となった．北カリフォルニアの電力供給会社であるパシフィック・ガス・アンド・エレクトリックは，それが課しうる価格と費用のギャップのために90億ドルもの負債を抱え込んだと主張して，2001年に破産申請した．

　もし小売価格が卸売価格を反映して毎月変動していたならば，電力会社が負債を回避できたばかりでなく，消費者もまた電力を節約するように動機づけられていただろう．消費者はエネルギー節約型の電球を設置したり，使用していない電化製品のスイッチを切ることを習慣化したり，エアコンを少し弱めたりしていたかもしれない．

　周到な規制緩和であれば，小売価格が月ごとではなく，時間ごとに変動することを許容していただろう．とりわけ企業顧客に対しては，リアル・タイムの価格づけができる洗練したメーターを設置することができたはずである．小売価格がジェット・コースター的に変動する卸売価格に追随していたならば，電力消費者たちは需要の大きい時間帯での消費を削減し，需要の少ない時間帯での消費量を増加させるインセンティブを持つことになろう．事業所が高価格の時間帯に閉めて，低価格の時間帯に余分の時間働くことも可能だったはずだ．こうしてピーク時の電力を家庭用などのような他の用途にとっておくことができただろう．

　カリフォルニアの電力市場は，価格は生産コストを反映すべきであるという市場設計の最も基本的な要件で躓くこととなった．小売価格を固定していては，システムは不足に対応することができないにもかかわらず，不足が大量に発生していたことが判明したのであった．

　さらに別の意味でも，通常の市場メカニズムはなすべき仕事を妨げられて

いた．規制当局は電力会社に対して，すべての電力を必要なときに購入するように要求していたのである．発電者との長期供給契約は禁止され，電力はスポット市場で買うことだけが許されたのである．将来の分まで買うことができれば，小売価格の日々の激しい変動を和らげ，ピーク時における発電者の市場支配力を弱めることに役立っただろう．規制におけるこの誤りは日々の価格変動を過大にする役割を果たした．

　カリフォルニアは中途半端に規制緩和を行った．市場による価格決定と統制とは両立不可能であった．小売価格を固定しながら卸売価格を完全に自由にすることは理に適っていない．しかし，だからといって，カリフォルニアが完全に規制緩和すべきであったということにはならない．電力市場に対する継続的な政府規制が必要とされるのである．

　より周到な改革のもとでも，価格が発電コストを大きく上回った可能性がある．一握りの発電者たちがシステムを人質に取れる需要ピーク時には，価格は非常に高くつけられることになる．競争だけに頼っていては，必ずしも価格を発電コスト近くまで引き下げることはできないのである．過度に高い価格づけが行われる可能性は，電力市場にたえず付き纏うものであり，価格づけに対するある種の規制監督によってこそ，途方もない価格釣り上げを抑制できる．

　送電系統——電力を運ぶ高電圧の電線——はその性質上独占であり，規制のない市場に任せておくわけにはいかない．電気に関する物理法則が成立しているから，送電系統の運用者は信頼性確保のために常時監視していなければならない．発電者によって送電系統に送り込まれる電力量は，電気使用者が引き出す量と常に等しくなければならないのである．投入電力量と引き出される電力量のどちらかが一方的に突然上昇するならば，送電システムは不安定化し，州全体に停電を引き起こすことになるだろう．したがって，小売電力市場と卸売電力市場がどんなにスムーズに運営されていたとしても，送電系統は継続的な規制を必要とする．

　ある評論家は，完全な自由市場に移行すべきであったとして，カリフォルニアの規制緩和の不十分性を主張する．別の評論家たちは，電力市場はうまく機能しないので，規制緩和を行うべきではなかったという．これらの意

見は両方ともある種の真実を含んではいるが，両者とも状況を過度に単純化している．規制緩和は，小売価格の統制を維持して，価格が希少性のシグナルとなることを妨げたという点で不十分なものであった．それは同時に，発電会社による過度に高い価格づけに対する抑制をなくしてしまったという点で行き過ぎたものであった．問題は，市場の利用が過度だったか過少だったかということではなく，市場設計がまずかったことにある[11]．

カリフォルニアの電力市場から得られる主要な教訓は，規制緩和がどれほど必要とされたとしても，それが実行される際の詳細が結果の違いを生み出すということである．ノルウェーやオーストラリアなど，別の地域では電力市場導入は成功している．これらの市場では，電力の大半は1日先の市場ではなく長期契約で取引されており，小売価格も発電コストとともに変動するようになっている．さらに，これらの市場の設計はカリフォルニアと同種の試練には晒されなかった．電力が豊富に供給されていたからである．

市場の設計は，とりわけ巨額のお金がかかっているときには，隙のないものでなければならない．頭のいい人々が必ずメカニズムの裏をかく方法を見つけ出すので，市場設計のどんな見過しも有害な副作用をもたらしうる．新たに設置された市場が想定通りの機能を実現するのは，それが上手く設計されているときだけである．市場のルールが重要である．

このことはたいていの市場に対して言えることだが，電力市場に関しては特にそうである．価格に対する需要の反応が鈍く，供給不足の結果が深刻なため，すでに見てきたように，ときに少数の生産者が生産コストよりずっと高い価格づけを行うことができる立場に立つ．こうして成立した高価格も直ちに新たな供給源を生み出すことはない．新たな発電設備が使用できるようになるには数年かかるからである．汚染許容量のケースとは異なり，私的部門の仲介業者たちが自ら市場を立ち上げて，官製市場の失敗を修正するために介入することも不可能である．すべての電力は送電網を通らなければならないからである．電力の特殊な性質のために，市場のパフォーマンスはその設計に非常にセンシティブなものとなる．

---

11) Wilson（1999）は電力市場設計の原理に関する権威ある説明である．

　カリフォルニアの電力市場の崩壊を理解する際に，市場設計者が公的部門にいたという事実に非難の目を向けるべきではない．私的部門も同様に市場設計の不運な事故に陥る可能性がある．たいていの市場が発展する通常の方法は試行錯誤によるものである．どんな設計上の欠陥であっても，誤りから学ぶことこそが欠陥を修正する主要な方法である．たとえば，1990年代末に提案されたオンライン売買の新方法を提供した多くの会社のうち，繁栄したのはごく少数であり，ほとんどは消滅した．2000年から2001年にかけてのインターネット産業の淘汰は，あまり将来性のないオンライン・マーケティングを行った人々を排除しした．公的部門の市場設計と私的部門の市場設計の違いは，政府の実施は非常に大規模なものとなる可能性があり，ニュース・メディアの脚光の中で行われるので，まずい事態となったときにわれわれがそれを耳にするという点にある．

鉄道とオークション

　スウェーデン議会は，1992年，市場の力を鉄道網のスケジューリングに用いることを命じる法案を通過させた．他のどの国とも同様に，スウェーデンでも鉄道は集権的に管理されていた．分権的意思決定がもたらす効率性——情報を引き出し，最適配分を発見する市場の能力——を追求したスウェーデン政府は，鉄道会社が線路の所有権を保持するものの，新市場を創出して線路のアクセス権を私企業に販売し，私企業が乗客サービスと運送サービスを提供することを提案した．

　思わぬ障害が存在した．路線が合流することである．スケジューリングが複数の線路利用者による別々の意思決定に分権化されるならば，2つの列車が同時に同地点に到達し，衝突するリスクが生じることになる．懐疑的な人々は，オークションによるスケジューリングは不可能だろうと主張した．あるコンサルタントが言ったように，「値付けができるような独立した単位が存在しません．ある列車サービスを提供するための値付けの実行可能性は，すでに値付けされた他のすべての列車サービスの特定のあり方に依存するからです．」言い換えれば，外部性が至る所に存在するのだ．鉄道路線の市場は絶対に機能しえないとの主張がなされた．

　このチャレンジに呼応して，経済学者ポール・ブルーワーとチャールズ・プロットは独創的なオークションを設計した[12]．鉄道会社は各個別路線に対する付け値を提出する．特定路線に対する現行の最高値だけが保持され，低い付け値は破棄される．コンピュータ・プログラムが値付けを結合して，複数の実行可能なスケジュールに転換する（そこでは衝突は回避され，安全マージンが尊重される）．プログラムは各スケジュールに対して付け値合計を計算し，合計額がもっとも高いスケジュールを暫定的な勝者であると宣言する．すべての入札者が参加できる値付けの新ラウンドとともにこのプロセスは繰り返され，新たな値付けが提出されなくなるまで続けられる．こうしてもっとも高い価値を持つ実行可能なスケジュールが採用される．

　自分自身のニーズに関して鉄道会社が持つ情報は，その付け値に表現されるが，このオークションはそれに敏感に反応するものだ．実験によるシミュレーションでは，このオークションは中央集権的スケジューリングよりもよいパフォーマンスを示している．路線はそこからもっとも大きな価値を引き出すことのできる鉄道会社に与えられる．衝突リスクという外部性があるので，市場ベースのシステムへの分権化は絶対的ではありえない．ある種のコーディネーションが必要とされるのである．しかしだからといって，分権化の便益が獲得不可能であるということにはならない．衝突リスクの存在は，市場メカニズムの設計が相互依存関係を認識しなければならないことを示しているにすぎない．そして，それに対するケアは，どの値付けの組合せが実行可能なスケジュールとなるかを確かめるコンピュータ・プログラムを通して実現されている．鉄道のスケジューリングの例は，オークションのルールが注意深く設計される限り，市場が大きな外部性を処理できることを示しているのである．

政府の限界

　勝者の決定に関する限り，政府の実績は芳しくない．しかし，勝者の決定はまさに，たとえば公的に所有された資源の利用権をどの企業が獲得するか

12）このオークション・メカニズムの詳細とその実験に関しては，Brewer and Plot（1996）を参照．代替的なオークション・メカニズムがNilsson（1999）によって提案されている．

といったような配分上の決定を行うときに，政府が行うことを要請される事柄である．市場ベースの配分は，政府にしかできないことのみを政府に任せ，勝者を決定する仕事は市場に任せる．うまく設計されているならば，競争市場は，資源配分に必要な情報を明らかにすることができる．

　電力や排出許容量のケースでは，ルールを詳細に書くことで，新市場は慎重に設計されていた．特定の単一市場を構築する場合にはこのことが可能である．しかし，次に論じるように，相互に関連した市場すべてを備えた経済全体を設計することは，単一市場を設計するよりもずっと難しい仕事である．

第15章
空気を求めて
Coming Up for Air

旧共産圏の市場創出の実験

　1980年代から1990年代にかけて，経済改革の波が世界中を襲った．ロシアや中国のような旧共産主義諸国では市場がゼロから創出された．イギリスやニュージーランドのような市場経済の国々では，民営化と規制緩和が市場の領域を拡大した．このような国家統制からの移行は市場がどのように機能するかについて多くのことを教えてくれる．それは経済学における史上最大の実験なのである．

「市場は解放，開放性，別世界へのアクセスを意味する．それは空気を求めて出ていくことである．」これは歴史家フェルナン・ブローデルが中世ヨーロッパにおける市場の発生を描写した表現である．ブローデルの言葉は，かつて国家統制の下にあった国々における市場の出現についてもあてはまる．

　変化は，その中で生きた多くの者にとって痛みであった．どれほど痛切に必要とされていたとしても，改革は困難なものである．過度に規制された経済の非効率性を過大な痛みを伴わずに修正するためには，改革はどのようになすべきであろうか．ニュージーランド，ロシア，中国というまったく異なる3つの国々が経験した改革を比較することによって，うまく機能する市場を構築するのに何が必要かを学ぶことができる．

　国家に支配されてきた停滞した経済は，いかにしてその方向を変えることができるだろうか．アメリカの国務長官ウォーレン・クリストファーは経済のショック療法を推奨した．彼は「経済改革は峡谷を越えることと見なす」

べきだと言った.「少しずつ歩いていっても峡谷を越えることはできない.
ただ大きな一跳びだけが峡谷を越えることを可能にするのだ.」[1] この発言
をしたとき,彼はたまたまベトナムを訪れていたのであるが,おそらく彼は
どこの国の改革者にも同じアドバイスをしていたことだろう.

　ショック療法という処方は,改革事業を著しく過小評価している.経済は
複雑で,予測しがたいシステムである.皮肉なことに,ショック療法はそれ
以前の国家統制と同様に,経済が実際にそうであるよりも管理に適したもの
であることを前提としている.峡谷を跳び越えるという喩えは適切ではない.
経済全体の設計は単一市場の設計とは異なるものである.経済全体の設計に
おいては,どこに向かおうとしているのかもわからないし,どのようにそこ
に行き着くのかもわからないのである.

ニュージーランドのショック療法

　ニュージーランド経済は中央集権的に計画されたことはなかったが,50
年もの間,かなりの程度の国家介入が行われていた.しかし,1984年から
1992年の期間,ニュージーランドは他のどの豊かな民主主義諸国よりも,
素早く徹底的に経済の再構築を行った.ニュージーランドは,自らをもっと
も規制の多かった先進国経済からもっとも規制の少ない先進国経済へと転換
したのである.初めから市場を支える諸制度のすべてが備わっており,ほと
んどの価格が自由に決定され,経済のほとんどが私的所有のもとにあったの
で,ニュージーランドはショック療法の望ましいテスト・ケースとなってい
る.

　改革の推進力は,慢性的低成長と持続不可能な財政不均衡であった.1950
年から1980年にかけて,ニュージーランドの1人当たり所得は世界で3番
目から22番目の位置まで落ち込んだ.したがって改革が必要とされていた
のであり,たいていの観察者は,その状況の下での急速な変化が正当化でき
るものだったことに同意している.しかし,改革はゆっくりとしか結果を出

---

1 ）*New York Times*, August 8, 1995, p.A3. 共産主義を脱した国においてショック療法よりも漸進主
　義がよく機能するだろうという主張は McMillan and Naughton（1992）によってなされた.ブロー
　デルの引用は Braudel（1982, p.26）から.

さず，深刻な社会的コストを伴うものであった．

　1960年代と1970年代には，政府はどのような外的ショックに対しても，条件反射的に輸入，価格，賃金，利潤，利子率をコントロールするという行動を取ってきた．市場に対する制約だらけであった．資源配分に関する多くの意思決定は，政府役人もしくは政府に認められた独占企業によって行われていた．たとえば，製粉所の利益を保証することを目的として小麦審議会が小麦を製粉所に割当てていたが，このことが需要の2倍もの製粉能力をもたらすことになった．長距離トラック輸送は（国有化されていた）鉄道会社に管理されていた．150キロ以上の距離をトラック輸送する者は誰でもその鉄道会社の許可を必要とした．リンゴ農家は農場の門でリンゴを販売することを禁止されていた．生産者委員会の独占を侵害することになるからである．買い物の時間は厳しく規制されていた．黄色いマーガリンはバターの生産者に対して過度の競争をもたらすという理由によって，マーガリンの色は食欲をそそらないオフ・ホワイトでなければならなかった．ジャーナリストのマーシャ・ラッセルが要約したように，「どのような事業ができるか，つけられる価格，労働時間，賃金，買うことができる物，買い物の時間は，すべて国家にコントロールされていた．」[2]

　かつてのニュージーランド経済の奇妙な状態は，実業家アラン・ギブスによる逸話が物語っている．政府は雇用創出のためにテレビの組立を地元で行うことを求めていた．部品の価格交渉のために日本に行ったとき，ギブスは懐疑の目で迎えられた．生産ラインの設置の仕方により，組立ラインの最後のところに労働者を配置し，完成したテレビを分解させること以外の方法では，日本のテレビメーカーは個別部品を供給できなかった．このためギブスの会社は部品に対して，テレビの完成品に支払わなければならない額よりも5％余計に支払わなければならなかった．その部品はニュージーランドに出荷され，そのために特別に建設された工場で組み立て直され，国際価格の2倍の価格で販売された．

　低い生産性は，輸入制限や関税ばかりでなく，補助金や価格管理から生じ

2）Russell（1996, p.12）．アラン・ギブスの次の引用は同じページから．

る市場の歪みを反映するものであった．これらの管理の程度は大きかっただ
けでなく，産業間で大きく異なっており，価格システムによる資源の最適配
分を阻害していた．低い生産性はまた，集権的な労働市場，強制加入の労働
組合，成果よりも職種に基づく給料という不揃いのインセンティブをも反映
していた．限界税率が最高66％という所得税システムは，節税努力以外の
努力を抑制するように作用していた．人口が小さいので，輸入制限は多くの
産業において，たった1社か2社が市場全体に供給することを意味していた．
たとえば，洗濯機にはたった2つのブランドがあるだけだったが，そのどち
らも同じ企業によって作られたものであった．「経済のあらゆる分野で認可
が必要だった」とギブスは言った．「その上，認可を持っている者は保護さ
れ，誰もその市場に入ってくることはできなかった．」競争がないことは，
イノベーションをしたり，コストを削減したりするインセンティブを，企業
がほとんど持たないことを意味していた．

　ニュージーランドは，1980年代初頭までには，インフレーション，失業，
財政赤字，貿易赤字，そして通貨危機に悩まされるようになっていた．文字
通り，息たえだえに命を保っていたのである．そしてついにやってきた改革
は大掛かりなものであった．マクロ経済改革に加えて，市場をよりよく機能
させるよう設計された改革も行われた．たとえば，国際貿易の障壁を大幅に
削減し，国有企業を株式会社化して競争にさらし，さらに民営化までした．
また，価格支持その他の農業に対する政府介入を撤廃し，大然資源管理に価
格インセンティブを導入した．そして，労働市場において個別契約が最優先
されるように労働諸法を変更した．

　改革は社会的混乱をもたらしたので，ニュージーランド人の間で激しい論
争の的となった．改革の期間，失業率は急騰した．不平等は広がり，貧困問
題は悪化した．ホームレスの人々が初めて路上に見られるようになった．労
働組合連合会は「規制緩和政策はニュージーランド社会の不平等を拡大する
ことに貢献した」と批判をした．法学教授のジェイン・ケルシーは，急進的
構造変化がニュージーランドを「非常に不安定で二極化した社会」に転換し
たと言った[3]．所得は伸び悩んだ．改革の最初の8年間は，実質的に経済成
長がなかったからである．この長期にわたった移行期間の後にようやく成長

が軌道に乗り，1990年代前半の成長率は平均4％を少し超え，その後再び2から3％に後退した.

　市場指向の改革が切実に必要とされていたのに，経済が遅いスピードでしか反応しなかったのは何故だろうか.　改革の痛みの多くは，その改革にではなく，それ以前の政策に帰せられるべきである.　それ以前の政府の先送り姿勢は，1980年代にどのような政策が採用されていたとしても，景気後退を避けられないものとしていた.　しかし，痛みの中には改革によるものもあった.

　もっとも明白で早く現われた改革の成功は，マクロ経済の安定化であった.　政府財政は均衡し，インフレーション・スパイラルは終息した.　これらのマクロ経済的安定化政策は改革前の政策によって残されたひどい不均衡を是正するために必要とされたものであった.　しかしこの政策は，経済が他の改革に反応することに対する妨げともなった.　痛みもまた抜本的な改革プログラムにはつきものであった.　競争が激化し，政府介入が少ない改革後の環境においては，労働者や企業は大きな調整を余儀なくされた.　市場の運営，企業組織，事業における新しい方法が出現して，古い体制に置き換わった.　だが，この調整には必然的に時間がかかったのである.

　改革の当初，多くのニュージーランドの企業は非効率的であった.　価格と利潤に対する管理のもとで形成され，輸入から保護されていたニュージーランド企業は，製品市場からの競争にほとんど直面していなかった.　改革がこうした平穏な生活を粉々に破壊した後に，企業はリストラクチャリングによって無駄を削減しなければならなくなった.　たとえば，事業ライン変更，新事業の発見，内部ヒエラルキーの再設計，労働者に対するより強いインセンティブの提供，変化した環境にもっとうまく対処できる新たな経営者の発掘，金融面の新たな管理体制の導入，新しい取引相手の発掘，顧客ネットワークやサプライヤー・ネットワークの刷新などである.

　新しい市場インセンティブに対する企業の最初の反応は，生産量の削減だった.　企業は製品構成を合理化し，高コストの工場を閉鎖し，競争優位を持

---

3) Kelsey（1995, pp.254, 350）.

っている狭い製品ラインに焦点を絞った．1990年代初頭に至って，ようやく実質的な改善が見られるようになった．企業は新製品へと移行し始め，新製品開発に必要な技術的研究や市場調査に従事し始めたのである．経営トップの交代が増加した．新しい経営者たちは以前の経営者たちよりも有能であるとの調査結果もある．労働者に対する成果に応じた報酬の採用が，個人ごとのインセンティブ・プランないしチームのインセンティブ・プランの形で増加した．企業は管理ヒエラルキーの階層の数を減らすことで，より筋肉質に生まれ変わった．大きな企業は増えた仕事量を外部委託し始め，特化し，効率的になった．企業が新しい環境に適応し，生産量を再び増加させるまでに，10年ほどの年月を要した．政策変化は速かったが，産業の反応はゆっくりとしたものだったのだ．

　労働，資本，天然資源といった国全体のストックは，以前よりもうまく管理されるようになった．製造業と農業において生産性が上昇した．企業は，組織を筋肉質にし，高コストの工場を閉鎖し，狭い範囲の事業ラインに集中することによって，激しくなった競争に対応した．貿易障壁の削減は生産パターンを新しい方向に方向づけ，輸入と輸出の両方を拡大し，生産を合理化し，輸出競争力のある産業の範囲を拡大した．公企業の株式会社化と民営化はより効率的な操業を促した．改革は，経済を改善するという所期の効果をもたらした[4]．また，それは純粋に経済的なもの以上の効果をもたらした．国全体が活気づいたのである．改革が始まって12年後，「この島はただただ沸きかえっています」とキャサリン・ティサード総督は言った．「国中が業績達成の間欠泉のようになっています．」[5]

　改革は通常困難なものであるが，ニュージーランドの改革はほとんどの人が予測していたよりもずっと困難なものであった．ニュージーランドについては，間違いなくショック療法は正しい選択であった．問題の大きさが急進的な治療方法を正当化したのである．ショック療法の使用に反対する主要な主張は，必要な経済的・政治的制度の発展を阻害してしまうというというも

4）改革のより詳細な評価については Evans et al.（1996），Silverstone, Bollard, and Lattimore（1996）を参照．

5）*National Business Review*, December 15, 1995, p.18.

のであるが，この議論はすべての制度がすでに存在していたニュージーランドには当てはまらなかった．ニュージーランドの改革はうまく設計されていたが，よりよく機能する市場への移行は緩慢であり，痛みを伴った．

ロシアがショック療法で失敗したのかなぜか

　計画経済から市場経済への移行を開始したとき，ロシアは大きな一跳びで移行するアプローチを選択した．そのショック療法は次の3つの要素からなっていた．政府財政の均衡化，価格統制の即時撤廃，企業の急速な民営化である．その目的は既存の経済制度を壊し，新しい制度をゼロから構築することにあった．当時世界銀行のチーフ・エコノミストだったローレンス・サマーズは，ロシアの改革が始まったばかりのときに「これは間違いなく，歴史上もっとも偉大な経済的挑戦の1つになるでしょう」と述べた．

　1992年の元旦，ロシア政府はほとんどすべての財について価格管理を撤廃した（管理が残されたのはエネルギーと運輸の価格のみである）．1992年10月から1994年6月の間に，国有企業は国民にバウチャーを与える形で民営化された．驚くほど巨額な資産移転の中で，ロシアの産業の3分の2，約1万5,000社の企業が，突然民間に所有されることになった．政府財政を均衡させる試みは毅然として始められ，躓きはしたが，最終的にはいくらかの成功を収めた．1992年には，インフレ率は1年間で2,500％にもなった．インフレーションは1996年までにコントロールされて22％になったが，再度突発する恐れがまだあった．

　政治・経済制度が崩壊する中で，ロシア政府はあらゆる局面において改革を速く推進する以外に方法はないと考えていた．改革を担当していた副総理大臣アナトリー・チュバイスは他の方法はなかったと信じている．彼は「漸進的アプローチが常に最善であるということに疑いの余地はありません．しかしそれは，ロシアがそうであったように，国が突然の崩壊に直面したような状況を除外してのことです」と語った．しかし，よりあからさまなショック療法の提唱者たちの主張は，政治的必要性に基づくものではなかった．彼らはショック療法がどのような経済の改革にとっても，単純に最善の方法であると考えていたのである[6]．

ロシアの改革はひどく不人気だった．皮肉なジョークが広まった．「共産主義者が共産主義について語ったことはすべて完全にまったくの嘘だった．しかし残念ながら，共産主義者が資本主義について言ったことはすべて本当だった．」1997年の全国的世論調査で，民営化政策が「悪い」効果を及ぼしたか否かをロシア人に尋ねたとき，70%の人々が「悪い」効果をもたらしたと回答した[7]．ショック療法はロシア経済を破壊するアメリカの陰謀だと信じている人々もいた．

生活水準は急速に悪化した．改革が始まって2年目の1994年の国民所得は，1989年の水準の半分を少し超えたぐらいであった．報告された所得下落は実際の下落をいくらか過剰に表現したものであった．改革に反応して生まれた新企業の中には，賄賂と税金を回避するために地下経済で操業しているものもあり，そこで生み出される所得は公式データに表れなかったからである．しかし，その修正を行ったとしても，悲惨なまでの生活水準の下落が生じ，平均寿命の低下と家族崩壊の増加をもたらしていた．

生活水準の低下は，部分的にはインフレ，物資不足，全体的な非効率性をすべて伴っていた共産主義による避けられない後遺症であった．どのくらいであったかを知ることができないが，困難のある部分は，ショック療法の最初の項目である財政均衡化によって引き起こされたものだった．以前の政府支出は収入をかなり超過していたので，財政を均衡化する緊急の試みは避けられないものだった．しかし，混乱の他の部分はショック療法の残りの項目である価格自由化と大規模な民営化に帰することができる．

価格自由化の初日，食糧価格は250%も急騰した．ほとんどの給料は上昇しなかったので，突然多くの人々は自分たちがひどく貧しくなったことを理解した．生涯にわたる貯蓄はほとんど価値がなくなってしまった．多くの人々は自分で食料を育てることで生き延びた．

価格自由化後に価格が上昇したのは，計画当局が需要がすべて満たされな

6）危機がショック療法の使用を強いたとする見方の注意深い表明については，Boycko, Shleifer, and Vishny（1995）を参照．ショック療法が単純にもっとも良い方法だったとする見方については，Skidelsky（1996）を参照．チュバイスは *Australian Financial Review*, December 22, 1999, p.9 に，サマーズは *Transition Newsletter*, January 2001, p.17 に引用されている．

7）*Economist*, March 15, 1997.

い水準にまで価格を低く設定することを常としていたからである．普通の市場では，価格が上昇したときには，より多くの商品が売りに出される．しかし1990年代のロシアでは，発達を妨げられた市場メカニズムのもとで，価格上昇に続いて産出量の急激な低下が発生した．ほとんどの製造品のルーブル価格は上昇し，全般的インフレーションが発生したにもかかわらず，主要な生産要素の2つ，労働とエネルギーのルーブル価格はそれほど変化しなかった．産出物価格の産業労働者賃金に対する比率は1993年には1992年の3倍も高くなっていた．そして1995年には，この比率は10倍も高くなった．このような賃金に対する産出物価格の上昇は，多くの産出物をもたらすはずだったのに，現実はそうならなかった．経済の総産出量は，ショック療法の最初の年の1992年には19％落ち込み，1993年にはさらに12％落ち込み，1994年にはさらに15％落ち込んだ．生産量が再び増加し始めるには数年かかった．価格自由化はショック療法の欠点の例である．価格に対する供給の反応が反対方向に動くならば，自由な価格設定は逆効果である．

　改革期間の始めの時点では，ロシア企業はすべて国有だった．これらの企業が価格シグナルに感応的になるには，全面的なリストラクチャリングが必要とされていた．企業は，よりよい意思決定手続き，成果に基づく報酬，現代的会計実務を必要としていたのである．また，リストラクチャリングを行うための資本を集め，新製品と新しい顧客を見つけ出さなければならなかった．その当時，「これらの問題のほとんどは急速な民営化によって改善可能だろう」と経済学者ジェフリー・サックスは発言していた[8]．しかし，不幸なことにそうならなかった．

　世界的な民営化の波の中で，イギリス，マレーシア，メキシコなど100以上の国々が国有企業を民間企業に転換し，ほとんどその意図通りの成果をあげていた．私的所有によるインセンティブは，通常は以前より良いパフォーマンスをもたらしたが，ロシアは例外だった．ロシアの企業では，民営化直後には，ほとんどリストラクチャリングが行われなかった．市場を支える諸制度が発展したのが，民営化の後ようやく数年たってからのことだったから

8）Sachs（1992, p.43）．

である[9]．これまで見てきたように，通常の経済においても，私的所有は企業の生産的な運営を促す唯一の力というわけではない．株主，株式市場，顧客，競争相手からの圧力といったさまざまな市場圧力もまた経営者を規律づけているからである．

　新たに民営化されたロシアの企業にはこれらの規律が欠けていた．ソビエトの計画当局は大きいことは常に良いことだと考えていたので，多くの企業は独占企業であった．これらの企業は民営化の後も，通常は競争によって生じる圧力から自由でありつづけた．多数の企業が存在する産業においてさえ，競争は徐々にしか展開しなかった．市場に関する情報チャンネルがほとんどなく，企業にとって新しい顧客を見つけることが困難だったからである．民営化の結果，ほとんどの所有権はインサイダーが手にすることになった．典型的な企業では，最終的に経営者と労働者が株式の3分の2程度を持つことになった．既存の経営者は防御に身を固めており，外部株主は彼らに影響を与えることができなかった．効果的な倒産法が存在しなかったということは，悪い経営者に対する究極的制裁が存在しないということを意味した．国が企業を救済しつづけたからである．1994年，アナトリー・チュバイスは，民営化は経営者の会社経営の方法を変えなかったと言った．「同じ本能，習慣，コネクション，姿勢が残っています．政府に駆け込んだり，高い地位の役人とのコネを求めたり，助成金つきの信用貸付，税控除，割当，特権を懇願したりしない重役ははとんどいません．」[10]

　ロシアの産出量が落ちたさらなる理由は，ショック療法が企業間の関係を壊してしまったことにある[11]．どのような経済においても，製造は協力を必要とするプロセスである．企業は自分の製品を他社のニーズに合わせて生産する．改革以前は，計画当局が誰が誰に売るかを指令しており，企業同士の組合せはしばしば不適当なものであった．改革とともに，企業は適切な取引

9）全世界の民営化の効果についてはMegginson and Netter（2001）を，ロシアについてはBoycko, Shleifer, and Vishny（1995），Brown and Earle（2000），Djankov（1998），Earle, Estrin, and Leshchenko（1995）を参照．

10）Gustafson（1999, p.37）．

11）ショック療法が企業間の関係を壊してしまうということは，Blanchard and Kremer（1997）とRoland and Verdier（1999）によって論じられている．

相手を探す自由を突然与えられたが，関係をゼロから構築することは簡単ではなかった．新しい取引相手を探し出すことは時間を要したが，その間，企業は投資を控えた．誰のために何の財を生産すればよいかがわからなかったからである．自分たちの産出物市場が混乱状態にあるのだから，企業は成り行きを見守っていることが得策であった．

ドミノ現象がこの問題をさらに悪化させた．たとえば，自動車の製造には多数の異なる企業が関わっている．この取引関係の連鎖の中で，各企業が他社では生産されていない部品を生産しているならば（計画経済の下ではそうした傾向にあった），ある一企業で出荷が滞ると他の多くの企業に影響を与える可能性がある．企業が重要な投入物のサプライヤーを失えば，その企業は顧客に製品を供給できないし，その顧客もまた自分の製品を供給することができなくなる．シカゴ空港を閉鎖させた嵐が，シカゴ経由で運行するように予定されていたニューヨークからダラスへの航空便を遅らせることになるのと同じように，一組の企業の関係崩壊は他の企業にも影響を与える．航空便の遅れは数時間で解決されるだろうが，企業の場合には取引の連鎖の再構築に数年かかる可能性がある．

ロシアのショック療法は制度的空白をもたらした．私的所有は重要であるが，それだけでは効率的な企業を作り出すのに十分ではない．よく機能している製品市場や金融市場もまた必要である．ショック療法は，企業に必要な市場サポートが発展する以前に，企業を民営化した．ショック療法は旧制度を解体したが，新制度の構築には年月を要した．改革が経済の調整能力よりも速く進んでしまったのである．

中国の漸進主義的改革の成功

中国は異なる改革の道を選んだ．どのような谷も一気に超えようとはせずに，中国は漸進主義的な改革を採用した．これはうまく機能した．ロシアが改革の下で経験した所得の急落とは対照的に，中国は直ちに経済成長軌道に乗り，急速な経済成長を維持したのである．1980年からの20年間，1人当たり国民所得の年間成長率は約8％であった．その果実は広く行き渡り，ほとんどの国民の生活水準は改善した．新しい企業が誕生・発展し，国有企業

からの雇用の大きなシフトをもたらした．中国経済の大部分は 10 年も経たないうちに市場によって運営されるようになった[12]．中国はほとんどの国ができなかったことを達成した．実質的に痛みを伴わない改革である．

　成功の理由の一部は中国に特有のものであった．すでに見たように，大きな成果は，労働力が自由に新しい製造企業に移動できるようにした農業改革の直後から現れた．農業が労働力の 4 分の 3 を抱えていたため，このことが改革プロセスを急速に活性化させた．もしこれがなかったならば，中国の改革の道はより困難なものであっただろう．しかし，中国の改革の背景には農業以外のものもあった．

　中国の改革は，ショック療法の 3 要素のうちの 1 つ——インフレーションの抑制——に関しては，ロシアの改革と同じであった．ハイパーインフレーションのもとでは，企業をリストラクチャリングしたり，市場を創造したりするどのような試みも無効になっていただろう．しかし，マクロ経済的安定はそれだけでは成長を生み出すことはできない．市場経済の構築は，インセンティブと財産権の転換を意味する．ショック療法の他の 2 つの要素においては，中国とロシアのアプローチは異なっていた．ロシアは国有企業をただちに民営化したが，中国は民営化を遅らせた．ロシアは劇的な一撃で価格自由化を行ったが，中国はひそかに価格を自由化した．

　価格改革は異例な方法で行われた．計画経済下の国有企業は生産物を固定価格で国に売ることを求められていた．改革においても，計画経済のこの側面は維持されたが，追加的な生産物を生産して市場で売ることが国有企業に許された．二重価格制度が行われ，その下で，市場価格は通常，公式価格よりもずっと高くなった．国有企業が市場で販売する割合は徐々に増加した．

　二重価格の下では，総生産量が国の割当量を上回る限り，どれだけ生産し，どの投入物を使い，どの投資を実行するかといった企業の意思決定は，国による産出物割当の影響を受けなかった．このような意思決定において重要だったのは，追加的生産物の価格，つまり市場価格だった．そのため，漸進的な価格改革ではあったが，二重価格は即座に効果をあげ，企業が市場指向的

---

12) 中国の改革についてのもっとも良い説明は Naughton（1995）によってなされている．

になることを促した．二重価格はショック療法におけるような連鎖的崩壊を
避けることができた．国有企業に対して，市場における追加的生産物の販売
や追加的投入物の購買を認めることで，既存の事業方法の安定した土台の上
に新しい企業間関係を発展させていくことが可能となった．

　しかし，痛みも徐々に増加してきた．二重価格は，重要な役人の子息のよ
うに有力なコネを持っている人々による不法な利得行為を可能にした．低い
計画価格で財を獲得し，より高い市場価格で販売するのである．このような
腐敗したやり方に対する怒りが，天安門広場での1989年のデモに火をつけ
た要因の1つであった．二重価格は改革プロセスを円滑に進めるための一時
的な急場しのぎの方法であり，できる限り早く完全な市場価格に置き換える
べきであった．すなわち，実際に完全な市場価格への移行が行われた1990
年代初頭ではなく1980年代後半までの間にそうすべきだったのである．二
重価格はときとともにその有効性を失ったが，混乱をほとんどもたらさずに
価格改革を達成する賢い仕組みであった．

　中国は1990年代後半まで，国有企業を国家管理下に置いたまま，ほとん
ど民営化しなかった．しかし，これらの企業をリストラクチャリングし，か
なりの生産性の向上を実現した．当初は非常に非効率的であった国有企業も，
一連のインセンティブに反応して生産性を顕著に改善した．政府が企業に保
持することを許した利潤の一部は，従業員のボーナス，住宅や医療の手当て，
新しい工場や設備に対する投資に使われた．経営者の報酬は，企業業績にも
とづくようになった．経営者が，企業業績が悪いときには没収されてしまう
保証金を提供するように要求されるケースもあった．経営者は何をどれだけ
生産し，どのように生産するかについて意思決定を行う自律性を獲得し，労
働者にボーナスを支払うことが許された．経営者を選択する新たな方法が導
入され，経営者の入れ替わりがかなりの程度行われるようになり，結果とし
てよりよい経営者が任命された[13]．インセンティブの強化と組織の改善に
よって，1980年代の終わりまでには，国有企業はかつてほど非効率的では
なくなり，中国の成長に貢献した．

13）国有企業の改革については Groves et al.（1994, 1995）を参照．

　民営化の代わりに，中国は新企業の形成を促進した．改革の最初の2，3年はそれほど気づかれなかったが，新しい産業企業はかなりの速さで成長し，12年の間に工業生産量の半分を生産するようになった．不十分な契約法，弱い財産権，未発達の資本市場という足枷にもかかわらず，このような起業家精神が発揮されたのである．

　これらの新企業はまったく新しい組織構造を持っていた．そのほとんどは民間企業ではなかった．これらの企業は，企業コントロールに関する西欧的概念を教えこまれた人にとっては奇妙なものである．ほとんどが農村地域にあり，村政府によって経営されていた．企業の所有権は曖昧で，残余収益に対する明確な権利もなかった．株主コントロールや買収の脅威など，企業コントロールにおいて通常用いられる手段もほとんど持っていなかった．われわれが慣らされている思考方法によれば，これらの企業は絶対にうまく機能するはずがなかった．しかし，それは効率的に機能したのである．

　これらの郷鎮企業は，たまたま移行経済の特異性にうまく適合していたのだった．郷鎮企業は，その所有者である村政府が地域で資金を集める力を持っていたので，信用市場を利用する必要がなかった（いずれにせよ，信用市場は存在していなかったが）．公的に所有されていたにもかかわらず，効率的に経営されていた．競争の激しい製品市場の中で操業し，生き残るために効率的にならざるをえなかったからである．これらの新企業は改革の下での中国のダイナミズムの主要な源泉であった．

　中国の経済的成功を翳らせているのは，人権と政治的自由で嘆かわしいほど進歩が見られなかったことである．経済改革が始まって20年経っても，中国は改革以前と比べてほんの少ししか権威主義の度を弱めていなかった．表現，集会，宗教の自由は制限されていた．ひどい状態に置かれている政治犯は，おそらく数万人にのぼっていた．しかし，このような重い但し書き付きではあるが，10億の貧しい人々の所得を3倍にしたことは賞賛に値する業績である．

中国とロシアの違いはどこにあったか

　中国とロシアの経験は，これ以上異なりようがないというほど異なるもの

であった．改革後，中国は 20 年間にわたって記録的な高成長を遂げた．ロシアでは所得が激減した．中国は貧しく農業中心の国であり，ロシアは中所得国で工業国であったという初期条件の相違は，改革に対する反応の違いのいくらかを説明している．しかし，違いの多くはそれぞれの国が取った政策によって説明できる．

　中国とロシアのもっとも顕著な相違は，政府の形態の違いである．改革期間を通して，中国は共産主義的統制の下にとどまり，ロシアは民主的になった．こうした政治的相違は，中国から一般的な経済学的教訓を引き出すことを不可能にするものだろうか．中国では，経済的成功の道を歩むために権威主義的政府が必要だったのだろうか．それとも中国は民主的政府の下でも同様に改革を成功させることができたのだろうか．この疑問に明確に答えることはできない．しかし，中国の経済は政治とは別物であり，政府が民主化されていたとしても同様な経済的成功の道を歩んだだろうと信ずる理由はある．

　中国の改革は比較的弱い国家による改革であった．経済改革の道に厄介な政治的障壁が立ちはだかっていた．改革者は改革に好意的な政治連合体を作らなければならなかった．改革者たちはその政策を立法化してもらうために，通常の政治活動に勤しまなければならなかったのである[14]．マルクス主義と毛沢東主義を捨て去った中国共産党には，経済成長をもたらす能力以外には，ほとんど正統性が残されていなかった．改革に対する政治的コミットメントは，国家の持っている強さから発したものではまったくなく，改革初期の成功とその後の累積的な成功によるものであった．

　ロシアのショック療法が中国の漸進主義と異なっていた点は，根本的には政府がどれほど積極的に行動したかということであった．逆説的だが，新たに民主化したロシアは強い国家を要求する改革の道を選択し，権威主義的な中国はそうではない道を選択した．ショック療法の提唱者の 1 人である経済学者ロバート・スキデルスキーは，ショック療法の「成功のために決定的に重要な必要条件」は「それ自身が最も実現困難なものである．それは強くて正統性のある国家である」と述べた．ロシアの民営化プログラムは（議会を

---

14) Shirk（1993, p.334）.

通過した当初の法案とは別に）大統領令によって実行された[15]．素早く動くことが必要なショック療法は，議論と審議という民主的プロセスを迂回しなければならなかったのだ．

　ロシアにおいては政府が体制移行をコントロールし，もしくはコントロールしようとしたが，中国の場合には政府は大部分において受身であった．中国政府の主な役割は制限の撤廃だったからだ．中国政府は，農民が各自の土地区画で働くことの禁止，起業家が新企業を起こすことの禁止，国有企業が市場で取引することの禁止を撤廃した．中国政府は現在経済を動かしている既存システムを残して，古いシステムの周辺で人々が新しい経済を構築することを許した．ボトムアップの変化が中国の改革を突き動かした．新しい経済の勃興は，政府から押しつけられた変化によるというよりも，むしろ，新規企業を生み，新しい事業方法を創出した中国の人々のイニシアチブによるものであった．

　トップダウンによる変化もまた必要とされた．実際には，実際に行われた以上に必要であった．中国の絶望的なほど不十分な金融システムと法システムを正す政府の行動はひどく遅いものだった．明らかに，成長のある部分は，間違って配分された投資に基づくものだった．民営化はあまりにも長い間遅らされた．しかし，中国の成功が示していることは，移行経済ではすべてのことを一度に正しくする必要がないということである．西欧の慣行や経済学教科書には載っていない郷鎮企業のような暫定的な解決策や仕組みによっても何とかやってゆけるのである．

　どの計画経済を見ても，移行過程の出発点では，価格が不揃いで，企業は非生産的であり，市場のニッチが残されている．このような非効率性のもとでは，広範な改善の余地が存在している．中国の状況が示しているように，歪みの大きな経済に少しのインセンティブといくらかの競争を導入すれば劇的な効果があげられるだろう．しかし，当の移行経済の特殊な状況に対して，どのインセンティブがちょうどうまく機能するのかを予測することは難しい．したがって，実験的アプローチをとり，もし機能するのであれば，しばらく

---

15) Skidelsky（1996, p.142）．Boycko, Shleifer, and Vishny（1995, p.5）．

の間常識に囚われない制度で切り抜けることは賢明である．このようなその場しのぎの解決策は，おそらく財務省では見つけられないだろうし，ましてや世界銀行や西欧の大学では発見されないだろう．こうした解決策はギリギリのところで生きている人々によってこそ，発見されやすいのである．

　ショック療法と漸進主義の違いを際立たせているのは，外国人のアドバイスに対してどれほど信頼を寄せたかという違いである．ロシアは，西側の弁護士，経済学者，銀行家に頼って，国有企業の民営化の仕方や，資本市場をいかに発展させるか，法システムをどのように改革するかに関するアドバイスを求めた．アメリカ政府は，技術援助やロシアの改革を支援するための交流に対して，助成金の形で23億ドルを拠出した[16]．対照的に，中国はほとんど外国のコンサルタントに頼らなかった．これは，中国が外国人嫌いで，ロシアが開放的だったというような問題ではなかった．それは改革の性質そのものの違いに根差していたのである．中国では，多くの重要な意思決定は地方においてなされていた．北京がモスクワほど専門家を利用しなかったのは，北京の意思決定の余地が小さかったからであった．

ボトムアップによる改革の必要性

　中国の改革の最初の8年間を振り返って，最高指導者の鄧小平は，「あらゆる種類の小企業が地方で急成長したが，それはあたかも見知らぬ軍隊が突然出現したかのようである」と言った．新しい郷鎮企業の急速な成長は「私が想定していたようなものではなかった．他の同志も考えつかなかったものである．われわれは驚いたのだった．」[17]

　これらの新しい企業の活躍は間違いなく，中国の改革を成功させたもっとも重要な唯一の要因だった．郷鎮企業は中国の改革を勢いづけ，経済を成長させた主要な貢献者であった．これらの企業は，雇用を創出し，必要な消費財を供給し，貯蓄を動員し，国有企業による産業独占に終止符を打つことによって，緒についたばかりの市場経済を強化する役割を果した．しかし，鄧小平が言ったように，郷鎮企業の成長は「われわれ中央政府の成果ではなか

16）U.S. General Accounting Office（2000, p.10）．
17）引用は Zhou（1996, p.106）から．

った.」鄧小平が認めている通り，改革者たちは改革の中枢となる特徴を予測することができなかったのである.

　外見上は，郷鎮企業は企業を組織する方法としては奇妙なものであった. 計画経済は公的所有が原因で失敗してきたのだが，計画経済を離脱する中国の道筋がもう1つ別の公的所有企業の創出を含むものであったからだ. 後知恵で見るならば，これら新しい企業の成功を説明することは可能である. これらの企業の1つひとつは，製品市場において多くの同様の企業との激しい競争にさらされていた. これらの企業は地方政府に所有されていたため金融市場がなくても資金を調達することができたが，失敗したときには政府からの救済を期待することができなかった. これらの企業は，地方の共産党の役人たちに新興経済に対する利害関係をもたせることにより，そうでなければ改革を妨害していたかもしれない彼らを効果的に味方につけたのである. 失敗の恐れが，経営者に対して企業の効率的経営を促した. しかし，こうした説明は後づけ的なものであり，これらの企業の成功は予見されていなかったのである.

　郷鎮企業は，いかなる抜本的経済改革にも通用する唯一のもっとも重要な特徴を際立たせるものである. 経済改革の予測不可能性である. 移行を計画することはできない. われわれは事前にどのような政策がうまく機能するかわからないからである. 改革者がなすべきことは沢山ある. 改革者は移行経済のために新しい制度を設計しなければならない（そして，専門家はこの点において有益な助言を提供できる）. 私的所有を創出し，契約法を制定し，金融規制のメカニズムを構築するためには，トップダウンの意思決定が必要とされる. しかし，中国の例が示唆しているように，改革者は解決策がボトムアップで発生することを認め，先入観に合わない斬新な解決策を進んで受け入れるべきである. 中国の経験はさらに，改革の当初からすべてのトップダウン・メカニズムを創る必要がないということをも示唆している.

　通常考えられるような制度が欠如していたり，機能不全を起こしたりしているときでも，機能する代替物を人々が考案することがある. 契約法がないときには，関係的契約が取引や約束の履行を可能にしてくれる. 信用市場が利用できなければ，企業は企業間信用や留保利潤によって投資をする. 市場

と起業家精神は通常信じられているよりも頑健なものである．通常は市場活動の前提条件とみなされている諸制度のいくつかがなかったとしても，経済は驚くほどうまくいく可能性がある．

　しかし，ボトムアップのメカニズムにも限界がある．ボトムアップのいかなるメカニズムによっても代替できない制度は，財産権の保護である．腐敗が経済をおかしくしてしまう可能性があるからである．財産権保護はボトムアップの方法では実現できない．そこで必要なのは，上にいる人々に対して制約を課すことだからである．さらに，ボトムアップのメカニズムは大企業に対してはうまく機能しない．移行経済においては，（少なくとも汚職が放置されていない国々における）スタートアップ企業の成功と民営化された企業の貧弱なパフォーマンスとの間に際立った対照が観察される．こうした違いを生む要因の1つは単に企業規模によるものである．大企業は市場制度の支援を必要とする．複雑な取引上の紛争の裁定には洗練された法システムが必要であるが，これは国家だけが提供できるものである．規模の経済から便益を受けられるだけの規模にまで企業が成長するためには，ずっと後になってからようやく収益が得られるような投資をしなければならない．このような投資には，政府や他の企業による収奪を防ぐような法的保護が必要である．また法的保護が不十分なところでは，企業は見知らぬ企業と取引するよりも，既知の企業と取引をする傾向があるが，これでは顧客とサプライヤーの範囲が限定されるから，企業の成長を制約してしまう．

　経済が発展するためには，トップダウンのルールがいずれ必要となる．それにもかかわらず，移行の初期段階で取引をサポートするという点では，ボトムアップ・メカニズムが驚くほどうまく機能することも明らかとなった．試行錯誤を通じて切り抜けていく方法が，大掛かりな計画よりもうまく機能するのである．

漸進主義かショック療法か

　市場構築の経済改革に乗り出した国々の出発点は，実にさまざまであった．ニュージーランドは豊かだが，過度に規制された市場経済だった．中国とロシアはどちらも共産主義的計画経済だったが，ロシアは中所得の工業国であ

ったのに対して，中国はずっと貧しく，ほとんど農業国だった．こうした違いにもかかわらず，これら3つの国々の改革に対する反応には共通する要素がある．市場経済の設計には，既存企業のリストラクチャリング，新企業の創出，労働・製品・金融市場の構築が必然的に伴う．これらは，どのような国にとっても困難なことである．

　イソップ寓話の中でカメがウサギに対して言ったように，「コツコツ進むことでレースに勝つことができる．」中国の漸進主義はロシアのショック療法と比べて，市場経済へのより速い経路であることが明らかになった．改革から8年が経過した後，ロシアよりも中国において市場はより効果的に機能していた．1986年までに中国では農業が市場化され，莫大な数の新企業が力強く育ち，価格は一般に費用に応じて決まるようになり，1人当たり国民所得は急速に上昇していた．これらすべての点において，1986年の中国は2000年のロシアの先を行っていた．

　計画経済から機能する市場へと至る最速ルートは，旧制度を熱狂的に打ち壊して，白紙の状態からトップダウンの改革を実施することではなかった．そこでは，旧経済の周囲に新経済を成長させ，安定性を維持しつつ，人々に新しい事業の方法を創造させることが必要だったのである．

　しかし，異なる状況においてはショック療法も正当化される．ニュージーランドのような市場を支える諸制度——財産権保護，明確な契約法，活発な金融市場——がすでに存在しているような国では，ショック療法に対する主要な反論は力を失う．

　うまく機能する市場は，公式のコントロールと非公式のコントロールの両方の賢明な混合に依存している．政府は市場のルール設定の手助けを行うが，市場参加者も同様のことを行っている．経済全体を上から設計することはできない．もし改革を計画することが可能ならば，経済全体を計画することも可能だったはずである．

第16章

貧困撲滅の戦士たち

Antipoverty Warriors

1999年シアトル

1999年12月，シアトルの街頭に，人権活動家，労働組合員，革命家，宗教団体，環境主義者，動物の権利の主唱者らが集結した．この雑多な連携をもたらしたのは，グローバリゼーション——彼らにとっては世界貿易機関（WTO）の会合に象徴される——に対する嫌悪感であった．

抗議者たちは街頭芸を始めた．歌手，ラップ歌手，ダンサー，ジャグラーらが群集を楽しませた．環境主義者たちはコスチュームで身を着飾った．ウミガメやイルカ，「遺伝子組み換えされた」人間などがいた．黒装束の無政府主義者たちはスカーフで顔を隠し，彼らがアメリカの世界支配を象徴していると信じているマクドナルドやナイキの店の窓を破壊した．警察が無政府主義者たちの挑発に反応したときに（おそらく過剰反応であった），その対峙は暴力的なものに転じ，警察は催涙ガスを噴きかけ，ゴム弾を撃ち，警棒を振った．その光景は世界中の夜のテレビ・ニュースで流れた．2001年6月に同様の抗議活動がジェノバであった後，『エコノミスト』誌は，抗議者たちが「WTO，IMF，世界銀行，EUの広報部門が半世紀の間できなかったことを行った．彼らは経済学をエキサイティングなものにしたのである」と書いた．

抗議者たちにとって，グローバリゼーションは諸悪の根源であった．諸悪とは，豊かな国と貧しい国の間や豊かな諸国内部での所得格差の拡大，自然環境悪化，多国籍企業の過大な力，諸国民の文化の同質化などである．グロ

ーバリゼーションとは，バングラデシュの子供たちがサッカーボールを作る
ために長時間の苛酷な労働を強いられ，エルサルバドルの女性たちがデザイ
ナーズ・ブランドのジーンズをひどい労働条件の工場で縫い，インドネシア
の労働者たちが暑く風通しの悪い工場で有毒の接着剤の臭いを嗅ぎながらス
ポーツ・シューズを作ることであった．インドの活動家ヴァンダナ・シヴァ
によれば，グローバリゼーションとは「貧しい国々や豊かな国々の貧しい
人々に訪れた新種の企業植民地主義である」[1]．

　グローバリゼーションは世界の諸市場がますます緊密になることから生じ
る．技術の変化がグローバリゼーションの開始を後押しした．コンテナ輸送
の船やジャンボ・ジェット機によって，財の輸送コストは急落した．今やコ
ンピュータ・ネットワークが瞬時に送金を行っている．政策面の変化もまた
一役買った．世界中の政府が貿易制限や外国人投資家に対する障壁を撤廃し
た．グローバリゼーションはその反対者が自分たちを組織化する方法までも
変化させた．インターネットが，たとえばまさにぴったりの名前を持つ
www.protest.net のようなサイトを通じて，反対者たちを結びつけている．

　グローバリゼーションに反対する抗議者たちのもっとも根本的な関心事に
ついて考えてみることにしよう．それは世界の開発途上地域の貧困化である．
抗議者はいくつかのもっともな主張をしている．たとえば，すでに論じたエ
イズ薬のケースが示しているように，西欧型の知的財産保護を開発途上国に
押しつけることが，貧しい人々に悪い効果を及ぼしうるということである．
しかしながら，一般的に見て，世界の貧しい人々はグローバリゼーションの
被害者なのだろうか．貧しい国々はなぜ貧しいのだろうか．

貧しい国と豊かな国

　世界の人口の約半数の28億人は，1日2ドル未満の生活をしている．シア
トルの抗議者たちを怒りに導いたものの背後には，この恥ずべき，しかしあ
りのままの事実がある．児童労働，ひどい労働条件の工場，環境問題は，極
度の貧困がなくなるまで続くだろう．

---

1) *Economist*, June 23, 2001, p.13. シヴァの引用は www.gn.apc.org/resurgence/articles/mander.htm から．
　2001年9月26日のアクセス．

　豊かな国々と貧しい国々の差は大きい．中国の平均所得はアメリカの約
10分の1である．インドは14分の1である．極端な例をとると，タンザニ
アでは60分の1である．典型的なアメリカ人は，タンザニア人がなんとか1
年間それで暮していかなければならない額を1週間もしないで支出してしま
うことになる（こうした比較は，国による生計費のばらつきを考慮に入れた購買
力平価によるものである．このような調整が行われなければ，格差はもっと大き
くなるだろう）[2]．

　ジェミニ・コンサルティング社によれば，世界の億万長者の数は700万人
である．したがって，億万長者の割合は，世界の人口の1,000分の1を少し
超えるだけである．しかし，彼らの資産は総額で25兆ドルに上っている[3]．
1日2ドル未満の所得の人々のほとんどはアフリカとアジアにおり，億万長
者のほとんどは西ヨーロッパと北アメリカにいる．もっとも貧しい方から
28億人の人々の年間の総所得は約1.5兆ドルである．億万長者の年間消費が
その財産の6％であるとすると（おそらくこれは過少な見積りだが），彼らの消
費は1.5兆ドルになる．世界のもっとも豊かな0.1％の人々が，もっとも貧
しい46％の人々とほぼ同額の消費をしているのである．

　貧しい人々の悲惨な生活を助けるために億万長者の財産を分配することは，
意味のある選択肢なのだろうか．ここで仮説的な計算をしてみよう．億万長
者の財産を没収し，それを1日2ドル未満の所得の人々すべてに分配したと
してみよう．25兆ドルを28億人に分ければ，1人当たり9,000ドルになる．

　このような思い切った再分配には権威主義的な方法が必要となるだろう．
しかし，これは多くの理由によって不可能なことである．その理由の1つは，
所得に100％の課税を行うと，所得を稼ぐインセンティブがすべてなくなっ
てしまうことである．したがって，このような再分配は起こりえない．しか
し，このような自明な反対意見はさておき，こうした再分配が可能だったと
しても，それは貧困を緩和しはしないだろう．タンザニア人やバングラデシ
ュ人にとって9,000ドルは大きな額であるが，これは一度限りの富の移転に

2）1999年の世界銀行の購買力平価のデータは www.worldbank.org/data/databytopic/GNPPC.pdf．
3）1999年の億万長者についてのデータは www.gemcon.com/fs/wealth2000.htm にある．貧困者の数
　の1998年の推計は www.worldbank.org/poverty/data/trends/income.htm に報告されている．

過ぎない．われわれの思考実験で没収されるのは財産だからである．もしその突然の財産分与を受け取った人々がその額だけの投資をし，そこから年間10％を稼いで，彼らのもともとの稼ぎに加えたなら，彼らの年間所得は約1,500ドルとなる．これはアルジェリアやエクアドルの1人当たり所得に相当する．したがって，こうした富の再分配は明らかに極端な貧困を緩和するが，貧しい人々はそれでも貧しいままである．

　財産を分け合うことでは，グローバルな貧困をなくすことはできない．貧しい人々の数が豊かな人々の人数を大きく上回るとともに，所得格差が大き過ぎるからである．全世界的な大規模の所得再分配が実行可能であったとしても，貧しい国々の利益は限られたものである．したがって，唯一の真の解決策は世界の富の総量を増大させること，すなわち経済成長以外にありえない．経済成長が意味しているのは，簡単に言えば，一国の所得増加である．したがって，貧困の減少に経済成長が必要だということはほとんどトートロジーであるが，まったくのトートロジーというわけではない．貧困に対する効果は，経済成長の果実がどれだけ均等に分配されているかに依存しているからである．

　経済成長は効果的である．経済成長こそが生活水準の大きな改善をもたらしてきたからだ．今日の平均的アメリカ人は1世紀前の6倍以上を稼いでいる．1900年の典型的なアメリカの家族は，今日の自動車2台分のガレージほどの大きさの家に住んでいた．当時の人々は所得のほとんどを食料，衣服，住居といった必需品に支出していたが，今日ではそうしたお金のほとんどは，もっと自由に使うことができるようになっている（1900年には，平均的アメリカ人は所得の3分の1以上を食料に支出していた．2000年までに，この数字はほんの7分の1に低下した）．今日のアメリカや西ヨーロッパの普通の人々は，もっとも豊かな人々を除き，20世紀以前に生きていたどのような人々よりも，物質的に豊な生活をしている．

　良いニュースは，西欧諸国の人々だけでなく，世界の人々の大半が着実により良い生活をしているということである．豊かな国も貧しい国も，ほとんどの国々がほとんど常に成長している．たとえば，インドは1950年から1980年の間，ゆっくりとではあるが一貫して成長し（1人当たり国民所得の実

質成長率は約1.5%である），1980年代と1990年代にはもう少し速く成長した（4%かそれ以上）．結果として，2000年の平均的なインド人は1950年代の2倍以上豊かな良い生活をしていたことになる．

　ほとんどの国々が成長しているが，その成長は不均等でもある．20世紀初頭に比較的豊かだった国々は，おおむね成長を継続してきた．これに対して，貧しい状態から出発した国々が辿ったパターンは非常に多様であった．ある国は非常な急成長を示し，多くの国々は着実な成長を見せ，最貧国のいくつかはほとんど成長しなかったか，あるいはまったく成長しなかった．現在の国による所得格差は，過去において経済成長率が異なっていたことの結果である．現在貧しい国が貧しいのは，その国が長期間に亘ってゆっくりと成長してきたか，あるいはまったく成長しなかったためである．グローバルな不平等を縮小するには，これらの国々の成長を加速することが必要である．

　そして，それは可能なことでもある．目覚しい成功が香港，韓国，シンガポール，台湾の通称「アジアの虎」の諸国だけでなく，とりわけボツワナによっても達成された．1960年から1990年の間，これらの5つの国々における1人当たり所得の年間成長率は6%かそれ以上であった．人々の所得が12年ごとに倍増したことになる．（概算で所得が2倍になるのに何年必要かを計算するには72を成長率で割ればよい）．2000年までには，ボツワナの1人当たり所得はサハラ砂漠以南のアフリカ諸国の平均よりも7倍も高かった．ボツワナはダイヤモンド鉱山を持っており，その意味で幸運であった．しかし，それは単なる幸運ではなかった．鉱物を豊かに持っている別の国々の中には，成長しなかったものもあるからである．

　複合成長率の効果はシンガポールの例で示されている．1960年代中頃には，平均的なシンガポール人はたったの500米ドルしか稼いでいなかった（2000年のドルで測って3,000米ドルより少ない額に相当する額である）．政治的にも経済的にもその将来は暗く見えた．シンガポールはマレーシア連邦から離脱したばかりで，共産主義者によるクーデターの危機に直面していた．シンガポールには天然資源がなかったし，産業もほとんどなかった．出発点での見込みの薄い状況を乗り越え，シンガポールは真に豊かな国に成長した．2000年までに1人当たり国民所得は3万米ドルを超え，世界でもっとも豊かな

国々に追いついた．ゴー・チョク・トン首相は胸を張って「われわれは何もないところからここまで到達してきたのです」と言った．

シンガポールより漸進的ではあるものの，貧しい国々のほとんどは時間とともに貧困を緩和してきた．しかし，ガイアナ，チャド，マリ，ザンビアのような最貧国では，1人当たり所得は時間とともに下落してきたのである[4]．

経済成長は貧困をなくすか

ここで，一国内部における経済成長の効果に目を転じよう．成長から利益を得るのは誰だろうか．便益は貧しい人々にも及ぶのだろうか．それとも豊かな人々にしか及ばないのだろうか．これは事実の問題であり，イデオロギーとは無関係である．われわれはデータを見なければならない．

「世界は数字に支配されていると言われてきた．しかし，私が知っているのは，次のこと，すなわち，数字は世界がうまく統治されているか否かを教えてくれるということである」とゲーテは言った．経済学の研究は，最近ますます実証的になってきている．コンピュータの発展の結果，経済学者一人ひとりの机の上でデータ処理の膨大な計算ができるようになり，新しい統計的テクニックによって，データから統計的推測を行うためのより強力な方法が開発されてきたからである．経済に関する事実はきれいな形でもたらされるわけではない．データから教訓を引き出すにはテクニックだけではなく，判断も必要であり，判断が関わる限り，理性的な人々でも合意できない可能性がある．しかし，現代経済学の主要な業績の1つは，必要な判断の範囲を狭めるような統計的テクニックがますます洗練されてきたということである．

その結果の1つとして，われわれは経済成長をよりよく理解できるようになった．成長率，投資水準，就学率，出生率，法の支配や汚職の度合いを示す指数，貧困率などを示す，多くの国々の長期間にわたる莫大なデータセットが，経済成長に関連づけられてきた．われわれは後に，この研究が経済成長の源泉に関して何を発見したかを見ることにする．ここでは，これらのデータが貧しい人々に与える成長の効果について教えてくれるところを見てみ

4）Temple（1999）と Pritchett and Summers（1996）からのデータ．ゴー・チョク・トンの引用は *Economist*, August 22, 1992, p.25 から．

よう.

　分配が均等になされているならば，国民所得が5％増加した場合，国内の全員がそれだけの分を追加的に得ることになる．しかし，成長の果実は必ずしも均等に行き渡らない．成長が人々に与える効果を調べるために，経済学者は貧困度と不平等度という2つの異なる指標を用いる．貧困度は絶対的な指標であり，所得額が基礎的な食料と住まいを得るのに必要とされる最低額よりも少ない人々の人数として表される．不平等度は相対的な指標であり，貧しい人々と豊かな人々との間の格差の大きさを表わしている.

　不平等度についてはいくつかの計算方法がある．1つの単純な指標は，人口の最貧層20％の人々の所得が国民所得に占める割合である．貧困度は多少恣意的な線を引くことで測定される．グローバルな貧困研究では慣習的に，1日当たりの所得が1ドルか2ドルのところで線引きがなされる．豊かな国々では，その国独自の貧困線をより高いところに設定している．アメリカでは2000年の時点で，統計局が年間所得1万7,761ドル未満の4人家族を貧困状態にあると定義している（この数字には2つの見方がある．1つの見方は，この額の4分の1はほとんどの発展途上国の1人当たり所得を超えているというものである．もう1つの見方は，ほとんどのアメリカ人にとって，4人家族が2万ドル未満の所得でやっていけるとは考えられないということである).

　不平等度と貧困度という2つの概念の違いを見るために，かろうじて食べていける程度のインドの小作農の所得が過去2年間に12％上昇したと考えてみよう．この変化は物事をどう改善するのだろうか．貧困度の基準にしたがえば，結果は以前よりも公正であると言える．貧しい人々が家族のために以前より多くの良い食料を購入することができるようになるからである．これとは対照的に，不平等度の基準で見てみると，結果は豊かな人々の所得がどうなったかに依存する．もし豊かな地主も同時に12％だけ豊かになっているのであれば，国はまったく良くはなっていないことになる．豊かな国々では，おそらく不平等度の方が目立つだろうが，大方の経済学者の見方では，貧しい国々においては貧困度の方が差し迫った関心事である.

　データの示すところによれば，通常，貧困は経済成長によって減少する．上げ潮はすべてのボートを引上げる傾向があるのである．1日1ドルの基準

で定義された貧困度を用いると，世界人口に占める貧しい人々の割合は
1987年の24％から，1999年には20％へと下落した．経済が成長したところ
では，ほとんどどこでも，貧困度は下落している．貧困は経済が成長しなか
った国々でもっとも根強く残存する．40年に亘る80ヵ国のデータの分析に
よれば，経済成長の効果は国ごとに大きく異なる一方で，通常は貧しい人々
が成長の果実にあずかっていることがわかる．典型的な国においては，人口
の最貧20％の人々の所得は，全般的な経済成長と1対1対応で上昇してい
る[5]．貧しい人々は他のすべての人々と歩調を合わせて豊かになっている．

　言い換えれば，国内の不平等度は時間を通じて一定に保たれる傾向がある．
したがって，どのような成長も貧困を減少させる．しかし，これは平均につ
いての話であり，成長がどれほど貧しい人々の助けとなるかは国と時代によ
って異なるのである．

　貧困減少の大きさは，不平等の程度に依存している．不平等が少ない国々
では，非常に不平等な国々と比較すると，経済成長が貧困の緩和に与える効
果が大きなものとなるからだ．

　20世紀後半のアメリカでは，成長は不平等な利益をもたらした．熟練労
働者の非熟練労働者に対する相対賃金を上昇させた技術変化を主な要因とし
て，豊かな人々がさらに豊かになり，不平等は拡大した．それでも成長は広
範な利益をもたらした．1990年代の堅実な成長は，主として雇用の創出に
よって貧困率を低下させた．1992年には公式の貧困線以下の生活をしてい
た人々の5分の1以上が，1999年までに貧困線を超えるレベルに引き上げら
れた（貧困線以下の人々の割合は，人口の15.1％から11.8％に下落した）．アメ
リカの貧困問題に関する専門家レベッカ・ブランクは「貧困撲滅の戦士たち
が1990年代から学べるもっとも重要な教訓は，経済成長の維持は素晴らし
いものであるということである」と結論づけた[6]．

　先に見たように，中国においては，大規模な経済成長と貧困の減少は農業

5）国ごとのデータを用いた分析結果は，40年間に亘る80ヵ国についてのデータの研究である
　Dollar and Kraay（2000）に与えられている．Timmer（1997）とEasterly（1999）も同様の結果を報
　告している．
6）アメリカについてはBlank（2000）（引用はp.10から）とHaveman and Schwabish（1999）を参照．
　貧困率のデータはwww.census.gov/hhes/poverty/histpov/hstpov5.htmlから．

のリストラクチャリングにつづくものであった．中国だけが特別ではない．
インドにおいても農場の生産性が上昇した．これは，中国のようにひどく非
効率な経済システムの急進的改革によるものではなく，技術的進歩によるも
のだった．さまざまな改良種をもたらした緑の革命が食料の増産に拍車をか
けた．インドの農場の生産性上昇がもたらした経済成長の果実は，広く行き
渡った[7]．35年間で，貧困の絶対的水準は顕著に減少した．数百万人が極度
な貧困状態を脱したのであった．

貧困につながる様々な要因

このことは，経済成長だけが貧困をなくせると言っているわけでも，豊か
な人々から貧しい人々への再分配がまったく正当化できないと言っているわ
けでもない．成長は貧困問題の解決策のすべてではないが，解決策の不可欠
な一部なのである．

成長だけでは貧困問題を解決できないと思われる理由の1つは，実際には
極度の貧困が経済成長の開始を妨げてしまうかもしれないからである．通常，
経済成長は豊かな人々だけでなく貧しい人々にも便益をもたらすが，データ
の示すところによれば，従来言われていたこととは逆に，不平等が経済成長
率に影響を与えている．平均的に見て，所得分配がより平等な国々は，所得
格差の大きい国々よりも成長率が高い．反対に，極度に不平等な国々では，
不平等それ自体が成長の妨げとなりうるのである[8]．

貧しい国々はおしなべて豊かな国々よりも不平等である．不平等度の1つ
の指標として，人口のうち上位40％の人々の平均所得と下位60％の人々の
平均所得の比率を考えよう．先進工業国では，この比率は2と3の間にある
（ドイツは2.4，イギリスは2.5，フランスは2.7，アメリカは2.9）．いくつかの発
展途上国ではこの不平等度は先進工業国と大体同じであるが（パキスタンは
2.2，エジプトでは2.5），ほとんどの発展途上国ではずっと高くなっている（フ
ィリピンでは4.3，ブラジルは6.4もの大きさである）[9]．

7) Datt and Ravallion (1998), Desai (1999, p.40).
8) Aghion, Caroli, and Garcia-Penalosa (1999), Barro (2000), Benabou (1996).
9) データは Albanesi (2000) から．

　不平等はなぜ成長の障害となるのだろうか．1つの理由は，大きな不平等が社会的不安と政治的不安定をもたらし，経済を害するというものである．もう1つの理由は，貧しくかつ不平等な国々では，多くの人々が極度の貧困の中で生活していることである．貧しい人々は投資機会を利用することができない．潜在的な起業家たちが企業を始めるために必要な資本を借りたり，貯蓄したりすることができないでいる．貧しい人々の子供は教育を受けられず，熟練を要する雇用から排除されてしまっている．極度の機会不平等があるところで成長が遅くなるのは，国全体の才能の多くが無駄にされているという単純な理由によるのだ．

　たとえば，急成長が始まる直前の1950年代初頭，台湾では政府が大規模な土地改革を実施し，国の農業資産を貧しい人々に再分配した．この改革による不平等度の急減は，台湾を所得分配が世界でもっとも不平等でない国の1つにし，そのことが経済を活性化させ，豊かさを目指す成長軌道に乗せることに間違いなく役立った[10]．他の貧しい国々は，低成長の原因となる不平等の悪循環に捉えられたままであり，低成長がまた不平等を永続させている．

　経済成長はそれ自身が目的なのではなく，より高い生活水準という目的のための手段である．世界中の貧しい人々の窮状に終止符を打つには，成長以上のものが必要とされる．成長は社会的不公正を正すための十分条件ではないが，必要条件ではある．富をより多く持つことは，自動的に人々の生活をよりよくするわけではないが，そのことのために役立つのである．

　健康は生活水準の指標の1つである．国の所得が上昇するにつれ，その国の人々は目に見えてより健康になる．カロリー摂取量，たんぱく質摂取量，1人当たり病院ベッド数のような指標は，所得が高いところでは有意に高くなっている．結果として，平均寿命は長くなる．国民所得が上昇すると，乳幼児死亡率は低下する．もちろん，健康水準に影響を与えるのは所得だけでない．公共衛生政策や病気に関する新しい知識も非常に重要である．しかし，より豊かな国はより健康な国なのである．

---

10) Fei, Ranis, and Kuo（2000）．

　経済が成長するのに従い，男女間の不平等もまた少なくなる傾向がある．差別は主として文化的なものであるが，文化は経済的変化に反応して変化しうるものだ．バングラデシュやソマリアのような最貧国では，女子の平均就学年数は男子に比べて約半分である．フィリピンやボツワナのような低中所得国では，女子と男子はほぼ同じ学校教育を受けている（しかし，チュニジア，アルジェリア，イラクのような中東や北アフリカ諸国では，女子の平均就学年数は一貫して男子よりも約2年短い）．女性労働者もまた，成長の便益を受けている．男女間の給与格差は，豊かな国になるほど小さくなる傾向があるからである．成長は男女間格差の縮小を促進している[11]．

投資・教育・金融

　ノーベル賞経済学者ロバート・ルーカスは，人間の福祉に対して経済成長が与える影響の問題は「単純に人を圧倒するものだ．一度それについて考え始めたら，他のことを考えることが難しくなってしまう」と言ったことがある[12]．よい経済パフォーマンスを達成するにはどうしたらよいかを理解することは，喫緊の課題である．われわれはすべての答えを得ているという状態からはほど遠い地点にあるが，いくつかの答えは得ている．

　投資——設備や機械に対する投資，教育を通じた人的投資，研究開発によるアイディアに対する投資を含む，広く定義された投資——は，成長への直接的経路である．成長に関する統計的研究が示しているように，設備に多く投資する国々は速く成長する．しかし，投資は収穫逓減に突き当たる．すなわち，他の条件が等しい限り，すでに大きな資本ストックを持っている国では，資本がほとんどない国と比較して，追加的な投資から得られる押し上げ効果が小さくなる．だとすれば，貧しい国々の方が豊かな国々よりも成長が速いはずである．投資は貧しい国々においてより大きな収益を生み出すはずだからである．したがって，国々の所得水準は収束するはずである．しかし，

11）健康と成長については Pritchett and Summers（1996），Easterly（1999），Ranis, Stewart, and Ramirez（2000）を参照．ジェンダーの不平等については Forsythe, Korzeneiwicz, and Durrant（2000），Hill and King（2000），Tzannatos（1999）を参照．

12）Lucas（1988, p.5）．

実際にはそうではない.

　豊かな国々は，技術進歩という手段で，物理的投資に対する収穫逓減を回避することを可能にしてきた．新しく，より優れたアイディアが成長の限界から逃れる方法を提供しているのである．一国が世界中のアイディアの蓄積から便益を受けることができるのは，国が国民を教育するときに限られる．教育，別の言い方をすれば人的資本に対する投資は，機械や設備に対する投資と並ぶ成長の主要な源泉である．教育に対して多く支出する国々は，有意に速く成長している[13]．教育が成長に拍車をかけるのである.

　たとえば，シンガポールの高成長を奇跡と言うことがときどきあるが，実際にはそれは簡単に説明できる．シンガポールは単に資源をうまく動員したに過ぎないのである．成長の主要な源泉は，物的資本に対する莫大な投資であった．シンガポール人は所得の40％にのぼる額を貯蓄し，投資していた．さらなる成長の源泉は人々に対する投資であった．1966年には半数以上の労働者が学校教育を受けていなかったが，1990年までには労働者の3分の2が中等教育を修了していた[14]．シンガポールの成長は奇跡などではまったくなく，累積的投資に基づくものだったのである.

　機械，人々，アイディアに対する投資は，それだけで成長を確実にするものではない．投資が生産的であるためには，投資がうまく方向づけられていなければならない．この目的のために市場が必要となる.

　国民所得に対する政府支出の割合を計算することによって，市場の範囲の指標を得ることができる．国民所得の残りの部分は民間部門を通って行くからである．ほとんどの人が予想するように，大きな政府とその成長率には統計的関係があることがわかっている．大きい政府支出は低成長と関連しているのである．経済資源の余りにも大きな部分をコントロールしている政府は，経済を停滞させることになる[15].

　一国の市場依存度を測る別の2つの指標は，国際貿易に対する開放度と金

---

13) 成長の源泉としてのアイデアについては Romer（1986），教育については Krueger and Lindahl（2001）を参照.

14) Krugman（1996, p.175）.

15) 政府支出と成長の間の統計的関係については Alesina（1997），Barro（1991），Levine and Renelt（1992），Kneller, Bleaney, and Gemmell（1999）を参照.

融市場の発達度である．高い貿易障壁は，日々の経済活動に対する政府介入の表われである．国境を越えた貿易を禁止することは，市場を完全には機能させていないことを意味している．価格シグナルが歪んでいるので，投資は，資本が少ない国における資本集約的プロジェクトのように非生産的分野に向けられてしまう．海外との競争がないと，企業は，生き残りをかけて自らを筋肉質にするように強いられることなく，怠惰な独占者となる可能性がある．低い貿易障壁は，反対に，効率的な国内産業を育成する．成長に関する統計的研究はこのことを裏づけている．国際貿易に対して比較的開かれた国々は，投資額が大きく，成長率が高い傾向がある．

　金融市場は成長を促進する．金融システムが不十分なところでは，産業は政治的恩恵を受けている派閥によって所有・経営される傾向があるので，企業が規模の経済の利益を得られるほどに大きく成長することは難しい．金融市場は新規企業の参入とその成長を可能にする．成長に関する統計的研究は，うまく機能している銀行と株式市場を持っている国々で，多くの投資がなされ，高い成長率が実現するということを明らかにしている．インフレーションのコントロールもまた，金融の健全性の一部分を構成している．インフレーションは貸借のリスクを高め，需要と供給に関するシグナルとしての価格の信頼性を損なうことによって，事業の不確実性を高めてしまうのである．低いインフレ率と高成長とは相関していることがわかっている[16]．

経済成長には制度の質が重要

　したがって，持続的経済成長のため，正しい分野に十分な量の投資がなされるようにするには市場が必要である．しかし，自由市場の熱狂的支持者たちの主張とは反対に，市場があればよいというものではない．

　政府が小さいことは，当然，経済の大部分が市場に任されていることを意味しているが，小さな政府は必ずしも高成長を保証しない．すでに述べたように政府支出は成長に対してマイナスの影響を与えるが，それはある水準までのことである．政府が経済の大部分を占めるときには，より小さな政府が

---

16) Levine (1997), Temple (1999), Wacziarg (2001).

より高い成長をもたらす傾向があるが，政府が経済の非常に小さな部分でし
かないときにはそうではないのだ[17]．成長を促進するために政府が存在し
なければならないのである．ある種の投資は政府が行わなければならない．
データの示すところによれば，道路，鉄道，橋，港，電話や電力のネットワ
ークなど，有効な公共的インフラストラクチャを構築した国々では成長が速
い．インフラストラクチャが少なすぎたり，多すぎたり，もしくは信頼でき
ないものならば，事業は困難となり，成長は妨げられるだろう．政府が小さ
すぎることもありうるのである．

　経済のほとんどの領域を市場に任せることだけでは，経済の成功は保証さ
れない．最貧国のいくつかは圧倒的に市場経済であるが，意思決定のほとん
どを市場に任せているにもかかわらず，成長できずにいる．たとえば，サハ
ラ砂漠以南のアフリカ諸国では，政府支出は国民所得のたった26％であり，
他の開発途上国よりほんの少し高いぐらいである（東アジア，南アジア，ラ
テンアメリカではこの数字は20％から24％の間である）．1980年代と1990年代の
間，これらのアフリカ諸国は，政府が経済の4分の1しか占めていなかった
にもかかわらず，全体として負の経済成長を示したのであった．

　ソマリアは小さな政府の極端な例である．アムネスティ・インターナショ
ナルの言葉によれば，ソマリアは国家のない国である．1990年代初頭，ソ
マリアは内戦によって荒廃した．国連の平和維持軍が経済安定化に失敗した
ことを認めつつ撤退してから5年経った2000年の時点で，経済は回復し始
めた．そのときまでは純粋な自由市場経済だった．税金はまったく徴収され
なかった．企業は顧客を求めて熾烈な競争を展開し，事業は活発だった．し
かし，経済は順調ではなかった．企業が高い取引費用に直面していたからだ．
「ここではすべてのものを自分で供給しなければならない」と首都モガディ
シュのビジネスマン，アブディ・ムハマド・サブリアは言った．「街頭のゴ
ミも自分で収集しなければならない．」[18]　警察は存在せず，企業は武装暴力

---

17) 政府が経済の大きな部分を占めているときに，政府をより小さくすることで，成長が高まると
　　いうことは Barro and Sala-i-Martin（1992）によって主張されている．インフラストラクチャにつ
　　いては Temple（1999）．
18) *New York Times*, August 10, 2000, p.A3.

団にお金を支払って，自らの財産を守らなければならなかった．企業は使用する電力を自ら発電し，自らの水源を見つけなければならなかった．港は正常に機能せず，輸入しなければならない投入物はほとんど手に入らなかった．3つの電話会社間の競争により電話料金は低かったが，これらの電話会社のネットワークは相互接続されておらず，企業は3つの会社の電話線を引く必要があった．市場が至るところに存在し，政府が存在しないという状態は，効率的な経済をもたらさなかった．

　市場は自動的に成長をもたらすのではない．政府が経済から手を引き，ただ市場に物事を任せるだけでは十分ではないのである．長期的成長に必要な高水準の投資量を維持するためには，それ以上のことが必要である．統計的な検証によれば，健全な制度を持つ国は成長する．確固とした財産権保護，汚職を防ぐ有効なルール，有効な契約法，政治的安定性を備えた国々では，成長はより速くなる[19]．

　これらの制度的変数と成長とを繋ぐ関係は，容易に理解することができる．政治的不安定性は，事業のリスクを高めて経済活動を減退させるばかりでなく，企業の資源を生産的活動から政治的便宜を求める活動へと転じてしまう．汚職は投資を減退させる．不安定な財産権と信頼できない契約の実効化は市場を阻害する．

　何が原因で何が結果なのだろうか．役人が誠実だから国が成長するのだろうか，それとも，豊かになることの結果として汚職が減少するのだろうか．有効な法は，成長の原因なのか，それとも結果なのだろうか．因果関係がどちらの方向にも働いている証拠がある．これらの変数のほとんどは経済成長を導くと同時に，経済成長に伴っている[20]．結果として成長は自己強化的になりうる．国民を教育することによって国は成長するだろうし，成長がさらに高水準の教育を可能にするだろう．それがまたさらなる成長をもたらす．汚職を減少させることができた国は成長を促進し，その結果，より多くの資源を汚職との戦いに使うことができるようになり，それがまたさらに成長を

19）中でも，Alesina（1997），Barro（1991），Hall and Jones（1999），Keefer and Knack（1997），Levine（1997），Mauro（1995），Temple（1999）を参照．

20）Chong and Calderon（2000），Mauro（1995）．

もたらす．成長は好循環から便益を受ける．しかし，同じ論理を逆に用いれば，もっとも貧しい国々はその状態に捉われてしまう可能性がある．貧しい国々では，機能不全の諸制度がそれらの国々を貧しくしており，貧しいことの結果として，自分たちの諸制度の改善に必要なことをする余裕がないということになる．

　経済学者が発見した1人当たり国民所得の増加に関係している変数は，まとめると次の2つに分類できる．投資と制度である．経済成長には，市場が広範に存在していることだけでなく，市場がうまく設計されていることも必要である．堅牢なプラットフォームの存在が必要である．たとえば，財産権や契約を守るメカニズム，利用しやすい金融市場，企業にとっての競争的な環境，政府支出の制限，事業における不確実性を削減する政治的安定性と低い物価上昇率，十分な交通や通信のインフラストラクチャなどである．こうしたプラットフォームを前提として，市場は成長を生み出す．

　ある国は過酷なほどに貧しいのに，ある国は安心して暮せるほどに豊かであるという事実は，大部分，それらの国々の制度の質によって説明することができる．経済的・政治的環境が，製造，発明，投資，購買，販売といった市場活動の効率性の決定要因となる．市場のためのプラットフォームが不十分ならば，一国の希少な資源は浪費されてしまうことになる．

グローバリゼーションは悪か

　貧困ということに関する限り，グローバリゼーションは脇役にすぎないことがわかってきた．グローバリゼーションは，貧しい国々をさらに貧しくはしないし，豊かにもしない．国々が貧しいのは，成長することに失敗しているからである．グローバリゼーションは貧しい国々の成長を妨げはしない．なにしろ，グローバリゼーションが進む間に，高成長を達成することに成功した発展途上国もあるのだから．しかし，またグローバリゼーションは必ずしも，貧しい国々の成長に大いに役立ったわけでもなかった．多くの国々の2000年における経済成長は，1970年と同じような低水準であった．グローバリゼーションは，これらの国々の横を通り過ぎていったのである．

　グローバリゼーションによって，貧しい国々の製品が豊かな国々の市場に

もっと容易にアクセスできるようになるならば，グローバリゼーションは貧しい国々の利益となりうるかもしれない．しかし，アメリカや西ヨーロッパは，グローバル・エコノミーの長所を偽善的に説く一方で，自国の企業が第三世界の生産者との競争にさらされることを明白に嫌ってきた．こうしたなかで，貧しい国々の中には，グローバリゼーションから別の仕方で便益を得たものもある．それらの国々は，自国の貿易障壁を低くすることによって，国民の消費財の幅を広げるとともに，外国との競争に直面するようになった自国企業が効率的になるよう促してきたのである．データによれば，相対的に低い貿易障壁を持っている国々は相対的に高い成長率を示している．しかし，貿易開放度は成長の源泉の1つの要因にすぎず，主要な要因というわけではない．

貧困は必ずしも抜けられない罠ではない．経済成長は実現可能だし，成長した際には，目覚しい貧困の減少が帰結する．世界銀行によれば，中国では1980年代と1990年代の急成長の結果，2億以上の人々が貧困状態を脱した[21]．高成長とゼロ成長との違いをもたらすのは，その国独自の政策である．経済パフォーマンスにおける成功は，その国内部の政策的意思決定を反映しているのである．歴史によって残された不利な条件を別とすれば，各国は自国の運命に影響を及ぼすことができるのだ．

ロシアの例が示しているように，パフォーマンスの悪い経済を改革することは，長期間に亘る，ときに痛みを伴うプロセスである．どのような政策が成功するかに関しては，不確実性が存在する．経済成長を達成するために一国が何をどうしたらよいかに関して，われわれはいまだに多くのことを知らないのである．ノーベル経済学賞を受賞した経済学者ロバート・ソローが言っているように，「テキストに書かれていて，それに従えばよいというような資本主義に関する輝かしい理論的総合は存在しない」のである．「手探りで自分の道を探さなければならないのだ．」[22]

経済的成功のためのレシピが載っている本は存在しないものの，この章で要約した経済成長に関する大まかな研究や以前の章での詳細な分析から，い

21）Nyberg and Rozelle (1999, p.95).
22）*New York Times*, September 29, 1991, p.E1.

くつかの教訓を引き出すことができる．成長のためには，制度を正しく持つことが必要である．これは，国家が適切な行動を取らなければならないということである．それはまた，市場がもっともうまくできることは市場に任せるべきだということでもある．このためには，市場システムがうまく設計されなければならない．すなわち，市場の情報が円滑に流れ，取引関係が発展し，契約が実効的なものとなり，財産権が確保され，害のある外部性がコントロールされ，競争が促進されるように，市場設計がなされなければならないのである．

　市場経済のもっとも深いレベルでの正当化は，うまく機能する限り，市場はわれわれが利用できる最良の貧困治療法であるということである．市場設計を研究するもっとも深いレベルでの理由は，市場はうまく機能しないことがあり，そのために貧困の解消に失敗する可能性が存在するということである．

第17章

市場の命令

Market Imperatives

市場の複雑さ

　自由市場を信奉する保守主義の評論家であり，アメリカ右翼の教祖でもあるウィリアム・F・バックリーは74歳のときに，もし今日の大学生に生まれ変わったならどのような考え方を支持すると思うかと尋ねられた．「社会主義者になるだろう」との返答にインタビュアーは驚いた．「共産主義者とすらいってもいい．」[1] 彼は，グローバルな貧困，エイズ等々，若い彼なら自由市場に対して懸念を抱くことになるだろう一連の理由を素早く挙げた．彼が真にその懸念を抱いていたことは，同じインタビューの中で示唆されている．保守主義による市場の重視は「退屈なものとなっている．一度聞けばその考えは十分修得できる」と彼は言った．

　バックリーだろうと，他の誰だろうと，一度聞いただけで経済について「修得できる」ことは，せいぜい経済のカリカチュアにすぎない．現実の世界では，1つのことがすべてに当てはまることはないのである．カリカチュアは，1次元的な世界観では割り切れないエイズや貧困といった危機に際して，躓きのもととなる．

　すでに見てきたように，市場は高度に複雑なシステムである．それは少なくとも物理学者や生物学者が研究してきたシステムと同じくらい複雑である（経済システムは追加的な複雑性の層を持っている．というのも，その構成要素は

---

1 ）Robin（2001）．

システムに対して知的に反応し，作り変えることさえできる人間だからである）．
誰しも，物理学や生物学を簡単に理解できるとは思わないだろう．市場主義
者と反市場主義者，どちらのイデオローグも——彼らの経済学に対する関係
は，地球を平らだと思っている人の物理学に対する関係と同じである——市
場を少数の普遍的に適用可能な指針に還元したがるのだが，そうすることが
できるのは，過度な単純化を行っているからである．

左派と右派の「市場観」

　経済に関するどのような問いでも，それに答えるには適切な理論が必要で
ある．理論は思考や事実を整理し，正鵠を射たものにしてくれる．実際に何
が機能し，何が機能しないかを見極めなければならない．このことは改めて
言う価値もないほど陳腐なことに思えるかもしれないが，残念なことに，経
済問題に関しては，状況の詳細よりも先入観にもとづいてなされる主張がい
まだによく見られるのである．

　（本の宣伝文によれば，「同時代のもっとも重要なマルクス主義思想家の1人」で
ある）エレン・メイクシンズ・ウッドによる1999年の本『資本主義の起源』
は，あまり事実にもとづかない，もしくはまったく事実にもとづかない主張
のよい例である．「市場の命令が経済を規制し，社会的再生産を統治すると
ころでは，どこでも搾取を逃れることはできないだろう」とウッドは言う．
「莫大な数の人々の生活状態を引き下げる」ことによって，市場は「大量失
業と大衆の貧困をもたらす．」[2] しかし，市場が貧困をもたらすという証拠
は何も提示されていない．市場経済諸国における貧困率に関するデータもな
ければ，貧困率が国によってどう違うのか，時間とともにどのように変化し
てきたのかに関するデータもない．ある人々にとっては，市場が悲惨な状態
をもたらすということが信仰箇条となってしまっているのである．しかし，
すでに見てきたように，それは証拠によって否定されている見当違いの信念
である．市場が貧しい人々を必然的に傷つけるという信念は，明らかに間違
っており，そして危険である．

2）Wood（1999, pp.119-121）.

　同様に現実から遊離した推論は，政治的見解としては正反対に位置するリバタリアンによっても行われている．アイン・ランドは経済学を哲学と見なしていた．実際，哲学という言葉は彼女がもっとも好きな言葉の1つだったからである．今日の彼女のリバタリアン信望者たちは神殿のようなウェブ・サイトを作り，教義の細かい点について言い争い，彼女の信条を伝道している．信奉者の一人が言うには，彼らは「アイン・ランドに従った真実，しかもアイン・ランドだけに従った真実を」信じている．

　『利己性の美徳』と『資本主義──知られざる理想』のように，ランドの本のタイトルは彼女のテーマを表現している．自由市場はどのような社会を組織化するにも理想的な方法であり，最善の政府は統治を最小限に留めるものである．彼女は，国家の唯一の機能は「人々を物理的力の使用を開始しようとする者から守るための」法と秩序を提供することであると主張し，「生産と取引へのいかなる形態の政府介入をも廃止すること」を提唱している．政府は経済を規制すべきではないし，富の再分配もすべきでない．「完全な資本主義システムの中では，国家と教会が分離しているのと同じ理由により，同じ仕方で，国家と経済が（歴史的にはいまだ実現したことはないが）完全に分離しているべきである．」[3]

　リバタリアニズムに対する批判者たちは，法のみによって制約される自由市場は不公正であると言う．彼らがその理由として言うのは，こうした自由市場は，自分に非があるわけでもないのに，無制約の市場競争に対応できない人々に何らのセーフティ・ネットも提供しないからというものである．しかし，この批判には議論の余地がある．仮にリバタリアン的な考え方が現実に実施されたとすれば，貧しい人々だけでなく，富裕な人々も害を被るだろう．おそらく，経済学的な混乱が生じている．単純に言って，現代経済はリバタリアン的原理では機能しえない．私がこれまで主張してきたように，現代経済が機能するためには，国家は，人々を暴力，窃盗，詐欺から守ること以上のことが要求されるのである．「国家と経済の完全な分離」というラン

3）Rand（1988, p.4）．ランドの他の引用については *Chronicle of Higher Education*, April 9, 1999 からのものである．制約された政府に関する同様の見方のより最近の論述については，Murray（1997）を参照.

ドの理想的世界は，実現不可能な空想でしかない．

　私のメッセージは，次の2つの皮肉に要約できる．貧困を嫌悪している政治的に極左の人々は，貧困を固定化する政策を支持している．市場を尊重する自由放任主義の熱狂的な支持者たちは，市場の崩壊を引き起こすシステムを提唱している．

市場に対する向き合いかた

　市場が常に正しいとか，根本的に悪であるとするような半宗教的な観点に対して，私は市場に対してプラグマティックなアプローチをとることを主張してきた．市場システムはそれ自体が目的なのではなく，生活水準を引き上げるための不完全な手段の1つである．市場は魔法ではないし，非道徳的なものでもない．市場は目覚ましい成果を生み出してきた一方で，うまく機能しないこともありうる．特定の市場がうまく機能するかどうかは，その設計にかかっているのである．

　人々が市場システムに対して抱く意見はしばしば，彼らの一般的な政治的姿勢から推測することができる．保守的な人々は，市場をバラ色の眼鏡を通して見ている．左派的な人々は市場に対して懐疑的である．しかし，このことに論理的な必然性は何もない．何が公正で公平であるかに関する信念は，市場の有効性に対する評価とは別物なのである．一方は，道理をわきまえている人々でも意見を異にしうる基本的価値観の問題であり，他方は，証拠をどのように評価するかの問題である．経済学の乱雑な現実世界においては，しばしば証拠は明白でない．しかし私が示そうとしてきたのは，経済学は一般に認識されているよりも，もっと確実なものだということである．われわれは，市場に関する真の理解をいくらかは築き上げてきたのである．

　結局わかったことは，経済学的証拠がどのような政治的見解をも支持する可能性があるということである．経済成長は貧しい人々にとって望ましいものである．所得が全般的に上昇するとき，貧しい人々の所得も通常上昇するからである．この発見は標準的な保守的観点を支持している．この発見によって，生産的努力に対してインセンティブを付与し，効率的経済を促進するような政策が正当化できるからである．他方，経済成長に関する研究は，成

長のために平等が望ましいことを示している．所得分配が平等な国々の方が，
そうでない国々よりも，経済成長率が高くなる傾向があるからである[4]．こ
の点では，証拠は政治的にリベラルな方向を後押ししているのである．

　すでに見てきたように，市場が社会的関心事項に対して本質的に対立的で
あるということはない．市場インセンティブは，危機に瀕した漁場の保全に
も，きれいな大気を生み出すためにも役立たせることができた．適切に設計
された市場メカニズムは，エイズや他の病気から人命を救う薬の発明をもっ
とも効果的に促すことができる．貧しい国々にとって，市場システムは貧困
から脱出するための唯一の信頼できる方法なのである．

　しかし，市場が何でもできるわけではないし，そう期待すべきでもない．
外部性や公共財が市場の領域に挑みかかるのである．公害のような外部性は，
第三者に影響を与えるものであり，コーディネートされた意思決定を要求す
る．第三者の被害に対して措置を講じるルールが必要だからである．こうし
たルールの設定には，国家や他の組織による中央集権的行動が必要とされる
かもしれない．基礎科学の知識のような公共財は，その供給に必要な費用の
支払いに貢献しようがしまいが，あらゆる人に便益を与えるので，コーディ
ネートされた意思決定がなされなければ十分に供給されなくなってしまう．
結束の固い小さな共同体であれば，自らの公共財を独力で作り出すことがで
きるかもしれない．しかし，多くの人々に便益をもたらす公共財の供給には
資金が必要であり，場合によっては政府による供給が必要となるだろう．国
家は，単に法システムを維持するだけではない仕方で，市場ゲームのルール
設定に一役かっている．金融の仕組みをサポートしたり，独占を防止したり
することによって，規制がときに市場の機能を助ける役割を果しているので
ある．

　国家と市場の相互関係を理解する最善の方法は，それを抽象的に議論する
ことではなく，政府介入の程度を異にする現実の経済が実際にどのように機
能しているのかを調べることである．介入が正当化できるか，またどの程度

4）成長と貧困については，Dollar and Kraay（2000），Easterly（1999），Timmer（1997）を参照．平
　等と成長については，Aghion, Caroli, and Garcia-Penalosa（1999），Barro（2000），Benabou（1996）
　を参照．

介入すべきかは，ケース・バイ・ケースで決めるのがもっとも良い．それには，政府の行動がもたらす歪みを考慮に入れながら，特定の市場の詳細を吟味することが必要である．これは技術的問題（technocratic issue）であり，高尚な主義の問題ではない．

　もちろん，経済学的分析には限界がある．経済学的分析では，政府が所得再分配をすべきか否か，どの程度再分配すべきかという重要な問題を解くことができない．経済的成功の成果をどのように分かち合うべきかということに関する人々の信念は，各人の価値観に帰着する問題である．しかし，それは単なる価値判断の問題でもない．われわれは再分配が持つ悪い側面を測定することができるからである．富裕な人々に課税することがそれらの人々の労働意欲，投資意欲を低下させてしまい，経済活動の障害となる程度は測ることができる．左翼と右翼の論争は，しばしば明確な形ではないが，課税がもたらすマイナスのインセンティブが小さいか大きいかという主張に帰着する．経済学者たちは通常，再分配のもたらす帰結を実証的に評価することによって，そのような論争に貢献することができるのだ[5]．しかし，社会が貧しい人々に対して負う義務は何かというような再分配に関する中心的問題については，よいデータをもってしても答えることはできない．その答えは何が公平で，何が正義かといったことに依存しているからである．このことについて経済学者が言えることは，経済学者でない人々が言えること以上ではない．

市場への「二つの万歳」

　自由経済を支持する経済学者F・A・ハイエクは，市場経済の「主な利点」は，それが「悪人たちのもたらしうる害が最小となるシステム」であることにあると言った[6]．市場設計アプローチはハイエクの主張を支持すると

5）再分配のための課税がもたらす帰結に関する進行中の研究の概観については，Slemrod（2000）を参照．結果は両論ある．税を低くすると，事業においては幾分多くの投資が促されるようだが，豊かな人々の労働供給の意思決定にはほとんど影響しない．この分析から得られる結論は，所得税をアメリカの現行水準よりも低くすることが働く上での努力の大きな増大をもたらすとするような，政治的議論の場においてときどきなされる主張を支持しているようには見えない．

6）Hayek（1948, p.11）．次のル・カレの引用は *Observer*, December 17, 2000 から．

同時に，その主張を緩和するものでもある．市場は，有害な行動や反社会的行動を抑止する．市場は「悪人」がもたらす害をいつでも防止できるわけではないが，設計がうまくなされているならば，通常は防ぐことができる．

　インタビューの中でジョン・ル・カレは，彼の小説『ナイロビの蜂』の中で描いた企業の偽善のぞっとする話は，広く流布している「異常な信念」に対する彼の「完全なフラストレーション」を反映したものだと述べている．彼が広く流布していると思っている「異常な信念」とは，「企業の中心には道徳的目的と人道主義的な自己抑制がある」という信念だが，「それはナンセンスだ」という．市場設計アプローチはル・カレの主張を出発点としている．人々や企業がよい行動をするとの前提に立つことはできないのである．

　利潤願望は，人間の持つ性質の中でもっとも魅力的なものというわけではない．それは，アーサー・ミラーの『セールスマンの死』におけるように，困った結果をもたらすことがある．そこでは，ウィリー・ローマンの「最終的にビッグになる」という絶望的な必要性，億万長者になることへの熱狂的な追求から悲劇が生じる．しかし，魅力的であってもなくても，利潤動機は非常に大きな潜在力を持っている．どのような経済も利潤動機に牽引されている．市場設計の挑戦は，利潤追求を社会的に生産的な方向へと導くメカニズムを考案したり，そうしたメカニズムの進化を促したりすることにある．

　市場が有効に機能するためには，ほとんどの場合にほとんどの人々を信用することができなければならず，財産の収奪から保護されていなければならず，何がどこでどのような品質で入手可能かに関する情報が円滑に流れていなければならず，第三者への副作用が抑えられていなければばならず，競争が作用していなければならない．多くのメカニズムが，効果的な市場が満たすべきこれら5つの必要条件を維持している．たとえば，取引相手への信頼は，法という公式的な仕組みと評判という非公式な仕組みの両方によって支えられている．財産権は法によって保護されると同時に，投資に際しては，規制によっても保護されている．事業を他の場所で展開するに際しては，取引相手の場所がわかるようにする情報流通チャンネルが存在しており，また，企業を設立・経営する際の障害がほとんどないことが必要である．

　これらの特性を保持する市場の設計は，下から進化することもあれば，上

から課されることもある．通常，どちらの側面もあるだろう．うまく機能する構造は，人々が自己利益に従いつつ立派な行動をするように，よい行動に対して報酬を与えるとともに，悪い行動を防ぐためにチェックとバランスのメカニズムを備えている．市場がうまく設計されているとき，そしてそのときに限り，われわれはアダム・スミスの見えざる手が，分散した情報を活用し，経済をコーディネートし，取引利益を創出することで，効果的に作用すると信じることができるのだ．

「民主主義は統治形態の中で最悪のものである」とウィンストン・チャーチルは自らの観察を述べたことがある．ただし，それは「これまでそのときどきに試みられてきた他のすべての統治形態を除いて」のことである．これは，民主主義のための戦争でもあった第二次世界大戦の直後に，チャーチルがイギリス議会に向けて行ったスピーチの中の一節である．ほぼ同時期に，E・M・フォースターは次のように書いている．「民主主義に対して2つの万歳．1つは，それが多様性を認めるからである．もう1つはそれが批判を許容するからである．2つの万歳で十分である．3つ目の万歳をする理由は見当らない」と[7]．

　市場システムは民主主義のようなものである．これまでそのときどきに試みられてきたすべてのものを除けば，市場システムは経済の最悪の形態である．市場システムが成功するのは，まさにフォースターの民主主義に対する見方のように，それが多様性を認め，批判を許容するからである．巾場は，他のどのような形態の経済組織によっても解決することのできなかった，ほとんど手に負えない問題を解決しているのだから，われわれは市場システムに万歳というべきである．市場は富を生み出し，貧困を緩和する．しかし，市場には限界があり，できないこともある．期待されたことさえ必ずしもできるわけではない．市場はうまく設計されたときにのみ，うまく機能するからである．だから2つの万歳で十分である．

---

7) Forster（1951, p.70）.

謝辞

Acknowledgments

いただいたコメントや示唆，情報に関して，以下の人たちに謝意を表したい．ダニエル・バーコウィッツ，サイモン・ボード，ロジャー・ボーン，アショク・デサイ，ルイス・エヴァンズ，ベス・ゴールドバーグ，アヴナー・グライフ，ブラッド・ハンドラー，計盛英一郎，クルト・ラウク，パトリス・ロード，プレストン・マカフィー，エヴァ・マイアーソン，ポール・ミルグロム，バリー・ノートン，ジョン・ロバーツ，ポール・ローマー，マイケル・ロスチャイルド，スザンヌ・スコッチマー，ヨアフ・ショハム，マシュー・シュガート，ジョエル・ソーベル，デール・スクワイアズ，スティーブン・タデリス，ロメイン・ワツィアーグ，ソニア・ワイアーズ，マシュー・ホワイト，ブライス・ウィルキンソン，ロバート・ウィルソン，クリストファー・ウッドラフ，ムハメット・イルデス，そしてジェフリー・ツヴァイベル．W. W. ノートンでは，私の編集者であったドレーク・マックフィーリーとイヴ・ラゾヴィッツ，ジャック・レプチェックに感謝したい．スタンフォード大学の経営大学院は本書の執筆をサポートしてくれた．パッティの温かい，賢明なサポートに対して，最大の感謝を捧げたい．

解説　現代経済学に基づく最良の市場論

　本書は，John McMillan (2002), *Reinventing the Bazaar: A Natural History of Markets,* W.W. Norton & Co. の全訳である．原著は，出版直後から大変な評判となり，全米の新聞各紙の書評に取り上げられ，2002 年，ニューヨーク・タイムズで「その年でもっとも注目すべき本（Notable Book of the Year）」の一つに選出された名著である．同書はすでに 2007 年に叢書《制度を考える》の一冊として NTT 出版から翻訳が出版され，日本でも大きな反響を呼んだ．このたび，慶應義塾大学出版会から装いを新たに出されることになったこの翻訳は，旧版をもととしつつも，訳文をより読みやすく工夫したうえ，一部に存在した脱落や誤りを訂正したものである．

　著者のジョン・マクミランは，惜しくも 56 歳の若さで 2007 年 3 月に逝去したが，最晩年はスタンフォード大学教授として，理論と実践の両面で大きな功績を残したバランスのとれた経済学者である．理論面では，ゲーム理論の世界的な学者としてオークション理論や契約理論を中心に活躍した一方，実践面では，ニュージーランド経済や移行経済の改革，米国連邦通信委員会（FCC）の電波周波数帯オークションの設計などに大きな足跡を残した．他の著作としては『経営戦略のゲーム理論――交渉・契約・入札の戦略分析』（原題 *Games, Strategies, and Manager*，伊藤秀史・林田修訳，有斐閣）が出版されている．これもまた数多くの版を重ねている名著である．

　本書は現代経済学への本格的かつ平易な「入門書」であるとともに，超一流の理論家・実践家が提示した深い市場観・経済観が提示されている「経済思想」の書でもある。今回の改訂版の出版を機にさらに一人でも多くの読者と出会うことを期待している．

タイトルについて

　本論に入る前に原著のタイトル *Reinventing the Bazaar* について触れておきたい．英語には "reinventing the wheel"（車輪の再発明）という慣用表現がある．これは，「誰かが発明してすでに世の中で広く利用されているものを，それと知らずに一から作り出すこと」を意味し，しばしば「無駄な努力」というニュアンスをもって使用される言葉である．なぜ，マクミランはこのようなタイトルをつけたのだろうか．

　人間が古くから市場取引を行い，いたるところに市場を構築して利用してきたことは言うまでもない．その意味で，市場はすでに発明されていて，誰にとってもすでに十分馴染み深いものだ．したがって，われわれは単にそれとは知らずに，市場を新たに作っているわけではない．「バザールの再発明」はこの点で「車輪の再発明」という言葉と意味を共有していない．しかし，われわれは当たり前のように日々行っていることを自覚的に理解しているわけではなく，経済理論によって，その作用の仕方や意味を再発見している．また，人類はそれぞれの歴史の中で，新たな技術の展開とともに，新しい市場を構築しつづけている．このように考えると，マクミランは，あまりに身近であるがゆえに，かえってその意義が無意識のうちに沈み込み，明示的な言葉で表現することが難しい市場について，その隠された意義を再発見しつつ，新たな市場を次々と再発明＝再構築している人間の営みを「自然史」として語りたかったのではないだろうか．

現代経済学への最高の入門書

　21世紀の劈頭に執筆された本書を，それから20年近くを経た現在，改めて読むことの意義は，どのような点にあるのだろうか．上述したように，本書は平易な現代経済学の解説書としての側面と，著者のオリジナルな経済思想の側面という両面を持っている．そこで，最初に現代経済学の解説書としての側面から見ていこう．

　今日でもたいていの大学における経済学の入門教育では，需要曲線と供給曲線を使った市場メカニズムの学習が多くを占めているはずである．そこではまず市場均衡の概念を用いて，市場がもたらす資源配分の効率性が説明さ

れる．しかし今や経済学は，需要曲線と供給曲線の図でイメージされるような市場メカニズムの学というイメージを大きく超えて，きわめて多様な展開を遂げている．こうした展開の中でもっとも重要な出来事は，1970 年頃まで主に，新古典派によって市場メカニズムの理論として展開されてきた経済学が，それ以降，ゲーム理論を内部に浸透させることによって，市場と市場を取り巻くさまざまな制度に関する学，そしてそれを応用した制度設計の学へと様変わりしてきたことである（20 世紀後半における経済学の展開の素描に関しては，瀧澤［2018］をご覧いただきたい）．

　この展開が持つ重要な意義については，本書の第 1 章において，著者自身の言葉で見事に語られている．新古典派理論は市場を対象としながらも，そのコアをなす交換のプロセスについては，ほとんど語ってこなかったとしたうえで，「現代経済学は市場の働きについて多くのことを語ることができる．理論家たちが需要と供給のブラックボックスを開き，その内部を観察してきた．交換のプロセスに関しては，ゲーム理論が持ち込まれた．市場を至近距離から調べている新しい経済学は，市場の摩擦の存在と，その摩擦がいかに抑制されているかを強調している」（p.11）と述べている．「摩擦」とは「取引費用」のことである．ゲーム理論によって，経済学者は取引のプロセスをより精細に分析するようになり，市場が必ずしも上手く機能するとは限らないこと，市場が機能する上ではそれを支えるさまざまな制度が必要であることをよりよく理解できるようになったのである．

　本書においてマクミランは，こうして出現した現代経済学の到達点とその教訓をもっぱら具体例を通して語るという徹底ぶりを示している．たとえば，オランダのアールスメール花市場に始まり，古代アテネのアゴラ，モロッコのバザール，インドの牛乳市場，ベトナム・ハノイの露天商，ルアンダ人の難民キャンプ，グローバルな製薬産業，日本の築地魚市場や大阪で生まれた世界初の先物市場，インターネットの電子商取引，シリコンバレーのイノベーション活動，海洋漁業の市場，スポーツ・リーグの労働市場，カリフォルニア電力市場，二酸化硫黄の排出権市場等々を通して，市場の成功例や機能不全の例が理論的に語られる．また，ソビエト連邦や改革開放以前の中国など社会主義経済の内情もまた，当事者の証言をもとにして，見事に「検死解

剖」されている.

　こうした例を用いて語られる経済学的な内容を，教科書的なトピック風に項目別に挙げるならば，競争市場の理論はもちろんのこと，情報の非対称性の理論，ゲーム理論を応用した契約と組織の経済学，オークション理論，マッチング理論，サーチ理論，実験経済学，マーケット・デザイン，経済成長に関係する制度的要因の計量分析などが網羅されている．これら最先端の経済学の内容を，数式を1つも使うことなく（例外はアインシュタインの $E=mc^2$ だけだ），具体例を通して解説する本書は，経済学部や商学部・経営学部の学生のみならず，現代経済学で何ができるのかを知ろうとするビジネスパーソンにとっても，最適な経済学入門となるだろう.

　本書で展開されるアプローチ——ゲーム理論とその応用としての「市場設計アプローチ」——は，現代経済学に多大な影響を与えており，2000年代以降，多数のノーベル経済学賞受賞者を生み出してきた．2002年に刊行された本書では，2001年に「情報の非対称性を伴った市場分析」を授賞理由として，ジョージ・アカロフ，マイケル・スペンス，ジョセフ・スティグリッツが受賞したことは言及されているが，それ以降もこのアプローチに関連して多数の受賞者が出ている．2005年の「ゲーム理論の分析を通じて対立と協力の理解を深めた功績」に対するロバート・オーマン，トーマス・シェリングへの授賞，2007年の「メカニズム・デザインの理論の基礎を確立した功績」に対するレオニド・ハーヴィッツ，エリック・マスキン，ロジャー・マイヤーソンへの授賞，2009年の「経済的なガヴァナンスに関する分析」に対するエリノア・オストロム，オリヴァー・ウィリアムソンへの授賞，2010年の「労働経済におけるサーチ理論に関する功績」に対するピーター・ダイアモンド，デール・モーテンセン，クリストファー・ピサリデスへの授賞，2012年の「安定配分理論と市場設計の実践に関する功績」に対するアルヴィン・ロス，ロイド・シャプレーへの授賞，2014年の「市場の力と規制の分析に関する功績」に対するジャン・ティロールへの授賞，2016年の「契約理論に関する功績」に対するオリバー・ハート，ベント・ホルムストロームへの授賞，2020年の「オークション理論の改善と新しいオークション形式の発明」に対するポール・ミルグロム，ロバート・ウィルソンへの授

賞である．もちろん，これらの人々の研究の多くが，本書で言及されている（これらの研究者の著書で邦訳のある主だったものを「参考文献」にまとめておいた）．

　ただし，現代経済学の発展という観点から言うならば，2002 年に執筆された書籍としての「限界」もある．実験経済学については各所でその知見が活用されているものの，当時発展しつつあった行動経済学や，因果関係を抽出するための新しい統計学・実験手法に基づく実証経済学の強力な展開については触れられていない（原著出版の 2002 年にはダニエル・カーネマンが，2017 年にはリチャード・セイラーが行動経済学で受賞．また 2019 年にはアビジット・バナジー，エステル・デュフロ，マイケル・クレマーの 3 名が，「開発経済学における実験的アプローチ」で受賞している）．しかし，市場や経済の本質論という観点からは，本書がカバーする現代経済学で十分と言える．

　本書が掲げる「市場設計アプローチ」は，現在日本においても，若手の経済学者を中心に「マーケット・デザイン」の社会的実装として展開されている試みを理論的にも思想的にも裏付けるものである．本書は今日でも，現代経済学の到達点を理解するうえで，必須の基準点になっていると言うことができるだろう．

市場を見る独自の視点

　本書の経済思想の側面に目を転じよう．

　本書におけるマクミランの思想は，一言で言えば「柔軟で開かれた市場主義」ということになるだろうか．市場は人間にとって，富を生み出し，貧困を解消するもっとも頼りになる手段であるという前提に立ちつつも，その限界から目をそむけることなく，不断の再設計に開かれていると考えているからである．また，多くの経済学者が陥りがちなように，西洋近代が形成してきた財産権制度を金科玉条のように模範的なものと考えるのではなく，非標準的なやり方の有用性をも認める柔軟性も兼ね備えているからだ．

　市場は第一義的には人間本性に根差した自生的な存在として捉えられる．すなわち，どんなに困難な環境でも，取引の相互利益が存在するところに発生し，政府に抑圧されてもすぐに復帰する「打たれ強さ」を持った制度であ

る．しかし，自生的市場には限界がある．自生的なものに留まる市場では，単純な財やサービスしか取引できないし，取引も信頼できる範囲で形成されたネットワークに制限されるため，事業規模は必然的に小さなものになるからだ．市場が自生的段階を超えて，その潜在力をフルに開花させるためには，「ルール，慣習，制度による支えが必要」であり，とりわけ政府が関与した公式ルールの設定が必要となる．

　本書全体を通して著者は，今日の複雑化した経済システムを「現代経済」（modern economy）という言葉で表現しているが，そこにおいては信頼の要素を内包する労働市場や金融市場といった複雑な市場がうまく機能するための公式・非公式の洗練した仕組みが必要とされる．この発展の過程は，自生的に発生した民衆のフットボールが，ルール・ベースのフットボールへと進化を遂げた歴史と類比的に，わかりやすく述べられている．市場は，人間が作り出した秩序でありながら，たえず手を入れることで多様性が維持される生態系と同じような繊細さを持っているのである．マクミランは市場がうまく機能する条件として，(1) 情報がスムーズに流れること，(2) 人々が約束を守ると信頼できること，(3) 競争が促進されていること，(4) 財産権が保護されているが，過度には保護されていないこと，(5) 第三者に対する副作用が抑制されていること，を挙げている．そして，このような条件が満たされるように，われわれは状況に応じて常に気遣わなければならないのである．

　市場の素晴らしさは，意思決定が個々の現場で分権的になされるために，それぞれの場所に偏って存在している情報が活用されることにある．分権的な意思決定は，人間の経済が持つ本質的な複雑性に対処することを可能にするのである．集権的計画に基づく社会主義経済が最終的に行き詰まりを見せることになった理由は，根本的には，現場に散らばった情報を集約して使用することが出来なかったためである．現場の人々は，自分の情報が上司によって自分に不利な仕方で用いられることを知っているため，情報を正確に伝達しないのだ．しかし一方では，分権的意思決定のシステムも，必ずどこかで集権的意思決定に依存していることが，インターネットが誕生した経緯とその運営のされ方を引き合いに出して論じられる．自由至上主義者が主張しがちなことだが，市場は完全に分権的というわけではなく，それを支える制

度がルールとして集権的に定められていることが重要なのである.

　ここで注意したいことは，マクミランが「(分権的) 市場 vs. (集権的) 計画」という二項対立を前提としながらも，そのどちらか一方に軍配をあげるような議論を周到に排除していることである.

　たとえば，マクミランは，集権的な存在である企業が，どうして市場の中で重要な役割を果たしうるのかという問いを発している. これはロナルド・コースが 1937 年の論文で発した有名な問い——市場が効率的な資源配分を達成するのなら，なぜそれとは別の資源配分メカニズムである企業が存在するのか——と似ているが，マクミランの問い掛けはコースのそれとは，やや異なっている. マクミランは，一国経済全体が集権的計画によって運営できないことが明らかなのに，どうして今日では，一国の規模を上回るほどの大規模な株式会社が効率的に運営されているのかという問いを立て，それに回答しているのである. それは，私的所有の枠組みの中で株主という所有者が企業業績に利害関係を持ち，絶えず監視していることだけではなく，金融市場と製品市場からの規律を受けていることによると分析される. 集権的に運営されている企業は，今や市場経済の不可欠な存在である. しかし，それがうまく機能する条件は，市場との相互作用から規律が得られることにあるのだ.

　このように，マクミランの頭の中では，現代経済は「市場か計画か」ではなく，その両者をうまく組み合わせることが重要なのである. 市場には，それを十分精緻に設計したうえで，それに向いた仕事をさせるべきという考えである.

　分権的な市場の運営において，集権的な政府が果たす役割の最たるものは，財産権の設定である. とりわけ所有権は，所有者に対して強力な生産的努力とリスク・テイキングのインセンティブを与えるもので，どんなに強力なインセンティブ契約もそれを代替することはできない. 不完備契約理論が明らかにしてきた論点である. しかし，ここでもまた，マクミランはすべてを財産権に任せておけばいいとは考えない. 財産権にも限界があるからである. このことがとりわけ明らかになるのは，知的財産権の問題を考察するときである. 一方で，イノベーションを動機づけるために知的財産権を設定するこ

とには大きな意義がある．しかし，他方では公共財としての性質を持つ知識
は，できる限り広く活用されるべきなのだ．現実の知的財産権は，こうした
対立を反映した妥協の産物であり，決して不変的かつ普遍的なものではない
ことが強調される．こうして，すべての財産権を人間の基本権と考える立場
からは一線を画している．

　財産権に関しては，もう一つ興味深い考察が展開されている．それは，改
革開放後の中国では，公式な所有権が認められていないにもかかわらず，実
質的な財産権が機能しており，それが人々に十分なインセンティブを与えて
いるという洞察である．ともすれば，財産権の概念を西欧中心主義的に考え
がちだが，マクミランはその発想からは自由である．彼は非標準的な財産権
も一定の条件のもとでは十分その機能を発揮すると考える柔軟性を持ってい
るのだ．

　市場は基本的には自生的なものだが，その機能に対する理解が深まってき
たことで，現在では経済学者が中心となって，次々と新しい市場が設計され
ている．このこともマクミランが本書のなかで一貫して強調している点だ．
マクミランの「市場設計アプローチ」は，この点にもっとも深く関わってい
る．本書では，ネット・オークションの市場，電波周波数帯のオークション，
医療インターンのマッチング市場，二酸化硫黄の排出権取引市場など，かつ
ては存在しなかった数多くの市場設計について論じられている．その中には
成功しているものもあるが，カリフォルニアの電力市場改革のように失敗し
た例もあり，市場設計には細部に目配りした慎重さが求められることが説得
的に述べられている．「神も悪魔も細部に存在するのである」(p.19)．

　だがマクミランの考え方は「市場設計至上主義」ではない．一国経済をト
ップダウンに運営することができない理由については，すでに見た通りであ
る．また，一国経済規模の改革は予測不可能性という壁に阻まれて，非常な
困難に見舞われることが，ニュージーランド，ロシア，中国で行われた経済
改革の分析を通して述べられている．すべてをトップダウンで設計的に行う
ことは難しいので，ボトムアップの力を注視しながら，試行錯誤する以外に
ないというのが彼の考え方である．こうした文脈で考えると，マクミランは，
一国経済全体の完全な改革には相当な困難が付き纏うとしても，個々の市場

の機能不全に対しては，恒常的に再設計を行うべきだという考え方を持って
いることが了解される．もちろん，必要とあらば，今まで存在しなかった市
場も生み出すことができると考えている．

　以上のように，マクミランの思考は相対立するものを組み合わせるところ
に特徴がある．マクミランが最も嫌うのは，「市場に任せよ」とか「市場を
抑圧せよ」という単純なイデオロギー的主張である．「経済学における大き
な問題に対する誠実な答えは，一方では，他方では，といったような注意事
項なしのことはほとんどない」(p.17)．現代経済学が切り開いてきた地平が，
市場がどのような長所と短所を持ち，どのような場合に機能し，どのような
場合に機能しないのかを明らかにしつつある以上，市場を単純に礼賛したり，
否定したりするのではなく，出来る限りの経済学的知見を用いて状況に応じ
て修正していくべきだという考えである．「市場は，イデオロギーの信奉者
に任せてしまうわけにはいかないほど重要なもの」(p.18) なのだ．もちろん，
ここでもマクミランは現代経済学の力を単純に謳い上げているわけではない．
上述したように，経済改革で何が起こるのかは経済学をもってしても予測で
きない．経済は非常に複雑なものなのだ．このことは十分に認めたうえで，
試行錯誤しつつ，人々の創意によるボトムアップの力の活用と市場設計との
組み合わせが重要だとするのである．

　本書に語られる経済思想は，現代経済学の到達点を踏まえた非常に良心的
でバランスのとれたものである．経済思想の書として見た場合の本書の特徴
は，既存のものと異なり，特定のイデオロギー的なコミットメントを排して，
21 世紀初頭の経済学の到達点を踏まえた市場観・経済観が語られていること
とである．ここに，今日改めて，本書を読むことの価値があると言えるだろ
う．

　最後になるが，一言添えておきたい．旧版の出版はマクミランの同僚でも
あった青木昌彦スタンフォード大学名誉教授の発案によって実現した．青木
氏もまた，2015 年に惜しまれつつ逝去した．その意味で本書は，二人の知
的巨人の恩恵を受けている．

　今回の改訂の作業は，瀧澤が行ったが，もとの歯切れのよい訳文は木村友

二氏のおかげである．また，新版の出版は慶應義塾大学出版会の永田透さん
の企画であり，作業全般にわたって貴重なアドバイスをいただいた．ここに
改めて記して，謝意を表したいと思う．

2021 年 8 月 10 日

訳者を代表して

瀧澤 弘和

参考文献

アカロフ，ジョージ（1995）『ある理論経済学者のお話の本』幸村千佳良・井上桃子訳，
　　ハーベスト社．

ウィリアムソン，オリヴァー・E（1980）『市場と企業組織』浅沼万里・岩崎晃訳，日本
　　評論社．

オリバー・ハート（2010）『企業・契約・金融構造』鳥居昭夫訳，慶應義塾大学出版会．

カーネマン，ダニエル（2014）『ファスト＆スロー——あなたの意思はどのように決まる
　　か？』（全 2 巻）村井章子訳，ハヤカワ・ノンフィクション文庫．

コース，ロナルド（2020）『企業・市場・法』宮澤健一・後藤晃・藤垣芳文訳，ちくま学
　　芸文庫．

シェリング，トーマス（2008）『紛争の戦略——ゲーム理論のエッセンス』河野勝監訳，
　　勁草書房．

セイラー，リチャード ＆ キャス・サンスティーン（2009）『実践　行動経済学——健康，
　　富，幸福への聡明な選択』遠藤真美訳，東洋経済新報社．

ティロール，ジャン（2018）『良き社会のための経済学』村井章子訳，日本経済新聞出版．

バナジー，アビジット ＆ エステル・デュフロ（2012）『貧乏人の経済学——もういちど貧
　　困問題を根っこから考える』山形浩生訳，みすず書房．

ミルグロム，ポール（2007）『オークション——理論とデザイン』川又邦雄・奥野正寛・
　　計盛英一郎・馬場弓子訳，東洋経済新報社．

ミルグロム，ポール ＆ ジョン・ロバーツ（1997）『組織の経済学』奥野正寛・伊藤秀史・
　　今井晴雄・西村理・八木甫訳，ＮＴＴ出版．

ロス，アルビン・E（2018）『Who Gets What（フー・ゲッツ・ホワット）——マッチメ
　　イキングとマーケットデザインの経済学』櫻井祐子訳，日経ビジネス文庫．

瀧澤弘和（2018）『現代経済学——ゲーム理論・行動経済学・制度論』中公新書．

参考文献

Abbate, Janet (1999). *Inventing the Internet*, Cambridge: MIT Press（大森義行・吉田晴代訳『イ
ンターネットを作る──柔らかな技術の社会史』北海道大学図書刊行会, 2002 年）.

Abolafia, Mitchel Y. (1996). *Making Markets: Opportunism and Restraint on Wall Street*,
Cambridge: Harvard University Press.

Aczel, Amir D. (1997). *Fermat's Last Theorem: Unlocking the Secret of an Ancient Mathematical
Problem,* New York: Delta（吉永良正訳『天才数学者たちが挑んだ最大の難問──フェル
マーの最終定理が解けるまで』早川書房, 1999 年）.

Aghion, Philippe, Caroli, Eve, and Garcia-Penalosa, Cecilia (1999). "Inequality and Economic
Growth: The Perspective of the New Growth Theories," *Journal of Economic Literature*, 37,
1615-1660.

Aghion, Philippe, and Tirole, Jean (1994). "The Management of Innovation," *Quarterly Journal of
Economics*, 109, 1185-1209.

Akerlof, George (1970). "The Market for 'Lemons': Quality Uncertainty and the Market
Mechanism," *Quarterly Journal of Economics*, 84, 488-500（「『レモンの市場：品質の不確実
性と市場メカニズム』」幸村千佳良・井上桃子訳『ある理論経済学者のお話の本』ハー
ベスト社, 1995 年）.

Albanesi, Stefania (2000). "Inflation and Inequality," Unpublished, Northwestern University,
Chicago.

Alesina, Alberto (1997). "The Political Economy of High and Low Growth," In B. Pleskovic and J.
Stiglitz, eds., *Annual World Bank Conference on Development Economics*.

Alpers, Svetlana (1988). *Rembrandt's Enterprise: The Studio and the Market*, Chicago: University
of Chicago Press.

Arrow, Kenneth J. (1962). "Economic Welfare and the Allocation of Resources for Invention," In
R. R. Nelson, ed., *The Rate and Direction of Economic Activity,* Princeton: Princeton University
Press.

── (1971). *Essays in the Theory of Risk-Bearing*, Amsterdam: North-Holland.

── (1974). "Gifts and Exchanges," *Philosophy and Public Affairs*, 1 (4), 343-362.

──, and Debreu, Gerard (1954). "Existence of an Equilibrium for a Competitive Economy,"
Econometrica, 22, (July) 265-290.

Ausubel, Lawrence M. (1990). "Insider Trading in a Rational Expectations Equilibrium," *American
Economic Review*, 80, l022-1041.

Bajari, Patrick, and Hortacsu, Ali (2000). "Winner's Curse, Reserve Prices and Endogenous Entry:

Empirical Insights from eBay Auctions," Typescript, Stanford University, Stanford.

Baker, George, Gibbons, Robert, and Murphy, Kevin J. (1994). "Subjective Performance Measures in Optimal Incentive Contracts," *Quarterly Journal of Economics*, 109, 1125-1156.

Banner, Stuart (1998). "The Origin of the New York Stock Exchange, 1791-1860," *Journal of Legal Studies*, 27, 113-140.

Baron, David P., and Myerson, Roger B. (1982). "Regulating a Monopolist with Unknown Costs," *Econometrica*, 50, 911-930.

Barro, Robert (1991). "Economic Growth in a Cross Section of Countries," *Quarterly Journal of Economics*, 106, 407-444.

—— (2000). "Inequality and Growth in a Panel of Countries," *Journal of Economic Growth*, 5, 5-32.

——, and Sala-i-Martin, Xavier (1992). "Public Finance in Models of Economic Growth," *Review of Economic Studies*, 59, 645-661.

Batkin, Kirsten M. (1996). "New Zealand's Quota Management System: A Solution to the United States' Federal Fisheries Management Crisis?" *Natural Resources Journal*, 36 (4), 855-880.

Baumol, William J., and Baumol, Hilda (1994). "On the Economics of Musical Composition in Mozart's Vienna," In J. M. Morris, ed., *On Mozart*, New York: Cambridge University Press.

Benabou, Roland (1996). "Inequality and Growth," In B. S. Bemanke and J. J. Rotemberg, eds., *NBER Macroeconomics Annual 1996*, Cambrdge: MIT Press.

Bender, Andrea, Kagi, Wolfgang, and Mohr, Ernest (1998). "Sustainable Open Access: Fishing and Informal Insurance in Ha'apai, Tonga," Unpublished, Institute for Economy and the Environment, St. Gallen, Switzerland.

Bergson, Abram (1992). "Communist Economic Efficiency Revisited," *American Economic Review Papers and Proceedings*, 82, 27-30.

Bergstrom, Carl (2001). "A Introduction to the Theory of Costly Signaling," http://calvino.biology. emory.edu/handicap.

Berliner, Joseph S. (1957). *Factory and Manager in the USSR*, Cambridge: Harvard University Press.

Berndt, Ernst R., Bui, Linda, Reiley, David R., and Urban, Glenn L. (1995). "Information, Marketing, and Pricing in the U.S. Antiulcer Drug Market," *American Economic Review,* Papers and Proceedings, 85, 100-105.

Bernstein, Lisa (1992). "Opting out of the Legal System: Extralegal Contractual Relations in the Diamond Industry," *Journal of Legal Studies*, 21, 115-157.

Besen, Stanley M., and Raskind, Leo J. (1991). "An Introduction to the Law and Economics of Intellectual Property," *Journal of Economic Perspectives*, 5, 3-27.

Bessen, James, and Maskin, Eric (2000). "Sequential Innovation, Patents, and Imitation," Working paper 00-01, MIT, Cambridge.

Bestor, Theodore C. (1998). "Making Things Clique: Cartels, Coalitions, and Institutional Structure in the Tsukiji Wholesale Seafood Market," In M. W. Fruin, ed., *Networks, Markets, and the*

Pacific Rim, New York: Oxford University Press.

Black Bernar (2000). "The Core Institutions That Support Strong Securities Markets," *Business Lawyer*, 55, 1565-1607.

Blanchard, Olivier, and Kremer, Michael (1997). "Disorganization," *Quarterly Journal of Economics*, 111, l091-1126.

Blank, Rebecc (2000). "Fighting Poverty: Lessons from Recent U.S. History," *Journal of Economic Perspectives*, 14, 3-19.

Bohi, Douglas R., and Burtraw, Dallas (1997). "SO2 Allowance Trading: How Experience and Expectations Measure Up," Discussion paper 97-24, Resources for the Future, Washington, D.C., February.

Borenstein, Severin, Bushnell, James, and Wolak, Frank (2000). "Diagnosing Market Power in California's Restructured Wholesale Electricity Market," Working paper 7868, National Bureau of Economic Research, Cambridge, Mass.

Borland, Jeft, and Lye, Jenny (1992). "Attendance at Australian Rules Football," *Applied Economics*, 24, 1053-1058.

Borsook, Paulina (2000). *Cyberselfish: A Critical Romp Through the Terribly Libertarian Culture of High Tech*, New York: Public Affairs.

Botsford, Louis W., Castilla, Juan Carlos, and Peterson, Charles H. (1997). "The Management of Fisheries and Marine Ecosystems," *Science*, 277 (July 25), 509-515.

Boycko, Maxim, Shleifer, Andrei, and Vishny, Robert (1995). *Privatizing Russia,* Cambridge: MIT Press.

Brady, Rose (1999). *Kapitalizm: Russia's Struggle to Free Its Economy*, New Haven: Yale University Press.

Brand, Stewart (1987). *The Media Lab: Inventing the Future at MIT*, New York: Viking Penguin.

Brandt, Loren, Huang, Jikun, Li, Guo, and Rozelle, Scott (2000). "Land Rights in China: Facts, Fictions, and Issues," Unpublished, University of Toronto, Toronto.

Braudel, Fernand (1982). *Civilization and Capitalism, Vol. II: The Wheels of Commerce*, London: Collins（山本淳一訳『物質文明・経済・資本主義 15-18 世紀 II──交換のはたらき』みすず書房, 1986-1988 年）.

Brewer, Paul J., and Plott, Charles R. (1996). "A Binary Conflict Ascending Price (BICAP) Mechanism for the Decentralized Allocation of the Right to Use Railroad Tracks," *International Journal of Industrial Organization*, 14, 857-886.

Brown, J. David, and Earle, John S. (2000). "Competition and Firm Performance: Lessons from Russia," Unpublished, Stockholm School of Economics, Stockholm.

Brown, Jeffrey R., and Goolsbee, Austan (2000). "Does the Internet Make Markets More Competitive? Evidence from the Life Insurance Industry," Workingpaper 7996, National Bureau of Economic Research, Cambridge, Mass.

Brynjolfsson, Eric, and Smith, Michael D. (2000). "Frictionless Commerce? A Comparison of Internet and Conventional Retailers," *Management Science*, 46, 563-585.

Bulow, Jeremy, and Klemperer, Paul (1996). "Auctions vs. Negotiations," *American Economic Review*, 86, 180-194.

Cason, Timothy N., and Plott, Charles R. (1996). "EPA's New Emissions Trading Mechanism: A Laboratory Evaluation," *Journal of Environmental Economics and Management*, 30, 133-160.

Chekhov, Anton (1978). The Cherry Orchard, Translated by Michael Frayn, London: Eyre Methuen（小田島雄志訳『桜の園』白水社，1998 年）.

Cheung, S. N. S. (1973). "The Fable of the Bees," *Journal of Law and Economics*, 16, 11-33.

Chirac, Pierre, von Schoen-Angerer, Tido, Kasper, Toby, and Ford, Nathan (2000). "AIDS: Patent Rights versus Patient Rights," *Lancet,* 356 (August 5).

Chong, Alberto, and Calderon, Cesar (2000). "Causality and Feedback between Institutional Measures and Economic Growth," *Economics and Politics*, 12, 69-81.

Claessens, Stijn, Djankov, Simeon, and Lang, Larry H. P. (2000). "The Separation of Ownership and Control in East Asian Corporations," *Journal of Financial Economics*, 58, 81-112.

Claffy, K., Monk, Tracie E., and McRobb, Daniel (1999). "Internet Tomography," *Nature* (January 7), http://helix.nature.com/webmatters/tomog/tomog.html.

Clark, Gracia (1988). "Price Control of Local Foodstuffs in Kumasi, Ghana, 1979," In G. Clark, ed., *Traders Versus the State: Anthropological Approaches to Unofficial Economies,* Boulder, Colo: Westview Press.

Coase, R. H. (1937). "The Nature of the Firm," *Economica*, 4, 386-405.（「企業の本質」宮澤健一・後藤晃・藤垣芳文訳『企業・市場・法』ちくま学芸文庫，2020 年所収）.

—— (1960). "The Problem of Social Cost," *Journal of Law and Economics*, 3, 1-44.（「社会費用の問題」同前訳書所収）.

Cockburn, Iain, and Henderson, Rebecca (1997). "Public-Private Interaction and the Productivity of Pharmaceutical Research," Working paper no. 6018, National Bureau Economic Research, Cambridge, Mass.

Collier, Paul, and Gunning, Jan Willem (1999). "Explaining African Economic Performance," *Journal of Economic Literature*, 37, 64-111.

Comaner, William S. (1986). "The Political Economy of the Pharmaceutical Industry," *Journal of Economic Literature*, 24, 178-217.

Cox, Harvey (1999). "The Market as God: Living in the new dispensation," *Atlantic Monthly,* 283 (March), 18-23.

Dales, J. H. (1968). *Pollution, Property and Prices*, Toronto: University of Toronto Press.

Datt, Gaurav, and Ravallion, Martin (1998). "Farm Productivity and Rural Poverty in India," *Journal of Development Studies*, 34, 62-85.

Dawkins, Richard (1986). *The Blind Watchmaker: Why the Evidence of Evolution Reveals a Universe Without Design, New York*: W. W. Norton（中嶋康裕・遠藤彰・遠藤知二・疋田努訳『ブラインド・ウォッチメーカー——自然淘汰は偶然か？』（全 2 巻）早川書房，1993 年）.

Deininger, Klaus, and Feder, Gershon (1998). "Land Institutions and Land Markets," Policy research working paper 2014, World Bank, Washington, D.C.

Demirgüç-Kunt, Asli, and Maksimovic, Vojislav (1998). "Law, Finance, and Firm Growth," *Journal of Finance*, 53, 2107-2137.

Denney, Reuel, and Reisman, David (1954). "Football in America: A Study in Culture Diffusion," In David Riesman, *Individualism Reconsidered*, Glencoe, III., Free Press.

Desai, Ashok V. (1999). *The Price of Onions*, New Delhi: Penguin.

de Sotto, Hernando (1989). *The Other Path*, New York: Harper and Row.

Diamond, Peter A. (1971). "A Model of Price Adjustment," *Journal of Economic Theory*, 3, 156-168.

Djankov, Simeon (1998). "Ownership Structure and Enterprise Restructuring in SixNewly Independent States," Unpublished, World Bank, Washington, D.C.

――, La Porta, Rafael, Lopez-de-Silanes, Florencio, and Shleifer, Andrei (2000). "The Regulation of Entry," Working paper 7892, National Bureau of Economic Research, Cambridge, Mass.

Dollar, David, and Kraay, Aart (2000). "Growth Is Good for the Poor," Unpublished, World Bank, Washington, D.C.

Dunning, Eric, and Sheard, Kenneth (1979). *Barbarians, Gentlemen and Players*, Oxford, U.K.: Martin Robertson（大西鉄之祐・大沼賢治訳『ラグビーとイギリス人――ラグビーフットボール発達の社会学的研究』ベースボール・マガジン社，1983 年）.

Earle, John S., Estrin, Saul, and Leshchenko, Larisa L. (1995). "Ownership Structures, Patterns of Control and Enterprise Behavior in Russia," Unpublished, Central European University, Prague.

Easterly, William (1999). "Life during growth," *Journal of Economic Growth,* 4, 239-276.

Edlin, Aaron, and Mandic, Pinar Karaca (2001). "The Accident Externality from Driving," Unpublished, University of California, Berkeley.

Einstein, Albert. (1995). "Why Socialism?" In *Ideas and Opinions*, New York: Crown（「私の社会主義」井上健・中村誠太郎訳『アインシュタイン選集』第 3 巻，共立出版，1972 年所収）.

Ellerman, A. Denny, Joskow, Paul L., Schmalensee, Richard, Montero, Juan Pablo, and Bailey, Elizabeth M. (2000). *Markets for Clean Air: The U.S. Acid Rain Program*, Cambridge, U.K.: Cambridge University Press.

Ellison, Sara Fisher, Cockburn, Iain, Griliches, Zvi, and Hausman, Jerry (1997). "Characteristics of Demand for Pharmaceutical Products," *Rand Journal of Economics*, 28, 426-446.

Environmental Protection Agency (EPA)(1999). Progress Report on the EPA Acid Rain Program. Washington, D.C., EPA. www.epa.gov/acidrain.

Evans, Lewis, Grimes, Arthur, Wilkinson, Bryce, and Teece, David (1996). "Economic Reform in New Zealand 1984-95: The Pursuit of Efficiency," *Journal of Economic Literature*, 34, 1856-1902.

Fei, John C., Ranis, Gustav, and Kuo, Shirley W. Y. (2000). "Economic Growth and Income Distribution in Taiwan, 1953-64," In G. M. Meier and J. E. Rauch, eds., *Leading Issues in Economic Development*, New York: Oxford University Press.

FitzGerald, Michael C. (1995). *Making Modernism: Picasso and the Creation of the Market for Twentieth Century Art*, New York: Farrar, Straus, and Giroux.

Forster, E. M. (1951). Two Cheers for Democracy, San Diego: Harcourt Brace Jovanovich（小野寺健・小池滋・川本静子・北条文緒訳『民主主義に万歳二唱』みすず書房，1994 年）.

Forsythe, Nancy, Korzeneiwicz, Roberto Patricio, and Durrant, Valerie (2000). "Gender Inequalities and Economic Growth," *Economic Development and Cultural Change*, 48, 573-617.

Fort, Rodney, and Quirk, James (1995). "Cross-Subsidization, Incentives, and Outcomes in Professional Team Sports Leagues," *Journal of Economic Literature*, 33, 1265-1299.

Fullerton, Richard L., and McAfee, R. Preston (1999). "Auctioning Entry into Tournaments," *Journal of Political Economy*, 107, 573-605.

Gallini, Nancy, and Scotchmer, Suzanne (2002). "Intellectual Property: When Is It the Best Incentive System?" In A. Jaffe, J. Lerner, and S. Stern, eds., *Innovation Policy and the Economy*, Vol.2 Cambridge: MIT Press.

Gardner, Howard (1994). "How Extraordinary Was Mozart?" In J. M. Morris, ed., *On Mozart*, New York: Cambridge University Press.

Garvin, Susan, and Kagel, John H. (1994). "Learning in Common-Value Auctions," *Journal of Economic Behavior and Organization*, 25, 351-372.

Geertz, Clifford (1978). "The Bazaar Economy: Information and Search in Peasant Marketing," *American Economic Review*, 68, 28-32.

Gibbon, Edward (1946). *The Decline and Fall of the Roman Empire*. New York: Heritage Press（中野好夫・朱牟田夏雄・中野好之訳『ローマ帝国衰亡史』(全 10 冊) 筑摩書房，1996 年）.

Gillett, Sharon Eisner, and Kapor, Mitchell (1997). "The Self-Governing Internet: Coordination by Design," In Brian Kahin and James H. Keller, eds., *Coordinating the Internet,* Cambridge: MIT Press.

Gilson, Ronald J. (1999). "The Legal Infrastructure of High Technology Industrial Districts: Silicon Valley, Route 128, and Covenants Not to Compete," *New York University Law Review,* 74, 575-629.

Glen, Jack D., and Sumlinski, Mariusz (1998). "Trends in Private Investment in Developing Countries: Statistics for 1970-96," Discussion paper 34, International Finance Corporation, Washington, D.C.

Glickman, Mark M. (2001). "Beyond Gas Taxes: Linking Driving Fees to Externalities," Redefining Progress. www. rprogress. org.

Goldman, Eitan, and Gorton, Gary (2000). "The Visible Hand, the Invisible Hand, and Efficiency," Working paper 7587, National Bureau of Economic Research, Washington, D.C.

Grafton, R. Quentin, Squires, Dale, and Fox, Kevin J. (2000). "Private Property and Economic Efficiency: A Study of a Common-Pool Resource," *Journal of Law and Economics*, 43, 679-714.

Grafton, R. Quentin, Squires, Dale, and Kirkley, James E. (1996). "Turning the Tide? Private Property Rights and Crises in World Fisheries," *Contemporary Economic Policy*, 14, 90-99.

Grampp, William D. (2000). "What Did Smith Really Mean by the Invisible Hand?" *Journal of*

Political Economy, 108, 441-465.

Green, W. M. (1989). "Early Cuneiform," In Wayne W. Senner, ed., *The Origins of Writing*, Lincoln: University of Nebraska Press.

Greif, Avner, Milgrom, Paul, and Weingast, Barry (1994). "Coordination, Commitment, and Enforcement: The Case of the Merchant Guild," *Journal of Political Economy*, 102, 745-776.

Gromov, Gregory R. (1998). "The Roads and Crossroads of Internet History," www.internetvalley. com/intvalconcl.html.

Groves, Theodore, Hong, Yongmiao, McMillan, John, and Naughton, Barry(1994). "Autonomy and Incentives in Chinese State Enterprises," *Quarterly Journal of Economics*, 109, 183-209.

—— (1995). "China's Evolving Managerial Labor Market," *Journal of Political Economy*, 4, 873-892.

Gustafson, Thane (1999). *Capitalism Russian-Style*, Cambridge, U,K.: Cambridge University Press.

Hall, Robert E., and Jones, Charles I. (1999). "Why Do Some Countries Produce So Much More Output per Worker Than Others?" *Quarterly Journal of Economics*, 114, 83-116.

Handelman, Stephen (1995). *Comrade Criminal: Russia's new mafia*, New Haven: Yale University Press（柴田裕之訳『マフィアと官僚 —— 犯罪大国ロシアの実像』白水社，1996 年）.

Hart, Oliver (1995). *Firms, Contracts, and Financial Structure*, Oxford, U.K.: Clarendon Press.（鳥居昭夫訳『企業 契約 金融構造』慶應義塾大学出版会，2010 年）.

Hayek, F. A. (1945). "The Use of Knowledge in Society," *American Economic Review*, 35, 519-530.（「社会における知識の使用」嘉治元郎・佐代訳『個人主義と経済秩序』（ハイエク全集第 I 期第 3 巻）春秋社，1990 年所収）.

—— (1948). *Individualism and Economic Order*, Chicago: University of Chicago Press（嘉治元郎・佐代訳『個人主義と経済秩序』（ハイエク全集第 I 期第 3 巻）春秋社，1990 年）.

—— (1978). "Competition as a Discovery Procedure," In *New Studies in Philosophy, Politics, Economics, and the History of Ideas,* London: Routledge and Kegan Paul.

Havel, Vaclav (1992). *Summer Meditations*, New York: Alfred A. Knopf.

Haveman, Robert, and Schwabish, Jonathan (1999). "Economic Growth and Poverty: A Return to Normalcy?" *Focus,* 20 (Spring), 1-7. www.ssc.wisc.edu/irp/focus.htm.

Heckel, Paul (1992). "Debunking the Software Myths," *Communications of the ACM.*

Hendricks, Kenneth, Porter, Robert H., and Boudreau, Bryan (1987). "Information, Returns, and Bidding Behavior in OCS Auctions: 1954-1969," *Journal of Industrial Economics*, 35, 517-542.

Hicks, John (1935). "Annual Survey of Economic Theory: The Theory of Monopoly," *Econometrica,* 3, 1-20

Hill, M. Anne, and King, Elizabeth M. (2000). "Women's Education in Developing Countries," In G. M. Meier and E. Rauch, eds., *Leading Issues in Economic Development*, 7th ed., New York: Oxford University Press.

Holloway, Charles, and Morgridge, John (2000). "eBay: Managing Hyper growth," Teaching case, Graduate School of Business, Stanford University, Stanford.

Holmstrom, Bengt (1999). "The Firm as a Subeconomy," *Journal of Law, Economics, and*

Organization, 15, 74-102.

Hsing, You-tien (1999). "Trading Companies in Taiwan's Fashion Shoe Net works," *Journal of International Economics*, 48, 101-120.

Hume, David (1978 [1739]). *A Treatise of Human Nature*, 2nd ed., Oxford, U.K.: Oxford University Press（木曾好能訳『人間本性論』（全 3 巻）法政大学出版局，2019 年）．

Hynds, Michael, and Smith, Ian (1994). "The Demand for Test Match Cricket," *Applied Economics Letters*, 1, 103-106.

Jackson, Blair (1999). *Garcia: An American Life*, New York: Viking.

Jackson, Jeremy C., et al. (2001). "Historical Overfishing and the Recent Collapse of Coastal Ecosystems," *Science*, 293 (July 27), 629-638.

Jin, Ha (1999). *Waiting: A Novel*, New York: Pantheon（土屋京子訳『待ち暮らし』，早川書房，2000 年）．

Johansen, Leif (1979). "The Bargaining Society and the Inefficiency of Bargaining," *Kyklos*, 32, 497-522.

Johnson, Simon, Kaufmann, Daniel, McMillan, John, and Woodruff, Christopher (2000). "Why Do Firms Hide? Bribes and Unofficial Activity after Communism," *Journal of Public Economics*, 76, 495-520.

Johnson, Simon, La Porta, Rafael, Lopez-de-Silanes, Florencio, and Shleifer, Andrei (2000). "Tunneling," *American Economic Review Papers and Proceedings*, 90, 22-27.

Johnson, Simon, McMillan, John, and Woodruff, Christopher (2001). "Property Rights and Finance," Unpublished, MIT, Cambridge.

Joskow, Paul, and Kahn, Edward (2001). "A Quantitative Analysis of Pricing Behavior in California's Wholesale Electricity Market during Summer 2000," Paper 8157, National Bureau of Economic Research, Washington, D.C.

Kahn, Lawrence M. (2000). "The Sports Business as a Labor Market Laboratory," *Jourhal of Economic Perspectives*, 14 (3), 75-94.

Kaplan, Jerry (1995). *Startup: A Silicon Valley Adventure*, New York: Penguin（仁平和夫訳『シリコンバレー・アドベンチャー──ペン・コンピュータに賭けたぼくたちの社会創造ゲーム』日経 BP，1995 年）．

Keefer, Philip, and Knack, Stephen (1997). "Why Don't Poor Countries Catch Up?" *Economic Inquiry*, 35, 590-602.

Kellek, Cengiz (1992). The State and Market in the Prophet's Time [in Turkish]. Istanbul, Bilim ve Sanat Vafld Yayinlari.

Kelsey, lane (1995). *The New Zealand Experiment*, Auckland: Auckland University Press.

Klitgaard, Robert (1991). *Adjusting to Reality*, San Francisco: ICS Press.

Knack, Stephen, and Keefer, Philip (1995). "Institutions and Economic Performance: Cross-Country Tests Using Alternative Institutional Measures," *Economics and Politics*, 7, 207-228.

Kneller, Richard, Bleaney, Michael F., and Gemmell, Norman (1999). "Fiscal Policy and Growth: Evidence from OECD Countries," *Journal of Public Economics*, 74, 171-190.

Kremer, Michael (1998). "Patent Buyouts: A Mechanism for Encouraging Innovation," *Quarterly Journal of Economics*, 113, 1137-1167.

—— (2000). "Creating Markets for New Vaccines," Unpublished, Harvard University, Cambridge.

Kreps, David, and Sobel, Joel (1994). "Signaling," In R. Aumann and S. Hart, eds., *Handbook of Game Theory with Economic Applications,* Amsterdam, North Holland.

Krueger, Alan, and Lindahl, Mikael (2001). "Education for Growth: Why and for Whom?" *Journal of Economic Literature*, 39, 1101-1136.

Krugman, Paul (1996). "The Myth of Asia's Miracle," In *Pop Internationalism*, Cambridge: MIT Press（山岡洋一訳『クルーグマンの良い経済学悪い経済学』日本経済新聞社, 1997 年）.

La Porta, Rafael, Lopez-de-Silanes, Florencio, Shleifer, Andrei, and Vishny, Robert (1997). "Legal Determinants of External Finance," *Journal of Finance*, 2, 1131-1149.

—— (2000). "Investor Protection and Corporate Governance," *Journal of Financial Economics*, 58, 3-27.

le Carré, John (2000). *The Constant Gardener.* New York: Scribner（加賀山卓朗訳『ナイロビの蜂』集英社, 2003 年）.

Leal, Donald R. (2000). "Homesteading the Commons," Paper PS-x9, Political Economy Research Center, Bozeman, Mont.

Levin, Mark, and Satarov, Georgy (2000). "Corruption and Institutions in Russia," *European Journal of Political Economy*, 16, 113-132.

Levine, Ross (1997). "Financial Development and Economic Growth," *Journal of Economic Literature*, 35, 688-726.

——, and Renelt, David (1992). "A Sensitivity Analysis of Cross-Country Growth Regressions," *American Economic Review*, 82, 942-963.

Levy, Steven (1984). *Hackers: Heroes of the Computer Revolution*, New York: Doubleday（古橋芳恵・松田信子訳『ハッカーズ』工学社, 1987 年）.

Lockhart, Robert Bruce (1996). *Scotch: The Whisky of Scotlund in fact and story*, 7th ed. Glasgow: Neil Wilson Publishing.

Lucas, Robert E. (1998). "On the Mechanics of Economic Development," *Journal of Monetary Economics*, 22, 3-42.

Lucking-Reiley, David (2000). "Auctions on the Internet: What's Being Auctioned, and How?" *Journal of Industrial Economics*, 48, 227-252.

Lyman, Peter, Varian, Hal R., et al. (2000). "How Much Information?" www.sims.berkeley.edu/how-much-info.

Lyons, Thomas P. (1994). "Economic Reform in Fuiian: Another View from the Villages," In T. P. Lyons and V. Nee, eds., *The Economic Transformation of South China: Reform & Development in the Post-Mao Era*, Ithaca, N.Y.: Cornell University Press.

Macaulay, Stewart (1963). "Non-Contractual Relations in Business: A Preliminary Study," *American Sociological Review*, 28, 55-67.

MacIntyre, Andrew (1999). "Investment, Property Rights, and Corruption in Indonesia," In J. E.

Campos, ed., *Corruption: The Boom and Bust of East Asia*, Manila: Ateneo De Manila University Press.

Macrory, Jennifer (1991). *Running with the Ball*, London: Harper Collins Willow.

Manes, Stephen, and Andrews, Paul (1993). *Gates*, New York: Doubleday（鈴木主税訳『帝王ビル・ゲイツ誕生』（全2巻）中央公論新社，2000年）.

Marx, Groucho (1994). *The Groucho Letters: Letters from and to Groucho Marx*, New York: Da Capo Press.

Mauro, Paolo (1995). "Corruption and Growth," *Quarterly Journal of Economics*, 110, 681-712.

McAfee, R. Preston, and McMillan, John (1986). "Bidding for Contracts: A Principal-Agent Analysis," *Rand Journal of Economics*, 17, 326-338.

―― (1987). "Auctions and Bidding," *Journal of Economic Literature*, 25, 699-738.

―― (1996). "Analyzing the Airwaves Auction," *Journal of Economic Perspectives*, 10, 159-176.

McMillan, John. (1991). "Dango: Japan's Price-Fixing Conspiracies," *Economics and Politics*, 3, 201-218.

―― (1992). *Games, Strategies, and Managers*. New York: Oxford University Press（伊藤秀史・林田修訳『経営戦略のゲーム理論――交渉・契約・入札の戦略分析』有斐閣，1995年）.

――, and Naughton, Barry (1992). "How to Reform a Planned Economy: Lessons from China," *Oxford Review of Economic Policy*, 8, 130-143.

――, Whalley, John, and Zhu, Lijing (1989). "The Impact of China's Economic Reforms on Agricultural Productivity Growth," *Journal of Political Economy*, 97, 781-807.

――, and Woodruff, Christopher (1999a). "Dispute Prevention without Courts in Vietnam," *Journal of Law, Economics, and Organization*, 15, 637-658.

―― (1999b). "Interfirm Relationships and Informal Credit in Vietnam," *Quarterly Journal of Economics*, 114, 1285-1320.

―― (2000). "Private Order under Dysfunctional Public Order," *Michigan Law Review*, 98, 2421-2458.

MeQuade, Krista, and Gomes-Casseres, Benjamin (1991). "Xerox and Fuii Xerox," Case 9-391-156, Harvard Business School, Boston.

Megginson, William L., and Netter, Jeffry M. (2001). "From State to Market: A Survey of Empirical Studies on Privatization," *Journal of Economic Literature*, 39, 321-389.

Milgrom, Paul (2000). "Putting Auction Theory to Work: The Simultaneous Ascending Auction," *Journal of Political Economy*, 108, 245-272.

――, and Roberts, John (1986). "Price and Advertising Signals of Product Quality," *Journal of Political Economy*, 94, 796-821.

――, and Roberts, John (1992). *Economics, Organization, and Management*, Englewood Cliffs, N.J.: Prentice-Hall（奥野正寛・伊藤秀史・今井晴雄・八木甫訳『組織の経済学』NTT出版，1997年）.

――, and Weber, Robert J. (1982). "A Theory of Auctions and Competitive Bidding," *Econometrica*, 50, 1089-1122.

Miron, Jeffrey A., and Zwiebel, Jeffrey (1991). "Alcohol Consumption during Prohibition," *American Economic Review Papers and Proceedings*, 81, 242-247.

Murray, Charles (1997). *What It Means to Be a Libertarian*, New York: Broadway Books.

Myerson, Roger (1981). "Optimal Auction Design," *Mathematics of Operations Research*, 6, 58-73.

――, and Satterthwaite, Mark A. (1983). "Efficient Mechanisms for Bilateral Trading," *Journal of Economic Theory*, 29, 265-281.

Narin, Francis, Hamilton, Kimberly S., and Olivastro, Dominic (1997). "The Increasing Linkage between U.S. Technology and Public Science," *Research Policy*, 26, 317-330.

Naughton, Barry (1995). *Growing out of the Plan: Chinese Economic Reform, 1978-1993*, New York: Cambridge University Press.

Nilsson, Jan-Eric (1999). "Allocation of Track Capacity: Experimental Evidence on the Use of Priority Auctioning in the Railway Industry," *International Journal of Industrial Organization*, 17, 1139-1162.

Noll, Roger G. (1991). "Professional Basketball: Economic and Business Perspectives," In P. D. Staudohar and J. A. Mangan, eds., *The Business of Professional Sports*, Urbana: University of Illinois Press.

Nyberg, Albert, and Rozelle, Scott (1999). *Accelerating China's Rural Transformation*, Washington, D.C.: World Bank.

Pigou, A. C. (1947). *Socialism vs. Capitalism*, London: Macmillan（北野熊喜男訳『社会主義対資本主義』東洋経済新報社，1952 年）.

Plott, Charles R. (2000). "Markets as Information Gathering Tools," *Southern Economic Journal*, 67, 1-15.

Postgate, Nicholas, Wang, Tao, and Wilkinson, Toby (1995). "The Evidence for Early Writing: Utilitarian or Ceremonial?" *Antiquity*, 69, 549-580.

Press, Larry (1996). "Seeding Networks: The Federal Role," *Communications of the ACM*, 39 (October), 11-18.

Pritchett, Lant, and Summers, Lawrence H. (1996). "Wealthier Is Healthier," *Journal of Human Resources*, 31, 841-868.

Radford, R. A. (1945). "The Economic Organisation of POW Camp," *Economica*, 12, 189-201.

Rajan, Raghuram, and Zingales, Luigi (1999). "The Politics of Financial Development," Typescript, University of Chicago, Chicago.

Rand, Ayn (1988). "Introducing Objectivism," In *The Voice of Reason*, New York: New American Library. Also at www.aynrand.org.

Ranis, Gustav, Stewart, Frances, and Ramirez, Alejandro (2000). "Economic Growth and Human Development," *World Development*, 28, 197-219.

Rascher, Daniel (1999). "A Test of the Optimal Positive Production Network Externality in Major League Baseball," In J. Fizd, E. Gustafson, and L. Hadley, eds., *Sports Economics*, Westport, Conn.: Praeger.

Rashid, Salim (1998). *The Myth of Adam Smith*, London: Edward Elgar.

Riley, John (2001). "Silver Signals: Twenty-Five Years of Screening and Signaling," *Journal of Economic Literature*, 39, 432-478.

———, and Samuelson, William (1981). "Optimal Auctions," *American Economic Review*, 71, 381-392.

Robertson, Claire C. (1983). "The Death of Makola and Other Tragedies," *Canadian Journal of African Studies*, 17, 469-495.

Robin, Corey (2001). "The Ex-Cons: Right-Wing Fhinkers Go Left!" *Lingua Franca*, 11.

Robinson, Joan (1976). *Economic Management in China*, London: Anglo-Chinese Educational Institute.

Roland, Gtrard, and Verdier, Thierry (1999). "Transition and the Output Fall," *Economics of Transition*, 7, 1-28

Romer, Paul M. (1986). "Increasing Returns and Long-Run Growth," *Journal of Political Economy*, 94, 1002-1037.

Rosen, Sherwin, and Sanderson, Allen (2001). "Labor Markets in Professional Sports," *Economic Journal*, 111, F47-68.

Roth, Alvin E. (1984). "The Evolution of the Labor Market for Medical Interns and Residents," *Journal of Political Economy*, 92, 991-1016.

———(1996). "Report on the Design and Testing of an Applicant Proposing Matching Algorithm, and Comparison with the Existing NPRM Algorithm," www.economies.harvard.edu/~aroth/phasel.html.

———, and Oekenfels, Axel (2000). "Last Minute Bidding and the Rules for Ending Second-Price Auctions," Unpublished, Harvard University, Cambridge.

———, and Peranson, Elliot (1999). "The Redesign of the Matching Market for American Physicians: Some Engineering Aspects of Economic Design," *American Economic Review*, 89, 748-780.

———, Prasnikar, Vesna, Okuno-Fujiwara, Masahiro, and Zamir, Shmuel (1991). "Bargaining and Market Behavior in Jerusalem, Ljubljana, Pittsburgh, and Tokyo: An Experimental Study," *American Economic Review*, 81, 1068-1095.

Rothschild, Michael, and Stiglitz, Joseph E. (1976). "Equilibrium in Competitive Insurance Markets: An Essay on the Economies of Imperfect Information," *Quarterly Journal of Economies*, 90, 629-650.

Rozelle, Scott, Zhang, Linxiu, and Huang, Jikun (1999). "China's War on Poverty," Typescript, University of California, Davis.

Ruhm, Christopher J. (1996). "Alcohol Policies and Highway Vehicle Fatalities," *Journal of Health Economics*, 15, 437-456.

Russell, Marcia (1996). *Revolution: New Zealand from Fortress to Free Market,* Auckland: Hodder Moa Beckett.

Sachs, Jeffrey (1992). "Privatization in Russia," *American Economic Review Papers and Proceedings*, 82, 43-48.

Salop, Steven, and Stiglitz, Joseph E. (1977). "Bargains and Ripoffs: A Model of Monopolistically Competitive Price Dispersion," *Review of Economic Studies*, 44, 493-510.

Saxenian, Annalee (1994). *Regional Advantage: Culture and Competition in Silicon Valley and Route 128*, Cambridge: Harvard University Press（大前研一 訳『現代の二都物語──なぜシリコンバレーは復活し、ボストン・ルート 128 は沈んだか』講談社，1995 年）.

Schaede, Ulrike (1989). "Forwards and Futures in Tokugawa-Period Japan," *Journal of Banking and Finance*, 13, 487-513.

Scherer, F. M. (1993). "Pricing, Profits, and Technological Progress in the Pharmaceuticals Industry," *Journal of Economic Perspectives*, 7, 97-115.

—— (2000). "Free Markets and Entrepreneurship in Music Composition, 1650-1900," Unpublished, Harvard University Cambridge.

Schiff, Michael, and Lewin, Arie Y. (1970). "The Impact of People on Budgets," *Accounting Review*, 45, 259-268.

Schneider, Friedrich, and Enste, Dominik (2000). "Shadow Economies: Size, Causes, Consequences," *Journal of Economic Literature*, 38, 77-114.

Schweitzer, Stuart O. (1997). *Pharmaceutical Economics and Policy*. New York: Oxford University Press.

Scott, James C. (1998). *Seeing Like a State: How Certain Schemes to Improve the Human Condition Have Failed,* New Haven: Yale University Press.

Scott Morton, Fiona, Zettelmeyer, Florian, and Risso, Jorge Silva (2000). "Internet Car Retailing," Working paper 7961, National Bureau of Economic Research, Washington, D.C.

Scully, Gerald W. (1995). *The Market Structure of Sports*, Chicago: University of Chicago Press.

Sethi, Rajiv, and Somanathan, E. (1996). "The Evolution of Social Norms in Common Property Resource Use," *American Economic Review*, 86, 766-788.

Shapiro, Carl, and Varian, Hal R. (1998). *Information Rules: A Strategic Guide to the Network Economy*, Boston: Harvard Business School Press（大野一訳『情報経済の鉄則──ネットワーク型経済を生き抜くための戦略ガイド』日経 BP，2018 年）.

Sharp, David C., Ciscel, David H., and Heath, Julia A. (1998). "Back to Becker: Valuing Women's Economic Contribution from Housework with Household Production Functions," *Journal of Forensic Economics*, 11, 215-235.

Shavell, Steven, and van Ypersele, Tanguy (1999). "Rewards versus Intellectual Property Rights," Working paper 6956, National Bureau of Economic Research, Washington, D.C.

Sherwin, David (2000). "Fraud The Unmanaged Risk?" *Financial Crime Review*, 1, 67-70

Shirk, Susan L. (1993). *The Political Logic of Economic Reform in China*, Berkeley: University of California Press.

Shleifer, Andrei (2000), *Inefficient Markets: An Introduction to Behavioral Finance (Clarendon Lectures in Economics),* Oxford, UK,: Oxford University Press.

——, and Vishny, Robert W. (1993). "Corruption," *Quarterly Journal of Economics*, 108, 599-617.

Silverstone, Brian, Bollard, Alan, and Lattimore, Ralph, eds. (1996). *A Study of Economic Reform:*

The Case of New Zealand, Amsterdam: Elsevier.

Simmel, Georg (1978). *The Philosophy of Money*, Boston: Routledge, First published in 1900（居安正訳『貨幣の哲学（新訳版）』白水社，2016 年）.

Simon, Herbert A. (1991). "Organizations and Markets," *Journal of Economic Perspectives*, 5, 25-44.

Skidelsky, Robert (1996). *The Road from Serfdom: The Economic and Political Conseguences of the Commumism*, London: Penguin.

Slemrod, Joel, ed. (2000). *Does Atlas Shrug? The Economic Consequences of Taxing the Rich*, Cambridge: Harvard University Press.

Smith, Adam (2003). *The Wealth of Nations*, New York: Bantam Dell, First published in 1776（水田洋監訳（監修）・杉山忠平訳『国富論』（全 4 巻）岩波書店，2000 年）.

Smith, Eugene, and Smith, Aileen (1975). *Minamata*, New York: Holt, Rinehart Winston（中尾ハジメ訳『写真集　MINAMATA』クレヴィス，2021 年）.

Smith, Vernon L. (1982). "Microeconomic Systems as an Experimental Science," *American Economic Review*, 72, 923-955.

Sobel, Dava (1996). *Longitude: The True Story of a Lone Genius Who Solved the Greatest Scientific Problem of His Time*, New York: Penguin（藤井留美訳『緯度への挑戦――一秒にかけた四百年』翔泳社，1997 年）.

Sobel, Joel, and Takahashi, Ichiro (1983). "A Multistage Model of Bargaining," *Review of Economic Studies*, 50, 411-426.

Sobel, Robert (1970). *The Curbstone Brokers: The Origins of the American Stock Exchange*, New York: Macmillan.

Spence, A. Michael (1973). "Job Market Signaling," *Quarterly Journal of Economics*, 87, 355-374.

Spulber, Daniel F. (1996). "Market Microstructure and Intermediation," *Journal of Economic Perspectives*, 10, 135-152.

Squires, Dale, Kirkley, James, and Tisdell, Clement A. (1995). "Individual Transferable Quotas as a Fisheries Management Tool," *Reviews in Fisheries Science*, 3, 141-169.

Steinbeck, John (1996). *Sweet Thursday*, New York: Penguin（清水氾訳『たのしい木曜日』市民書房，1984 年）.

Stigler, George J. (1961). "The Economics of Information," *Journal of Political Economy*, 69, 213-225.

Stiglitz, Joseph E. (1994). *Whither Socialism?* Cambridge: MIT Press.

Swedberg, Richard (1994). "Markets as Social Structures," In Smelser, N. J. and Swedberg, R. eds., *The Handbook of Economic Sociology*. Princeton: Princeton University Press.

Szymanski, Stefan (2001). "Income Inequality, Competitive Balance and the Attractiveness of Team Sports: Some Evidence and a Natural Experiment from English Soccer," *Economic Journal*, 111, F69-84.

Taylor, Curtis R. (1995). "Digging for Golden Carrots: An Analysis of Research Tournaments," *American Economic Review*, 85, 872-890.

Temple, Jonathan. (1999). "The New Growth Evidence," *Journal of Economic Literature*, 37, 112-156.

Templer, Robert (1999). *Shadows and Wind: A View of Modem Vietnam*, New York: Penguin.

Thompson, Homer A. (1976). *The Athenian Agora: A Short Guide*, Princeton, N.J.: American School of Classical Studies at Athens.

Timmer, C. Peter (1997). "How Well Do the Poor Connect to the Growth Process?" Discussion Paper 17, Harvard Institute for International Development, Cambridge.

Trouiller, Patrice, and Olliaro, Piero (1999). "Drug Development Output: What Proportion for Tropical Diseases?" *Lancet*, 354 (July l0).

Tybout, James (2000). "Manufacturing Firms in Developing Countries: How Well Do They Do, and Why?" *Journal of Economic Literature*, 38, 11-44.

Twyman, Robert W. (1954). *History of Marshall Field & Co., 1852-1906*, Philadelphia: University of Pennsylvania Press.

Tzannatos, Zafiris (1999). "Women and Labor Market Changes in the Global Economy," *World Development*, 27, 551-569.

UNAIDS. (2000). Report on the Global HV/AIDS Epidemic, Geneva, United Nations, www.unaids.org.

U.S. General Accounting Office (2000). Foreign Assistance: International Efforts to Aid Russia's Transition Have Had Mixed Results. Washington, D.C., GAO.(GAO)

Vatikiotis, Michael R. J. (1998). *Indonesian Politics under Suharto: The Rise and Fall of the New Order*, 3rd ed., London: Routledge.

Vickrey, William (1961). "Counterspeculation, Auctions, and Competitive Sealed Tenders," *Journal of Finance*, 16, 8-37.

—— (1963). "Pricing in Urban and Suburban Transport," *American Economic Review Papers and Proceedings*, 53, 452-465.

Wacziarg, Romain (2001). "Measuring the Dynamic Gains from Trade," *World Bank Economic Review*, 14.

Waller, J. Michael, and Yasmann, Victor J. (1995). "Russia's Great Criminal Revolution," *Journal of Contemporary Criminal Justice*, 11, www.konanykhine.com.checkmate/yasmann.htm.

Wei, Shang Jin (1998). "Corruption in Economic Development: Beneficial Grease, Minor Annoyance, or Major Obstacle?" Typescript, Harvard University, Cambridge.

Weiler, Paul C. (2000). *Leveling the Playing Field: How the Law Can Make Sports Better for Fans*, Cambridge, Harvard University Press.

Weiss, Walter M. (1998). *The Bazaar: Markets and Merchants of the Islamic World*, London: Thames and Hudson.

Welki, Andrew M., and Zlatoper, Thomas (1999). "U.S. Professional Football Game-Day Attendance," *Atlantic Economic Journal*, 27, 285-298.

West, Mark D. (2000). "Private Ordering at the World's First Futures Exchange," *Michigan Law Review*, 98, 2574-2615.

Williamson, Oliver E. (1985). *The Economic Institutions of Capitalism,* New York: Free Press.

—— (2000). "The New Institutional Economics: Taking Stock, Looking Ahead," *Journal of Economic Literature,* 38, 595-613.

Wilson, Edmund (1940). *To the Finland Station,* New York: Doubleday（岡本正明訳『フィンラ ンド駅へ』（全2巻）みすず書房, 1999年）.

Wilson, Robert B. (1969). "Competitive Bidding with Disparate Information," *Management Science,* 15, 446-448.

—— (1977). "A Bidding Model of Perfect Competition," *Review of Economic Studies,* 44, 511-518.

—— (1999). "Market Architecture," Presidential address to the Econometric Society.

Wood, Ellen Meiksins (1999). *The Origin of Capitalism.* New York: Monthly Review Press.

Woodruff, Christopher (1998). "Contract Enforcement and Trade Liberalization in Mexico's Footwear Industry," *World Development,* 26, 979-991.

Wrong, Michela (2000). *In the Footsteps of Mr Kurtz: Living on the Brink of Disaster in Mobutu's Congo,* London: Fourth Estate Classic House.

Wurgler, Jeffrey (2000). "Financial Markets and the Allocation of Capital," *Journal of Financial Economics,* 58, 187-214.

Yang, Dali L. (1996). *Calamity and Reform in China: State, Rural Society and Institutional Change Since the Great Leap Famine,* Stanford: Stanford University Press.

Zahavi, Amotz, Zahavi, Avishag, Zahavi-Ely, Naama, and Ely, Melvin Patrick (1997). *The Handicap Principle: A Missing Piece of Darwin's Puzzle,* Oxford, U.K.: Oxford University Press（大貫昌子訳『生物進化とハンディキャップ原理——性選択と利他行動の謎を解く』白 揚社, 2001年）.

Zhou, Kate Xiao (1996). *How the Farmers Changed China: Power of the People,* Boulder: Westview Press.

Zwi, Karen, Soderland, Nell, and Schneider, Helen (2000). "Cheaper Antiretrovirals to Treat AIDS in South Africa," *British Medical Journal,* 320 (June 10), 1551-1552.

人名索引

サ行

タ行

事項索引

【著者・訳者紹介】

ジョン・マクミラン（John McMillan）

1971 年カンタベリー大学（ニュージーランド）数学科卒業，1978 年ニュー・サウス・ウェールズ大学経済学博士，ウエスタン・オンタリオ大学助教授，カリフォルニア大学サンディエゴ校教授等を経て，1999 年よりスタンフォード大学経営大学院教授．2007 年 3 月に逝去．ゲーム理論の応用，市場のデザイン，移行経済の改革に関して多数の論文を持つ．FCC による最初の電波周波数帯オークションのアドバイザー．オーストラリア，カナダ等の電波周波数帯オークションの設計にも参加．著書に『経営戦略のゲーム理論——交渉・契約・入札の戦略分析』（伊藤秀史・林田修訳，有斐閣）がある．

瀧澤 弘和（たきざわ・ひろかず）

中央大学経済学部教授．東京大学大学院経済学研究科単位取得退学．東洋大学経済学部助教授，経済産業研究所フェロー，多摩大学大学院准教授，東京大学大学院 COE プロジェクト（統合型ものづくりシステムの研究）特任研究員等を経て，2010 年より現職．著書に『現代経済学——ゲーム理論・行動経済学・制度論』（中公新書），『経済政策論』（共著，慶應義塾大学出版会），*Diversity of Experimental Methods in Economics*（共編，Springer），訳書に青木昌彦『比較制度分析に向けて』（共訳），ジョセフ・ヒース『ルールに従う——社会科学の規範理論序説』（以上，NTT 出版），フランチェスコ・グァラ『制度とは何か——社会科学のための制度論』（監訳），デイヴィド・ルイス『コンヴェンション——哲学的研究』（以上，慶應義塾大学出版会）などがある．

木村 友二（きむら・ゆうじ）

コンサルティング会社 FAS マネジャー．東洋大学非常勤講師．早稲田大学政治経済学部卒業，東京大学大学院経済学研究科修士課程修了，東京大学大学院経済学研究科博士課程単位取得退学，独立行政法人経済産業研究所研究スタッフ，競争政策研究センター客員研究員，公正取引委員会事務総局企業結合調査官主査，競争政策研究センター研究員，個人投資家，事業会社経理財務部・経営企画部勤務を経て現職．

新版 市場を創る
──バザールからネット取引まで

2021 年 10 月 30 日　初版第 1 刷発行

著　者────ジョン・マクミラン
訳　者────瀧澤弘和・木村友二
発行者────依田俊之
発行所────慶應義塾大学出版会株式会社
　　　　　　〒 108-8346　東京都港区三田 2-19-30
　　　　　　ＴＥＬ〔編集部〕03-3451-0931
　　　　　　　　　〔営業部〕03-3451-3584〈ご注文〉
　　　　　　　　　〔　〃　〕03-3451-6926
　　　　　　ＦＡＸ〔営業部〕03-3451-3122
　　　　　　振替 00190-8-155497
　　　　　　https://www.keio-up.co.jp/
装　丁────松田行正
印刷・製本──中央精版印刷株式会社
カバー印刷──株式会社太平印刷社

慶應義塾大学出版会

企業 契約 金融構造
オリバー・ハート著／鳥居昭夫訳
企業理論の基礎となる「契約理論」の古典。企業の境界や企業金融について理論的な視座を与える。本書を含む業績により著者は、2016年ノーベル経済学賞を受賞した。　　　　　　　　　　　　　　　　定価 3,520 円（本体 3,200 円）

企業所有論　組織の所有アプローチ
ヘンリー・ハンズマン 著／米山高生 訳
株主が所有する株式会社が唯一効率的な形態であるという偏見を覆し、企業形態の多様性を具体例で示した古典的著作。　　　定価 6,600 円（本体 6,000 円）

制度とは何か　社会科学のための制度論
フランチェスコ・グァラ著／瀧澤弘和監訳／水野孝之訳
社会における習慣、ルール、貨幣、結婚といった「制度」はなぜ存在するのか。社会科学の各分野が独自に分析してきた問題を、ゲーム理論、分析哲学といったツールを駆使して、共通の土台を作ることを目指した野心的な試み。
　　　　　　　　　　　　　　　　　　　　定価 3,520 円（本体 3,200 円）

コラプション　なぜ汚職は起こるのか
R・フィスマン、M・A・ゴールデン著／山形浩生・守岡桜訳／溝口哲郎解説
世界中の国が汚職・腐敗に苦しんでいる。その原因は「悪人」にあるのではなく「構造」にある。「汚職の均衡」がなぜ起こるのか、なくすにはどうすればよいのか。気鋭の経済学者と政治学者が最新の知見をまとめた汚職撲滅のバイブル。
　　　　　　　　　　　　　　　　　　　　定価 2,970 円（本体 2,700 円）

コンヴェンション　哲学的研究
デイヴィッド・ルイス著／瀧澤弘和訳
20世紀後半の重要な哲学者ルイス。難解さゆえ「読まれざる古典」であった本書は、ゲーム理論、制度論に多大な影響を与えた。半世紀を経て詳細な解説とともに邦訳なる。　　　　　　　　　　　　　定価 4,620 円（本体 4,200 円）